新闻创新研究丛书

CHINESE
PRACTICE:
A Guide to
Journalism
Innovation
Studies

中国经验：
新闻创新
研究导引

王辰瑶 编著
刘　鹏

文匯出版社

作者简介

王辰瑶　南京大学新闻传播学院教授、新闻创新实验室主任

喻贤璐　江苏凤凰新华书店集团有限公司文员

钱　进　上海外国语大学新闻传播学院副研究员

周　俊　美世中国有限公司咨询经理

陈　阳　中国人民大学新闻学院副教授，中国人民大学新闻与社会发展研究中心研究员

周睿鸣　华中科技大学新闻与信息传播学院教授

蔡　雯　中国人民大学新闻学院教授，中国人民大学新闻与社会发展研究中心主任

葛书润　中国人民大学新闻学院博士生

王　斌　中国人民大学新闻学院教授，中国人民大学新闻与社会发展研究中心研究员

张　雪　厦门大学新闻传播学院助理教授

刘天宇　南京大学新闻传播学院博士研究生

罗　昊　中国银联品牌营销部公关经理

陈楚洁　南京师范大学新闻与传播学院副教授

李东晓　南京大学新闻传播学院教授

蔡润芳　上海师范大学影视传媒学院副教授

汤乐盈　CNN 播客组副制作人、双语多媒体记者

林羽丰　南京大学新闻传播学院助理教授

古　玥　南京大学新闻传播学院新闻与传播硕士

白红义　复旦大学新闻学院教授，复旦大学信息与传播研究中心研究员

施好音　复旦大学新闻学院博士研究生

王　茜　郑州大学新闻与传播学院副教授

闫文捷　北京师范大学新闻传播学院教授

刘于思　南京大学新闻传播学院教授

余沐芩　中南财经政法大学新闻与文化传播学院讲师

宋素红　北京师范大学新闻传播学院教授

张　寅　广州体育学院体育传媒学院副教授

王　敏　西南大学新闻传媒学院教授

张启锐　南京大学新闻传播学院博士生

沈君蔓　南京大学新闻传播学院硕士生

宋沁语　南京大学新闻传播学院硕士生

刘　鹏　上海报业集团高级编辑、《新闻记者》主编，南京大学新闻传播学院兼职教授

导论　新闻创新研究的进路

【本文提要】当下，新闻创新研究蓬勃发展，相关文献快速增加。此时，研究者益发需要对其进行学术省察。本文对 2000 年以来新闻创新研究的缘起、发展和现状进行了系统梳理，阐述了新闻创新研究的历史性与当下特征，明确了新闻创新研究的对象领域和独特视角。为进一步阐明观点，本文建构了新闻创新研究 CAN 模式，以便能更清晰地呈现新闻创新研究中新闻环境（C）、新闻行动者与创新行动（A）和新闻规范（N）之间的动态关系。

2000 年，帕夫利克（Pavlik， 2000）在刚创刊的《新闻学研究》（*Journalism Studies*）上发表了《技术对新闻业的影响》一文。该文以及几乎同时出现的一批关注新世纪新闻业变化的文献，拉开了 21 世纪新闻创新研究（Journalism Innovation Studies）的序幕。帕夫利克的这篇文章和他在第二年出版的著作《新闻业与新媒体》（Pavlik，2001）不仅涉及此后新闻创新研究领域的主要元素：技术、新闻生产、新闻组织、新闻公众等，而且开始启用在新闻创新研究早期反复出现的叙事——"探究互联网技术给新闻生产、新闻组织、新闻媒体与公众关系等新闻业主要方面带来了哪些深刻变化"。同期不少研究虽也论及于此，但新闻或新闻业并非主角。因此，把帕夫利克的这篇不长但被引量较高（谷歌学术搜索显示迄今有 936 次引用）的文章作为当代新闻创新研究启动阶段的代表性作品，应不算冒失的选择。

　　四分之一个世纪过去了，新闻创新研究可以说已从早春光景走到了仲

夏时分。在谷歌学术上检索"Journalism"与"Innovation"共现文献有
9.3万篇；在中国知网上检索摘要主题词"新闻"与"创新"共现文献有
7.5万篇；在 Web of Science 上检索摘要主题词"Journalism/Media"与
"Innovation"共现文献有3.1万篇。皓首穷经，也不可能读完，更何况这
个领域还在以惊人的速度生成新作。这不由得让人想起柏拉图在《苏格拉
底的申辩》中记录（也许是虚构）的苏格拉底的名言："一个未经省察的生
活是不值得人过的生活。"（柏拉图，2017：83）或许，在新闻创新研究呈
现出学术蓬勃发展、文献蔚然大观的繁荣景象时，我们更要有一番省察的
自觉：新闻创新研究从何处来，往何处去？有何独特性？能有何种贡献？
等等。因为，一段未经省察的学术道路也是不值得研究者踏足的。

从历史到当下

　　有意思的是，新闻创新研究者可能并不认为新闻创新是一个"新命
题"。"新闻业的创新并不新"，普伦格和杜兹（Prenger & Deuze，2017）
写道，新闻业在不断出现的新媒介（印刷纸、广播、电视、互联网、移动通
信等）上持续改变。重要的不是去区分新旧媒介技术的差异，而应去理解那
些在特定时刻或特定环境中引发新闻业变革的因素。他们将20世纪50年代
到60年代出现的新闻创新"电视新闻杂志"（television news magazine）与21
世纪后出现的新闻创新"新闻创业组织"（news start-ups）并而观之，发现
历史上的新闻创新和当下的新闻创新存在共同的发生因素，如公众和从业
者对当前新闻的失望、新闻业内的激烈竞争，以及新闻创新者的个性特征
等。从这个意义上说，新技术对于新闻业变革固然十分重要，但并非决定
性的。正如创新理论大师克里斯坦森在企业创新中发现的同样问题：创新
活动失败，常常不是因为技术缺陷，也不是因为市场没准备好，而是创新
部门的能力与业务不匹配（克里斯坦森，雷纳，2013：147）。

　　创新，在现代新闻业并不漫长的400多年历史上反复出现，持续塑造
着不同时代不同社会的新闻。譬如"采访"，这一现代新闻业高度依赖的

工作方法并非与生俱来，而是一项 19 世纪中期之后才出现的"发明"。早期新闻实践很少采用"记者正式向被访者提问并获得回答"这种形式，而多采用"旁听""记录""非正式交流"等方式获知信息。事实上，19 世纪中期新闻界零星出现了"采访"这种创新做法后，有很多报人认为这不够体面，会破坏记者和政治人物的信任关系。当时美国总统林肯经常与记者非正式交谈，却几乎没有记者会直接引用他的话。但采访对新闻工作的价值实在太大了，在它被发明出来以后，"这个想法就像野火一样"在全球新闻界扩散开来。1871 年《纽约世界报》记者汤普森·库柏（Thompson Cooper）专访教皇庇护九世，成为新闻史上第一场被大张旗鼓宣扬的正式"采访"（Schudson，1994）。

"便士报"的兴起是另一场成功改写了整个新闻世界的创新。1833 年 9 月 3 日，22 岁的印刷商本杰明·戴在纽约创办了早报《太阳报》（*The Sun*）。当时，美国日报的价格一般是 6 美分，但《太阳报》一下子把价格打到了 1 美分。在《太阳报》之前并非没有试图走低价路线的报纸，但它们无一例外地陷入新创办报刊读者少－读者少就没有广告－没有广告就不能持续维持低售价的困境中。《太阳报》在商业模式上的真正创新并非低售价，而是本杰明·戴作为一个销售天才创造性地先在报纸上重印已经在其他报纸上刊登过的广告，再去说服尝到甜头的广告商，从而让这份新创报纸获得可持续发展的资金。可见，新闻业的创新是一条浩浩荡荡的"行动流"，本杰明·戴们是少数留下了姓名的引领者，更多人则是新闻业持续创新浪潮中的无名行动者。

再如 20 世纪 90 年代中期以后开始的、被学界称为"平民化"的新闻报道改革，不仅改变了中国新闻界的报道"语态"，甚至可以说改变了中国社会公共空间的交流模式。《十年：从改变电视的语态开始》的作者，时任中央电视台副台长孙玉胜在回忆 90 年代以前的新闻时说，"很长时间以来，'拽大词''高八度''排比句'串缀起来的新闻稿，成为事件'重大'的一个典型标志，人们从不同的传播工具中听到看到读到的东西，会有惊人相似的语态"（孙玉胜，2003：43）。而 1993 年开播的央视《东方时空》

（尤其是以"讲述老百姓自己的故事"为定位的《生活空间》栏目）和1995年中国青年报创办的《冰点》专栏，引领了新闻选择标准的创新，从此"老百姓是生活的主体，也是值得报道的新闻对象"才成为普遍的新闻选题（沈欣，1996）。

这样的例子不胜枚举，甚至现代新闻业如何登上历史舞台，本身就是一场漫长的"发明"。回溯这些，正如《新闻的发明》一书作者、英国历史学家佩蒂格里（2022：423）在该书结语中提醒我们的："如今生活在21世纪初这个动荡易变的多媒体世界的不确定性中，我们也许更容易明白为什么类似的多样化的新闻传播方式似乎完全适用于本书重点关注的四个世纪（指15~19世纪现代新闻业在欧洲诞生并逐渐扩散的这段历史）。"新闻创新，不是一个只关乎当下的、完全由新技术驱动的、"闪闪发亮"的新东西。拒绝去历史化叙述，对新闻创新研究来说至关重要。打通历史与当下的关系，不仅可以避免一叶障目的狭隘、沉淀对新事物的狂欢和悸动，更重要的是，它赋予当下的新闻创新研究总体性的问题意识：新闻从何处来，往何处去？作为人类社会最重要文化形式之一的"新闻"将如何变化，因何变化，有何影响？行动者可如何作为？由此展开的探索，也只有在从新闻的历史演化到当下的新闻创新这一脉相承的思路中才能生动浮现。

当然，21世纪的新闻创新与此前毕竟有很多不同。也只有到了21世纪，甚至是最近15年来，"新闻创新"或"媒体创新"才"突然"成为描述当下急剧变化的新闻现象的统合性概念。如白红义（2018）认为，可把与新闻业的变迁、转型、改革等有关的现象统称为新闻创新，把"创新"作为理解新闻业变迁的透镜。可见，新闻环境剧烈的、系统性的变化，对原有新闻业结构、实践和关系网络造成的密集冲击，不仅产生了"新闻业危机"这一全球现象，也召唤出"新闻创新"这一全球行动。"新闻业危机"话语（Journalistic Crisis Discourses）肇始于美国，研究者较普遍地引用2009年美国皮尤报告数据（Pew，2009），把2008~2009年间美国报业收入下滑23%作为当下新闻业危机开始或明朗化的标志（王辰瑶，2018）。

尽管程度和表现有所不同，但其他国家和社会的传统职业新闻很快也感受到技术、经济等因素带来的巨大冲击。以至于研究者认为，（传统）新闻业在收入、吸引力、自主性等多个方面陷入困境的事实"已经无须讨论"（Picard，2011）。为什么在这一时期，全球新闻界和研究者会不约而同用"危机"（crisis）一词而不是别的词来描述这一现象？吉特林注意到，这是因为"危机"远比一般意义上的"问题"要严重得多（Gitlin，2011）。泽利泽认为，启用"危机"一词，不仅传达了"我们对事物可能展开的方向一无所知"的感受，而且表明这一状态迫切需要干预，以减少这种不确定性（Zelizer，2015）。普遍且紧迫的"新闻业危机"必然要召唤出集体性反应，也即作为"不确定的救赎"的新闻创新（王辰瑶，2016）。

由此，21世纪的"新闻创新"的突然出现和被集体命名，本身就是危机驱动的结果。这既促使当下新闻创新研究快速走向繁荣，也给它招致不少问题。在新的数字媒介环境中，新闻业的创新越来越关乎生存（Nunes & Canavihas，2020），因此，新闻创新无论是作为行动方案还是研究前沿，似乎都无须证明自己的重要性。但这也导致新闻实践和研究中的"创新"话语被使用得过于广泛，而缺乏真正的共识（Posetti，2018）；新闻创新行动的紧迫性亦传导到研究中，产生了大量对新闻媒体"如何反应"的描述性论述，却存在理论化程度不足的缺憾，以及因为捕捉的经常是行动者的"即时反应"，也导致一些新闻创新研究给人留下一直在追逐（不同的）新事物但缺乏对变化持续性观察的印象。此外，这一轮集体性新闻业危机最直接的动因是数字技术，最明显的压力是传统新闻组织能否在经济上存续。因此这不可避免地，同时也是完全可理解地，让当下的新闻创新研究带有很强（也许是"过强"）的技术和商业色彩，比如有的研究者认为新闻创新研究的核心是帮助新闻业更好地开展基于技术的商业应用（Ainamo，2006），但这就过分窄化并矮化新闻创新研究了。

由此，我们不得不自省危机驱动下21世纪新闻创新及其研究"繁荣"与"脆弱"并存的现状。虽然新闻创新研究的"表征"经常着落在具体新闻组织、新闻生产方式、新闻文本形式、新闻创新项目的成败上，但其问题的"本质"应超越具体新闻项目和组织的生存危机以及为新闻业自身发展的"谋划"。正如佩蒂格里给《新闻的发明》一书起的副标题是"世界是如何认识自己的"，回溯历史与当下，新闻业应被视为人类社会公共交往空间中一项重要的认知制度。研究它曾经、正在和未来可能发生的变化，造成改变的因素，以及这样那样的持续变化对社会的深刻影响，其意义不仅在于新闻业自身，更在于这一公共认知制度与全社会福祉的紧密关联。

从领域到视角

当 21 世纪新闻业的整体性危机召唤出进入新闻领域的大量新行动者和新行动，当研究界对新闻业外部和内部变革的关注越发集中，新闻创新研究不再散落于数字时代之前新闻学的各条脉络，而逐渐成为一个相对独立的领域。谈及"领域"是颇有争议之事，似乎有着某种"跑马圈地"不容他人染指的霸道。实则不然，学术研究中的所谓"领域"绝不能是"占山头"，它体现的应是研究者的"自知之明"。如果说"数字化""网络化""新技术"等是当下新闻研究的普遍背景，"新闻行动者""新闻实践""新闻文本"等是当下新闻研究的共有因素，那么在共同性之下，找到新闻创新作为研究领域和理论视角的意义，就是要发挥其在聚焦研究对象和发掘研究问题上的独特性，并以此与代表着其他独特性的新闻研究交相辉映。

新闻创新研究什么？十多年来新闻创新研究者对这一问题的暗示和明示，本身也是学术领域研究意识逐渐清晰自明的过程。创新无疑是行动，并且是打破常规的新行动。尽管在日常语境下，"创新"的使用极为宽泛，但学术研究中对"创新"的理解实不宜过于泛化。"在关于创新的迷思中，最危险的莫过于认为创新就是一种观念"（Kastele & Sten，2011）。空洞的"创新"口号、没有行动的想法以及仅摆出"创新"姿态的"表演"，都不是真正意义上的创新行动。严格"创新"的标准，方可挤出打着创新名义的诸多项目和话语中的"水分"。新闻创新研究的核心对象可概括为新闻领域中各类行动者采用的、对新闻领域产生实际影响的"新行动"（王辰瑶，2021）。在具体考察行动者如何采纳新行动的经验层面上，大量新闻创新领域的研究集中于观察在危机冲击下传统新闻媒体如何应对以及传统新闻业之外的新行动者如何行事这两类现象。但推动新闻创新研究领域逐渐自明的工作，主要来自研究者在此基础上用"类型化"方法省视、细化新闻创新领域研究对象的努力。

比较重要的如布莱恩等人（Bleyen et.， 2014）提出的"媒体创新类型学"：他们在把媒体创新分为过程创新和产品创新的基础上，进一步分为"商业模式"创新、"生产和分发"创新、"使用和媒介服务"创新、"内在形式"创新和"内容核心"创新等五个维度。与前人相比，他们已明确意识到新闻媒体创新更为强调"产品/内容"导向的创新逻辑。技术和商业因素固然重要，但总体上还要为生产的"内容"服务，这抓住了媒体行动的重点和特点。有研究者在此基础上，通过经验观察发展出了更为细化的"新闻媒体创新指数"（García-Avilés et.， 2018）。这个指数对评估新闻创新项目的创新度有现实价值，但不难看出，这种"类型化"总体上还是以在经济管理领域发展起来的"创新"理论为基本框架，套用在新闻领域的新行动和新变化上。也有一些"类型化"工作，有意淡化或去除了这种商业色彩，回归创新即新行动的本意。其中一个比较有启发的理论模型是韦斯特隆德和刘易斯提出的分析媒体创新实践的 AMI（Agents of Media Innovation）模式。该理论模式把媒体创新实践的主体和行动视为一个 4A 矩阵，探讨人类行动者（Actors）、物和技术（Actants），以及使用者（Audience）如何在网络中相互作用，进行媒体创新行动（Activities）。AMI 模式认为，前三个 A，即 Actors、Actants 和 Audience 的不同组合方式会对创新行动（Activities）产生不同的影响（Westlund & Lewis, 2014）。AMI 模式的优势在于把新闻创新行动放在行动网络中理解，而不是孤立地看待创新。笔者亦提出过从不同行动目标和行动面向出发，可将新闻创新行动分为"调适性"创新、"关系性"创新和"生产性"创新（王辰瑶，2022）。除了这些从总体上探讨新闻创新研究什么的分类理论模型外，还有一些类型化研究更细致地考察了新闻创新研究中某一局部的样貌，如对新闻业外围行动者的分类等（Hanusch & Löhmann，2022）。

总之，新闻创新研究通过各种"类型化"工作正在逐步厘清这一研究领域的"地图"。画地图的工作之所以能开展，得益于本领域研究数量的快速增长。但类型化工作的意义不仅是对现有研究的总结，它们也会促使研究者更清晰地看待新闻创新中不同类型的行动者与新行动，并能在不同维度上分析新闻创新行动的动因、过程和影响机制。在类型化工作的照映下，新闻创新领域的有些部分，如对特定类型媒体组织如何进行创新行动以及"媒体融合"等特定类型的媒体创新行动的研究，已有气象形盛之感；但有些部分显然还有待开垦，如解释多元新闻行动者如何生成新的关系网络，以及这一并不固定的网络如何与更大的社会网络互动等。新闻创新研究需要从相对单一、描述性的、组织或项目导向的研究，推进到能解释更为复杂宏观的新闻系统变化，推进到机制层面的、以关系为导向的研究新阶段。换句话说，即便我们可以接受"新闻创新"在现阶段被更多视为新闻业面对危机的"解决方案"，那么这也应该是社会信息"生态系统层面的解决方案"，而不是媒体自身的解决方案（Nunes & Canavilhas，2020）。

"类型化"这样的旨在厘清新闻创新研究领域的"元研究"可帮助研究者明确"做什么"以及一项具体研究与新闻创新研究整体理论推进的关系，但还不足以解决"为什么做"的问题。新闻创新研究重要吗？这取决于它能提供什么样的独特理论视角。如果理论是指对某种对象提供较为系统的解释，那么理论视角指的是研究者采用何种特定的角度提出问题并进行研究。生物学家杜布赞斯基曾有句指出进化论为何重要的名言，后被很多不同学科的研究者引用。杜布赞斯基说："如果不从进化论的角度思考问题，生物学的一切都毫无道理。"（Dobzhansky，1973）这不是说生物学只有进化论这一个问题，而是说生物学有诸多复杂现象经过进化论的角度透视，就能说得通，产生解释性理论。可见，一个重要理论角度的作用不是取代其他，而是启发和勾连，产生新解释。我们不妨也把杜布赞斯基模板套用到新闻创新上——21世纪新闻领域涌现的诸多新现象以及一些被重新提出的老问题，如"什么是新闻""谁是新闻记者"等，如果不经由新闻创新研究的理论视角，也难以被理解。

就现象而言，21世纪新闻领域的创新叙事已经出现了一种难以忽视的张力——一方面，来自（传统）新闻业内部的职业话语和社会对新闻业理想角色与功能的规范话语，似乎并不鼓励各种离经叛道的"创新行动"。多位学者的研究都发现，"新闻工作者倾向于'规范'新媒体技术及其相关的社会文化影响，从而压制根本性变革的可能"（Lewis & Usher，2016）。另一方面，外部环境，包括技术、制度和新闻公众所构成的舆论场"风向"的持续变化，造就了新行动者不断涌现，原有新闻行动者不得不调整与改变，整个新闻生态系统正在发生结构性变化。这两者之间的紧张关系，不仅导致很多实践中的矛盾、困惑甚至痛苦，也出现了理论解释的双重乏力。大众传媒时代诞生的关于职业规范、新闻生产机制、新闻与社会关系的解释，固然已经无法覆盖野性蓬勃的现实发展，但是，认为新闻业将被外来者"颠覆"，完全以"后工业"（post-industrial）方式打破既有主流新闻专业规范性预期的激进理论，同样无法解释在不同社会语境下为何仍然主要依靠传统新闻媒体中的一部分佼佼者，肩负起对现实世界的公共事务进行真实叙述这一核心使命。更何况，激进理论也难以回答"打破"之后的问题——一个更动态、灵活、流动的新新闻系统将如何维系其自身？例如对于Deuze和Witschge（2018）提出的颇有启发性的"超越新闻业"（beyond journalism）命题，我们也不妨追问一句：然后呢？毕竟，任何系统如果不能以与其他系统相比的"差异性"维系其构成元素和关系的话，都是不能"持存"的。

创新理论作为研究视角的价值正在于能提供对系统"跃迁"（同时又不消解系统）的解释。它不仅关注新行动及其带来的变化，更要去研究造成变化的条件、方向以及后果，并始终在变化中考虑系统如何"持存"。换句话说，创新理论视角的独特性在于它坚持在规范与变化的关系中去理解一个系统为何会"发展"。而在不同社会领域进行创新研究，必须考虑特定领域的规范性价值，而不能直接套用最先在经济管理学中发展起来的企业创新理论。如今再以反思性眼光看 2012 年《尼曼报告》刊登的《打破新闻》一文（Christensen & Skok，2012），就可以看到这种套用方式存在的问题。《打破新闻》运用哈佛商学院教授克里斯汀森享有盛誉的"颠覆式创新"理论解释新闻业的变化，对新闻业界和学界产生过重要影响。该文并非没有考虑"规范"，但直接将企业发展的"增长"规范等同于新闻业发展的"规范"，完全把新闻组织作为企业、把新闻作为商品、把公众作为消费者市场来理解新闻业的变化——因此也不难理解，为何该文的解释会与此后十多年来新闻系统的发展实际存在较大偏差。可见，新闻创新作为一种研究视角之所以重要，在于它能从新闻规范和新闻领域的新行动的动态关系去解释变化，它既无法被新闻学已有研究范式如"新闻规范研究""新闻生产社会学"等替代，也无法被其他社会领域的创新研究范式替代。Schudson（2019）在论证"新闻生产社会学"时曾说，不同的视角都可能在某些关于新闻的问题上比其他视角要更有见地。诚如斯言，"新闻创新研究"的发展也应坚持视角的独特性、提出新问题的敏感性和理论解释的敏锐度，避免扁平、泛化和自我重复式的学术话语。

新闻创新研究的 CAN 模式

据前论证，本文试图提出一个关于新闻创新研究的 CAN 模式，以便能更清晰地显示新闻创新研究如何在多重因素考量下把握"规范"与"变化"的关系。

C 指新闻环境的变化。这既是这一轮由新闻业危机驱动的全球新闻创新浪潮的缘起，又是在一段较长时间内保持新闻创新势头的动力源泉。南京大学新闻传播学院新闻创新实验室每年发布的全球新闻创新报告，把新闻环境的变化划分为三大类：技术环境的变化、制度环境的变化和新闻使用与舆论环境的变化。新技术的涌现对新闻业的强刺激无须多言，新闻行动者通过采纳各类新技术而进行的大量新行动，是全球新闻创新领域最显而易见的现象。但研究者和行动者亦须警惕这类看似自然又直接的"创新

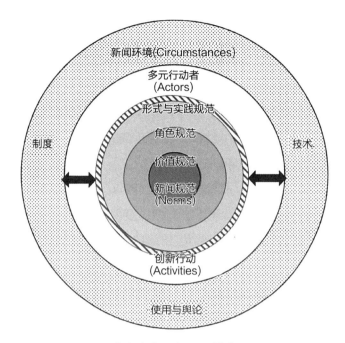

新闻环境(Circumstances)

多元行动者
(Actors)

形式与实践规范

角色规范

价值规范

新闻规范
(Norms)

制度

技术

创新行动
(Activities)

使用与舆论

新闻创新研究 CAN 模式

话语"的陷阱，因为由新技术直接驱动的新闻创新同时也在新闻界产生了最多的闲置、空转、包装和表演。新技术出现了，新闻领域的行动者如果不能赶紧"跟上"，就有被淘汰的焦虑和害怕被批评革新魄力不够的担忧。以"生成式人工智能技术"为例，它在新闻领域激起了"崇拜""恐惧"等感受，以及非常强烈的需要做点什么的"紧迫感"（Newman，2023）。但"生成式人工智能"技术如何重组与表达现实世界，其与新闻工作理念与方法有无根本冲突？其实，面对任何可能影响新闻业发展的新技术，新闻行动者都面临着究竟应该如何看待、发展和部署这种新技术的问题。这需要更多在"嵌入实践的技术"视角（王辰瑶，秦科，2023）下的新闻创新研究，而不是先假定要"热烈拥抱新技术"。在笔者看来，新闻作为一项人类社会的认知制度，其在人工智能时代的最大价值恰恰是要坚持新闻工作方法，对人工智能"生成"的内容进行"矫正"。相比于利用人工智能增加新闻生产效率的"小"创新，新闻业更应思考如何对抗人工智能内容冲击公共交往空间带来的巨大风险这一大创新任务。紧随技术变化之后的制度环境的变化，近年来对新闻业的影响越来越大，这也从侧面说明了新闻系统本身的重要性。各种社会语境下的制度设计者、法律和政策制定者，都不可能让新闻系统行动者纯粹自由地行事。而制度变化总体上也与新闻规范的价值——确保事实真实、服务公共利益的方向一致。这里所说的"制度"，主要指新闻外部环境因素，如相关法律、政策、重要文件等，但外部制度环境与新闻行业制度、新闻组织中的制度也具有相关性，它们以"联动"的方式对新闻行动者的创新行动产生了明显影响。

新闻环境中一个特别需要说明的因素是新闻使用者。毫无疑问，人们在线使用新闻行为的变化、新闻使用的量化指标、新闻态度的即时可见等，都是促使新闻业从观念到实践发生巨大转变的重要原因。使用者，或者说"用户"，与技术组件一样，其与新闻系统的互动都属于网络时代的"新新闻生态"。如果严格按照生态学的理解，"生态"指的是生物与环境之间的相互作用，生命体与其生存条件的动态关系。那么从新闻创新的角度而言，新闻使用者应该属于新闻系统外部环境的一个重要变量，而不是新闻创新的主体。这也是 CAN 模式与 AMI 模式的一个显著区别，后者认为媒体创新的主体包括所有非人技术、算法、设备、网络、界面等组件（Actants），也包括不同类别的受众（Audience）。但在 CAN 模式下，这两者都属于新闻行动者之外的环境因素。理由是，创新是有明确目的性的新行动。现代经济创新理论的一个卓见就是对行动者"创新精神"的强调。熊彼特认为，创新的实现有赖于"企业家"。熊彼特所说的企业家更接近于我们今日所说的"创业者"或者"有创新精神"的行动者。他认为创新始于对原有经济均衡状态的干扰或曰打破，而这种干扰活动发生在生产领域，而非消费领域。他还认为，"企业家"不是一般意义上的雇主、资本家、实业家，而是主动创新者，哪怕他们只是雇员（熊彼特，2012：62-94）。这给新闻创新研究带来的启发是要坚持"行动主义立场"，不要把一般意义上新闻用户的态度和行为变化与由此引发的新闻系统多元行动者的创新相混淆。当然，数字新闻用户中的确有一部分积极使用者有持续参与新闻生产的意愿与行动，对此我们仍然要区分他们的行动逻辑。如在新闻媒体的评论区留言、发表看法，这属于希望实施环境压力促使新闻系统行动者有所改变（也许能激发出新闻行动者的创新）；如果是躬身入局，借助传播技术的赋权，开始创办泛新闻类的"自媒体"并能持续，此时我们更应该将他们视为新闻系统中的"外围行动者"，而不是一般意义上的新闻用户。不过他们在新闻系统中的地位很不稳固，很容易从新闻多元行动者网络中又退回为新闻环境中的使用者。

与变化非常大的环境因素相比，新闻规范（N）通常被视为"不变"的部分，这使得数字新闻业在面对外部压力时出现了明显的内在张力，也由此产生不少争论。新闻创新研究需要解释而非仅仅罗列这些争论。从创新研究的视角看，新闻规范对新闻创新来说类似"地心引力"。诸多创新行动能否启动、能走多远、能否持续并扩散，在很大程度上取决于其与新闻规范的关系。但"新闻规范"自身并非完全不变，可将其视为一个从相对容易改变到相对难以改变的光谱。CAN 模式将新闻规范分为三个层次，按照变化从难到易分别是新闻价值规范、新闻角色规范和新闻形式与实践规范。新闻价值规范考虑的是新闻作为一个社会子系统存在的合理性。"咖啡馆新闻"（指 17 世纪开始的记者蹲守咖啡馆记录道听途说之事的早期新闻实践）也好，"黄色新闻"（19 世纪末美国报业盛行的以耸人听闻和煽情的方式招徕读者的报道风格）也好，它们都曾一度在新闻界风靡并获得消费市场的正反馈，但为何终从当时风头十足的"创新"之举沦为新闻界的反面教材？早期新闻业是在市场需求、媒介批评、报纸竞争、政治压力等诸多混杂因素中"追求真实"（the search for truth）的，尽管这一过程一开始充斥着混乱、矛盾的价值诉求，但在新闻规范性的作用下，"报纸编辑们反复强调这一主题，承诺他们只提供最佳的公正的新闻"（佩蒂格里，2022：306）。全世界的新闻业，不管在现实中实践得如何，但都以"寻真"（truth-seeking）和关注公共事务（public affairs）为价值声称，背后体现了系统差异性的客观规律。新闻，只有主动承载不同于"公关""娱乐""舆情""通告""广告"等其他公开信息形式的价值时，才有存在的必要。考

虑到当下信息环境的变化，经受过历史检验并在实践中一路发展起来的，
追求事实真实与公共服务的新闻文化价值，就更有存在的合理性了。

在不变的价值规范之下，新闻角色规范则可能出现了一些新变化。新
闻最早的角色功能其实是政治家和商人的"信使"，后来才逐渐大众化，成
为全社会的"瞭望者"。几十年来对新闻记者角色认知的调研证明：瞭望
者角色（传播者、记录者、守望者等与瞭望者同义或近义）是现代新闻业
建立以来社会共识度最高的角色，也即记者认为把外部环境中的重要变动
报告、传播给其他社会成员是他们最重要的使命。如美国学者从 20 世纪
70 年代开始对全美新闻从业者每 10 年一次的调查，发现记者的自我角色
认知虽然从单一变得多元，但信息传播者（disseminator）这个角色始终存
在（马亚宁，2014）。1997 年后，中国学者也开始对记者的角色认知进行
大规模调研，几次调查的结果也发现，"中国新闻从业者始终最看重记录
者、传播者的角色"（张志安，吴涛，2014）。

但随着社会对新闻业要求的变化和新闻实践自身的发展，新闻"瞭
望"社会的含义正在改变。它不仅指用快速准确的消息"告知"社会成
员，还包括提供对社会现实的深层观察、分析、解释，并与其他社会机构
互动，让社会成员"理解"当下世界的事实变动。新闻从对信息的简单搬
运和记录，发展成一种特定的基于事实的公共知识。这意味着它需要有意
愿的社会成员、拿出专门的时间、使用专门的认知方法和技能，才能完成
对这类知识的生产。新闻业提供的正是这样一种中介性的公共空间。从道
理上讲，社会产生的信息越多，人与人的交往越紧密，人们之间的意义交
流和彼此理解就越需要建立在公认的、可信赖的、可言说的空间之中，社
会就越需要新闻守望。然而，新闻业要继续履行瞭望者、守望者的角色远
比过去困难。一方面，在互联网时代，靠新闻记者才能获得事实信息的垄
断性被打破了，社交网络上精英人士、社会组织机构以及公众通过自媒体
无时无刻不在生产和交流关于事实的信息，对新闻权威形成了很大挑战。
另一方面，这些新生成的巨量信息以及由社交媒体算法主导的信息传播网
络从体量上可能淹没掉新闻工作，导致对公共事务的重要报道无法突破信

息泡沫而被大多数公众知晓。想要继续履行社会守望职责，新闻业就不得不通过系统内创新和跨系统的协调创新，克服对现实世界公共事务的真实叙述与社会公共注意力资源不匹配的结构性难题。此外，随着社会复杂程度增加，人们的利益诉求和看待现实的角度益发多元，新闻系统仅仅守望社会、客观观察和记录社会具体事实显然不够，它还应越来越多地肩负起维护社会公共信息交往空间健康的职责，包括在众声喧哗的环境中成为有效的"协调者"和"引导者"，以及在面对"幻象"洪流（"image" flood）、虚假信息（misinformation）和信息娱乐（infortainment）等新现象时，成为坚定的"校正者"和社会公共交往空间的"维护者"。与此前很多研究认为角色规范与新闻创新矛盾的观点不同，本文认为两者毫不违和。因为在如今的现实条件下，新闻行动者只有通过创造性行动才有可能继续维系传统新闻角色规范并履行新的新闻角色规范，墨守成规则毫无疑问会让两者都落空。

新闻规范中最易变的层次则是形式与实践规范，也即对新闻（不）可以是什么样、新闻人（不）可以如何做的回答。这个层次的规范正在被大量的创新行动改变，同时又产生了许多争议和不适感。新做法层出不穷：权威报纸在新媒体账号上早已习惯了用"刚刚体""小编"，甚至从头到尾没有一个标点符号的短句文本报道新闻；重大事件的短视频新闻，配乐比比皆是；很多按照过去的新闻选择标准完全不可能成为"新闻"的凡人琐事时常成为全国关注的热点新闻……旧规范则渐渐沉寂：不必说日常在线新闻中已经很少出现"本报讯"这样的电头，也很少看到"编者"这样的称呼了，就拿新闻业发明的独特叙述形式"倒金字塔"来说，这种曾经非常成功的新闻文本结构方式在新闻传播条件发生重大变化后也变得不受欢迎了——一项对网络时代受众的大规模调查发现，受众更喜欢新闻报道按照故事的线性时间叙事而不是"倒金字塔"这种"反故事"的模式（Kulkarni et.，2022）。数字时代的新闻实践和新闻教育都不能仅凭某种新闻形式或工作常规的曾经辉煌与当下落寞，就生出"一代不如一代"的慨叹。实际上，新闻在"做"与"形"上的规范一直处在一种不太稳定的状态，这本身就彰显了新闻系统内在的活力。这一层次的新闻规范最直接地被新闻系统行动者的各种创新行动影响，但同时也受制于新闻角色规范和新闻价值规范。因此，正是在这一层次上出现了最多的关于新闻的争议话题。新的报道风格、新的挖掘新闻素材的方法、新的事实呈现方式、新的选题领域、新的新闻发布和传播渠道等新行动，究竟能否上升为新闻系统的形式与实践新规范，的确需要边做边议，在行动中逐渐明确新闻形式和实践的边界。

这方面的经验现象非常丰富。例如新闻媒体在社交媒体账号上发布新闻时，在标题中使用"藏露法"一度颇为流行，即故意不交代新闻中最有价值的事实，引导使用者"点击"。对媒体来说，采用这种新式标题方法实属为在环境压力下争夺受众注意力和增加影响考评之"点击"数据的举措，但它是否会就此成为一种新的起新闻标题的"规范"呢？可能很难。这种"创新"的收益会随其扩散而递减，也就是说随着越来越多的媒体采用这种做法，受众的新奇感会下降，反感会增加；从更稳定的新闻规范要求看，这种"创新"虽然不违背新闻的核心理念，但多少有点"贬损"新闻的文化价值。它很可能最终会归属于新闻编辑的一些"常用小技巧"，在起标题时偶尔为之无伤大雅，但上升不到新闻形式规范的层次。再比如2022年东航 MU5735 空难发生的第二天，《人物》杂志微信公众号迅速推出报道《MU5735 航班上的人们》，成为一篇刷屏的"爆款"。一方面，这篇报道体现出媒体的新闻专业实力：事发后第一时间能公开采访到部分逝者的非直系亲属、朋友，这是快速采访能力的体现；多位记者协同工作并迅速完成一篇逝者群像特稿，这是协同能力和叙事能力的体现。但另一方面，这篇报道引发的社会争议非常大，以至于媒体很快删除了稿件。新闻记者、专家、批评者围绕这一报道是否有违新闻伦理进行了较为热烈的网络讨论。从报道文本看，采访信源主要来自外围亲友而非直系亲属，且被访者大多接受了采访，并不存在一些批评者所说的对遇难者家属直接的"悲痛侵扰"。记者采用的被访者提供信息和受害者生前发布在个人社交账号上的生活内容也都是正面和中性的，没有对死难者的贬低和丑化。那问题出在哪里呢？仅仅是网民对新闻报道的误读吗？笔者在课堂上与本科生们讨论这个案例时，发现数字时代的公众会因为这样的报道产生"不适感"，原因也是真实的。不少学生提到，虽然记者使用的部分内容素材是遇难者自己生前主动发布在社交账号上的，或是对外围亲友采访得来的，但一想到这些碎片化的内容会成为对一个人的"盖棺论定"，即便没有贬低和丑化，他们也会觉得很"不安"。新闻使用者这种较普遍的代入式"不安"感是过去的新闻伦理规范很少考虑的新情况。如果这样的情况多了，是否会修正新闻的实践规范？这值得研究者进一步观察。在 CAN 模式中，可以直观地看到这些案例位于新闻创新行动和新闻形式与实践规范之间最为活跃、不稳定的圈层中，这一圈层可能也正是新闻创新研究中最有活力的部分。新闻创新研究秉持行动优先的立场，它绝不否认结构、制度或秩序的重要性，但并不接受原有规制对创新行动的先在性，否则就无法解释新闻领域的变化。换句话说，对新闻创新研究来说，在数字时代谈论什么是新闻、新闻应该怎么做之类的形式和实践规范问题，正需要在大量的新闻创新行动及其产生的争议中探讨。争议不可怕，但需要警惕舆论场上"只争不议"的弊端，新闻创新研究者要避免陷入"争对错"的话语陷阱，而把注意力放在这些具有症候性的案例如何启发新闻"规范与变化"之关系的思考上。

新闻创新研究最直接的研究对象就是 CAN 模式中的"A"——由新闻领域多元行动者（Actors）及其创新行动（Activities）所构成的生动、蓬勃的经验世界。但正如这个模式所展示的，新闻创新研究的独特视角在于探寻新闻规范与新闻领域新行动的动态关系，由此为数字时代新闻范式的更替和新闻业的发展提供理论解释。对多元新闻行动者及其关系的研究、对多元行动者创新行动的研究都既离不开新闻环境变化这一大前提，更离不开新闻规范的变与不变这一向心力。按照 CAN 模式，新闻创新研究可不断通过对新经验现象的归纳分析，围绕如下四大类问题推进理论化过程。

第一类，新闻环境变化与新闻行动者和新闻创新行动的关系问题，也即 C-A 问题。新闻创新研究并不单纯探讨新闻环境如何变化，而要探讨新闻环境的哪些因素可能促使或阻碍新闻领域涌现新行动者、结成行动者之间的新关系、产生某类新闻创新行动。比如我国传统新闻媒体在新媒介形式上开疆拓土，打造新媒体矩阵已经是一种扩散很广的创新行动。但并非所有的新媒介形式都对传统新闻媒体有同等吸引力，也不是用户越多的社交媒体平台就越吸引传统新闻媒体"入驻"。其中原因何在？可能与不同新媒介技术的可供性有关，比如微信公众号对纸媒的内容产品接纳度较高，而小红书则无法承载较长篇幅的文字；也可能与制度对创新行动的认可有关，如是否将某一新媒介形式的账号视为有资质的传播主体，或是否纳入考评体系；还可能与媒体行动者对不同媒介平台用户环境的评价有关，新闻媒体更倾向于在"调性相合"的平台上开设账号而非相反。如此深究下去，才能进一步探索"媒体融合"的客观规律。这类问题还有很多，包括制度空间的变化对新闻多元行动者网络的影响、新闻行动者对不同技术的采纳方式和采纳程度有何差异、使用者与新闻行动者的关系如何影响新闻创新等，都有待研究者进一步探索。

第二类，关于多元新闻行动者的类型、行动者之关系的建构与变化以及不同行动者如何进行不同类型的新闻创新行动的问题，也即 A-A 问题。这一大类问题其实是把新闻创新放在一个"行动网"当中研究：多元行动者的出现本身就是改变传统新闻业态结构的系统创新，它们的异质性很强，有着不同的"做新闻"路径，相互之间存在着竞争、融合、协作、斗争等不同关系，且还在不断变化中。多元行动者如何通过不间断的创新行动生成新的网络化新闻业是这一类研究问题的核心关切。比如我国传统新闻媒体要实现"建设新型主流媒体"的目标，本质上是要在一个传统新闻媒体与其他泛新闻行动者共同存在的网络化关系中占据核心位置，成为能实现媒体系统核心社会功能的，能直接或间接触达并影响主体社会公众的，对媒体网络中的其他行动者有显著影响、起引领和示范作用的媒体。对当下的传统新闻媒体来说，重要的不是被制度保护住一个名义上的"主流媒体"身份，而是如何通过创新行动在多元行动者网络中"争取"真正的"主流媒体"地位。对其他类型的行动者来说，能否被公众接受、被制度认可（至少是默许）是其能否在多元新闻行动者网络中保有一席之地的关键，它们的创新举措与传统媒体有很大不同，也颇值得研究。

第三类，关于多元行动者之新闻创新行动与新闻规范的关系问题，也即 A-N 问题。如前所述，新闻规范是新闻创新研究中极为重要的因素，脱离新闻规范，就理解不了新闻创新。也可以把这一大类问题视为在"行动流"中研究新闻创新：因为这类问题不仅关注什么行动者做了什么，更关注行动者的创新动力、行动目标、创新成效、创新行动能否持续、扩散及其原因等。或者说，这类问题其实把新闻创新当成一个有机体看待，为何有些新闻创新扩散极快，有些则雷声大雨点小，还有些已经停滞或空转？为何有的新闻创新生命力极强，有的则如昙花一现？可以说，新闻创新背后的"大道"就落在不同层次的新闻规范上。对新闻创新行动流、新闻创新生命周期的考察非常重要，也更加需要历史眼光，如此，新闻领域的"守正创新"才会有更大的定力。在对新闻创新行动流持续关注的过程中，研究者既不能用既有规范限定行动，也不能无视规范。新闻创新研究首先应秉持开放包容的态度，比如现实中有大量新闻创新行动者和创新行动都是"无名无分"的，新闻创新研究者不能视而不见，也不应轻易裁定它们。而要在密切关注中，围绕这些创新行动的逻辑、目标、价值观、影响、是否以及能在多大程度上与原有新闻规范相呼应，是否会挑战或修正新闻规范等问题展开具体分析。因此，新闻创新研究的行动优先立场绝不意味着价值虚无，更不能随便把其他领域的规范当作新闻的评判标准。比如研究已经证明假新闻比真新闻更具有扩散能力，难道我们能据此认为诸多假新闻的编造伎俩是新闻创新吗？总之，这类新闻创新研究问题，在探讨创新机制的同时也对新闻创新寄托了价值期许。

第四类，是综合新闻环境、新闻行动者和新行动及新闻规范的问题，以及在不同语境下比较不同新闻创新模式的问题，也即 C-A-N 综合问题和 C-A-N 比较问题。这是在前三类研究基础上的、理论抽象程度更高的研究。尽管目前新闻创新研究总体上还没有发展到这一阶段，但不妨做此展望。比如颇受研究者关注的"未来新闻业"命题，就可视为一个 C-A-N 综合问题，因为它不仅要观察新闻业行动层面的变化，还要观察新闻业自身结构的变化，更要将之纳入环境与规范的维度，去研究变化的客观规律，把握变化的可能方向，甚至需要研究者与行动者密切合作，为新闻创新进行理性规划。此外，不同时代、不同社会的新闻创新模式可以进行比较研究，甚至可以接续上新闻研究的老传统和大问题。二战后，《传媒的四种理论》横空出世，尽管它有强烈的冷战背景和明显的意识形态错误，但以宏观、综合和比较视角直指核心问题的研究范式，对后续新闻学研究有深远影响。此后，梅里尔（John C. Merrill）、阿特休尔（J. Herbert Altschull）、克里斯琴斯（Clifford Christians）、诺登斯特伦（Kaarle Nordenstreng）等人不断试图"修正""超越"乃至"替代""四种理论"。丹尼尔·哈林（Daniel C. Hallin）与保罗·曼奇尼（Paolo Mancini）的《比较媒介体制》以及其后的《超越西方世界的比较媒介体制》中兴了从社会、政治制度与新闻媒体系统之宏观比较视角切入新闻学大问题的传统。然而在 21 世纪的新闻学研究中，这类大问题、大思考，似乎也随着新闻环境、新闻系统内在的重重变化而少有人问津了。研究者的兴趣转向当下的局部变化，热衷于进行细致入微的考察，这在让新闻研究精细化、科学化的同时，也有失落了大气象、大关切的遗憾。如果新闻创新研究能在以丰富的研究成果充分回应前三类相对具体问题的基础上，更进一步进行全球范围内的新闻创新模式比较研究，则既可接续上新闻学研究的大传统，又能充分彰显中国式新闻创新的特色。

做如此想，并非空想。仅以新闻创新实验室连续几年发布的《全球新闻创新报告》而言，其实已初见未来可进行全球新闻创新模式比较研究的征兆。比如从技术环境而言，不同国家的"平台化"程度已经出现了很大差异；从制度环境而言，对新闻媒体的准入、合法性，对平台媒体和使用新技术的约束性等，虽总体是管理趋严，但仍然差别很大；从新闻使用与舆论环境而言，既有仍然相对信赖并愿意付费支持新闻媒体传统的国家，也有新闻信任度从半个世纪前就开始一路走低的国家（比如美国），还有很多在互联网开始普及时新闻媒体尚未充分发展的国家，它们的新闻业与其公众的关系存在很多"先天"差异。越是从全球的视野观察，就越能看出中国新闻业自 2013 年后开始的"媒体融合"创新路径的独特性。除了多元行动者类型和关系网络不同、新闻创新行动的逻辑和方式不同外，研究者更须意识到中国式新闻创新服务于建设全媒体传播体系的大任务。

21 世纪的全球新闻创新研究已经蓬勃展开，它表现出的学术活力和未来的研究空间，值得研究者去期待和想象它的各种可能。■

参考文献

白红义（2018）。新闻研究：经典概念与前沿话题。《新闻与写作》，（01），24-32。

柏拉图（2017）。《苏格拉底的申辩（修订版）》（吴飞译）。北京：华夏出版社。

马亚宁（2014）。美国新闻从业者专业角色观念考察——从 20 世纪 70 年代至 90 年代。《新闻大学》，（冬），26-29。

沈欣（1996）。生命的追寻——记《东方时空·生活空间》制片人陈虻。《新闻界》，（01），43-45。

孙玉胜（2003）。《十年：从改变电视的语态开始》。北京：三联书店。

王辰瑶（2016 年 5 月 5 日）。新闻创新：不确定的救赎。《中国社会科学报》，A03。

王辰瑶（2018）。反观诸己：美国"新闻业危机"的三种话语。《国际新闻界》，（8），25-45。

王辰瑶（2021）。站在新起点上的新闻创新研究。《新闻记者》，（11），3-7。

王辰瑶（2022）。新闻创新的行动主义立场。《全球传媒学刊》，9（4），132-146。

王辰瑶，秦科（2023）。嵌入实践的技术："自动化"对新闻业意味着什么。《新闻与写作》，（9），92-103。

张志安，吴涛（2014）。"宣传者"与"监督者"的双重式微——中国新闻从业者媒介角色认知、变迁及影响因素研究。《国际新闻界》，（6），61-75。

［美］约瑟夫·阿洛斯·熊彼特（2012）。《熊彼特：经济发展理论》（邹建平译），北京：中国画报出版社。

［美］克莱顿·克里斯坦森，［加］迈克尔·雷纳（2013）。《创新者的解答》（李瑜偲，林伟，郑欢译）。北京：中信出版社，147 页。

［英］安德鲁·佩蒂格里（2022），《新闻的发明》（董俊祺，童桐译）。桂林：广西师范大学出版社。

Ainamo. A （2006）. Innovation Journalism for Bridging the Gap Between Technology and

Commercialization. The Third Conference on Innovation Journalism. https://www. academia. edu/30479603/Innovation_ Journalism _ for _ Bridging _ the _ Gap _ Between _ Technology _ and _ Commercialization.

Bleyen. V, Lindmark. S, Ranaivoson. H and Ballon. P. (2014). A typology of media innovations: Insights from an exploratory study. The Journal of Media Innovations 1 (1): 28-51.

Christensen. M & Skok. D. (2012). Breaking News: Mastering the art of disruptive innovation in journalism. Nieman Reports (Fall 2012). https://niemanreports. org/articles/breaking-news/.

Deuze. M & Witschge. T. (2018). Beyond journalism: Theorizing the transformation of journalism. Journalism 19 (2) 165-181.

Dobzhansky. T. (1973). Nothing in Biology Makes Sense except in the Light of Evolution. The American Biology Teacher, 35 (3) 125-129.

García-Avilés. J, Carvajal-Prieto. M, Lara-González. A & Arias-Robles. F. (2018) Developing an Index of Media Innovation in a National Market, Journalism Studies, 19: 1, 25-42.

Gitlin, T. (2011). A Surfeit of Crises: Circulation, revenue, attention, authority and deference. In McChesney, R. W. & Pickard, V. (Eds). Will the Last Reporter Please Turn Out the Lights. New York, NY: The New Press.

Hanusch. F & Löhmann. K (2022). Dimensions of Peripherality in Journalism: A Typology for Studying New Actors in the Journalistic Field, Digital Journalism, 11 (7), 1292-1310.

Kastele. T. & Sten. J. (2011). Ideasarenotinnovations. Prometheus, 29 (2): 199-205.

Kulkarni, S. B. , Thomas, R. F., Komorowski, M. , & Lewis, J. (2022). Innovating Online Journalism: New Ways of Storytelling. Journalism Practice, 1-19.

Lewis. S & Usher. N. (2016). Trading zones, boundary objects, and the pursuit of news innovation: A case study of journalists and programmers. Convergence, 22 (5): 543-560.

Newman, N (2023). Reuters Institute Digital News Report 2023. Retrieved from https://reutersinstitute. politics. ox. ac. uk/sites/default/files/2023-06/Digital_News_Report_2023. pdf.

Nunes. A. & Canavilhas. J (2020). Journalism Innovation and Its Influences in the Future of News: A European Perspective Around Google DNI Fund Initiatives. In Journalistic Metamorphosis Media Transformation in the Digital Age, edited by Jorge Vázquez-Herrero, etc. Gewerbestrasse: Springer Nature Switzerland AG. 41-56.

Pavlik. J. (2000). The Impact of Technology on Journalism, Journalism Studies, 1: 2, 229-237.

Pavlik. J. (2001). Journalism and New Media. New Yorker: Columbia University Press.

Pew (2009). The state of the news media: an annual report on American Journalism. Retrieved from http://assets. pewresearch. org. s3. amazonaws. com/files/journalism/State-of-the-News-

Media-Report-2009-FINAL. pdf.

Picard，R. G. （2011）. The economics and financing of media companies. New York，NY：Fordham University Press.

Posetti. J （2018）. Time to step away from the 'bright，shiny things'？ Towards a sustainable model of journalism innovation in an era of perpetual change. Journalism innovation project. Reuters Institute for the Study of Journalism，Oxford University，Oxford.

Prenger. M & Deuze. M.，（2017）. A History of Innovation and Entrepreneurialism in Journalism. IN Remaking the News. Edited by Pablo J. Boczkowski and C. W. Anderson，Editors. Cambridge： The MIT Press. 235-250.

Schudson. M（1994）. Question authority： A history of the news interview in American journalism 1830 s-_1930 s_. _Media_，Culture and Society （16）： 565-587.

Schudson，M. （2019）. Approaches to the Sociology of News，In Media and Society （ 6th Edition），edited by Curran. J，and Hesmondhalgh. D. London： Bloomsbury Publishing Inc，139-165.

Westlund. O & Lewis. S （2014）. Agents of Media Innovations： Actors，Actants，and Audiences. Journal of Media Innovations. 1 （2）： 10-35.

Zelizer，B. （2015）. Terms of choice： uncertainty，journalism，and crisis. Journal of Communication，65 （5），888-908.

目录

第一辑

媒体融合中的
创新实践

近十多年来,数字技术革命引发的媒体变革,一般以媒体融合来概括。从 20 世纪 90 年代末开始,就有"报网互动"之类自下而上的融合探索;到 2013 年,则开启了国家层面作为意识形态战略的自上而下的顶层设计与政策推进。中国机构媒体在政治、经济、技术等多种力量驱动下,展开丰富多样的创新实践。

本辑的几篇文章主要围绕传统媒体编辑室的变革展开研究,无论是致力于"两微一端"的新闻业务延展,还是尝试数据新闻产品的全新探索,抑或引入用户生产内容的平台式发展,都既有基于旧的传播环境、运营模式逐步瓦解带来的"防御性反应",也包括顺应互联网逻辑、应和新传播规则的主动式改革;既包含了传播内容的创新,也同时搅动了组织、文化乃至价值追求的创新。但是读完整辑文章,我们仍可发现,传统媒体融合创新中对把关权力的紧密控制,是不同于商业互联网平台核心逻辑的,这既是传统媒体之"传统"的延续,也是在数字时代主流媒体对其文化权威的保护与申明。

媒体融合的故事仍在不断延续展开,而且逐渐从边缘调适探索向核心典范再造推进。更多"编辑部的故事"有待更多学者扎根实践的鲜活"厚描"。

编辑部创新机制研究

——以三份日报的"微新闻生产"为考察对象

■ 王辰瑶　喻贤璐

【本文提要】本文以行动者网络理论和制度创新理论为视角，通过实地调研和深度访谈，分析了人民日报、中国青年报和新京报在微博和微信平台上开展的新闻创新，并试图从一般意义上理解编辑部创新的内在机制。研究发现，编辑部创新的动力源于不确定性，但创新动力不能直接产生创新结果，技术和编辑部的结构因素共同影响着新闻创新实践。编辑部创新既体现出路径依赖也仍然存在着多重可能。

2015 年底发布的《中国互联网舆情分析报告》宣布："报纸、杂志、电视等传统媒体的议程设置能力进一步下降，'两微一端'（微博、微信、移动客户端）成为很多中国人了解时事的第一信息源。"（祝华新，潘宇峰，陈晓冉，2015：219）继 20 世纪 90 年代末开始的媒体"办网站"的尝试之后，2010 年后新闻媒体又纷纷投身"开微博""办公号""建客户端"的浪潮。本文首先肯定此类实践的意义，并且视其为新闻业的创新——对照创新理论提出者熊彼特所述创新的五种情况（1991：73-74），此类实践至少契合其中三种：引进了一种新产品（通过网站、微博和微信提供新的新闻服务）、采用了一种新技术（毫无疑问）和实现一种新的组织形式（试图如此）。

描述新闻业的"创新"是近年来国内新闻研究的热门话题，但大部分关于传统媒体如何"转型"、如何"融合"的分析仍然聚焦于静态描述一项创新策略或项目本身，很少把新闻业的变化放置到具体的、独特的新闻实践场所，也鲜少从熊彼特将创新视为一种"动力"的视角分析新闻生产内在机制的改变。

新闻媒体不是在真空或白纸上创新，而是在一个特定的"场所"——新闻编辑部内开展变革，脱离对这个"场所"的理解，我们其实很难理解新闻创新。新闻业的变革并非单纯由技术驱动的。一批对 20 世纪 90 年代新闻组织变革的经验研究显示，网络技术本身并没有直接地、必然地带来一个全新的网络新闻业或数字新闻业（Boczkowski & Pablo，2004）。研究者注意到，新闻业的变化不仅取决于技术，同样也取决于新闻业的"规则"和"文化"（Paterson & Domingo，2008）。学者延森提示："我们应当重构当前的研究焦点，从作为技术的媒介，转向作为实践的传播。"（延森，2012）因此，本文试图将一项新闻业的创新策略——"微新闻生产"（后文将加以解释）放置在编辑部这个具体的实践场所进行经验分析，并由此探讨编辑部创新的内在机制。

一、作为行动者网络的编辑部及其创新

为了清楚地讨论编辑部创新问题，本文首先引入"行动者网络理论"（Actor Network Theory，以下简称 ANT）的视角。ANT 是 20 世纪 80 年代以来，以拉图尔（Latour，B.）、卡龙（Callon，M.）、劳（Law，J.）等学者为核心的"巴黎学派"提出的一种新的社会研究纲领，最初是在科学知识社会学的脉络中分析"科学"和"知识"的形成，后来发展成一种重新看待"社会"的认知方法，被众多研究领域采用。近年来，媒介研究学者也颇受这一视角的启发（Fred，2005），并将其用来分析新闻编辑部的创新过程（Amy & Domingo，2012）。

学者库德瑞认为，ANT 对媒介研究最重要的启示是其对功能主义坚决、彻底的拒绝，不断提醒我们不要对媒介做"无缝"（seamless）的解读。媒介研究很容易"自我擦除"（self-effacing）掉重要的权力关系，而

ANT 对此是一款恰当的"解毒剂"（Couldry，2008）。ANT 的"解毒"能力表现在其对复杂性或者说"杂多"（heterogeneity）、"杂合"（hybridity）等概念的激进强调上。

ANT 认为社会是物质多样性构成的各种复杂网络［注意：这里的网络不是指互联网络，拉图尔认为他所指的"网络"与其说是 network，不如说是 worknet，是在实践中结成的关联（association）］。比如"科学"就是这样一种复杂网络，考试制度、科研机构、科学家、文章、电脑终端等各种因素交织在一起并相互"关联"，最终生产出我们称为"知识"的产物。其他社会机制——家庭、组织、技术、经济等也都因循着同样的构成路径。

ANT 的激进之处表现在：其一，行动者（actor）不仅包括人，也包括物，不仅包括人与人的关系，也包括人与物、物与物的关系。对媒介研究来说，这使得我们能够把"技术"和"结构"放置在同一个网络下考察，而不必对它们做非此即彼的二元区分。正如拉图尔所说，社会已经是技术性的，正如技术已经是社会性的一样（Latour，1991）。其二，ANT 提醒我们，不要把"网络"简单化为"对象"。ANT 理论家举过一些相似的例子，比如在大多数情况下我们会把电视机或汽车简单视为单个物体对象，但是一旦它们坏了，人们就有可能意识到它们其实是由各种电子元件和人的操作行为一起构成的网络（Law & Hassard，1991）。在以往的大多数新闻创新研究中，作为新闻实践展开场所的"编辑部"要么不存在，要么很容易被简化为一个对象。研究者往往认为外部因素如"技术"或"政策"可以"直接地"作用于新闻实践并发生化学反应。但这一多少仍掉入机械功能主义窠臼的研究假设一再被经验事实"证否"，因为其并没有意识到新闻创新不仅发生在一个个具体的场所中，而且这样的场所并非无缝的、透明的、整体的，它们实际上是一个个复杂的行动者网络。

按照 ANT，编辑部是由各种因素（行动者）构成的复杂网络，不仅有编辑、记者、决策层、管理层，同时还与诸如办公楼、编辑部空间、奖惩制度、编制、电脑、手机、数据库等因素有关。本文坚持把编辑部视为复杂网络的意义在于，避免理所当然地把编辑部当成一个单一的"对象"，从而忽略掉构成编辑部网络的行动者彼此之间的"强制性"关联。编辑部创新正是在这样的相互"强制性"关联中发生和实现的，并且发生在人（各种工作角色）与非人（如技术、规章、空间）的行动者并置的网络中。

　　如果把编辑部视为一个充满可能性的行动者网络，那么这样的网络是如何运行的？ANT 理论家用"转义"（translation）概念来描述这一过程。不同的行动者试图通过"转义"来形成共识，成功的"转义"过程使得行动者协同一致，失败的"转义"则会削弱行动者网络（Ursula，2009）。也就是说，成功的"转义"使得行动者网络自然化、对象化了，它运行良好以至于人们更容易把它视为对象而不是网络，比如一台电脑升级软件后与硬件无缝兼容，人们只要使用就好了。失败的"转义"则使得网络中的行动者处处掣肘，最后甚至导致行动网络崩溃，比如一台电脑升级软件后却发现与硬件不相匹配，电脑的运行能力整体下降。因此，"转义"这个概念有助于我们判断编辑部创新的成败。不过，正如库尔德里指出的，ANT 虽然强调了行动者网络的"杂多""复杂性""转义"等非常有启发的概念，但没有清晰地阐明这个系统的"动力机制"，对 ANT 来说，"转义"本身仍然处于"黑箱"（black box）之中（Couldry，2008）。因此，本文将再引入一个专门讨论这一"黑箱"的视角——制度创新理论。

　　继熊彼特之后，戴维斯、诺思等经济学家从制度变革的角度继续发展创新理论。汪丁丁对制度创新的一般理论有精当的表述："创新的含义是引进以前没有的一件事，'以前'是指人们习惯了的事的总和，那么这件新事必然会干扰旧的价值体系……这种价值的扰动产生了两个结果。首先，受到扰动后，某些生产过程的产出有可能高于其投入的价值，当然，也可能低于其投入的价值，这个价值差就是利润（或亏损）。其次，如果产生了利润，大家就会争相模仿从而最终使利润消失，在这一过程的末了，是新的价值体系的确立，向零利润经济复归，换言之，创新是对零利润经济的打破。……当不确定性发生的时候，创新就成为必要的了。"（汪丁丁，1992）按此视角，编辑部创新源于某种不确定性，使得编辑部感到无法再按照原来的惯习运行下去了，这迫使他们采取某种行动（在本文中即是

"微新闻生产"策略），而这样的创新行动可能成功也可能失败，成功的创新带来利好，引来模仿，并为新闻业树立新的规范；失败的创新带来亏损，或者如上文所说，进一步"削弱行动者网络本身"。而且在制度创新视角下，一个系统"以前"的"存量结构"也是非常重要的，在某一方面的原有优势大，在这一方面进行创新的成本就小，并更容易成功，这也就是所谓的"路径依赖"。本文使用"原有规制"来代替这个经济学术语，并视其为一个新闻组织表现出的机构性、技术性和社会性的特征，包括组织形式、生产惯习、组织文化等种种正式或非正式的制度和规则。

在以上两种视角的帮助下，本文试图把编辑部创新问题进一步理论化：编辑部本身是一个复杂的、各类行动者相互关联的"网络"，而不是一个可以被简单化约的"对象"。当编辑部作为一个新闻生产组织遭遇到新出现的某种不确定状况时，其原有规制很难再维系新闻生产和再生产，这种矛盾累积到一定程度的时候，编辑部创新的动力就产生了。一项创新举措必然会扰动编辑部的原有规制，并且在各因素的相互关联下展开，从而表现出多种可能性。在最理想的状态下，创新能优化原有规制，使行动者网络"转义"成功，顺畅地协同工作，并因为能给该组织带来利好而引发其他编辑部的效仿，最终可能促成新闻生产的新规范（范式改变）。反之，最坏的情况是创新可能进一步削弱编辑部，导致编辑部各行动者要素相互掣肘、加大新闻生产的成本，编辑部越发无力应对危机和挑战。接下来，本文将以人民日报、中国青年报和新京报的"微新闻生产"为研究对象，在经验层面进一步细致探讨编辑部如何创新的问题。

二、人民日报、中国青年报、新京报的"微新闻生产"

作为有全国影响力的重要报纸，人民日报、中国青年报和新京报在2010 年之后都陆续开展了面向社交网络和移动互联网的新闻生产变革。具体来说，就是继上个世纪 90 年代末期开始创办报纸网站之后，它们又一次在互联网上开辟新的平台，创办官方微博、官方微信以及一批二级微博和微信公众号，本文称其为"微新闻生产"。全国的传统新闻媒体几乎都进行了类似的"微新闻生产"创新，共同特征是：1. 在空间上依附于作为社交网络的微博与微信平台；2. 在角色上以社交网络之一员的身份与新闻使用者发展关系；3. 在内容上受到微博和微信的技术限制（如推送次数、内容长度等）。

"微新闻生产"创新与 2000 年前后报纸普遍推行的"报网融合"策略不同。早期的报纸网站虽然也提供了形式上的新产品，但主要是由技术人员把编辑部生产的内容直接发布到网上，总体上对新闻内容生产的规则影响不大。"微新闻生产"的不同在于，它不仅提供了新产品——媒体微博和微信公众号是这类新产品的形态，而且这一创新发生在新闻编辑部这一生产核心场所，并或多或少地改变了编辑部的原有规制。对新闻业创新问题来说，"微新闻生产"构成了一个更有价值的研究对象。至于常与"两微"并举的"一端"——媒体的新闻客户端，因其生产方式与内嵌于社交平台上的微新闻生产有本质不同，作为另一项编辑部创新策略，本文认为需要另文讨论。

本文之所以同时观察人民日报、中国青年报和新京报的"微新闻生产"，是基于如下考虑：首先，"微新闻生产"不是哪一家媒体的孤立政策，作为一项新闻创新，它具有普遍性。因此，研究者希望能通过多个案研究从较一般的意义上来理解这一创新。这三份报纸虽然都属于传统职业新闻媒体，但在"新闻体制"中的位置有所不同，并在中国的新闻语境下各具一定的代表性。其次，这三份报纸都在北京，都有全国影响力，具有可比性。最后，也是最重要的原因是，这三份报纸都有独特的"原有规制"，它们个性鲜明，在报业领域绝不会被混淆和误认。在正式调研之前，研究者已经能从外围观察中判断出这三份日报的"微新闻生产"在开展方式和效果上各有不同，这就使得研究者可以进一步追问：在不同的编辑部展开的"微新闻生产"因为哪些具体因素的不同而使得创新实践出现了不同的面貌？

当然，研究者有条件"入场"，也是选择这三份报纸的原因之一。2015

年 7 月 15 日～8 月 1 日，研究者得以进入这三家日报的编辑部内部，并对三家报纸中与"微新闻生产"相关的人员进行了 24 人次的 16 场访谈，平均访谈时间为 60～90 分钟，记录访谈笔记 10 万字。因为时间所限，研究者未能进行长时间的田野观察，只能以"局外人"的身份"参观"编辑部。除了解编辑部的空间布局、观摩日常新闻生产的氛围和状态外，研究者还旁听了新京报的一次日常编前会，分别参与了一次中国青年报、一次人民日报的记者聚餐（都在 6 人以上），多少有助于研究者从自己的视角来了解不同媒体的组织文化。本文所述的经验材料，主要建立在被访者"陈述"的基础上。一部分被访者与研究者原先就熟识，另一部分被访者是在调研过程中经熟人介绍而认识的。较为欣慰的是，这些被访者与研究者在访谈过程中常因为共同关心的问题而相互"激发"，从某种意义上讲，这些访谈材料并不是研究者从被访者那里"挖掘"到的什么内幕，而是研究者就"微新闻生产"为什么开展、如何开展等问题与被访者的"讨论"。这些被访者大部分属于报社"中层"，他们思想活跃，不仅具体从事新闻生产，而且能够从较为宏观的层面探讨新闻业危机与变革等话题。研究者相信，这些话语与媒介"高层"领导的公开讲话或媒体从业者的问卷调查相比，应该能对我们从一般意义上分析新闻创新问题贡献独特的价值。但是，研究者必须强调，这些经验文本不足以，而且无论如何也不应该被用来评判或暗示具体媒体的创新得失。按照学术伦理，文中所引访谈对象的身份均经匿名处理，如"访谈 13-2，人民日报"指第 13 次访谈中的第 2 位被访者，来自人民日报。大多数访谈为一对一深访，但实地调研时也有多人共同参加访谈的情形。

根据调研和访谈文本以及其他公开文献，本文先对这三家媒体截至 2015 年的"微新闻生产"情况进行简略介绍。

1. 人民日报

人民日报早在 2009 年即在编辑部内设立了一个与总编室平级的机构"新闻协调部"，这个部门的职能主要是协调重大新闻选题，组建公共稿库。但最初这个新设部门的人员配备并不充足，对原有生产流程和报道形态的改变也很小。2011 年底至 2012 年初，多重因素的合力促使报社决定要重视微博这样的社交媒体平台，并在"新闻协调部"下设了"官微运营室"。2012 年 7 月 22 日，"@人民日报"账号在人民网、新浪网同步发出第一条微博，标志着人民日报官方微博正式上线。迄今，人民日报的新浪微博粉丝已有 4000 万。2013 年 1 月 1 日，人民日报微信公众号上线，一开始由运作官方微博的编辑兼职运行官方微信，到 2014 年 7 月，官微运营室里开始有了专职运作人民日报微信公众号的编辑。除了官微运营室外，人民日报总编室、报纸各版面以及人民日报海外版等各自运营了共 130 多个微信公众号，如人民日报总编室的"一撇一捺"，人民日报海外版的"侠客岛""学习小组"等。

2. 中国青年报

2014 年 11 月 20 日，中国青年报召开全媒体转型试行动员大会，提出要走融媒体发展的道路，并推出了组织架构、报道流程、版面调整和绩效考评全面改革的一系列政策。2014 年 12 月，报社撤销特别报道部，成立全媒体协调中心。原特别报道部的负责人担任全媒体协调中心的负责人，目的是协调各部门资源，确保报纸与中青在线网站、微博、微信、App 等新媒体发布平台的横向对接。中国青年报新浪微博开通于 2010 年 4 月 8 日，2015 年时有粉丝 110 万。2013 年 7 月，中国青年报官方微信公众号开通。官方微博和微信原来都由报社网站中青在线运营，2014 年 10 月，报社抽调人力组建了专门的官微运营室，接手"两微"。除了官方微信公众号外，中国青年报还有一批报社各部门或版面运营的公众号，如评论部的公众号"中青评论"和"海运仓内参"、青年创业者版的公众号"KAB 创业俱乐部"等。

3. 新京报

2015 年初，新京报在报社高层推动下成立了全媒体编辑部，将原来报纸 A 叠负责时事新闻的要闻编辑部和新媒体编辑部合并。原来的新媒体编辑部隶属于新京报全资子公司——派博在线（北京）科技有限公司，负责官方微博、微信、客户端和新京报网站的运行。这个新措施意味着新媒体编辑部的编制从原来的派博在线公司转入了报社。派博在线公司保留动新闻和技术团队。新京报官方新浪微博开设于 2009 年 9 月 7 日，2015 年有粉丝 1500 万，官方微信公众号开通于 2012 年 11 月 23 日。2015 年，全媒体编辑部内各有三位编辑专职负责运营官方微博和微信。除此之外，新京报还有一批二级公众号，如时政新闻部的"政事儿"、时事评论部运营的"沸腾"、社会新闻部运营的"重案组"等。

三、分析：编辑部如何创新

（一）创新动力

在进入这三家报纸的编辑部后，研究者首先提出的问题都是"你们为什么要开通官方微博和微信公众号"，得到的回答不外乎"大势所趋""不得不搞"等。这样的回答并不出人意料，但研究者感兴趣的是，不同编辑部的成员都对创新本身抱着理所当然的态度，可能甚至认为这个问题"有点多余"，这种不约而同本身就说明新闻业对自身迫切需要变革的共识已经形成。

传播环境的变化，对传统新闻生产造成了新的不确定性，并演化成能被从业者普遍感知到的新闻业危机，这是编辑部创新的最根本的动力。如一位被访者直率地说出"我认为纸媒肯定不行了"（访谈 5，中国青年报）。研究者所观察到的编辑部成员，即便是最常提到"坚守"并自认为"保守"的被访者，都在试图寻求突破和转变。从某种程度上说，正是新闻业尤其是纸媒已经遭遇到的生存困境，促成了编辑部进行新闻创新的强大动力。

"微新闻生产"是这一动力的体现，而绝非全部。作为一项没有看到盈利前景的创新策略，"微新闻生产"在短短几年内被全国传统媒体争相采纳，除了其进入成本低廉外，也彰显出媒体创新的巨大动能——在所有可能的领域都想要尝试。制度创新理论指出，不确定性不是一个问题，而是自然之本性。但是，不确定性的大小有不同，前网络时代和互联网发展早期媒体同样遭遇不确定性的挑战，同样有创新冲动，但与当前语境仍无法相提并论。在 Web1.0 时代，网络上尚没有大量的自媒体，门户网受限于政策，以转发新闻媒体的报道为主，新闻使用也不像今天这样随时随地。彼时，已经进入互联网时代的纸媒仍然处于"黄金期"，其自身逻辑并未受到严重挑战，一批都市报仍在"攻城略地"。新闻业的不确定性危机主要是行业内部产生的、由新进入的都市报所带来的。作为创新者的都市报享受了创新红利，并形成了一套有别于党报的话语体系，党报虽然感到压力，但在"子母报"的规制安排下与都市报共同存在，且分别承担着不同的任务。

本轮新闻创新的动力却与此根本不同，危机产生于整体的传播语境，并直接针对报业的共同介质"纸"，因而它无法通过报社自身的制度设计被化解。这种更深刻的、结构性的不确定性，促使报社"高层"以及更高级别的管理者甚至比普通从业者更加急迫地要进行诸如"微新闻生产"的创新。调研发现，直接进行新闻生产的从业者仍然较多地保留了作为内容生产者的自信。网络在某种程度上也赋予了内容生产者更多的出路，尤其是那些在"微新闻生产"创新中成功试水的从业者，他们对自己的"身价"更有信心了。例如人民日报的一位编辑说："外面的机构会问你啊（要不要跳槽），说明别人对你是认可的对吧。记得这儿有人说过，我们现在都是有市价的人，从市场化来说是拿得出去的。"（访谈 13-2，人民日报）这就不难理解，为什么"高层"对于创新可能更加急迫。例如人民日报的多位编辑在谈到"微新闻生产"策略的直接推动者时都称是"上面有要求"。新京报和中国青年报打破原有组织结构，围绕"微新闻生产"在制度层面上改革的强大推力也都来自报社最高层领导。

总之，编辑部创新的动力来自组织所感知到的不确定性，而当下的不确定性已经累积为全行业感同身受的危机，这也促成了媒体自上而下力求变革的共识。但是，这个基本层面的共识并不能直接促使编辑部形成"合力"，进一步的调研发现，作为行动者网络的编辑部其复杂、易变的特性在创新的过程中表现得相当明显。

（二）技术、创新资源与生产者关系

研究者关心的另一个问题是："微新闻生产"作为一项创新策略在不同的编辑部是如何展开的。通过这样的比较，那些对编辑部创新具有重大关联的因素可能更容易从具体的新闻实践中抽象出来。在对所有访谈文本多层编码后，本文发现"微新闻生产"创新与四种因素关系密切，分别是技术、生产者关系、创新资源和原有规制。换句话说，编辑部创新主要在这四种因素彼此造就的"强制性关系"中展开。在不同的编辑部，这样的关系表现得不同，因而看上去相似的"微新闻生产"策略也就在不同的编辑部展现出了不同的面貌。当然，这不是说其他因素不重要，但是为了不堕入无尽的复杂性，适度的抽象和简化也是必需的。下文会专门阐释"原有规制"在编辑部创新中的重要意义，这里先分述另外三个因素。

1. 技术

"微新闻生产"从最直接的角度可以说是一种由技术引发、适用新技术并在新的技术平台上提供新产品的新闻创新，技术的因素当然在这一过程中占据重要的位置。"微新闻生产"的遍地开花与技术准入门槛低有直接关系，无需多大的资金投入也不需要掌握额外的技术即可"上手"。这使得媒介组织和从业者个人都有很高的意愿来尝试"微新闻生产"——成功固然好，失败也无所谓。但另一方面，微博和微信的技术特征又限制了媒体的内容生产：140 字的内容、有限的推送次数、与自媒体一样的地位等，这使得"微新闻生产"在很大程度上受制于新浪、腾讯等平台提供者制定的技术指标。此外，社交网络对"社交属性"而不是"媒体属性"的偏好，亦让"微新闻生产"受限。"微新闻"只能是"微"的，相比于报社庞大的新闻采编队伍来说，三家报纸专职进行"微新闻生产"的都是很小的团队。因此，对编辑部来说，"微新闻生产"创新的意义与其说是要拿出一个全面替代的产品，不如说是要在社交网络上增加一张名片；与其说是要通过"微新闻生产"来进行新闻生产的范式转换，不如说是通过眼下的"微新闻生产"来积累经验，为未来有能力进行范式转换打下基础。中国

青年报一位资深编辑的话很有代表性：

我们不是技术派。我们不知道下一个技术发展方向是什么。当初我们看到 PC 端的时候，我们不会想到它是移动端。当时我们在玩微博的时候，我们没有想到下一个是微信。那现在就是，我作为一个非技术人士，不能知道下一次的技术发展方向是什么，但是这种技术的发展必然会改变新闻的传播方式和表达方式。所以，我没法发展技术，我只能跟着技术走。我们没有抢占先机，那为什么还要加入，是因为培养了你对新技术的体验感。包括你要确切地知道你的读者想要什么。（访谈 4，中国青年报）

2. 生产者关系

在"微新闻生产"创新中，技术因素对三份报纸来说是相似的，因此单从技术性角度无法说明三者在创新表现上的不同。这种不同与编辑部所表现出的社会性特征有关。前人研究已经发现编辑部成员之关系尤其是冲突性的关系会影响到编辑部创新。本文则发现，生产者之间的关系是多面向的，编辑部中"领导者"（高层管理者）与"执行者"（中层管理者和普通编辑）的关系对新闻创新的影响最大。另外则是参与和不参与"微新闻生产"的编辑部成员之间的关系以及参与者之间的关系。总体上，编辑部成员若能以各种正式或非正式的方式"合作"，会有利于创新开展，甚至能获得超出预计的效果；生产者之间的"冲突"可能使创新的形式和结果与最初的设想相去甚远；不合作也不冲突的状态则使"微新闻生产"和编辑部其他部分处于相对隔离的状态。调研发现，三家报社同时存在行动者"合作"与"冲突"的情况，但表现各有不同。

其中，人民日报生产者之间的冲突很少，合作也不算紧密。多位从事"微新闻生产"的编辑都用"宽容"一词来形容"上级"与他们的关系。人民日报的高层领导以并不紧密的方式允许甚至鼓励了"微新闻生产"，而并不直接管理其日常新闻生产。从事"微新闻生产"的编辑和"大报"的记者虽没有冲突，但合作也有困难。"记者对稿件的判断和我们在新媒体上的可能不一样""约了两次不用，记者也就没什么热情了"（访谈 11-1，人民日报）。但"微新闻生产"参与者之间的合作则比较紧密，如某二级公众号的生产者说：“我们私下关系就很好，就是在办公室里吃盒饭啊抽烟啊，就聊起来了，决定要做（这个公众号）。”（访谈 16-1，人民日报）

中国青年报的生产者之间冲突比较明显。一方面是当时的“领导者”与“执行者”的冲突。一位报社编辑以旁观者的角度提到：“我个人的感觉是，这个官微怎么做，决策层和执行者的意见是不同的。”（访谈 4，中国青年报）编辑部自上而下推行的机构改革，如撤销特别报道部，设立全媒体协调中心，意在推动行动者合作，但合作成效不如预期，甚至加剧了“执行者”与“决策层”的隔阂。一位从特别报道部转入全媒体协调中心的编辑说，“特别报道部撤销很意外，以前一直以为要加强”（访谈 5，中国青年报）。另一方面，从事微新闻生产的记者编辑与其他编辑部成员之间还存在着观念冲突。与人民日报相似，中国青年报的官微编辑也能感觉出在报社做了很多年报纸的记者“你叫他（做微信）完全不能适配”。行动者之间当然也有合作，但主要以非正式的方式展开，如请技术人员吃饭“弄个可视化的图”等，总体上合作比较微弱而冲突较为明显。

新京报的生产者合作则以正式或较为正式的方式展开。比如报社在 2015 年初将原来社属技术公司的新媒体编辑部和报纸最重要的时事新闻版（A 叠）编辑部合并，这个举措也是领导层自上而下强力推行的，但与中国青年报不同的是，它得到了执行者的响应，并因为机构的“打通”，成为实际上的“中央厨房”（访谈 8，新京报）。在新京报历年来的多次创新中，哪怕一开始是个人进行的非正式的尝试，一旦取得成效，就会迅速被制度化，并纳入编辑部的生产机制。新京报也同样存在行动者之间的冲突，比如亦有报纸编辑私下表达了对官微的不认同，认为其“不能代表新京报的水平”，但总体上行动者还是觉得沟通和改变是可能的。

3. 创新资源

除了生产者关系外，编辑部能否投入资源也是影响创新开展的重要因素，这里所说的资源既包括人力、财力等物质资源，也包括被赋予更高地位和更大权力的非物质资源。调研发现，三家报社都指派专人从事官方微信和微博生产，这是因为如果不额外投入人力，“微新闻生产”很难长期坚持下去。比如人民日报除了官方微博外，几乎各个版面都曾有自己的认证微博账号，但"用着用着，大家就不怎么发了。时间长了坚持不下去了，因为牵扯太多精力。他们的微博（指人民日报官方微博）已经做得那么好了，我们感觉没有必要了"（访谈14-1，人民日报）。一些二级公众号的运营并没有增加人手，但调研了解到，三家媒体都对二级公众号已经或即将实行稿费制度，这亦是通过投入资金来使其稳定运营。普遍来说，报社对"微新闻生产"直接的物质投入并不算多，主要还是通过"象征资本"来鼓励创新。比如记者给人民日报官方微博投一条稿只有20元，"主要表明报社的一种态度"（访谈12-1，人民日报）。即便是2015年9月30日新京报社长签发表彰决定，"重奖"报社的二级公众号"政事儿"团队5万元，主要的意义仍在于通过此举给予行动者肯定和鼓励。但如果物质资源捉襟见肘，非物质资源也不匹配时，编辑部创新就会陷入困境。比如当中国青年报的全媒体协调中心在几项突发事件中协调记者，策划重大报道时，因为该中心没有拍板用稿的权力，出现过好不容易"协调"来的记者稿件被"毙掉"的情况，这使得全媒体协调中心的"协调"工作不容易开展。中国青年报的一位编辑认为，全媒体协调中心应该被赋予更大的权力，比如中心负责人同时也是报社层面的领导，这样才能名副其实地"协调"全报社。

（三）原有规制、路径依赖与可能性

但是，为什么这三份报纸在"创新资源"和"生产者关系"上会存在差异？本文认为还须从一个动态的、相互关联的角度来解释编辑部创新的内在机制。

三份报纸在"创新资源"和"生产者关系"上的差异首先与这三家媒体的"创新初始状态"也即本文所说的"原有规制"有关。三家报纸的"原有规制"各不相同，但作为创新的基本条件和展开场景，本身并没有绝对的好或坏。比如作为"原有规制"中非常重要的"体制位置"的因素，对新闻创新来说有利有弊。偏向市场驱动的位置，可能带来灵活的好处，有利于机构重组和人员配置，如新京报员工在编辑部内部的自由流

动。在新闻体制内占据核心位置，亦可能获得额外的创新资源，如人民日报凭借其与网络监管部门平级的行政级别，在话语空间上的博弈能力更强。中国青年报也曾借助团中央的力量推广新媒体报道。因此，重要的并不是"原有规制"本身如何，而是"原有规制"以何种方式进入编辑部创新的过程——是否能扬长避短，合理取舍，放大有利于创新的因素，弱化不利于创新的因素。如何处理"原有规制"可以说是编辑部创新中最富有决策意味的因素。比如人民日报就试图策略性地在微新闻上实现其在主报上没有完成的话语转型。一位官微编辑说："它（报纸上）会有一个帽，一大堆阐述，这个尖锐的观点盖在一堆东西里面。但是在微博上呈现的时候，就把这个东西凸显出来了。你看了会说，哇，这么敢写，其实这是人民日报原有的，我们把它放大出来了。"（访谈 11，人民日报）一位运作评论性二级微信公众号的编辑说："我明明可以写得很好，为什么不去写？……体制内的人也是创造性的一批人，而且也是很有情怀的一批人。这不仅是新闻生产力的释放，从内里来说，也是个性的释放。"（访谈 16 - 1，人民日报）但是，"如果你知道我们的真名，去（报纸上）看我们的文章，你觉得这绝对不是同一个人写的"（访谈 16-2，人民日报）。可见人民日报的"微新闻生产"不仅与主报不同，而且承载着某种理想，试图突破主报上短期内可能改变不了的话语框架。新京报则更进一步，要用"微新闻生产"倒逼报纸，使报纸、网站、微博、微信等多个平台保持统一的"调性"，"再造流程"，"通过公众号，逼着报纸改"（访谈 9、10，新京报）。相比之下，中国青年报在 2015 年时还没有在如何对待"原有规制"上形成共识。多位受访者谈到，报社对官方微信的定位是"中国青年报的头版"（访谈 3-3，访谈 4，中国青年报），尚未找到协调两者的方式。

编辑部创新在"原有规制""技术""生产者关系""创新资源"所构成的相互关联中发生并持续，其运行机制同时表现出路径依赖和具有多种可能性的特点。比如人民日报和新京报都从创新中赢得了资源，人民日报微博和微信的庞大粉丝群使其在互联网上开拓了十数倍于原有报纸读者的用户，大大提升了人民日报在互联网时代的品牌影响力，成为传统媒体融合互联网的"标杆"之一。多位国家领导人亲临视察的政治影响力和国家级媒体融合项目的资金支持等资源,使人民日报继续在互联网时代保持并进一步提升它在体制内的优势地位。新京报则试图通过在报网、微博、微信、客户端等多重平台上的创新实践再造新闻生产流程,提升报纸的专业影响力和话语权,使报社能在广告、版权谈判上获得更多筹码。人民日报通过量级策略获取更多体制内的资源,新京报通过提升影响力策略获取更多媒介市场的资源,从目前来看,两者的成效都比较明显。不管这两份媒体未来如何发展,眼下的成就都为它们下一步的创新做了更多储备,这可能使它们能相对从容地应对未来的变化。但是,对一些纸媒来说,"创新"行动可能让未来更加艰难。因为"创新"的结果是消耗而不是带来资源,结果资源越稀缺,编辑部越不敢投入,也就越没有能力支持未来的创新。这是典型的路径依赖效应。但也意味着编辑部创新至少在现阶段仍然表现出多重可能性。除了前文所说,对"原有规制"的取舍体现出强烈的能动色彩,技术的每一次升级也还在一定程度上具有"拉平"效应。未来新闻业的新范式并未确立,一切还在摸索中,"结构"并未板结而"主体"的发挥空间仍在。比如在本次调研结束后的一个月,中国青年报官微的编辑通过个人努力寻求与团中央、全国学联相关部门的合作,在官微上推广"2015 寻找全国百强暑期实践团队"活动,通过几轮微信投票,竟一举吸引了 60 万粉丝。当然,这个意外的正面成果是否能成为一次契机,取决于编辑部的其他行动者如何看待并利用这个新因素。但本文想表明,只要行动,就可能带来这样的"不确定机遇",这应该是给持续创新者的奖励。

四、结论

总之,通过运用行动者网络理论和制度创新理论的视角,本文从对人民日报、中国青年报和新京报的经验研究中得出如下结论:

第一,当下新闻媒体的不确定危机是生态层面的,不是组织层面的,它促成了媒体强烈的创新动力,"微新闻生产"即是其中的一种表现形式。

第二，创新动力并不能直接产生创新结果，新闻创新是在一个复杂的、多因素相互关联的编辑部行动者网络中发生与开展的。

第三，技术、编辑部各类新闻生产者之间的关系、在创新上投入的资源以及编辑部的原有规制，对一项具体的编辑部创新策略（比如"微新闻生产"）的开展有重大影响。其中，技术因素先天性地决定了"微新闻生产"只能以相对微型的方式展开，只是在目前的情况下，单凭"微新闻生产"的创新尚无法形成对纸媒新闻生产的范式更替。而原有规制、生产者关系和创新资源等编辑部结构因素可用来理解"微新闻生产"的不同。在不同的编辑部内，正是因为这些结构性因素的表现形态和关联方式不同，才使得看上去相似的创新策略在实践中的差异很大。

第四，编辑部创新也是一个动态的过程，既存在"路径依赖"，也仍保留着（至少目前如此）多重可能性。本文分析的"微新闻生产"不是编辑部创新的同义语，而是整个新闻编辑部转型创新行动过程中的一环。从这个意义上讲，"微新闻生产"对编辑部的价值不仅在于推出新的新闻产品、打造社交网络上的媒体名片、赢得众多粉丝，更重要的是要通过这样的创新实践适应技术、形成合力、累积资源、优化媒体的原有规制，为后继创新打下基础，并最终实现媒体范式的全面升级。新闻媒体所遭遇的语境式的危机的确造成了极大的不确定性，但从另外的角度看，这也使得编辑部创新不仅受制于"路径依赖"，而且具备多重可能。至少从眼下来说，路径仍不明显，结构尚未板结，编辑部在这样的创新"窗口期"更应该行动而非等待。▇

参考文献

汪丁丁（1992）。制度创新的一般理论。《经济研究》，（5），69-80。

[丹] 延森（2012）。《媒介融合：网络传播、大众传播和人际传播的三重维度》中文版序（刘君译）。上海：复旦大学出版社。

[美] 约瑟夫·熊彼特（1990）。《经济发展理论》（何畏，易家详等译）。北京：商务印书馆。

祝华新，潘宇峰，陈晓冉（2015）。2015年中国互联网舆情分析报告。收录于《社会蓝皮书：

2016 年中国社会形势分析与预测》（李培林，陈光金等主编）。北京：中国社会科学出版社。

Amy S. W. & D. Domingo（2012）. Innovation processes in online newsrooms as actor-networks and communities of practice. New media & society,（7），1156-1171.

Boczkowski, Pablo J.（2004）. Digitizing the news: innovation in online newspapers. The MIT Press.

Couldry, N.（2008）. Actor network theory and media: do they connect and on what terms? in Hepp, A., Krotz, F., Moores, S., & Winter, C.（Eds）. Connectivity, networks and flows: conceptualizing contemporary communications. Hampton Press.

Fred, T.（2005）. Actor-Networking the news. Social Epistemology（19），321-324.

Law, J., & Hassard, J.（1991）. Actor Network Theory and After. Oxford.

Latour. B（1991）. Technology is society made durable. in Law, J.（Ed）. A sociology of monsters: Essays on power, technology and domination（103-131）. London: Routledge.

Paterson, C., Domingo, D.（2008）. Making Online News: The Ethnography of New Media Production. New York: Peter Lang.

Ursula, P.（2009）. An actor-network perspective on changing work practices. Journalism, 10（5），604-626.

作者手记

"两微一端"如今少有人提了，但 10 年前，当我和研究生喻贤璐坐在去往北京的火车上时，心中充满了对这个词的好奇。《编辑部创新机制研究》这篇论文是我们好奇心的产物，也是此后 10 年我和后来慢慢壮大的研究团队在新闻创新领域做经验研究的起点。在回顾这篇论文研究经验与不足的同时，我也希望借此手记，整理自己这 10 年来对新闻创新领域经验研究的一点浅见，与大家交流。

一、不妨先"上车"

2015 年的媒介图景值得先在此略书一笔，否则我们很可能因为早已习惯于今天的媒体环境，淡忘了当时传统新闻媒体感受到的巨大冲击。彼时，互联网企业在公共事件上攫取公众注意力的能力已让任何人都无法小觑。这一年，苹果发布了新闻应用、脸书推出了直播功能、推特（现已改名 X）开始使用可以更好发现和追踪新闻事件的 Moments 组件。国人更直观的感受则来自微博和微信的爆发。据当年发布的第 36 次《中国互联网发展状况统计报告》，全国互联网普及率尚未过半，网民总数为 6.68 亿。而这一年，微信月活用户突破 5 亿，微博月活用户突破 2 亿，都跻身全球最大社交媒体平台之一。尤其是推出才两年多的"微信公众号"极大拓展了内容生态圈。可以说，当互联网的重心从 PC 端转入移动端后，新闻媒体才真正感受到"传统"二字作为定语的沉重。

当时，对新媒体疑惧的靴子已经落下，对新环境的适应却还远没有完成。新闻媒体依然大体按照常规新闻生产的惯性运行，但已涌现强烈的不安。事后回想，传统新闻媒体尤其是有影响力的新闻报纸在 2015 年前后的危机感其实是最强的。因为此后的变化，如短视频传播的无远弗届、网红作为新一代意见领袖的异军突起、技术上"GPT 时刻"的骤然而至等，虽然看上去更剧烈，但轮番冲击下，传统媒体对外部环境之白云苍狗的"适应性"也在快速增强，内部紧张感事实上反而有所缓和。

如果有今天的"后见之明"，也许在 2015 年夏的实地调查中我们能对传统编辑部里弥漫着的气氛体察得更细腻，但不管怎么说，我还是很庆幸当年一放暑假就去北京几家报社探个究竟的临时决定。驱使我们"上车"的其实只是一种感觉，来自对长期关注的传统新闻媒体内在变化的敏感，当时还没能形成一个明确的研究问题。现在回想，我很感激当年匆忙的"上车"。研究者有时需要一点冲动，不一定等把一个研究问题完全想清楚了再行动。有这样的"异常感"袭来时，就应该去做点什么。进行远端外围观察当然也可以，但只要有条件或者能创造出条件，我更愿意去活跃行动者所在的"水域"观察和感知。

二、做经验研究的"热"与"冷"

在北京的调研极为充实。实际上我们两周内实地去了5家媒体，进行了22场访谈。论文只用到其中3家媒体的16场访谈的资料。我记得有一天忙到深夜，贤璐突然来了句："老师，我发现做研究其实是体力活啊。"身体累，是因为需要配合不同访谈对象的时间，冒着酷暑在几家媒体来回奔波；脑子更累，因为要准备访谈提纲、不断提问追问、连夜整理访谈记录以便发现更多新问题……几乎没有停下来的时刻。那种感觉可能有点像记者在做重大报道时的状态，忙碌、兴奋、紧张。说一点题外话：我一直认为新闻专业训练对做质性经验研究是大有裨益的。第一，不怵与人打交道；第二，不畏奔波；第三，会提问；第四，记录意识强，能从实地调查中收集到丰富素材。更重要的是，受过新闻训练的学生理应对了解"未知"有一股发自内心的冲动。不过，这几年可能是因为考研考博越来越"卷"，我感到新闻专业学生身上的这些特点褪色了，这不是个好现象。

经验研究的大道至简，不外乎从研究对象处获得高质量数据，加以分析，得出新知。如果说调研访谈是"累"，那对经验材料进行取舍分析的过程，简直称得上是"痛苦"。调研结束后，面对整理出来的十多万字笔记，我其实经历了好多次分析-推翻-再分析-再推翻的循环。之所以写写停停，说到底就是对回答"so what"（又怎样呢）的问题迟迟没有底气。没错，我们可以讲三家知名报社如何进行微新闻生产的故事，但那又怎么样呢？进一步，我们在三个案例的比较中发现了一些差异和相似之处，但那又怎么样呢？再进一步，发现这些差异和相似是可以抽象为超越个案的"要素"的，并且要素之间还有关系——直到这里，对"做这个研究有什么意义"的痛苦诘问才得以缓解。

必须承认，从捕捉新现象到将其经验化，再到将经验材料理论化，最后生成研究成果，这一路充满不确定性，说得不好听就是要冒着极大的失败的风险。现在看来，避免失败最可靠的方式就是平时增加理论储备。写这篇论文时，我也刚开始接触新闻创新领域，分析写作阶段的诸般"折腾"，现在看来不就是以理论准备不足的"软弱之躯"要去驾驭"生猛"经验材料必然产生的种种不适吗？分析不出名堂时，我就继续系统阅读从2014年开始关注的创新理论。幸运的是，2015年秋季我还参加了在南京大学和复旦大学举办的多次学术交流活动，在与多位学术同行的交流碰撞中获益良多。最终，这项研究从十几万字访谈录音文本和调研笔记，蝶变成了"论文"。

我把这个过程总结为：获取经验要"热"，分析经验要"冷"。获取经验时，研究者要热情主动，勇于尝试；分析经验时，研究者要冷酷无情，勇于接受批评和自我批评。这一热一冷的关系不可错乱。做经验研究最怕"玻璃心"：担心访谈对象不理自己，担心经验材料没有用，瞻前顾后不敢出手。一旦获得了经验材料，又不容批评，不忍取舍，躲在精致的方法论和巨大的数据规模后面，不敢直面"本研究到底有何意义"的本质追问。在我看来，这就是把做经验研究的冷和热给弄反了。

三、作为"路标"的经验研究

10年后再看《编辑部创新机制研究》，不得不说很多结论已经是众所周知了，比如新闻媒体的不确定危机是生态层面的，不是组织层面的；传统新闻媒体有强烈的创新动机；一项具体的创新策略开展得如何，与"编辑部"自身的复杂要素有关；等等。经验研究很难提供超验知识和宏大真理，在我看来，它更像是朴素的"路标"——一方面标记行动者突破常规的努力，一方面标记研究者的认知深度。这两个方面，都必然要被"突破"。我们对一个领域的深入了解，正需要许多这样的"路标"一路指引。我认为依然有价值的是，这篇论文提出将新闻创新行动放置在"编辑部"这一复杂行动者网络中去考察的研究思路。论文抽象出的几个考察元素：技术特性、生产者关系、资源投入和编辑部原有规制，是我们此后不断进入媒体编辑部做研究时重要的观察方向。但显然这些还远不足以构成对传统媒体如何进行新闻创新的完整理论解释。推动变化的外部力量不只"技术",还包括"制度"和"舆论环境",编辑部自身的结构也在不断融合中发生改变,更不要说新闻创新行动类型的多元。此后我和研究团队更加注重"细化"经验,引入更多维度、更加系统地关注持续变动中的新闻行动者及其创新。在某种意义上,我们此后的努力,正是以这篇论文为起点,试图在新闻创新研究领域走得更远一点。

论数据新闻对新闻职业文化的改造

——以 M 媒体的数据新闻生产作为考察对象

■ 钱　进　周　俊

【本文提要】作为新技术和新闻结合的新形式，数据新闻是一个创新的突破口。然而，新闻从业者如何面对这样新的实践？他们之间的相互关系又会因新实践的引入发生怎样的变化？为了观察和理解这一系列变化，本文采用职业文化这一概念，通过考察 M 媒体数据新闻团队的人员构成、办公空间的重新划定、日常常规的重新确立以及内部沟通等来回应这些问题。

从互联网到"互联网＋"，网络已从最初一种独立性的媒介存在，逐渐转变成一股渗透性的力量，进入社会生活的各个层面，改变或颠覆着先前稳定的社会关系。新闻业尤为如此。为应对这样的变化，新闻业或是主动或是被迫，在具有颠覆性力量的互联网前，重构和创新自身的新闻实践。与传统纸质媒体相比，在线媒体有了许多截然不同的新特征。首先，之前报纸版面空间的限制在新的媒介平台上已失效。其次，传统的截稿时间在实时更新的互联网媒介平台上也失去了意义。空间和时间束缚的打破却又带来另外一个问题：如何去填充新媒介平台上新的空间？除了对传统文字和图片内容进行互联网的迁移，对于媒介产品形式创新的需求也开始凸显。作为新技术和新闻结合的新兴形式，数据新闻便是一个创新的突破口。然而，新闻从业者如何面对这样新的实践？他们之间的相互关系又会因新实践的引入发生怎样的变化？为了观察和理解这一系列变化，本文将采用职业文化这一概念来展开对这些问题的考察。

一、媒体转型下的新闻职业文化

与传统的组织视角考察从业者实践是否达到组织所设定的一系列标准不同，职业文化视角的重点落在职业内部成员如何理解、构建和分享自身实践的意义上（Schein，1996）。也正因为内部视角的研究取向，进入新闻室内部观察记者、编辑的新闻实践往往也成为考察新闻职业文化的一种方法。事实上，20 世纪 70 年代兴起的对新闻室的考察中，职业文化一直贯穿于这些研究之中。研究者也通过对日常新闻实践的追踪，勾勒着它们所植根同时也是主动建构的职业文化。

Tunstall（1974）在对报纸记者考察后发现，"竞争者-同事"关系在他们的职业文化中占据着重要的位置。尽管因所处版面和条线不同，其对记者的实践影响程度存在差异，但它仍然决定着新闻从业者的日常新闻实践活动，例如分享还是独享消息源问题等。Schlesinger（1987）则将考察的对象换成了电视新闻。在他看来，与报纸不同，电视这种媒介形态给新闻职业文化带来的最大影响是其对即时性的强调，即一种"秒表文化"。这种对时间和速度的强调，也就成为电视新闻从业者职业文化的一种基调，影响着他们的日常实践。但在 Agarwal 和 Barthel（2015）看来，这些在互联网之前出现的新闻职业文化都浸透着一种等级分层思维。身处管理位置的编辑，自上而下发起报道项目计划，编辑、记者则据此展开新闻采集（White，1950）。这种结构性安排之所以能够在较长时间段中成为一种主导性力量，关键在于对新闻职业的一系列预设，如新闻业依靠对媒介介质和渠道的垄断建构，其在与社会其他机构竞争时的合法性，以及新闻生产常规的稳定性所带来新闻产品的标准化和可控等。尽管有着自上而下管理体系的存在，新闻室内却还是能维持一种独立的氛围，成员之间的关系也较为松散（McDevitt，2003；Tuchman，1978；Glasser & Gunther，2005；Rodgers，2013）。

互联网的到来打破了这种稳定性。首先是媒介介质的垄断优势逐渐丧失，基于互联网和新技术而产生的新的媒介产品和新闻实践不断挑战着新闻生产常规（Steensen，2009）。身处变化最中心的新闻室的新闻从业者对此感受最为深切。一方面，他们要重估自身的新闻实践；另一方面，一系列新的技术、设备以及人员进入编辑室。那么，新闻从业者的实践将发生何种变化？他们的职业文化又会因为这些实践的调整发生怎样的变化？本文将选择 M 媒体的数据新闻团队作为考察对象，进入其新闻室内部，通过田野观察和深度访谈等方式，展开对上述问题的考察。

二、混合型的团队成员构成

数据新闻在中国的实践，多从数据可视化起步，即如何用形象的图形来更好地讲故事。传统报纸的美术编辑自然也就成为数据新闻的主力，M 也不例外。事实上，M 的数据新闻并非一个独立的部门，而是隶属于视觉中心。在报纸时期，视觉中心已经存在，主要负责报纸的图片、制图以及报网的一些视频制作。在过渡到在线媒体后，由于部门职责的大幅拓展，原先的人事编制架构已无法满足新的工作需要。首先是人员数量的缺乏。在报纸时期，美术编辑的岗位很少有新的职位产生，人员数量和结构也长时间保持稳定状态。其次，新的实践对于部门中人员的知识结构和技能也提出新的要求，尤其是在软件技术开发方面，需要懂得包括 HTML5、Java Script 等在内的网页开发和编程的人员。故而，在 M 的转型之初，便招入数位拥有上述技术背景的美术编辑和软件工程师。

招聘到合适的工程师并不容易。专业的软件工程领域将新媒体实践中所涉及的互联网技术统称为前端开发，即面向受众的界面和后台应用开发。在他们看来，这些开发工作的技术含量并不高。同时，从工程师自身发展角度看，从事这种技术开发，并不能帮助其自身技能的提升与知识的拓展。对工程师来说，这点是致命的，因为知识更新是保持其职场竞争力的关键。从这个角度来说，视觉中心在招聘到合适的工程师方面耗费颇多精力。

如前所述，视觉中心负责整个新闻平台的图片、制图和视频动画等，其成员也就包括摄影记者、编辑以及工程师等。而从事数据新闻的团队，则是其中的一部分人员。简单来说，团队成员由两部分组成：编辑和工程师。整个视觉中心并没有配备记者，故而其下的数据新闻团队中也没有记者编制。这里之所以统称为编辑，主要是与工程师区分开。工程师实际上独立于数据新闻团队，而只有在团队中的编辑提出需求后，工程师才会介入团队的新闻生产。而整个团队则直接受视觉中心总监领导。

团队设有两位栏目编辑，负责整个数据新闻产品的开发、执行与运维。两人都有着技术背景，但在具体职责上各有偏重，其中 Z 主要任务是负责产品前端开发，而 L 则掌控着栏目的走向和内容的确定。团队拥有一名文案，她的日常工作是寻找数据，并对这些数据进行总结分析，提炼出新闻点，并负责最终图表上的文字撰写。团队中人数最多的就是美术编辑，共有六人。他们的知识背景跨度较大，包括广告、电影以及材料工程等。六个人按照所从事项目的时间分为两组：短期和长期。四位短期项目的编辑主要任务便是日常的数据图表制作。另外两位则负责长期的大型项目。这些项目多会涉及 3D 建模、渲染和动画制作。这类项目由于涉及程序开发，一年也只会完成 1～2 个产品。此外，团队还配有两位漫画师，负责给文字新闻配漫画。

通过与老成员的交谈互动，新成员逐渐了解新闻室中的工作习惯。然而，在这里，整个团队要从事的新闻实践是崭新的，它并不像传统新闻实践那样有着一系列稳定框架。换句话说，团队成员之间要重新定义自己工作的边界。其中就包括工作空间边界的重新划定。

三、开放式的空间与嵌入式的空间

与许多媒体办公空间采用隔板进行分割不同，位于报业大厦五层的视觉中心办公室中，办公桌相连，但没有隔板。这也方便了成员之间的日常沟通。但随之而来的问题便是，在这样开放的空间中，如何保持个人隐私。开放的空间意味着个人的行动将暴露于整个群体的观察之下。然而，适度的个人空间也是日常工作正常开展的前提，例如在开放的办公空间中，同事之间的交谈就可能会对其他正在工作的人造成影响。也正因为如此，他们在工作时，多会佩戴耳机，有的甚至是大型号的耳麦，从而避免外界的干扰。

成员的座次是按照所归属的栏目排定的。每个栏目的美术编辑和文案相邻而坐，从而方便讨论。较之报纸时期，新闻室最大的变化便是技术团队成员加入这个空间。在之前的报纸制作时期，工作中所涉及的技术问题并不复杂，视觉中心内部可以自行解决，如图片处理、制图以及视频编辑等。当遇到较为复杂的技术问题时，才会临时请工程师帮助解决。但由于业务范围的拓展，新闻室日常工作中都需要这些技术开发人员。他们进入新闻室也就成为自然之事。

工程师并不与编辑一同工作，而是被分配到一个专门用玻璃隔断的房间中单独工作。如前所述，编辑的日常工作须进行频繁的交流，而对于需要从事较为复杂编程的工程师来说，这势必会是一种干扰。同时，工程师之间也要在工作中进行沟通，相对独立的空间也有助于他们开展工作。换句话说，工程师的办公空间是嵌在整个开放式的办公空间中的。这样的空间分布，意在保持整体空间的开放性的同时，也承认技术性工作与传统新闻实践的差异。工程师从新闻室外进入新闻室中，意味着传统新闻室空间壁垒的破除，即它不能再忽视技术空间的存在。但在被接受进入其空间的过程中，工程师还是处于较为边缘的位置。从表面上看，工程师的空间有着一定的优势地位，即独立的工作空间，但它毕竟还是被从主要的办公空间隔离出来。尽管工程师从他们的办公空间出来必然会经过大部分编辑、记者所在的公共空间，他们也经常会出来和其他同事聊天，但两种不同的工作逻辑和习惯还是使得两种空间的边界清晰可辨。以工作时间为例，工程师多会在下午五六点下班，而在公共区域办公的编辑则会在办公室待到晚上七八点。这固然与各自的工作内容有关，但更重要的是一种职业上的习惯。编辑延续着他们从报纸时期就形成的工作习惯，而新进入的工程师则似乎并未接受这种安排。

因意识到嵌入式空间中的工程师与公共区域中的编辑之间的隔阂可能对工作顺利展开造成障碍，成员们也试图去弥合两个空间中存在的裂隙。例如办公室的公共区域，放置着主编专门购置来做仰卧起坐的器材和室内自行车等，目的是方便成员们在办公室内进行健身活动。健身器材旁的一张床则是专门为晚上加班到深夜的同事提供小憩的地方。同时，除冰箱外，办公室还配置了咖啡机。在新闻室加班或非常忙碌时，主编 C 经常会给成员准备食物和饮品，例如红酒、蛋糕和辣椒酱等。办公室有一张大桌子，平常主要用来集体讨论，而它另外一个功能便是餐桌，成员们经常在这里分享食品。这些休闲类设备和食品的供给，实际上都是试图让不同空间中的成员可以有交流和相遇的机会。

除此之外，相互之间的知识分享也是另外一种打破边界的尝试。每个人选择和自己工作相关的一个主题进行讲解，从而让各个部门的同事相互了解。通过让美术编辑、工程师、文案和记者共享彼此领域的一些术语和基础概念，从而相互了解各自工作内容和限度，这也会有助于工作中的相互沟通。工程师 Y 便经常和大家分享一些设计软件的使用方法，例如他从基础开始讲解 After Effect 视频后期处理软件中的一些动画效果使用问题。这种方式让漫画师、编辑对数据新闻可以选取的一些后期效果有一定的了解。尤其是在与漫画师的互动中，关于 AE 的教程能够让漫画师避免一些图层的使用错误，也为负责后期合成的 Y 省去很多麻烦。

对处于起步阶段的数据新闻来说，从事新闻和从事技术的双方都在尝试如何通过上述的桥接式行动，从之前各自独立的空间中走出来。但先前所形成的惯习依然决定着各自的行为轨迹，双方的碰撞和冲击在数据新闻的日常生产中最为明显。

四、日常常规的再确立

当这些背景各异和工作经验各异的成员组合在一起后，工作如何展开？由于数据新闻自身就是一项全新的新闻实践，所涉及的人员和知识技能与之前的新闻生产显然存在着差别，新闻室运作的新闻常规又会发生何种变化？

1. 选题

与传统新闻室一样，数据新闻团队也有例行的选题会。但与传统报纸每天召开例会不同，他们的例会一般一周一次，时间是每周一上午。选题基本上也在这个时间段集中完成。而之后如果有新的选题，则单独与编辑沟通，进行补充。编辑在星期一会根据选题的时效性，计划项目的周期和对人员进行安排，排出每个项目文案截止日期和发布时间。具体来说，这些选题可以分为以下五类：

一是数据汇总类。如"数据一周"，发布时间为周一上午九点，是将周末一些有新闻价值或上一周一些好的选题但没来得及制图的计划都放入"数据一周"。它的形式通常就是非常短小的图表加文字，强调短平快。二是时事类。例如股市、反腐落马官员统计等。因为紧跟时事新闻，所以这类选题对时效性要求较高。三是报告类。通常而言，报告类分为两种：一种是时间截点驱动，一种是内容驱动。前者包括例如两会总理工作报告的可视化。该项目前期计划了将近一个月，在工作报告发表之后的几个小时必须发布。后者比如"3·15"晚会上公布的 Wi-Fi 黑色产业链，虽然说最好的时间节点是晚会后，但是由于这个话题与大家的切身利益相关，所以稍微晚一点也不会影响其带来的流量。四是趣味类。这类通常采用方块模式，涉及趣味类话题，类似 Facebook 上关于情侣的 5 个谣言等。此类选题主要用来平衡严肃的政策类选题。五是抓稿类。从国外例如 538、Upshot、Datablog 这类网站去抓取有趣的材料，做简单的编译和视图修改。该类选题项目完成周期较短，可在较短的时间内以较快的速度提高发稿量和导入流量。

2. 文案撰写

所谓文案撰写，是指在最终数据图表里的说明性文字，长度在 100 字左右。它通常是在数据新闻制作的前期，文案编辑通过分析数据，总结出这些数据中可能被提取出的新闻点。对新闻室来说，这是一种全新的实践，同时也是基础性工作之一。对文案撰写编辑来说，她实际上是在"采访数据"。与简单的数据分析不同，她还必须提炼出数据里的故事，即用数据去讲故事。但文案又恰恰是最容易被忽略的一件事情，原因在于组织架构和内部沟通。因为五楼只有视觉中心，专门负责图片、图表、视频和交互，所以并没有记者。这些从事视觉编辑的成员并不是特别擅长用文字去呈现故事。在报纸时期，他们与文字相关的工作也仅仅是图片说明，而文案与图片说明是两种类型的文本。文案编辑 N 也是一个新人，之前是公务员，所以在编辑要求她写与外交部合作的博鳌论坛文案时，她认为让记者去撰写更加合适。由于团队内部并没有记者，故缺乏理解这些数据的背景知识，所以有时对数据的挖掘很难深入。同样的问题也出现在漫画师身上，漫画师被要求自己去找选题，然后报给编辑。设计出身的漫画师在执行层面会非常有创意，但找新闻点撰写文案并不是他们的专长。

3. 发布与更新

稿件的最后发布权限在栏目编辑 L 手中。她会先对作品内容细节进行核对，然后发布。通常而言，数据新闻作品发布后当天和次日的评论数会达到最高值，而 H5 的作品则会不断翻新发布，例如腾讯 H5 作品《测试你所在城市的雾霾》在《苍穹之下》发布之前就已经发布了，但当《苍穹之下》引发大家对雾霾的关注之后，腾讯再次推出这个产品，从而获得大量关注。同样，M 的数据新闻团队曾做过一款与雾霾相关的游戏，也是同样的情况，即发布之后再碰到新的相关新闻事件时，便再拿出来发布。与传统平面媒体不同，发布并不受固定截稿时间的制约，可按项目具体的推进情况进行灵活调整。而对最后的数据新闻作品来说，它也不再是一次成形，而是可以不断被更新和修正。

五、内部沟通中的转译人

数据新闻团队的工作核心包括两部分：制作与整合。如仅是静态的图表，基本上团队内的美编可自行完成。若涉及动态效果，例如 AE、HTML5 和 VXPLO 互动大师等，就需要专门的技术开发人员介入。相对而言，AE 和 VXPLO 所涉及的技术更为复杂。编辑完成对文案的审核后，便会交给设计师，通常在撰写文案的时候会在后面备注希望得到的效果，如柱状图、条形图、画外音之类。但每个设计师的风格不同，设计出的成品与需求的符合度也就不同。也正因为如此，保持与技术人员持续和高质量的沟通也就成为必需之工作。

但来自不同工种的成员有着各自的工作概念、话语方式与工作流程逻辑，当两者相遇时，误解、矛盾甚至是冲突在所难免。而各方都参与的项目推进会则提供了一个观察他们之间沟通的机会。通常来说，工程师和编辑在独立的空间中展开工作，只有在项目推进会，各方才会在一起讨论各自推进的情况，以及向对方提出需求和对需求进行回应。下面便以一次讨论某落马官员关系网可视化项目的会议来说明他们之间的沟通情况。

会议讨论的是整个团队已准备了数月的可视化作品，即基于落马官员 L 的家族关系和商圈联系等绘制他的关系网。作品的封面主要是通过线条组成该官员的姓氏，并且分别在姓的上中下三个点作为标题，通过线条的缩放给人一种动态的效果。商圈主要是通过地域，把不同省、市、县的商人链接在一起，家谱图也采用类似方式。最后一张图较为复杂，是将中纪委曝光的落马官员和 L 的关系进行串联，在点击人名时会显示该落马人物的简介，而点亮之后就会出现该落马人物与 L 的关系属性。

参加会议的有负责软件开发的工程师 J，他主要负责可视化中的互动效果的代码实现；美术编辑 D 负责可视化图形设计；编辑 J 负责项目文案撰写；栏目编辑 L 是整个项目的直接负责人；另外还有视觉中心总监 C。

会议中，编辑频繁问及工程师某个功能的可实现度。而工程师则回应："你们到底要什么,我先去给你做出来参考一下。"在这里,双方实际上都无法去想象对方究竟可以提供何种支持。在讨论到作品的功能与呈现效果时,栏目编辑 L 向编辑解释如何向工程师提需求时指出:"工程师脑海里面没有阴影和曲线。"而有时,工程师对于编辑的需求也存在异议,例如按照编辑的需求,最终呈现效果可能会不理想。由于职业习惯问题,工程师并不像编辑那样善于用言语委婉表达自己的意见,因此他们通常会直接拒绝其认为无法完成的任务。栏目编辑 L 也因此会引导工程师 J 说:"你以后在回答任何问题之前回答这个到底是功能上实现不了还是做了会不好看。"

沟通问题不仅存在于工程师与美术编辑之间,负责文案的编辑与设计团队之间的沟通亦存在障碍。在设计师进行构图时,希望所涉及的内容是确定下来的。这就包括与 L 相关人员的确定问题。例如,项目开始计划做 8 个相关落马人员,设计师便根据人数设定了代表每个人的圆圈的弧度,但中纪委又突然曝光民生银行的负责人,因为无法确定他与 L 的关系是否重要,故而无法确定是否将其加入整个可视化项目中。对设计师而言不仅是添加一个圆圈而已,而是需要重新计算整个页面的弧度。而这便需要栏目编辑 L 与负责反腐新闻报道的记者协调,最终决定是否将其放入。

不难发现,在整个团队的沟通过程中,栏目编辑 L 扮演着重要角色。与传统机构中的负责人不一样,她并不是在一个均质性的群体中进行协调,而是在不同工作逻辑和习惯的群体中寻找到他们之间的契合点。对她来说,了解各自行业的特性并进行恰当的转译就成为必需。这种转译,就是用各方能够理解的概念和话语方式进行阐释,并向他们说明协同工作中各方工作的边界。

结语

与传统新闻室中的新闻生产不同,M 的数据新闻实践是在一个全新的情境下展开的。新的工作领域、新的知识技能和新的团队成员组合,都将会对新闻室空间里的社会关系和交往进行重构，而新闻室中的职业文化也随之发生变化。新成员的加入使得各方不得不重新去搭建相互沟通的平台；新的工作流程也要求成员不能再像之前那样处于相对独立的工作状态，而是需要频繁地与同事进行沟通。协同成为一种必需。然而，在这些跨工种的协同和沟通中，各方先前的职业逻辑、工作概念和流程习惯实际上会对协同的展开形成障碍，新闻室中一个新的中介式角色便产生。她通过其阐释工作，来破除不同空间之间的隔阂，从而使得团队的工作可以顺利展开。■

参考文献

Agarwal, S. D., & Barthel, M. L. (2015). The friendly barbarians: Professional norms and work routines of online journalists in the United States. Journalism, 16(3): 376-391.

Glasser, T. L., & Gunther, M. (2005). The legacy of autonomy in American journalism. Geneva Overholser & Kathleen Hall Jamieson (Eds). The Press. New York: Oxford University Press.

McDevitt, M. (2003). In defense of autonomy: A critique of the public journalism critique. Journal of Communication, 53(1), 155-160.

Rodgers, S. (2013). The architectures of media power: editing, the newsroom, and urban public space. Space and Culture, 20(10): 1-16.

Schein, E. H. (1996). Culture: The missing concept in organization studies. Administrative Science Quarterly, 41(2): 229-240.

Schlesinger, P. (1987). Putting 'reality' together: BBC News. New York: Methuen.

Steensen, S. (2009). What's stopping them? Towards a grounded theory of innovation in online journalism. Journalism Studies, 10(6), 821-836.

Tuchman, G. (1978). Making news: a study in the construction of reality. New York: The Free Press.

Tunstall, J. (1974). Journalists at work: specialist correspondents: their news organizations, news sources, and competitor-colleagues. Sage Publications.

White, D. M. (1950). The gatekeeper: A case study in the selection of news. Journalism Quarterly, 27: 383-389.

作者手记

　　选择对数据新闻生产中的职业文化改造进行研究，源于 2014 年我开设的一门数据新闻报道课程。在为这门新课准备相关资料时，我被这个领域所迸发出的巨大创造力所吸引。数据新闻作为一个新概念，当时才出现几年时间，但围绕其展开的各种创新新闻实践不断涌现。对正处于转型关键时刻的传统媒体来说，结合技术与新闻两种要素的数据新闻，似乎是回应数字媒介新生态挑战所能找出的最优解。机构媒体试图通过尝试数据新闻，如引入颠覆性技术、整合团队配置以及重构新闻室的物理空间安排等，探索出一条数字化转型的道路。也正因为如此，全球老牌新闻媒体纷纷成立数据新闻团队，并投入大量的人力与资源，试图在这个新的领域定义新的工作流程规范与最佳实践案例，从而确立自己的声誉与权威。

　　作为一项全球性的新闻创新实践，同时也在慕客、创新工作坊以及新闻评奖等诸多因素的推动下，国内媒体的数据新闻实践迅速发展起来。无论是传统媒体的数字版，还是原生的网络新闻平台，一度都将这种结合了数据、可视化以及文字的新的报道形式，作为重要的引流新闻产品。丰富的数据新闻实践，也为本篇论文的新闻室田野提供了可能。

　　本文的另外一位作者是我指导的研究生周俊，她以实习生的身份进入 M 媒体的数据新闻团队。由于我无法以日常参与的方式进入新闻室中，于是便采用了一种"复盘田野"的方式，来记录和理解田野。周俊会撰写田野日志，记录下实习中她认为或是重要或是有趣或是困惑的事件和细节。通过印象笔记的共享笔记，我可以实时阅读到这些日志。同时，我会采用类似深度访谈的方式，对日志中那些可能发展成研究对象的线索向她追问，试图获得更多细节与补充。一些无法解答的问题，她会在之后的实习工作中留意找寻。事实上，在撰写这篇手记时，我还在翻看这几万字的日志，来复原当时的现场。

　　以当时国内的标准看，M 媒体的数据新闻团队规模并不小，栏目编辑、美编、漫画师和工程师等一共有十九人。这样较为充裕的人员配置，尤其是在前端网络工程方面的人才储备，源于 M 的原生数字媒体属性，即整个媒体机构的运作依赖于网络工程师的技术支持。正因这种"网络技术/媒体内容生产"混合型的人员构成，与传统媒体中较为松散的氛围相比，整个团队也呈现出不同的气质：更强调协作的工作流、工作空间中更频繁的沟通以及更紧密的同事关系。一种互联网公司所特有的职场文化，便这样悄无声息地渗透到媒体的日常运作之中。由于团队的规模和新闻实践的实验取向，传统的组织视角，即考察从业者实践是否达到组织所设定的一系列标准的路径，并不适用于这个特殊的群体，因此，论文选择了"职业文化"作为核心概念，来捕捉这种混合型新闻室里，所发生的新闻变革。较之于组织视角，职业文化向内转向，去探究内部成员如何理解、构建和分享自身实践的意义。

对 M 媒体的数据新闻团队来说，不断的技术迭代、知识更新以及流程优化，迫使其不得不和由新闻条线、类型化以及框架所塑造的稳定化、仪式化新闻生产告别。如果说传统媒体的权威与合法性是通过在由不同消息源所编织的事实网络中完成中介调节工作实现的，那么摆在数据新闻团队面前的，是垄断性渠道所构成的权力话语日渐消解的背景下，如何在由代码、数据以及叙事所组成的新的、陌生技术话语配置中，尝试去建构新的专业壁垒，从而去光复其旧时荣光。

然而，试图通过调和两种逻辑——技术逻辑与媒介逻辑——来完成媒体数字转型的尝试，给从业者内部的职业文化带来极大的挑战。对 M 媒体的田野表明，团队中来自两个不同传统的成员有着极为不同的职业理念、概念工具以及价值标准，两者之间的张力也渗透在日常工作之中。对那些持技术逻辑的程序员来说，作为一种基于代码的原生数字产品，数据的可获得性、代码系统的稳定性和开发工作量估算等技术可实现度问题是他们考量一切问题的起点。而对那些持媒介逻辑的成员来说，数据新闻作为新闻产品类型中的一种，它首要的任务是如何去向受众讲述一个引人入胜的故事。两种范式之间的不可通约性，促使了在两种逻辑中进行协调斡旋的转译人角色出现。尽管存在这样的边界工作，但依然无法解决两者在职业文化认同上的分歧。

对正在摸索如何与新技术进行融合的新闻创新实践来说，职业文化上的认知游移有着致命性后果，即无法进行稳定而定位清晰的新闻产品生产，从而导致其在不断的创新试错过程中迷失方向。事实上，在论文发表之后的几年中，数据新闻实践并未如期望的那样，给新闻创新与媒体数字转型带来示范性效应。恰恰相反，各媒体纷纷削减在数据新闻业务上的投入，只有几家顶级媒体还能继续维持稳定的数据新闻生产。这固然与整个媒体行业的式微有关，但更为重要的，是在新的创新情境下无法协商出一套与之相适应的、被共同体内部共享的职业文化，从而影响整个创新实践的合法性建构。在之后新闻媒体试水新技术的过程中，如虚拟现实、新闻机器人以及生成式人工智能等，由于职业文化问题所引发的创新困境不断重复。而新闻媒体也在这一次次的尝试与失败的循环往复中，逐渐在新的数字媒体生态中被边缘与放逐。

每日推送 10 次意味着什么

——关于微信公众号生产过程中新闻节奏的田野观察与思考

■ 陈 阳

【本文提要】本文根据研究者田野研究的资料和其他公开资料，考察微信公众号生产过程中新闻节奏的变化。作者认为，推送次数增多，转载非原创内容、重视情感类内容而非硬新闻，三者相辅相成，共同支持了微信公众号生产节奏的加快。新闻生产节奏加快也造成了负面后果，最显著的就是编辑工作压力增大和推送内容强调情感而放弃了深度。

传统媒体时代，新闻生产的节奏（news cycle）与普通受众的生活节奏相吻合，同时，媒体的生产周期也重新安排了新闻事件跟普通受众见面的时间。普通受众的生活周期是 24 小时，每 24 小时要进行相同的社会活动，起床、吃饭、上班、下班，这一套生活流程里，时间是最重要的标杆，划分、切割不同社会行为及其对应的发生场域，提醒他们什么时间应该做什么事。传统日报的生产周期也是 24 小时，每个 24 小时里所发生的新闻都统一安排在同一个时间点上跟受众见面（比如日报早上 6 点跟第一批读者见面，电视晚间新闻 7 点播出）。好新闻要拼时效，这也是考验记者职业能力的基本功之一。

媒体工作的内部日程和生产周期会影响新闻判断，形成新闻常规。塔克曼（Tuchman，1978）在电视台里进行田野研究，发现上午 10 点至下午 4 点的新闻事件最容易被报道，同样的新闻事件如果发生在晚上 7 点以后，由于记者大多已经下班了，那么这样的事件更难得到报道。吉尔伯（Gieber，1956）也发现，越接近截稿时间，报纸版面上留下的空白越少，编辑也不情愿撤下已经编好的稿件换上新稿件。因此，新闻被公布出去，要"屈从"于媒体机构的生产周期。

互联网媒体从技术上取消了"截稿时间"这一限制，媒体可以 24 小时随时发布新闻，新闻生产的节奏大大加快了。厄舍（Usher，2014）于 2010年 1 月至 6 月在纽约时报实地观察了六个月，她认为，即时性、互动性和参与性这三个特点区别了互联网媒体生产与传统媒体生产。其中，即时性（immediacy）指的是新闻一经制作完成、尽快发布出去这一过程（Tenenboim & Neiger，2018），很明显，即时性原则涉及新闻生产节奏的变化。

新闻生产节奏大大加快，意味着更多人力物力和工作时间的投入，那么，媒体机构采用了哪些措施来有效保证新闻节奏的加快？在这一过程中，形成了哪些新的工作常规（routine）？新闻节奏加快，对媒体机构和普通用户来说意味着什么？这是本文所关注的研究问题。本文考察微信公众号生产过程中新闻节奏的变化，通过田野研究资料，描述新闻实践发生转变的过程，以及产生转变的后果。本文所描述的画面和场景，发生在互联网媒体（有时候也被称为数字媒体、社交媒体或融合媒体）已经全面超越传统媒体这一历史背景下，传统媒体组织内部针对互联网用户的新闻生产节奏发生的变化。那么，哪些工作常规被保留，哪些被改进，这些变化蕴含了什么样的理论意义和实践价值，这将是本文描述的重点。

研究方法与资料

本文的田野资料，来自 2017 年 9 月至 2018 年 6 月作者在人民日报新媒体中心挂职锻炼期间的观察与访谈，以及收集的公开资料，包括该中心从业人员公开发表的文章、其他研究者对该公众号的研究资料，还有微信公众号推送的文章等。作为我国最重要的党报，人民日报历史悠久，影响力巨大，面对互联网潮流汹涌，它一直努力跟上。它在 1997 年就开办了自己的网站，2012 年开通了微博账号，2013 年开通了微信公众号，2014 年上线客户端，根据"中国新媒体大数据平台"①的统计，其微信公众号的总阅读数和平均每篇阅读数都是全国第一。

在技术层面上，人民日报的微博账号和客户端都可以实现每周 7 天每天 24 小时发布消息，而微信公众号每天则只能推送 10 次消息，每次多则 4～5 条，少则只有 1 条，因此，微博账号和客户端似乎生产节奏更快，那么，为什么微信公众号更值得关注？

第一，作为每日使用时间最长和使用人数最多的社交媒体，微信对普通中国人日常生活的渗透是全方位的，远远超过了微博和客户端。人民日报微博上的每一条推送，点赞数或评论数很少过万，而微信公众号里每一条推送，阅读量都在 10 万次以上，点赞量超过 10 万次的也不少，两者的社会影响力不在一个量级上。即使生产编辑人员，也很骄傲自己微信公众号的巨大影响力："我们的微信公众号（在整个公众号界）一直是第一！"（访谈，2018 年 1 月 12 日）客户端理论上可以做到 24 小时发稿，但是影响力不如微信，同一条推送《人类射击速度极限是多少？武警特战队员告诉你》（2019 年 5 月 2 日）发布两小时后，在客户端的阅读量不足 8 万，点赞数 732 次；在微信公众号则突破了 10 万，3885 人推荐"在看"。

第二，24 小时发布消息的技术障碍消失了，但并不等同于媒体在实际操作中选择 24 小时发布消息。人民日报微信、微博和客户端团队常规每日工作时间都是早 6 点至晚 12 点，节假日调休。从下文将要论述的新闻节奏加快带来工作压力剧增这一点来看，微信团队的压力是最大的。客户端团队编辑数量在 20 名左右，背后有整个报社 600 名记者在内容上的鼎力支持，微信团队只有 9 名工作人员，报社普通记者的稿件很容易出现在客户

---

① 参见 http://www.gsdata.cn/rank/wxrank? type＝week。

端里，却基本不可能出现在微信公众号里，所以，微信团队最适合展现新闻节奏加快带给编辑的工作压力。

第三，从内容方面来看，除了偶尔的重大时政新闻之外，人民日报微信公众号的内容从标题到正文都有着浓厚的情感色彩，跟印刷版上严肃庄重的"人民体"叙述风格截然不同。人民日报客户端里可以阅读报纸印刷版全文，报社 600 名记者也会给客户端其他频道供稿，所以，客户端内容的情感色彩不如微信公众号那样鲜明。这意味着，微信团队跟传统编辑团队的差异体现得更明显，因此本文选择了微信公众号及其生产团队为研究对象。

微信公众号的内容周期

从技术角度而言，腾讯服务器可以做到每天 24 小时不停推送人民日报微信公众号，但是截至目前，机构媒体微信公众号每天推送次数的限额是 10 次，而且只有人民日报、新华社等少数媒体才能获准每天推送 10 次——推送次数越多，意味着媒体级别地位越高。

我曾经跟另一家机构媒体的新媒体负责人谈起来，人民日报微信公众号每天推送 10 次，他的第一反应是充满同情地哈哈大笑："每天 10 次，真要累死他们了！"（访谈，2018 年 3 月 12 日）这家媒体自己的微信公众号每天上午 9~10 点和下午 4~5 点推送两次，每次 4~5 条内容，前面几条是原创新闻，最后一条都是推广。

每天早上 5 点到晚上 11 点之间，人民日报微信公众号在 18 个小时之内 10 次推送。整个部门分成了早午晚三班（见表 1）。

表 1 里的推送时间并非固定不变。我在田野过程中看到，工作日里经常每天推送只有 8 次或 9 次，周末有一天只推送了 6 次，主任对此是默许的。但是每天一头一尾，早上 5：30 和晚上 10：00 推送不能缺席，这两次推送都包含音频，需要提前制作。

表 1　人民日报微信公众号每日推送时间

班　次	大致推送时间
早　班 （值夜班）	早上 5:30
	上午 8:00
	上午 9:00
午　班	上午 10:00
	中午 12:00
	下午 2:00
晚　班	下午 4:00
	晚上 7:00
	晚上 9:00
	晚上 10:00

每次推送基本间隔 2 个小时，有时会间隔 1 个小时。考虑到整个部门负责微信公众号的全职工作人员只有 9 个人，我很理解同行为什么会对他们表示同情而不是羡慕。推送节奏越频繁，意味着编辑的工作强度越大，每隔 1～2 个小时，就要重复刚才的工作流程，长此以往，编辑难免疲倦。

我刚去人民日报新媒体中心挂职，第一次拜会部门主任，他就说："你能来我们这里值班吗？"然后，立刻否定了刚才的问题："算了，早班上班太早，你过来不方便，晚班下班晚，你回家也不方便。"后来我得知，主任所说的早班工作时间是从早上 5 点到下午 3 点，晚班从下午 2 点到晚上 11 点。他说的是实情，无论哪一个时间段，对我来说，都不合适。这也说明，这里缺人手，主任碰见一切潜在人员都想发展为自己手下的编辑。我在新媒体中心很少听到编辑闲聊，这里没有人浮于事喝茶聊天的现象，每个人上班时都万分紧张。

微信多次改版，每个用户的手机屏幕里，能够同时呈现的订阅号往往不超过 10 个，最新推送的公众号被显示在最上面。用户可以在一天的任意时间点开公众号阅读内容，因此，更多推送次数，增加了公众号停留在用户手机所显示的订阅列表里的机会，从而吸引用户点击公众号。也正因为如此，只有获得特许机会的媒体才能够增加每日推送次数。

人民日报印刷版在重大时政新闻领域有着独家权威，微信公众号编辑会很乐意选择国家领导人的重要新闻事件进行单独推送，因为这也是减轻工作负担的机会。推送内容来自权威媒体，编辑没有权力修改一个字——这对处于高度紧张状态下的编辑来说反而是好事，把他们从繁重工作中暂时解放出来，只要更改版面格式即可。而且，与国家领导人相关的重要事件只能单独推送，不能一次推送好几条——这等于变相减少了编辑的工作任务量。但是，这种情况不可能每天都有，有时候甚至一周也没有一次。

说到底，媒体乐意增加推送次数，其目的就是用新鲜内容吸引读者回到自己的页面上来，新鲜内容才是网络媒体所看重的（Usher，2014）。然而，高频率的推送节奏，使得编辑工作强度超出了他们的预期，尤其跟负责印刷版的报社同事相比，新媒体中心的工作节奏和强度更高，收入却未必能够体现他们的辛苦，难怪这里的工作人员的平均年龄不足 29 岁，与互联网有关的工作真是吃青春饭！

微信公众号的内容——转载，非原创

人民日报微信公众号推送的大量内容并非本报记者的原创新闻，而是采集和编辑其他机构媒体或自媒体的原创内容，获得对方授权之后修改标题和文字，再次推送。

推送时，人民日报会要求对方"打双钩"，即允许人民日报修改文章，并且不显示转载来源（访谈，2018 年 1 月 25 日）。刚听到"打双钩"这一要求时，我暗自惊讶。转载是免费的，通常情况下，原创公众号都会要求显示转载来源，来作为对免费转载的交换。

微信发布系统里，转载其他公众号已经发布的文章时，原创公众号可以选择"打单钩"或"打双钩"。前者意味着转载文章下部保留着原创公众号链接，用户点击链接就能直接进入原创公众号的页面（也被称为"倒流量"）；后者在转载文章下部取消了原创公众号链接，用户需要点击转载文章左下角"阅读原文"才能进入原创公众号页面。读者既然已经阅读完了转载文章，为何还要费力点击"阅读原文"？

很明显，较之"打双钩"，"打单钩"更可能吸引用户点击原创公众号，给其带来更多流量，因此很多原创公众号更愿意"打单钩"，在显示原创链接的前提下被免费转载，而"打双钩"就降低但并非杜绝了帮原创公众号吸引用户的可能性。

"打双钩"体现了人民日报和原创公众号之间的不平等交换关系。原创公众号被人民日报转载既没有一分钱报酬，也难以吸引用户点击自己的公众号，但它们依然允许人民日报转载，可能只是看重人民日报的名声大、影响广，毕竟人民日报微信公众号拥有 1800 万订户（申孟哲，2018），每一条推送阅读量都在 10 万以上，即便能够在这些文章的作者署名处出现自己的名字也能赢得名声。2018 年 1 月，中国新闻网微信公众号关于"冰花"男孩的首发文章点赞量不足 1 万，被人民日报微信公众号转载之后，点赞量超过 10 万。但是，也有些提供高质量独家消息的媒体公众号拒绝被转载，人民日报得不到同行的高质量内容，因而多转发那些新闻属性并不强的内容。

获得原创媒体的授权之后才能转载，人民日报通过这种做法以示自己尊重原作者和机构的版权。但是，授权转载需要时间，编辑等待的过程中，时间慢慢流逝。上午 10 点发生一则突发性事件，12 点原创媒体发布第一篇报道，人民日报的编辑读到之后便联系原作者请求授权，等到原作者同意授权，人民日报微信公众号能够转载发布时，已经是下午 4 点甚至第二天了。授权转载拖慢了新闻发布跟用户见面的速度，也损害了传统的时效性原则。

表 2　人民日报微信公众号一周内容的时效性
（2018 年 6 月 18 日至 24 日）

时效性	数　量
当　天	16
1～3 天	23
4～7 天	14
1 周以上	24
不适用	82
合　计	159

　　编辑每天浏览大量的机构媒体公众号、微博账号、新闻网页或其他媒体客户端，从中寻找合适的文章进行转载，这个过程完全靠人力，耗费大量时间。合适素材不是"被推"到编辑面前，而是编辑主动在互联网上寻找的结果。编辑团队按照自己的工作节奏来推送新闻，新闻事件本身的时效性并不是他们选稿的标准，新闻事件引爆成为热点话题，才能吸引编辑团队的注意，才可能被转载进而获得更高关注度，人民日报公众号更像是一个"热点文章放大器"，而不是"爆款制造器"。

微信公众号的新闻判断

　　频繁推送、非原创内容，这两个特点结合在一起，使得人民日报微信公众号的编辑取消了实地采访，只须对内容进行核实，进行修改润色，使之符合自己公众号的风格即可。腾讯公司规定，微信公众号里的文章，阅读量和点赞量超过 10 万以上，就不再显示具体数值，只显示"10 万 +"。人民日报公众号拥有 1800 万订户，刚开始进入田野，令我惊讶的是，这里每一篇文章阅读量都是 10 万 +，点赞量超过10 万 + 的文章也不在少数。那么，什么样的稿件会带来高阅读量和高点赞量？哪些文章最受用户欢迎呢？编辑所采纳的新闻判断标准是什么，跟传统报纸有什么不同？

负责微信公众号的编辑告诉我，他们内部做过统计，下列三类稿件的阅读量最高（访谈，2018 年 1 月 30 日）。

第一类是重大时政新闻，比如党的十九大和两会。人民日报在全国媒体圈和普通国人的政治生活里，具有极高的政治权威性，读者阅读惯性使然，碰到这种重大时政新闻就习惯阅读人民日报，爱屋及乌，顺带阅读人民日报微信公众号。2017 年两会期间，总理做了政府工作报告，原文长达 1.8 万字，刊登在印刷版上，微信公众号做了 500 字简写版，阅读量达到惊人的 200 多万。

第二类是重大突发性事件，比如 2017 年 8 月 8 日九寨沟地震，人民日报公众号的相关文章阅读量高达 400 多万。

第三类是情感类新闻，即那些蕴含情感因素、强调以情动人的新闻。这一类新闻又可细分为两个小类别。第一类强调国家认同，新闻主角要么是拟人化的"国家"——如党的十九大期间，《你好，十九大！加油，中国！》单条微信阅读量超 1110 万，点赞量超 20 万（申孟哲，2018），要么是作为国家公民的普通个人从国家事件中获得情感力量——如《香港阅兵》《印度撤军》《九一八国家公祭日》都是阅读量和点赞量双"10 万＋"。责编总结，这类稿件"都容易激发爱国情感"，因而容易获得用户认可。第二类是普通人的情感故事，会令普通用户感同身受。2018 年 1 月 9 日，人民日报公众号发布《整个朋友圈都在心疼这个"冰花"男孩！看了他，你还有什么好抱怨的》，阅读量超过 1000 万。

这三类稿件的阅读量和点赞量都很高，成为公众号编辑选题的重点。时政新闻和突发性事件虽然具备更大的新闻价值，却不是每天都发生，因此，人民日报公众号给用户留下深刻印象的是其中的情感类内容。

表 3 随机选取整理了人民日报微信公众号一周的推送稿件内容。在 2018 年 6 月 18 日至 24 日这一周里，最重要的时政新闻是金正恩访华，

跟普通人关系最密切的新闻是个税调整，普通人议论最多的新闻是世界杯比赛。金正恩访华这种新闻，人民日报微信公众号只能转发新华社通稿，发布了一条推送。个税调整涉及普通人利益，然而，人民日报微信公众号的文章依然是国家立场官方文件，内容取自印刷版，读者并不理解此次个税调整对自己每个月收入的影响到底有多大，这种新闻并没有因为发布平台的不同而在语言和内容上有任何改进。关于世界杯的推送，则充分体现了微信公众号重视情感因素的特征，从标题上就可以看出来（"阿根廷队惨败，赛后梅西这个动作让网友很难受……""没错，这就是意外连连，不让人省心的世界杯""当年被你们嘲笑的那届国足，将是你们此生所遇最佳"），编辑试图让世界杯变得轻松有趣，成为日常生活中的谈资，而不是把印刷版报纸上生硬的短消息豆腐块照搬到微信里。

表3　人民日报微信公众号一周推送稿件内容
（2018年6月18日至24日）

内容类别	数　量
生活常识	37
社会新闻	30
情感（普通人）	22
时政政策	12
轻松搞笑	11
心灵鸡汤	11
体育（世界杯）	10
情感新闻（国家）	9
每日新闻汇总（新闻早班车）	7
批评基层官员	5

续　表

内容类别	数　量
其　他	3
模范人物	2
合　计	159

在 2018 年 6 月 18 日至 24 日这一周里，人民日报微信公众号推送内容很明显重视情感类和日常生活服务类信息，除了每天第一次推送的"新闻早班车"是前一天的新闻汇总之外，严肃的硬新闻做不到每天至少推送一条。访谈时，责编只归纳了两类情感新闻，然而通过简单的内容分析却发现，社会新闻、轻松搞笑、心灵鸡汤都是以情动人，生活常识类内容（比如《被蚊子咬了别擦药，涂点这个马上止痒……》《卫生间不用时，门是打开还是关着好？好多人都做错了！》等）文字轻松亲切，拉近与读者之间的距离，丝毫没有党报媒体严肃古板、高高在上的痕迹。

人民日报微信公众号推送跟印刷版的内容，从标题到文风呈现出截然不同的面貌。我向编辑请教这个问题，他的回答是："为了吸引更多读者，我们的订户各行各业的都有。"（访谈，2018 年 1 月 31 日）可见，偏重情感类内容，是人民日报的主动选择。即使在互联网时代，媒体吸引读者的做法跟传统媒体时代没有两样，依旧是通俗内容和轻松文字，难怪知乎上有人批评人民日报微信公众号"做得差"。①媒体做得"好"还是"差"，视乎评价标准不同，知乎匿名读者认为，人民日报微信公众号的内容跟印刷版报纸的内容差异太大，很难想象习惯了阅读印刷版报纸的读者能够适应微信公众号。

9 个人每周 7 天每天 10 次推送，高峰时每隔 1～2 个小时推送一次，每

---

① 匿名：《大家怎么评价人民日报的微信公众号的文章？》，参见 https://www.zhihu.com/question/40351892/answer/269961203。匿名：《为什么人民日报的微信公众号做得那么 low，有人知道它的定位吗？》，参见 https://www.zhihu.com/question/35895592。

次 1～4 条，编辑每天花费大量时间浏览其他公众号内容，选择合适素材，跟原创媒体取得联系授权转载，修改素材表现形式使之符合自己的需求（素材的文字经常一字不改），有时还要打电话核查原文里有无事实性错误。工作强度大，又要追求阅读量和点赞量，这也导致人民日报微信公众号只能以情感类、服务类、生活类信息为主，不可能埋头生产耗费时间精力的硬新闻。

新闻节奏的新常规

推送次数增多，塑造了内容生产的新常规。首先，推送节奏加快、转载、重视情感类内容，三者互相成就了彼此，缺乏了转载和重视情感类内容里的任何一环，日推 10 次都难以得到保证。

因为新闻生产节奏快，所以只能靠转载来填补空白。高质量独家消息拒绝被转载，所以在常规突发性事件以外只能推送更容易获得授权的情感类内容。如果选择发布硬新闻，那么人手短缺难以保证按时推送，媒体所看重的社会影响力也会下降。新媒体的生产节奏影响了新闻的内容，在重大公共利益新闻面前，微信公众号缺乏一手信源，甚至缺乏本报 600 名记者的原创采访稿件，除了政府相关部门的官方意见，更多的是转载自其他机构媒体的稿件（这些机构媒体的政治地位不如人民日报那么权威，记者能拿到的核心事实有时并不充分完整），因此，编辑选稿时会侧重考虑那些能够带来社会影响力的稿件，人民日报微信公众号文章从标题到文字都呈现出情感先行的风格，这是新闻生产节奏加快的必然结果。

虽然展示载体从报纸转向了手机（社交媒体），人民日报在宣传模式之外需要开拓新领域吸引新用户，然而它依然没有走主打新闻的道路，而是选择了主打情感。安德森（Anderson，2011）在观察英国地方新闻网站时发现，追求点击量和即时性影响了编辑的新闻选择和判断，那些不可能登上印刷版报纸的新闻，大量出现在新闻网站上。人民日报微信公众号与印刷版报纸，在内容方面也有着类似的差异。虽然中外媒体出于不同原因加快了新闻生产的节奏，但是导致的结果都相似。

其次，虽然媒体能够借助技术手段做到"每时每刻"都在发布新闻，但是实际操作中，人民日报并没有像美国同行那样比拼新闻发布速度（Usher，2014），而是根据自己的人力和新闻资源，确定相对固定的推送时间。编辑团队有自己的工作流程，这个流程是由固定的推送时间来决定的，并非追求将滚动截稿（rolling deadlines）做到极限。

每天 10 次的推送时间，并非固定不变。人民日报微信公众号订户太多，以上午 8 点的推送为例，当编辑 8 点按下"确认"键开始推送，由于同时段也是其他公众号推送高峰，腾讯服务器过于繁忙，经常到 9 点才能推送结束。即使是整个部门的工作人员，地理位置和手机运营商都相同，每个人手机里接收到同一次推送的时间先后也可能相差 20 分钟以上。这样一来，上午 9 点和晚上 9 点的推送经常被取消，每天推送实际只有 8 次。

微信公众号编辑并没有强烈的截稿时间压力，最鲜明的特点就是每天第一次和最后一次推送。早上 5∶30 第一次推送的新闻早班车内容是前一天重要新闻汇编，由夜班编辑完成制作，留着等早上 5∶30 才推送。晚上 10 点最后一次推送是语音"夜读"，都是人生哲理、励志格言、安慰情绪的心灵鸡汤，下午 2∶30 之前把文字版传给合作的外包公司，由他们制作音频，当天返回编辑部。夜读内容不是新闻，编辑往往提前一两天就把文字版发送给合作方，收到音频后等待合适时间再推送。

每次推送也并非严格卡着整点进行，前后波动半小时以内都很正常。编辑更多工作时间投入上午 8 点至晚上 7 点这段时间里的推送，这也是普通人日常活动的高峰。编辑依然可以按照自己的节奏来安排工作时间，早班编辑 6 点到岗之后，早上 6 点到上午 10 点是最繁忙时段，10 点到下午 1 点可以轻松一些；晚班编辑下午 3 点到岗，3 点到 7 点是繁忙时间，7 点以后相对轻松。中午 12 点要抓住普通用户午休时间进行推送，然而编辑已经提前两小时准备好了相关内容，只等时间一到立刻推送，那么，11 点才制作完成的推送，只能留待下午了。每天 10 次推送，并不意味着编辑要赶 10 个截稿时间——这其实违背了尽快发布新闻的即时性原则。

新闻节奏加快的另一面

《哥伦比亚新闻评论》编辑斯达克曼（Starkman，2010）曾经用"仓鼠轮"（Hamster Wheel）这一比喻来描述互联网时代新闻节奏加快所产生的负面后果。记者越来越少、截稿时间越来越短，却要生产出更多的新闻，即投入少产出多（doing more with less）。华尔街日报 2000 年生产了大约 2.2 万篇稿件，而 10 年后的 2010 年，前六个月就生产了 2.1 万篇稿件，与此同时，从 2000 年到 2008 年，华尔街日报的雇员减少了 13%。在即时性的压力下，记者投入每一篇稿件的平均时间越来越短，那么指望这些新闻还拥有高质量是不现实的，其结果只能是深度报道消逝、公关稿件横行，新闻离民主的目标越来越远。

在田野里，我看到新闻节奏加快带给了编辑团队巨大的工作压力。随着田野研究的深入，我终于理解了同行对他们的同情："每天 10 次，真要累死他们了！"

首先，工作时间被拉长。印刷版报纸的工作团队里，值夜班的人始终是少数，大部分记者、编辑的工作时间集中在朝九晚五之间。然而，微信编辑团队 9 个人轮流值班，每个人每个月都要经历从早上 5 点到晚上 11 点的工作时间段，每天工作时间远远超过 8 小时。

其次，编辑个人的工作时间与休闲时间之间的界限被模糊掉了。即使离开办公室，如果有需要，也必须立刻投入工作远程办公。微信公众号编辑团队的直接领导、新媒体中心主任在一次公开采访中说，自己"24 小时内除了睡觉外，几乎都在抱着手机"。[①]

最后，跟印刷版同行相比，微信编辑的工作量激增。以 2018 年 6 月 18 日至 24 日那一周为例，9 个人一周共推送了 159 条，平均每个人每天推送

---

① 集体创作：《对话人民日报新媒体中心主任丁伟：招 8 人报名四千人》，参见 http://www.guanmedia.com/news/detail_6629.html。

3～4 条。即使有时可以把每天推送次数从 10 次减少到 8 次，但是平均到当日编辑头上，每个人少推送一条，个人并没有感受到工作量有太大变化。工作压力主要来自推送次数增多造成的工作量增多，在我挂职期间，部门里每个人都在跟我抱怨人手短缺，让我帮忙找实习生。

推送次数增多造成的工作压力，人手不足，共同指向了吸引多样化的年轻受众这一目标，于是人民日报微信公众号内容以情感类见长，截然不同于印刷版报纸所营造的政治权威和严肃庄重。这是报社主动的选择，带来的好处是扩大了读者群，那些不读人民日报的读者，也可能关注了微信公众号。而且微信团队经常推出年轻人喜爱的 H5 动画、短视频及各种参与性活动，调动了用户积极性。从另一个角度来看，情感类内容容易消耗报纸的政治权威性，参与制造了不理性的受众群，使得微信公众号难以获得传统知识精英和经济精英的支持。

西班牙和美国的研究者曾经批评工作压力增大造成了记者不去现场亲自采访，缺乏对事实的核查，而是利用网络和社交媒体搜索消息，引用和综合其他媒体的报道来制作自己的新闻，用速度换取了质量，牺牲了深度（Domingo，2008）。这个趋势在人民日报微信公众号上表现得非常明显，编辑从一开始就放弃了原创选择了转载，巨大的阅读量和影响力建立在缺乏一手信源和深度报道的基础之上，整个微信生态圈里的信息总量并没有增加，而是从其他影响力甚微的公众号转移到了影响力第一的公众号这里。我们不能说微信编辑团队"不做新闻"，而是他们不再制作传统的新闻，转向制作结合了情感与信息的新型新闻。也许，在互联网媒体蓬勃的年代，我们需要重新定义"什么是新闻"。

新闻节奏加快的后果

目前，只有少数媒体才享有每天 10 次推送的待遇，大多数媒体通常每天只推送 2～3 次。对后者来说，它们生产的大量新闻不会出现在自己的微信公众号里，而是出现在印刷版或客户端里。这是因为，印刷版或客户端到目前为止仍是重要的利润来源，微信公众号并不会给它们带来稳定利润，也不会把用户导向印刷版或客户端（"倒流量"并不成功），所以，互联网媒体时代，在未能建立明确的盈利模式之前，大多数媒体的微信公众号并没有动力增加推送次数。然而，人民日报微信公众号的经费来自财政拨款，本身并无经济压力，甚至主动拒绝刊发广告。腾讯本来自动给每一条推送在文中和末尾插入了广告，广告收益由腾讯与公众号按比例分享，但是，人民日报微信公众号主动要求腾讯取消广告。只有人民日报这样无须考虑经济收益的媒体机构才能不计生产成本和人力物力，在微信公众号领域把新闻生产的节奏加快到编辑团队和腾讯服务器能够承受的极限。

　　推送次数增多，并不意味着用户读到的是最新、最即时的消息。除了内容来自转载而非原创之外，人民日报微信公众号编辑团队形成了自己的生产节奏来进行推送，而不是尽快把文章推送出去。早班或晚班有 3～4 名编辑，每次推送由 1～4 条报道构成，每一名编辑都要负责其中一条报道，而不是由一名编辑统揽这一次推送的所有内容。这意味着，在 9 个小时的工作时间里，编辑的工作状态要重复 4～5 次，这很容易令人疲倦。所以，通常的做法是"前紧后松"，编辑刚上班的头一两个小时是最紧张的，要迅速确定合适素材联系原创机构，获得授权之后，几位编辑再把自己负责的文章整合在一起，到点推送。有些授权确认得比较晚，文章也可以延迟到第二天推送。这样做，毫无疑问减轻了工作压力，但是，制作好的文章并非第一时间被推送出去，而需要排队等候合适时间，这并不符合强调第一时间发布的即时性原则。而且，受技术条件限制，机构媒体的微信公众号也很难实现即时性，像我在田野里看到的那样，上午 8 点开始推送，用户收到推送内容已经是半个小时甚至一个小时以后的事情了，如果机构媒体纷纷要求增加推送次数，腾讯公司服务器恐怕难以承受。这也从另一个侧面说明了微信不是理想的传播新闻的平台。

　　人民日报微信公众号需要在跟上千万微信公众号的竞争中获得用户更多注意力。每日推送 10 次，能够保证自己的公众号停留在用户手机首页的时间长一些，从而有可能获得更多点击量。相对而言，说服用户、让用户对自己的推送内容表示首肯赞赏，这项任务更艰巨一些。多次推送的目的并非传播信息，而是塑造媒体品牌和影响力，这也解释了为什么人民日报微信公众号选择了转载而基本放弃了原创，编辑津津乐道的是自己公众号文章的阅读量和点赞数，而不是自己的一手信源和采访突破能力。

人民日报微信公众号是一个有趣的个案。它展示了互联网媒体时代新闻节奏加快的积极与消极后果，也令我们重新思考新闻节奏与媒体常规之间的关系，如果不是这样一个日推 10 次的极致个案，也许我们还认识不到互联网媒体时代新闻节奏已经快到了促使我们重新思考"什么是新闻""什么是好新闻""应该怎样写新闻"这些新闻学研究的基础性问题的程度。■

参考文献

申孟哲（2018 年 6 月 15 日）。变的是技术，不变的是初心——从"纸与墨"到"数与网"。《人民日报》（海外版），（A3）。

Anderson, C. W.（2011）Between Creative and Quantified Audiences: Web Metrics and Changing Patterns of Newswork in Local US Newsrooms, Journalism, 12(5): 550-566.

Domingo, D.（2008）When Immediacy Rules: Online Journalism Models in Four Catalan Online Newsrooms. In Paterson, C. and Domingo, D.（eds.）Making Online News: The Ethnography of New Media Production. New York: Peter Lang. Pp. 113-126.

Gieber, W.（1956）Across the Desk: A Study of 16 Telegraph Editor. Journalism Quarterly, 33(4): 423-432.

Usher, N.（2014）Making News at The New York Times. Ann Arbor, Mich.: The University of Michigan Press.

Starkman, D.（2010）The Hamster Wheel: Why Running as Fast as We Can Is Getting Us Nowhere. Columbia Journalism Review. Retrieved from www. cjr. org/cover_story/the_hamster_wheel. php? page=all.

Tenenboim-Weinblatt, K. and Neiger, M.（2018）Temporal Affordances in the News. Journalism, 19(1): 37-55.

Tuchman, G.（1978）Making News: A Study in the Social Construction of Reality. London: The Free Press.

作者手记

我的论文《每日推送 10 次意味着什么——关于微信公众号生产过程中新闻节奏的田野观察与思考》在《新闻记者》2019 年第 9 期发表之后，有幸获得几个无须填表的学术奖，令我备感荣幸。同时，也想借这个机会，专门谈一谈这篇文章背后跟审稿人的故事，可以说，没有审稿人的建议，就没有这篇见刊论文。

进入田野

这篇文章的田野资料脱胎于 2017～2018 年我在人民日报社新媒体中心的挂职。这个挂职活动由中宣部主办，新闻学院教师跟新闻单位从业人员互相派往对方单位，挂职一年，方便交流学习。轮到我时，这个活动已经是第三届了，至今这个活动还在继续。

以往我做田野观察，需要凭借个人关系联系媒体，因为能力有限，很难联系到媒体高层负责人，这是常见的"自下而上"（study-up）进入田野容易出现的困难。这次挂职，对我个人而言，是组织分配的任务，报社人事局不得不接待我、安排我，这是典型的"自上而下"（study-down）进入田野。借着这种便利条件，我提出，想观察报社在融媒体时代的转型，于是人事局同志把我分配到了新媒体中心，帮我办好了所有出入证件，带我认识新媒体中心的主任，这样，我正式开始挂职、进入田野。

"自上而下"进入田野，在国内新闻传播学界相对少见，我被运气砸到了脑袋。如果组织把我分配到另一家媒体呢？如果我没有明确自己的需求是"观察报社在融媒体时代的转型"呢？对新媒体中心来说，我是上面分配下来的"任务"，他们不能敷衍我，不得不根据我的需求来安排活动，这给我的田野观察和访谈提供了莫大的帮助。

新媒体中心的一切现象都让我感到好奇。2017 年，整个部门 60 多位编辑，平均年龄不足 29 岁，除了"60 后"的主任和"70 后"副主任之外，大部分都是"85 后"和"90 后"。我本人是"70 后"，跟大多数编辑之间存在着代沟，首先面临的问题就是，我怎么理解面前这一群年轻的新闻编辑，怎么跟他们展开专业对话。也许，直到离开，我也没能跟这一群"90后"编辑实现无障碍对话。没办法，现实年龄差距是明摆着的。而且，我们学院有几名毕业生在新媒体中心工作，我教过他们的课，他们还是校园里那副熟悉的青春面孔，见了面，总是恭恭敬敬称我"陈老师"。

2017年，人民日报新媒体中心负责微博、微信、客户端，现在又加上了抖音号、头条号、B站号等业务。我刚进入新媒体中心时，不知道自己要研究什么、具体的研究问题是什么。在访谈微信编辑时，他很自豪地说："我们每天可以推送10次，这是腾讯给的特例，目前只有新华社、央视跟我们三家可以每天推送10次。"后来，我跟其他媒体单位的编辑聊天，提到了人民日报微信编辑的自豪感，没想到，另一位编辑脱口而出："每天10次？真要累死他们了！"这句话没有丝毫的嫉妒，而是充满同行之间的惺惺相惜。刹那间，我觉得这个话说得很有道理。我在报社目睹了微信编辑的辛苦，却没有想到写作的立足点是什么，光说新媒体编辑很辛苦，论文没什么新意，但是"每日推送10次"可以作为突破口，由此展开对微信新媒体工作与传统新闻工作的差异对比。

跟审稿人的故事

这篇文章的初稿于2019年5月3日投稿，5月10日，编辑部就发来审稿意见（这敬业的速度，太让我佩服）。

初稿标题为《微信公众号生产中的即时性原则——来自田野研究的思考》，审稿人一针见血地指出了田野资料丰富但理论薄弱的特点，建议我放弃"即时性"这个概念。

5月14日，我把修改后的第二稿发给编辑部，标题并未改动，因为担心删掉"即时性"，我的文章就成了田野笔记，不成其为学术论文了。文章末尾也回到了"即时性"这个概念进行讨论。

5月28日，编辑部第二次发来审稿意见。这一次，审稿人说服了我放弃"即时性"概念，我决定采纳，转向审稿人特意提炼出的"新闻节奏"这一概念，于是第三稿的标题才改成了后来发表的模样。

"新闻节奏"取代"即时性"，不仅更换了标题里的关键词，也让整篇文章修改了三分之一的篇幅，文献综述部分被取消，讨论部分回到"新闻节奏"这一概念。可以说，跟第一稿相比，第三稿彻底动了大手术，后来发表的也是第三稿。

我至今不知道审稿人是哪位同行，但是我深深感谢他（她）的评审和帮助。学者们都知道，核心概念决定了一篇论文的走向，从哪里出发？又落脚在哪里？审稿人帮助我更换了核心概念，令文章焦点更集中。

本来我想做一件毛衣，审稿人建议我做成了一件衬衣，鉴于我本来的毛衣漏洞太多，还是表面顺滑的衬衣更合适见光。

审稿人与作者的关系

我不是一个安分顺从的作者。我没有全盘接纳审稿人第一次修改意见，只采纳了部分意见。直到第二次审稿意见，才彻底说服了我改弦更张。

审稿人与作者之间关系微妙。审稿人貌似掌握了一篇论文的生杀大权，说退稿就退稿，说修改再审就修改再审。我自己也给很多学术期刊当审稿人，评审同行文章。我觉得匿名评审环节里，虽然审稿人的权限更大，但也不意味着作者只能被动地全盘按照审稿人意见修改文章。

我希望看到有理有据、就事论事的学术争论。这里要不要修改？怎么修改？你说说你的意见，我谈谈我的看法，咱们比较一下，谁的意见更能说服对方。无论审稿人还是作者，从中都能获得收益，也有助于整个学术共同体的进步。

面对审稿人，很多作者毫无招架之力。最近看到一则学术八卦，*Journal of Financial Economics* 供职 40 年的编辑离职时发表了工作论文，列举了多名审稿人在审稿数量颇大的情况下，从未过审任何文章，最多一人审稿 61 篇，毙稿 61 篇，与此同时，这位审稿人自己在 JFE 上发表了 20 多篇文章。

对于其他学科的研究水平，我无从置评。匿名审稿制度赋予了审稿人更多权限的同时，对作者的保护力度过于微弱。

那些被拒绝的文章，转投其他刊物，也许能够被发表。所以，投稿前，作者能够做到的就是明确刊物风格和偏好，至于能否碰到合适的审稿人，要看编辑水平，也要看运气。好自为之吧，我经常这样为自己祈祷。

锚定常规：
"转型"与新闻创新的时间性

■ 周睿鸣

【本文提要】本文探讨了新闻组织如何理解并在"转型"中部署时间上的创新。运用时间性这个核心概念搭建的理论框架，结合澎湃新闻这一案例，研究发现：在渠道垄断被破除的情况下，数字化改造中的新闻组织不得不面对海量的新闻线索、游移的截稿时间，以及互联网行业以低成本甚至零成本的开销快速产制新闻的现状。锚定常规是在对标"互联网时间"过程中动态调整、消除不确定、试图重新固化上述周期节律及组织架构安排的创新行动。

一、引言：从时效说起

时效是新闻的生命。作为特定的文本类型和叙事样式，制成的新闻依时分发、播送给特定范围内的读者、观众或用户，成为他们获知和把握社区、城市乃至社会运转的关键棱镜，是日复一日、"朝九晚五"内外透视日常生活、做出公共与私人决策的重要参考。倘若失去时效，新闻便难以为"新"，其介入公共交往的正当性与效能将大打折扣。作为新闻的生产者，新闻组织按时"出粮"是维持自身正常运转、保有立锥之地的头等大事。

时效即节律，这是现代新闻业形成以来新闻组织反复内化并默会的常识。为免错失节律，新闻组织须根据特定的媒介形态和组织所处的社会结构与文化环境"量体裁衣"，制定并贯彻生产常规。这套生产常规框架了新闻从业者的生产活动。从时间的维度上讲，新闻从业者须按照组织及下辖部门的要求，通过一系列策略的运用，在采写和编辑中限时工作（Tuchman，1978）。

新闻业数字化改造的核心议题之一是追求即时。传播技术的进步，新闻组织对传播技术的采纳与应用，见证了以"转型"之名展开的新闻组织生产流程创新走入"追分赶秒"的游戏（陈百龄，2016）。新闻组织求新、求快，追逐即时新闻，却不免陷入新闻的感官化窘境，甚至堕入虚假真实的陷阱；迅捷却零碎的生产节奏使从业者滑过大量社会议题，浅尝辄止的惯性无形中减少乃至搁置了深度介入社会议题的时间。诸多迹象唤起从业者忧思，促使他们研讨传播技术的运用对新闻实践公共性引致的后果（彭怀恩，2017）。

学理上一种大而化之的观点是，"速度挂帅"的媒介图景意味着"媒介时间"的来临；新型时间观会对社会发展产生深远影响，即时、零碎、无序等"速度存有"之观念将不免对人类生活造成风险（卞冬磊，2007；黄厚铭，2009）。另一种观点则认为，技术不是即时性观念产生、传布与付诸实践的推手，即时性观念乃至神话的形成是特定历史语境、社会结构、文化症候与置入其间的技术复杂互动的结果（Boczkowski，2004；丁方舟，2018；王淑美，2018）。以"转型"之名开展的新闻组织创新活动存在不少关于时间的论述，但在中国语境下，如何在传播技术变革和社会转型的复合历史语境下理解新闻组织吸纳即时性理念，还缺乏系统的考察和学理的解答（郑作彧，2010）。这是本文试图回答的现实问题，本文希望由此开掘理论增量。本文将以时间性（temporality）作为核心概念，确定理论框架，以质性的方法，运用澎湃新闻这一案例具体地展开阐述。

二、文献述评：时间性与中国语境下的"转型"

（一）时间性

时间（time）似乎是个无须言明的概念。无论是农业社会中的"日出而作，日入而息"还是工业社会中的"早出晚归"，时间扮演着自然的一部分，自然而然地运作。它似拥有某种不言自明的节奏，自主地指引人类有节律地布设并展开实践活动，成为日常生活中必不可少的"自然指针"。然而需要指出的是，以上这种自然的时间观中内蕴的社会意涵常常为人类所忽略。当我们认可时间是日常生活的基本单位时，我们内化了"自然时间"，默会了我们对自然环境运行的经验观察。这在"靠天吃饭"的农业社会颇为常见。进一步说，当我们循"钟表时间"依时而作，我们便认可了这一人类制造的标准化器物对生产活动的同步式规训，从而拉升生产效率，扩充生产成果。我们还会在不同的社会–文化体系中开发出不同的"社会时间"，通过不同的传播渠道建立普遍而又遵从某种特殊习惯的、可被接受的时间观（蔡琰，臧国仁，2007）。

一切时间都是社会时间。拿我们"习惯成自然"的钟表时间来说，它有赖于经典物理学的发展。时间社会学家亚当（Barbara Adam）注意到，从"事件中的时间"到"时间中的事件"，社会科学研究者对时间的理解和认识经历了一段历史的过程，后者恰同欧美工业社会的形成有关。也就是说，从事件导向型时间到钟表时间的社会时间感知与科学的历史有关，与今天被冠以经典物理学的发展进步有关。物理学意义上的时间（physical time）形塑了我们日常所需知识中深植的一面（a deeply sedimented aspect）。类似地，当传播技术变革推动人类走入某种普遍认同的信息社会，重新审视媒介变迁下的时间观，打破我们习以为常的、审视日常生活的方式，成为社会科学不可或缺的探索之一（Adam，1990）。

如果说时间性是不同时间观的总称，而时间仅指现代意义上的、从进行着的特定关系中抽象出来的时刻，一言以蔽之，时间之后的时期可由"速度"（speed）来概括。在速度挂帅的新时间观中，文化不再是主我（I）与先验主体之属性，不再与技术对立，不再以隐喻的方式占据客观世界和技术之世俗世界的对立面。技术与"机械一族"（the machinic）侵入文化和主体的空间，改变人类的生活方式（Lash，2002）。当塑造新型时间观的任务落在新兴的、以互联网为技术基础的数字媒介上，人类便开始向"媒介时间"过渡（卞冬磊，2007）。信息与传播技术被视为我们感知生活加速的主要驱动者；互联网的即时速度已经改变并仍在持续改变人类看待自然、世界乃至自我的方式，包括看待、从事新闻业及新闻实践活动的方式（Wajcman，2008；黄厚铭，2009）。

"时效是新闻的生命"，这一默会的常识不是从来就有的。组织中的时间结构（temporal structure）既不独立于人类行为，又不彻底为人类行为所决定。人类生产了时间结构，时间结构反过来再生产了人类的组织实践本身；时间结构既制造了组织内的日常节奏，又被组织实践所制造（Orlikowski & Yates，2002）。贝尔（Allan Bell）说"时间是新闻故事的基本元素"，大体呼应了上面的说法。新闻从最近发生的事情开始，再退回更早的时间，逐步给出信息增量。这种与事件发生的时间顺序不一致反映了现代新闻话语中的时间结构——通过新近与新奇的新闻价值，蕴藏截稿时间、传递最新消息的新闻业及其工作，以及逐渐让新闻报道贴近"实时"的技术加以实现。新闻中的时间结构是这样形成的，也是这样变化的（Bell，1995）。

诚如史莱辛格（Philip Schlesinger）所言，新闻人是"停表文化"（stop-watch culture）的社群成员，其"时间轨道"（time track）每天在常规循环中运转，节奏被截稿时间所把控，行动（特别是工作）紧紧地被钟表这一工业文明的关键机器规制（Schlesinger，1977）。当新闻写作及处理程序的计算机化持续缩短截稿时间，在技术进步与法律规制的松绑之下，新闻报道的风格与模式将得到重塑，媒体间的竞争也会变得越发激烈。这就不难理解，对截稿时间越发增加的关注会导致新闻多样化到一个流动的（fluid）、总是处在更新/修正的产品形态中，挑战了新闻作为定型成品（a set piece of work）的既存观念（Saltzis，2012）。新闻生产的加速虽然令真相讲述的方式变得丰富，却让互动、透明等理念逐步渗入新闻业及其工作中，组成了新闻变迁中争论不休的叙事与议题（Karlsson，2011；Usher，2018）。

在传播技术变革的历史背景下，围绕新闻变迁展开的学理论述多围绕两个主题展开：一是新闻从业者如何同公众一道开展新闻边界内外的话语争夺（Matheson，2004；Revers，2014）；二是新闻从业者如何运用数字条件下全新的叙事风格重塑职业权威（Bock，2011； Robinson，2006/2009），修补新闻范式（Carlson，2011； Coddington，2012），划定行业边界（Graves，2018； Tong，2015），推动新闻元话语的重塑。这两个主题均指向诸如即时、互动、参与等全新理念渗入新闻实践之原则与意识形态的过程（Usher，2014；丁方舟，2018）。有研究者指出，技术发展不会在新闻编辑室当中产生简单线性的效果，新闻组织的结构、工作实践和用户意愿可能作为生产过程中的影响因素作用在技术应用和实例的组织适配过程中（Boczkowski，2004）。这指出了新闻组织数字化自我改造的复杂性，但放大了新闻组织的自主性，忽略了外部力量制约的作用。假若外部力量是稳定的，能够为新闻组织的创新活动提供稳定的环境，或者新闻组织乃至行业充分享有实践活动的自主，上述因素似可忽略不计。如果外部力量变得不确定甚至急速变动，新闻组织乃至行业无法抵御外部力量的干涉，这些问题就不能不纳入分析范畴。

（二）"转型"与新闻组织的时间观

中国新闻从业者和新闻研究者常以"转型"俗称新闻组织的数字化改造，近年尤甚。但是，如何赋予"转型"以抽象而精确的学理解释，类似文章付之阙如。实际上，"转型"是新闻组织开展创新实践、实现数字化自我改造的技术采纳与适配，以及由此技术层面的行动触发的组织架构调整和生产流程重构。我们频繁而试图有条理地谈论，促成了"转型"这种论述新闻组织创新实践的话语。简言之，"转型"的内核就是新闻创新，是"发生在新闻领域的、由新闻实践的主体采纳、实行和扩散新观念的行为，包括由一连串这样的行为构成的过程"（王辰瑶，2016 年 5 月 8 日）。

"转型"的话语实践在特定的社会制度环境下进行。在中国，社会制度环境具体地指向了传播技术变革和社会转型共同搭建的、特定时空条件下的政治-经济结构和历史-文化传统。在此帷幕内，新闻组织既面临从媒体市场导向改革时期"事业单位企业化管理"到媒体融合时期"推动传统媒体和新兴媒体融合发展"的宏观政策转变，又面临经历 20 年急速发展、正在被纳入及参与国家治理的互联网行业的冲击。中国新闻业及其从业者无法也不可能如研究者分析的欧美国家那样，在相对稳定的社会制度支撑下，在全社会基本保有以新闻观照公共利益这一生活方式下，开展创新活动。换言之，无论新闻组织部署什么样的新技术、重组什么样的组织架构，都可能在新闻编辑室内外产生不同于欧美的社会后果（陆晔，周睿鸣，2018；周睿鸣，2019）。

如果从时间性的维度来看，结合上面的讨论，"转型"就不单是新闻组织自主地以技术手段吸纳即时性，满足公众需求（陈百龄，2016；彭怀恩，2017；王淑美，2018；郑作彧，2008）。我们生活在"时间就是金钱，效率就是生命"的社会时间中，作为媒介的互联网制造的"媒介时间"恰好契合并不断再生产着这种速度。当公众对新闻业的存续缺乏规范共识，"转型"在时间上的部署就会表面化为"新旧之争"，即代表传统的新闻组织如何对标新式的、以社会化媒体等互联网应用实例为标杆的信息传播速度。简单说，这种时间性上的对标就是"转型"的过程，是新闻创新的过程，也是新闻组织探索新的生产常规的过程。本文的研究问题由此可以表述为：

新闻组织如何理解并在"转型"中部署时间上的创新？创新活动如何反映其时间观？

三、澎湃：一个典型案例

澎湃（www. thepaper. cn）是总部在上海的一家新闻机构，2014 年 7 月 22 日上线，上海报业集团（下称"上报集团"）全资所有。它以自行开发的智能手机应用程序、自建的移动版和桌面版网站为新闻分发终端，是上报集团力推的"新媒体项目"之一。它也是上海东方早报（下称"东早"）的"转型"之作：筹备及上线初期，它的采编人员几乎全部来自东早这家市场导向型报社。尽管澎湃与东早有着与生俱来的亲缘关系，但除了共享记者团队、共用一套采访所得素材，其他人员（包括高级管理者）及工作平台均保持分立，互不隶属。澎湃上线后，其下载量一度跃居苹果应用商店新闻类第二名，并被称为传统媒体“转型”过程中的“现象级产品”，其新闻生产“流程再造”、采编团队“整体转型”等做法亦为媒介观察者和新闻研究者津津乐道。2017 年 1 月 1 日，东早休刊，其职能与员工全部转移至澎湃。

2015 年 4 月至 12 月，我以澎湃 A 中心 Z 报道组实习记者的身份开展参与观察。报道组没有为实习记者强制规定工作任务，这给了我工作时间的支配自由：每天，我在编辑部里停留约 10 小时，协助值班编辑浏览重点监控的报纸和网站，联系、采访新闻当事人或者打个腹稿。闲暇时，我向编辑、记者请教工作中的问题，或静下来聆听、观察同事们的交谈。根据参与观察期间的工作、交谈与体会，我第一时间撰写了田野笔记。

我还开展了深度访谈。通过工作，我与一部分报道组成员逐渐熟络起来。我与他们一道吃工作餐，出入他们组织的饭局，或参加他们在高校举办的讲座和交流活动，进一步谈论工作、交换看法。在这个过程中，我适时向他们介绍我的研究，询问他们参与深度访谈的意向，请求他们帮助物色对谈人选。2015 年 5 月 17 日起，我开始在上海、北京、香港等地访谈，其中绝大多数为无结构的、面对面的问答。访谈于 2015 年 12 月 22 日结束。经过滚雪球式的努力，我访谈了 30 位正式员工、10 位实习生、10 位前员工，其中男性 26 人，女性 24 人。30 位员工当中，新闻从业经历少于 5 年者 16 人，5～10 年者 3 人，10 年以上者 11 人；一线员工 20 人，中级管理者 4 人，高级管理者 1 人。我在征得他们同意的前提下录了音，并匿名处理了转录文本。

我还集纳了一些传媒观察和媒介批评文章。它们大多来源于聚焦上述议题的微信公众号，个别来自上报集团的内部网。这些点评澎湃及上报集团的文章将作为田野笔记和录音文本之外的补充材料使用。

四、发现：对标“互联网时间”

所谓“互联网时间”指的是由门户网站、新闻客户端和社会化媒体等互联网信息服务终端及平台共同造就的信息传播速度及其文化。在渠道垄断被破除的情况下，数字化改造中的新闻组织不得不面对海量的新闻线索、游移的截稿时间，以及互联网行业以低成本甚至零成本的开销快速产制新闻的现状。通过"细分"各部门及报道组报道议题类别，运用线上线下资源"挖掘"、定制新闻线索，努力追赶模糊的截稿时间，"抓取"、编辑、"再生产"业已制成的新闻，形成新闻发布的实时"瀑布流"并善用"推荐"和推送通知，新闻组织竭力推开即时性理念、实践原则及相应叙事模式。由此，新闻组织开展"转型"，通过对标"互联网时间"推行新的时间观，试图重塑新闻从业者这一群体的话语权威。

（一）"细分"：浓缩信源

新闻组织惯用条线作业。拿报社来说，立足某座城市意味着它将这里的全体或部分居民设定为目标受众。按照议题类别，报社首先在其内部设置若干采访部门，分别侧重政治、经济、文化、体育等，由中级管理者执掌。接着，按照被报道组织的相似性、地域的接近性、议题的特征等方式，各采访部门将其获分的门类拆解为不同的条线，交给记者去"跑"。条块分割让报社基本网罗了所能触及的绝大多数议题，使得记者之间的任务分配大体互斥，既面面俱到又保证了信源的稳定供应。

以条线作业的眼光打量"转型"过来的澎湃不免削足适履。表面上看，澎湃内部仍有由中级管理者领衔的部门，各部门管辖着若干报道组，但各报道组、各部门即便集聚起来也不可能将某一局限的地理空间中的议题一网打尽。即便能够实现这一点，这样的做法也不一定如往常一样吸引用户的注意。这么说的原因之一是，作为新闻组织的澎湃不再是用户获取信息的主导通路，想象并服务完整的、同质的受众群，力求在议题上包罗万象，这不切实际。另一重原因是数字新闻终端天然地摆脱了地理空间的局限。东早立足上海、辐射长三角地区，而澎湃虽然仍以上海为总部，但它一出生就面向全国各地乃至全世界的用户。这就是说，它的目标受众可能不再分布于某个与其主要办公场所接近的地理区域，而有可能弥散到全国乃至世界各地。

被分割的报道领域更像是高度聚焦、针对某一细分的用户群体，承载某些社会议题的领域。以政治报道组为例：从栏目设置上看，"打虎记"力求在反腐倡廉议题上有所建树，"人事风向"关注中国省部级及以上级别的党政人事变动，"舆论场"偏向舆论当中的热点话题。这些栏目无法共同拼凑出上海乃至中国政治生活的全貌，也看不出它能够保证充足的信源供应。从地域上考虑，少数记者固定在上海工作，部分记者驻扎在政治中心北京，若干记者驻扎在沈阳、石家庄、合肥、济南、南昌等地，另有几位记者机动地适时前往山西、广东、西藏等省、自治区、直辖市采访。

这种细分式的思路既复制又在某种程度上超越了大众媒体的生产布局。复制指的是，澎湃仍然需要勾画议题上的大致范畴，以及它对应的、有限的地理空间；超越则是说，议题范畴的勾画及新闻发生的地理空间的限定要"量体裁衣"，在大众媒体渠道垄断被破除的情况下进一步收窄上述设定。由此，记者可以最大限度地报道自己深谙的、擅长操作的选题，从容地了解某一狭窄领域的过去、现在与未来，更好地服务目标用户。可以看到，在长期的职业实践中，细分的报道领域逐步形成。这很难被称为是塔克曼（Gaye Tuchman）所说的"典型化"（typification）：新闻组织试图对立足有限地理空间和生产时间、大而全的报道领域做适当互斥的分解，再将它们分配到各个采访部门和记者手中（Tuchman，1978）。细分的方式可以最大限度地让记者报道喜欢的选题，也可以让记者更为精确地了解某一狭窄领域的过去、现在与未来，并与其他新闻组织争夺特定的目标受众。从某种程度上说，这种带有超越色彩的、浓缩信源的细分式思路是新闻组织人力资源与"互联网时间"下信息流动追求即时、专门的需求互构的结果。

（二）"挖掘"：筛选线索

想贡献信息增量不是非得八面玲珑、想方设法接近现实生活中的信源不可。Z报道组有位同事，用中级管理者小褚的话说，他精通党、政、军人事动态；能把纷繁复杂的文山会海搞得十分清晰，谁人登场，谁人雪藏，谁改头换面，谁仕途升迁，他可以第一时间捕捉。[①]这种被小褚赞誉有加的"独门技艺"，实际上是在传统（特别是现实生活中源自官方的）信源之外，依托线上线下资源主动挖掘新闻线索过程中练就的。

对这种技艺，澎湃某高级管理者老陶的评价有些复杂。一方面，他赞赏技艺和新闻人为此付出的辛勤努力；另一方面，他认为如此研究是报道者的悲哀。理想状态下，新闻机构与官方应有良好的互动；相应地，官方要及时、主动发布人事变动情况，跑线记者要与官方建立良好的交情以便随时沟通。[②]在理想状态和实际情形存有差距的情况下，依托线上线下资源主动挖掘新闻线索显得尤为必要。为及时跟进党政干部的人事变动情况，Z 报道组编辑早读《人民日报》等各级党委机关报、晚观《新闻联播》，不时浏览集中人事变动消息的数据库和论坛。但仅仅照单全收这些消息来源或成品、径直从中摘录信息还不够，为进一步筛选线索，现在他们要多做两件事：

以人事报道为例：在缺乏线下信源的情况下，如果记者谙熟当事人的姓名、现任职务和行政级别、可能职务和行政级别甚至相貌，组合特定的关键词输入搜索引擎，即可在返回的搜索结果中甄别、采纳。除了特定人名和职务，动词往往最有效——"当选""不再担任""另有任用""干部任前公示""兼任""拟任""提拔""表决通过"。各个不同领域的关键词有所不同。例如外交人事变动，"抵达""递交国书""履新""饯行"基本能够涵盖驻外大使的调整情况（陈良飞，2015）。

社交化定制也是挖掘信源的策略。新闻客户端兴起以前，各级党政机构和新闻媒体竞相开设法人微博和微信公众号。当信息量的暴增超出记者浏览、处理的限度时，社交化定制为记者提供了可行的信息过滤方案，使

---

① 中级管理者小褚（化名），男，2015 年 10 月 22 日 15 时在上海市静安区延安中路 839 号澎湃新闻办公区接受我的访问，受访时新闻从业年限逾 10 年。

② 高级管理者老陶（化名），男，2015 年 11 月 26 日 14 时 30 分在上海市静安区延安中路 839 号澎湃新闻办公区接受我的访问，受访时新闻从业年限逾 10 年。

其免受无效信息的围困。仍以人事报道为例：记者可以在微博上集中收录频繁释放人事变动信息的账户，分组阅览。记者还可以把线下的人际网络转移到微信、微博这样的社会化媒体当中。也许，记者不再需要抽时间与信源面对面，也不必专门致电他们，只要刷新自己的微博或微信朋友圈就可以看到他们的动态。他们无意间陈述的事实、发表的观点以及转发的内容兴许能够激发记者创造新的选题（陈良飞，2015）。

（三）游移的截稿时间

大众媒体的新闻生产流程以日、周、月计，周期循环。对澎湃来说，这样的传统已是明日黄花。过去，截稿时间是面向记者的"夺命呼叫"。现在，每日一次的截稿时间一分为三：编辑每天三班倒，每班 8 小时，稿件何时发布合适不仅是各级管理者的决断，而且要看用户的使用习惯——作为坚实的证据，后台数据可为各级管理者提供参考（刘钰森，张伦，郑路，2019）。于是截稿时间这一"死线"（deadline）分解为两种情形：短篇稿件尽速提交；长篇稿件同从前一样，记者可在相对充裕的时间内采写，时机适宜时再提交。这可以被粗略地理解成"即时"和"深度"两种新闻需要不同的作业时间。

一般来说，短篇稿件旨在回应用户对即时新闻的需要。"尽快发布"没有"死线"，没有"死线"胜似"死线"。它无形中要求记者落笔前拟定好写作框架，对文章的主题、结构、篇幅有着清晰的设定，依此作业，减少反复修改，避免贻误时效。

没有"死线"胜似"死线"的极端情形是记者被迫与正在发生的事件赛跑。2015 年 4 月 22 日近 19 时许，中央纪委监察部在其客户端推送通知，针对百名涉嫌犯罪的外逃国家工作人员、重要腐败案件涉案人等发出红色通缉令。报道组主编小褚立即指派若干记者分担采写任务。作为实习记者的我也在被征召之列。我的任务是必须在若干分钟内浏览完中央纪委监察部通报，对百余名被通缉人员的基本信息有所了解，进而在其中择取2～3 名我认定具有新闻价值的人物，获得采写许可后梳理、综合他们的人生轨迹。从晚上 7 时到深夜 10 时，历经 3 小时"鏖战"，我上交 3 篇稿件，总计约 2000 字。放在过去，以字数看这不算超负荷，况且只要截稿时间在，手忙脚乱总会有个限度。现在不同：大致相等的工作量不仅要在更短的时间内完成，而且必须"眼观六路、耳听八方"，留意社会化媒体平台上不断更新的内容，以及同行争分夺秒跟进、抢发的稿件，及时监测、评估、补充甚至推翻自己的文章，确保提供信息增量。那天晚上，央视各档新闻节目一直在我耳畔"聒噪"；财新、南方周末等媒体接二连三地在各自的微信公众号上推出同题报道；微信、微博上的讨论更是不断"刷屏"。这样的工作环境提醒我：要快些，想办法跑赢同行，因为大家比拼信息增量的时间和地点早已从第二天清晨的报摊提前到此时此刻，提前到事件发生的进程当中。我不得不一气呵成，尽量减少因事实错误和叙事不畅导致的反复修改——时间有限，来不及精雕细琢。

（四）"抓取"：扩充信息量

说起对稿件的精雕细琢，曾为东早编辑、时任澎湃要闻部编辑的老孔深有感触。①在他看来，澎湃要"贴身肉搏"的不只是新老同行，还有腾讯、网易、新浪、搜狐等商业门户网站——它们已经"杀入"移动新闻客户端这个"战场"。此外，曾经作为信源存在的党政、商业和社会组织现在可以通过旗下社会化媒体向公众直送消息。老孔说，这些力量结合起来，每天可以供应的新闻条目数量难以计数。如此规模不是新闻组织自行采制新闻的量级所能比肩的。老孔认为，在这种情况下，澎湃不得不做点什么——于是有了"抓取"与"原创"之分。所谓"原创"即是新闻从业者自采的新闻。它需要记者采集一手材料，编织后导入一套程式化的生产流程，最后发布。"抓取"指的是转载新闻和信息，以门户网站、新闻网站、移动新闻客户端、社会化媒体等互联网信息平台登载的新闻、信息为源头，有选择地集纳、综合后再编辑成新闻。

① 一线工作人员老孔（化名），男，2015 年 10 月 23 日 15 时在上海市静安区延安中路 839 号澎湃新闻办公区接受我的访问，受访时新闻从业年限逾 10 年。

　　在中国语境下，"抓取"一向是门户网站使用的技艺。受互联网信息服务相关规定限制，门户网站只能借"抓取"转载、编辑、发布新闻机构制成的新闻，因为"原创"对它们来说不被允许。[①]老孔告诉我，2014 年 7 月 22 日澎湃上线后的头半年，对于各大新闻客户端均可能推送的"公共消息"，澎湃大体上置身事外，不跟风"抓取"。按照老孔的分析，同事们的普遍意见是：澎湃不是容纳海量信息的"门户"，其登载的新闻应该显示自己的风格、态度与核心竞争力。对于这一点，领导和同事们抱有信心：同样一条消息，如果澎湃可以在短时间内整理出更加深入、生动、全面的新稿件，继续提供信息增量，那么，不在第一时间"闻风而动"参与转发就值得。不过，贯彻这种思路不是没有负面效用。老孔继续分析道：首先，部分时政消息的信源是单一的，甚至是垄断的。如果不"抓取"，完全视若无睹，那些将澎湃定为主要甚至唯一新闻来源的用户会错过上述消息。对这些澎湃的"铁粉"而言，不"抓取"好比上述时政消息从来没发生过，这是对"铁粉"不负责任。其次，"原创"成本高昂，相较而言，"抓取"几乎没有成本可言。即使澎湃每次"原创"都能在辛苦劳作后制成稿件，这些作品也很有可能在发布后以低廉的版权定价被买走，甚至被不劳而获地免费"抓"走。综上，两条腿走路就显得非常必要。

　　引入"抓取"后，澎湃新闻人的日常工作列表中加入了新的任务。如果说过去记者的任务是采访、写作，那么现在，记者还要学着集纳、综合互联网上海量的新闻信息，将其整合到正在架构的文章当中，使其成为自行采制的内容当中逻辑通顺、叙事流畅的组成部分。与之类似，如果说过去编辑的工作主要是核验、修改、润色，那么现在，编辑还要懂得挖掘、分析和引用互联网上的既有资料，在尽可能短的时间里直接架构出一篇达到发表水准的文章。记者和编辑的工作任务出现了交叠：新闻不仅来源于新闻人亲临的第一现场，而且来源于"键盘侠"们隔着屏幕瞥见的、业已

---

① 　《互联网新闻信息服务管理规定》第二章第六条，《互联网新闻信息服务许可管理实施细则》第四条、第五条对互联网新闻信息采编发布服务的申请许可条件做出了比较清晰的说明。参见：http://www.cac.gov.cn/hlwxwxxfw/hlwxxfw/A09170101index_1.htm。

制成的新闻信息；新闻生产不只是对记者采访所得一手资料的核实和制作，还包括对二手消息再传播价值的判断，以及对其中关键元素的再提炼。借用老孔的话：如果我们把过去采编区隔分明的流程叫新闻生产，那么现在采编区隔不分明的流程不只有"原创"新闻生产，还包括了"抓取"这种"新闻再生产"。

虽说被"抓取"的原材料以非常成熟的状态出现，不需要采编团队费太大工夫细细打磨，但编辑还是希望"画龙点睛"，因为"从几千个字里找到个点，这更加考验功力"：

有时候，有些政策方针风向经常埋在一篇长稿子里。说不好听的，稿子有三四千字，都是很枯燥的内容，这里面可能就 20 个字最有价值——就这么一句话，把这篇稿子搞活了，甚至能够引领一个话题，就看你有没有经验、积累、眼光把它挑出来。

老孔的话表明，"抓取"已经不能再被简单地视为仅由编辑承担的工作。它也不能再被视为某类新闻实践主体在媒介规制之下的权宜之计，以及在专业化程度上低人一等的二流技艺。就澎湃面对的情形来看，如果说新闻生产因应的是信息匮乏，那么新闻再生产因应的是信息爆炸。海量信息当道，提炼、凸显信息往往比传递、告知信息更重要。

（五）创建"瀑布流"

经过审核的稿件就可以对外发布了。不过，这样的成品不能与等待上摊的报纸相提并论。报纸上的每一条稿件在开印之前已经"卡"好了位置：中高级管理者早早圈定了版面的先后顺序，以及各个版面内稿件的先后顺序。也就是说，稿件的重要程度已经由编辑团队决定。通常来说，这个决定是一次性的、静态的、永久的，不可撤销。澎湃则不然。它采用"瀑布流"模式设计的页面决定了稿件以发布的时间倒序出现在用户面前。也就是说，首先映入用户眼帘的是最新发布的稿件。除非用户滑动页面查看较早前发布的稿件，否则它们会逐步隐藏到收起的瀑布流尾端。

应用"瀑布流"模式的好处是用户可以无限制地翻阅不断更新的条

目，并总是能够接触到新近发布的内容。它的不足也在这里：发布的先后时间不能与稿件的新闻价值相提并论。解决方案是：在澎湃首页及时政、思想等一级子页面，一个"头条"位、若干个"推荐"位虚席以待。报道组主编和中高级管理者可以酝酿并决定"头条"和"推荐"位的内容。除非稿件被人工置换出"头条"和"推荐"位，否则它们不会被瀑布流"卷"走并下沉。同瀑布流中的其他稿件相比，"头条"和"推荐"位的条目受到了优待。尤其是首页的"头条"和"推荐"位的条目，它们受到了极大的优待。这些被优待的稿件比瀑布流中的其他稿件更能吸引用户的注意。推送通知更甚：虽然在形式上它起不到为稿件"卡"位的效果，但它凭借简单粗暴的声音与振动提示和言简意赅的文图介绍，抢夺用户的注意，把用户直接导入对应的稿件。这些设置连同每隔数小时更换一次的首页"头条"、每日做若干次推送通知的规则，一同推高了少数稿件抵达用户的可能，而相当部分的稿件则被瀑布流淹没。小褚受访时的话显示了现在与过去的不同：

澎湃从东早转型过来了，但很大一部分同事做新闻的思路还没转过来。有时候我劝他们，稿子提交、发布以后不要一遍遍没完没了地改。的确，现在我们有条件随时修改，但是你的大作已经被一拨又一拨更新的稿子淹没了，早就从首页沉下去了，你还在稿库里边费力地翻检、修改，做什么呢？毫无意义。

五、结语：锚定常规

本文探讨了新闻组织如何理解并在"转型"中部署时间上的创新。在此基础上，本文揭示了"转型"中新闻组织的时间观。运用时间性这个核心概念搭建理论框架，本文主要以参与式观察和访谈的质性方法对澎湃新闻进行了案例研究。

本文发现，与其说"转型"在时间维度上的创新是铺开即时新闻的生产，并在生产活动中推行即时性的理念，不如说新闻组织正在对标"互联网时间"——由门户网站、新闻客户端和社会化媒体等互联网信息服务终端及平台共同造就的信息传播速度及其文化。通过澎湃新闻这一案例可以看到，在渠道垄断被破除的情况下，数字化改造中的新闻组织不得不面对海量的新闻线索、游移的截稿时间，以及互联网行业以低成本甚至零成本的开销快速产制新闻的现状。这种以信息传递效率和用户需求为先的时间观在中国互联网行业 20 余年的发展变迁中形成，与新闻组织在大众媒体时期通行的周期节律构成了明显的张力。

对标"互联网时间"，就是锚定常规。所谓常规是新闻组织在大众媒体时期为开展生产活动、实践新闻专业主义摸索、推行的周期节律，以及在组织层面的架构安排。相应地，锚定常规是在对标"互联网时间"过程中调整并试图固化上述周期节律及组织架构安排的创新行动。以澎湃新闻为例，通过"细分"各部门及报道组报道议题类别，运用线上线下资源"挖掘"、定制新闻线索，努力追赶模糊的截稿时间，"抓取"、编辑、"再生产"业已制成的新闻，形成新闻发布的实时"瀑布流"并善用"推荐"和推送通知，新闻组织竭力推开即时性理念、实践原则及相应叙事模式。

需要强调的是，锚定常规是动态的过程。它的出现不意味着新闻组织开发出了适用于新型业态或传播方式的新生产常规。相反，它展露的只是寻求新生产常规、达成某种稳定的过程。在这个过程中，新闻组织的创新行动搭载了明显的期望，即弥合长久以来屡试不爽的、大众媒体时期的传统周期节律与"互联网时间"之间矛盾的期望。

锚定常规还从时间维度展示了我国媒介体制和社会制度环境的内部复杂性及历史变动。在党管新闻舆论工作这个不变的前提下，新闻组织经历了从"事业单位企业化管理"的媒体市场导向改革到"推动传统媒体和新兴媒体融合发展"的制度变迁。面对互联网行业日益纳入国家治理体系、成为日常生活基础设施，新闻组织必须在竞争中重新摸索自身的历史定位。这是本文试图提出的理论增量，即媒介体制和社会制度环境是新闻组织数字化改造中不能忽视的外部因素。出于这一外部因素的影响，新闻组织的创新活动变得更加复杂，"转型"的话语实践有可能产生未可预知的后果。∎

参考文献

卞冬磊（2007）。媒介时间的来临：电子传播媒介的时间想象。《新闻学研究》，（总 90），101-139。

蔡琰，臧国仁（2007）。"创意/创新"与时间概念：叙事理论之观点。《新闻学研究》，（总 9），1-39。

陈百龄（2016）。追分赶秒：新闻组织的时间结构化策略——以报社图表产制为例。《新闻学研究》，（总 127），75-117。

陈良飞（2015）。澎湃新闻如何做时政报道。《中国报业》，（10），33-34。

丁方舟（2018）。"新"新闻价值观的神话——一项对即时性、互动性、参与性的考察。《新闻记者》，（1），81-89。

黄厚铭（2009）。迈向速度存有论——即时性电子媒介时代的风险。《新闻学研究》，（总 101），139-175。

刘钰森，张伦，郑路（2019）。移动媒体新闻消费时间模式研究。《新闻大学》，（4），1-12。

陆晔，周睿鸣（2018）。新闻创新中的"协作式新闻布展"——媒介融合的视角。《新闻记者》，（9），8-19。

彭怀恩（2017）。反转即时新闻：慢新闻的实践与前景。《传播研究与实践》，（2），123-143。

王辰瑶（2016 年 5 月 8 日）。《新闻创新：不确定的救赎》。取自微信公众号"复旦大学信息与传播研究中心"，2017 年 4 月 18 日查阅。

王淑美（2018）。网络速度与新闻——转变中的记者时间实践及价值反思。《中华传播学刊》，（6），65-98。

郑作彧（2008）。驾驭速度的理论：评哈穆特罗沙《加速：现代时间结构的改变》。《文化研究》，（7），244-257。

郑作彧（2010）。慢下来，多想一点吧：评介《没时间思考：媒体速度与 24 小时新闻循环的威胁》。《新闻学研究》，（总 104），247-258。

周睿鸣（2019）。"转型"：观念的形成、元话语重构与新闻业变迁——对"澎湃新闻"的案例研究。《国际新闻界》，（3），55-72。

Adam，B.（1990）. Time and Social Theory. Cambridge：Polity Press.

Bell，A.（1995）. News Time. Time & Society，4(3)，305-328.

Bock，M. A.（2011）. Citizen video journalists and authority in narrative：Reviving the role of the witness. Journalism，13(5)，639-653.

Boczkowski，P.（2004）. The Processes of Adopting Multimedia and Interactivity in Three Online Newsrooms. Journal of Communication，54(2)，197-213.

Boczkowski, P. J. (2004). Digitizing the News: Innovations in Online Newspapers. Cambridge: The MIT Press.

Carlson, M. (2011). 'Where once stood titans': Second-order paradigm repair and the vanishing US newspaper. Journalism, 13(3), 267-283.

Coddington, M. (2012). Defending a Paradigm by Patrolling a Boundary: Two Global Newspapers' Approach to WikiLeaks. Journalism & Mass Communication Quarterly, 89(3), 377-396.

Graves, L. (2018). Boundaries Not Drawn: Mapping the institutional roots of the global fact-checking movement. Journalism Studies, 19(5), 613-631.

Karlsson, M. (2011). The immediacy of online news, the visibility of journalistic processes and a restructuring of journalistic authority. Journalism, 12(3), 279-295.

Lash, S. (2002). Information Critique. London: Sage Publications.

Matheson, D. (2004). Weblogs and the Epistemology of the News: Some Trends in Online Journalism. New Media & Society, 6(4), 443-468.

Orlikowski, W. J. & Yates, J. (2002). It's about Time: Temporal Structuring in Organizations. Organization Science, 13(6), 684-700.

Revers, M. (2014). The Twitterization of News Making: Transparency and Journalistic Professionalism. Journal of Communication, 64(5), 806-826.

Robinson, S. (2006). The mission of the j-blog: Recapturing journalistic authority online. Journalism, 7(1), 65-83.

Robinson, S. (2009). 'If you had been with us': mainstream press and citizen journalists jockey for authority over the collective memory of Hurricane Katrina. New Media & Society, 11(5), 795-814.

Saltzis, K. (2012). BREAKING NEWS ONLINE, Journalism Practice, 6(5-6), 702-710.

Schlesinger, P. (1977). Newsmen and their time-machine. British Journal of Sociology, 28(3), 336-350.

Tong, J. (2015). Chinese journalists' views of user-generated content producers and journalism: a case study of the boundary work of journalism. Asian Journal of Communication, 25(6), 600-616.

Tuchman, G. (1978). Making News: A Study of Social Construction of Reality. NY: Free Press.

Usher, N. (2014). Making News at The New York Times. Ann Arbor: The University of Michigan Press.

Usher, N. (2018). Breaking news production processes in US metropolitan newspapers: Immediacy and journalistic authority. Journalism, 19(1), 21-36.

Wajcman, J. (2008). Life in the fast lane? Towards a sociology of technology and time. British Journal of Sociology, 59(1), 59-77.

作者手记

　　《锚定常规："转型"与新闻创新的时间性》初稿出自我博士论文的一章。2022年，《转型：数字传播技术变革中的新闻创新》终于在我博士毕业5年后出版。刚毕业那会儿，本想慢工细活（实则是拖延症这个老毛病作祟），寄望酸文醋字经得住时间的冲刷。待到2020年《锚定常规》一文发表，我明显感到一股"寒流"：随着传统媒体和新兴媒体进入"深度融合发展"的新阶段，2013～2015年在中国兴起的数字新闻生产、新闻从业者实践观念变迁研究似乎"过了气"。这种感觉，也许扩大到新闻研究上说也不为过：扎实的经验研究少了些，真诚严肃的学理探讨也不如从前常见。这恐怕不是由于研究者怠惰、懒得去、没有机会去一线躬耕实做，而是出于林林总总的原因。只需三个问题便可说明：第一，什么样的文本可称作新闻，什么样的制作流程可称得上新闻活动，新闻和新闻活动如何明晰自身边界，这样的文本形式和架构文本形式的活动如何影响了公共议程？第二，能否快速列举出近年来产生上述社会影响的新闻名篇、名作？第三，能否快速列举出近年活跃的、产出或协作产出新闻名篇名作的行业模范？

　　我不敢妄言新闻研究的前景。同道们虽不在新闻实践一线，但把握新闻活动的运作规律、梳理经验教训，运用广阔的人文社会科学理论资源生成解释新闻活动的一般性知识，立足特定语境解读新闻活动的意义，以富有批判色彩的理论建构贡献一个良善、健康的新闻和公共传播生态，这一规范目标无须赘言，早已默会并深植于心。然而新闻业变得太快，对中国新闻界这样一个有其特定历史文化语境、没有经过长期坚实职业化发展的行当来说，变化更是让人目不暇接。即使新闻研究因时而作、快速产出成果，仍可能挡不住行业的迅疾变化。就我的切身体会来说，不管是《转型》一书还是《锚定常规》一文，昨天的经验以及建筑其上、努力统合的所谓学理见地，皆逃不过快消之作的命运。对一个起初自认谋道的研究者，回头看看，发现其实是为谋食发出了一些不太环保的闲言碎语。在这里，可以同有志投身新闻研究的朋友絮叨：避免陷入快消品式的论文生产循环，努力令成果经得起时间和空间变换的检验，可能是新闻研究者要着力提防的事。分享两点不成熟的思考：

第一，悬置规范目标。新闻研究有其规范的一面，新闻创新研究同样如此。可能不少新闻研究者心中住着一套新闻理想——一套早年接受新闻教育、旁观或投身新闻实践时念兹在兹的新闻理想，因此不免期望，通过自己构筑的解释和意义解读，充盈新闻理想的研究如火种般烛照读者，给人以力量。但现实复杂多面、历史迂回蜿蜒，此情此景不免与旧日浪漫的新闻理想背道而驰。悬置而非弃置规范，保有从新闻出发的伦理和道德观念，直面当下，直面体制、制度等政治-经济结构和历史条件对新闻创新的激励与制约，避免用过去的新闻理想刻舟求剑，乃至选择性地浪漫裁切当下的复杂现实。在认识冷峻现实的基础上审慎把握理想可能的依存之处，才是富有挑战的事。

第二，拥抱学术冷点。前文提到，2013～2015 年，数字新闻生产、新闻从业者实践观念研究兴起，形成了一波学术热点。这波热点恰好与国家倡导的媒体融合同期发展。在新闻研究中，媒体融合和新闻创新有时不加区分，被认为是同一回事。但媒体融合既是一个学术概念，又是一场国家行动；它既可能承载纯粹的学理探讨，又可以容纳现实中的国家和行业政策，以求实效。当我们支配包括新闻创新等学理色彩更为浓厚的语汇时，我们是否借此表达了对新闻业某种秩序和状态的急迫期待，以及为了落实期待开具现实处方的冲动，而不是承认行业变迁的复杂性和自身的认知局限，静下心来把现象的描述、解释和意义解读视为第一要务？对于一个处理符号而非物质优先、观念与文化而非结构优先的研究领域，一个实践社群职业化孱弱的研究领域，当它成为学术热点的汇集之地，研究者会不会误将突破行业困境的解决冲动置于学理探讨之上？这么看，退居冷点倒是好的——当学术乃至社会热点转移的时候，研究者反倒有机会避免混淆理论建构和对策建议，卸下方方面面的现实期待，专心做好自己的事了。

协同与博弈：
媒体型平台上的外部内容创作者

——基于澎湃号、新京号与南方号的考察

■ 蔡　雯　葛书润

【本文提要】本研究采用"走读法"并通过对编辑的访谈，对三家省级媒体客户端的开放性平台——澎湃号、新京号、南方号进行了考察，提出"协同主体"的概念，阐释平台与外部内容创作者间对抗、博弈又互相协同的复杂关系，认为媒体型平台建设要深刻认识媒体逻辑与平台逻辑的差异，同时又具备将两者有机结合的智慧。

建设自主可控的新型媒体平台，是我国专业新闻机构面对各类商业化平台"媒体化"的巨大压力的积极应对，也是当下媒体融合向纵深发展的一个风向标。然而，在平台打造的过程中，对习惯了内容生产操作规程的传统媒体而言，比跨越技术门槛更重要的是在自建平台上找准自己的位置，厘清、理顺自身与外部内容创作者之间的关系。为此，笔者选取京沪穗三地代表性新型媒体平台作为观察对象，对此进行研究和讨论。

一、平台和媒体的融合与转化

平台对传媒业格局的掌控已经毋庸置疑。2020 年 12 月新闻公报（*Press Gazette*）发布的英语世界新闻媒体公司收入排行榜中，前三名皆被科技公司占领（Alphabet、脸书和苹果公司），传统新闻机构排名最靠前

的福克斯公司仅在第 12 位。这也证明世界范围内，外部资本进一步介入新闻业，而平台型媒体则是其最有力的触角。这类新技术公司主导的平台型媒体为多元主体提供了内容分发的渠道，并将所聚合的内容依据平台收集的海量用户数据，通过算法精准推荐给不同用户，形成"大规模收集-深度数据挖掘-定向数据利用"的商业循环（黄淼，2016），切断了传统新闻媒体与用户和广告商之间直接的利益往来的同时，也挤占了其市场份额，继而消解了其权威，重构了传播的权力。传统媒体不得不依赖平台进行内容分发，而用户数据失守、盈利模式崩溃、新闻业与从业者的合法性被挑战等隐忧已然形成。

但也有研究者认为，这类商业化平台（平台型媒体）作为新闻生态系统的新入场者（new entrant），在给传统新闻业带来冲击的同时也创造了自我革新的契机。为适应业态变化，更是出于对商业化平台的反抗，一些新闻媒体内部出现了新的组织架构，如建设新闻媒体自有的、吸纳其他主体所生产内容的平台，即"媒体型平台"。

媒体与平台互相融合、转化的概念可溯及"Plastisher"一词。2014年，美国媒体人 Jonathan Glick 在 *Rise of the Platisher*（《平台媒体的崛起》）一文中，首次将 platform（平台商）与 publisher（出版商）两个词合二为一，创造了"Platisher"的概念，并将其表述为一种"介于出版商和平台之间、融合了二者优势"的混合实体，一种"新一代媒体公司尝试对外开放内容管理系统，而技术平台意识到将算法与编辑、专家结合的益处"后做出的融合尝试。也就是说，"Plastisher"是一个双向概念，可以兼指平台的媒体化与媒体的平台化的产物。"Plastisher"一词在进入中国语境后，因转译和学者的不同使用发生了分野，分别被理解为平台新闻业（platform press）、强调互联网平台进入新闻业的"平台型媒体"，以及由传统媒体（尤指主流媒体）主办的媒体型平台（谭小荷，2019）。政策层面，我国自上而下的媒体融合将新一轮变革放置在国家治理体系和治理能力建设的顶层设计框架中，"平台"作为"新基建"的重要一环，凸显出丰富的政治意涵，被认为能将曾经"满载着数字资本主义内驱力"的媒体融合进程纳入中国特色的政治制度和媒体制度框架中，打破少数大型互联网公司在全球和地区市场的寡头垄断，以政治和社会逻辑为内核，服务国家治理（姬德强，2020）。

现有相关研究中，欧美学界聚焦的平台类型主要是由硅谷巨头或初创公司运营的中介媒体（intermediary），包括搜索引擎、社交媒体平台或资讯聚合平台，所聚焦的传统媒体是高度市场化、作为独立机构的新闻媒体。这两者皆与我国主流媒体的自建平台存在较大的性质差异。国内学者对于主流媒体的平台化战略给予更多关注，但对其现实发展过程中可能存在的矛盾和问题尚缺乏周密观照。本研究试图通过对若干个案的观察与调研，讨论媒体型平台与各类行动主体间的相互关系和行为逻辑。

本研究采用质性研究方法，选取三家省级地方媒体的客户端——新京报 App、澎湃新闻、南方+所推出的内容提供者聚合平台：新京号、澎湃号与南方号，观察我国传统主流媒体在数字化转型的过程中，搭建平台，并扩大、筛选、安置、维系内容提供者的具体举措和所面临的困境。三家媒体都在主流媒体转型和媒介融合中有大胆探索，其平台亦有代表性和研究价值。

平台不同于媒体的最重要特征是"以数据为燃料，以算法和界面设计实现自动化和组织化，以商业模式驱动的所有权关系的形式化，以用户协议进行管理"（van Dijck，2018：12）。导航的特点和它们背后的象征意涵，形塑着用户如何观看，也时刻体现着平台背后的意识形态和权力结构。有学者针对平台研究中的技术封闭性给数字媒体研究者带来的挑战，提出了"走读法"（the walkthrough method）的研究方式，即研究者直接参与到 App 界面的使用中，通过检查其技术机制和所嵌入的文化，来理解它如何引导用户并塑造他们的体验（Light，Burgess，Duguay，2018a）。该方法在数据采集的基础上融入了用户对 App 的实践与理解，被视为一种"数字质化（digital-qualitative）"的研究方法，使得数据不脱离社会文化背景（Pearce et al.，2020）。具体操作为，研究人员注册和登录 App，尽可能模仿日常使用，观察和记录 App 的"活动流"，如停止、凸显、加速、退出等，以及符号元素，如图片、文本等，以作为批判分析的基础（Light，Burguess，Duguay，2018b）。Pearce 等（2020）认为，"走读法"可以为社交媒体的跨平台视觉研究（Visual Cross-platform Analysis，VCPA）提供方法论。基于对平台相关信息的计量，我们对三个作为研究样本的媒体型平台 App 的"走读"式观察，包括其界面布局、信息流特征、点击反馈、文字与图片的引导性等，以透视媒体型平台上多元主体的类型、结构、地位和关系。

同时，我们对三家省级主流媒体从事平台搭建及参与内容生产的相关人员进行访谈，对研究结果进行佐证和补充。问题围绕平台上主体的筛选、安置、维系三个维度。采访对象共 6 人，包括 1 名专职的平台管理者、4 名一线编辑及 1 名入驻平台的内容创作者。

二、协同主体：更具黏性、更少依赖的合作者

对三个作为研究样本的媒体型平台 App 的"走读"式观察发现，澎湃号将其入驻者分为自媒体（湃客）、专业媒体（媒体）、政务新媒体（政务）三类；南方号则构建了"系统矩阵"，按领域将入驻者划分为教育、公安、健康、人社、"三农"等 22 类；新京号因平台开放较晚，尚未对其主体做出明确分类。

对新京号和澎湃号上公开的数据进行统计，截至 2020 年 11 月 7 日，入驻新京号最多的是自媒体，入驻澎湃号最多的则是政务新媒体。南方号未公开相关数据，根据笔者对编辑的访谈和相关报道，政务新媒体同样在数量上占优。根据国务院对"政务新媒体"一词的定义[①]，对南方号中 22 个分类进行考察，至少有 16 个类目的主体构成以政务新媒体为主。媒体型

① "各级行政机关、承担行政职能的事业单位及其内设机构在微博、微信等第三方平台上开设的政务账号或应用，以及自行开发建设的移动客户端等。"见《国务院办公厅关于推进政务新媒体健康有序发展的意见》。检索于 http://www.gov.cn/zhengce/content/2018-12-27/content_5352666.htm。

平台给予政务新媒体更多空间，并为这类主体开辟专栏，与其主流媒体的性质相关，"向公众报道时政新闻"依旧被这些依托报纸或从报纸转型而来的媒体视为最重要的职能和责任。我国的社会制度与"强政府"的政治传统，也决定了民主集中制的框架下，自上而下的决策和导向对社会最具影响力，政务类新闻被默认应当占据最多的公共注意力。

表 1　三个媒体型平台中不同类别主体的分布情况

	创办时间	自媒体	专业媒体	政务新媒体	总　数
新京号	2020 年 7 月	91.57%	3.61%	4.82%	83
澎湃号	2017 年 8 月	22.89%	4.63%	72.48%	12554
南方号	2016 年 10 月	未知	未知	"300 多个共建频道的广东省委、省政府权威移动发布平台"①	"约 7000 个"②

注：统计截至 2020 年 11 月 17 日。

　　虽然"走读"式观察难以精准判断媒体型平台内容提供者的真实身份，但可以确定的是，平台的建设在一定程度上模糊甚至消弭了新闻生产者与消费者的边界，麦克卢汉 1972 年预言的消费者（consumer）通过电子技术将会变成生产者（producer）在媒体型平台上再度被证明。"UGC（用户生产内容）""PGC（专业生产内容）""PUGC（专家/专业用户生产内容）"中的"用户（user）"与"专业（professional）"显然已经不足以完全描述与区分所有的信息生产主体被赋予的身份和地位。因此，本文提出"协同主体"这一概念，旨在阐释媒体与其内容生产者之间的新关系。

　　"协同"意为"各方互相配合或甲方协助乙方做某件事"。引申至媒体

---

①② 《南方＋你，一路同行》。检索于 http://static.nfapp.southcn.com/content/202010/20/c4180568.html。

平台与其入驻的外部主体的关系，则可理解为，媒体型平台具有一定的主导权，通过身份筛选、内容审核等手段，选取合适的创作者与恰当的内容，打造自己的平台特性，达到设想的传播效果。这与以往唱衰传统媒体的合法性、认为专业的编辑室应该服务甚至让位于"用户"的话语有所不同。与此同时，"配合"与"协助"的发生，是基于外部主体对媒体型平台在内容推广、专业性认可等需求的满足，以及对该媒体的风格、调性的认可，因此，协同主体往往与媒体内容的消费者高度重合。可以说，这是一种自愿自为的双向认可和协助。

有研究者按实践活动的本质属性将"主体"这一概念的内在规定性归结为：（1）主体具有由需要激发的进行对象性活动的能动性。（2）主体具有在为我目的推动下的创造性。（3）主体具有对自身活动进行自我控制和自我调节的自主性。（董静，2003）将其代入媒体型平台的考察，可看到协同主体在创作内容的过程中几乎不受平台约束，同时也更具能动性，以及对热点事件进行多角度呈现、解读，拓展和丰富媒体原创报道的"创造性"，同时对平台依赖较少，关系松散，会选择合适的平台与时机分发（或不分发）内容，并对平台进行"权且利用"。

"协同主体"相较于以往的"阅听者""用户"等概念，放大了主体在内容产制方面的能动性；相较于"产销者"概念，则弱化了主体对于媒体型平台这一特殊平台类型的决定性作用；相较于传统的 UGC、PGC 概念，则将其中的"用户"与"专业"进一步细分：无论是作为个人的"用户"还是作为"机构"的用户，其生产的内容都会因身份、情境的差异受到媒体型平台不同的对待。

三、"热启动" vs "冷启动"：协同主体的邀约与筛选

平台与媒体具有不同的行为逻辑。平台作为信息集散地，其本质是平等和共享，以数据、算法为核心，自动化程度极高。平台与用户的关系是以协议管理和商业模式驱动的，这在商业化平台的发展现实中已经有充足

的证据。媒体作为内容生产机构，其本质是原创和价值观引导，以职业工作者为核心，即便在数字化转型中越来越重视技术应用与用户需求，但对社会责任和价值导向的追求依然是重于其他考量的。由专业媒体机构创办的媒体型平台，与由科技公司或商业机构创办的平台型媒体的差异，就在于前者所携带的媒体基因必然在其自建平台上刻有深深印记，媒体逻辑部分地融入平台逻辑中，而处理这两者间的矛盾和冲突，也正是平台建设所面临的难题。

考察三个媒体型平台的申请条件和对入驻者的分类，可以看到，媒体型平台对协同主体的邀约和筛选，体现出比商业化平台更多"把关"的特点。三家对协同主体的预筛选大致分两种：一类是平台邀请入驻，可称"热启动"；另一类是申请后经平台审核入驻，可称"冷启动"。

"热启动"以官方机构背书的政务新媒体与专业媒体居多。据澎湃"问政"栏目编辑介绍，政务类主体的入驻采用"主动邀约重点政务机关＋推出公开注册平台"的方式，二者比例大约为 6.5∶3.5。澎湃政务中心也在中央各部委及各省区市安排了专职运营人员，负责主动邀约入驻。在南方号的入驻主体中专业媒体是重要一类，其中包括了报业集团旗下媒体所属版块，如南方日报的"叮咚快评"，南方网的"粤港澳大湾区""车保姆"等栏目。

在"热启动"模式中，协同主体往往在入驻之前已经与媒体型平台有过合作，或处于编辑部的人脉网络之中。新京号编辑称，该号第一批入驻者"三分之一以上来源于编辑或媒体过往所积累的社会关系"。2017 年澎湃号创号之初作为第一批自媒体受邀入驻的中国人民大学新闻学院公众号"RUC 新闻坊"，就缘于其指导老师与澎湃新闻编辑在一次会议上结识，并邀请其为自己班级的学生授课，之后双方一直保持着联系和交往。

"热启动"的协同主体通常自身已有较稳定的内容质量、较成熟的生产模式，渠道固定，自带流量，相较于媒体型平台可处于平等甚至优势地位，被平台编辑认为是较理想的协同主体。平台对入驻者的主动邀约，也体现了编辑相对更信任自己的判断和选择，而不甘于仅从"冷启动"的申请者中大海捞针。澎湃"有数"栏目编辑表示，对数据新闻这种技术门槛较高的内容来说，在该栏目将近 130 个入驻"湃客"中，"只有不到 10 个是自己申请的，大部分都是我们主动去找的"。

"冷启动"的协作主体通常在入驻前没有与平台方合作过，也暂未形成可观的社会影响力，主要包括个人创作者、其他社交网络（如知乎、豆瓣、微博）的 KOL、流量较小的自媒体等。他们需要毛遂自荐，主动靠近平台，因此在双方的关系中一般处于弱势。

"冷启动"的主要渠道包括自主报名和组织比赛、活动等。本研究关注的三个"号"都开通或曾开通线上自主报名的通道（新京号目前已关闭）。对比三家媒体的报名流程和门槛，新京号没有硬性的资质要求，而是采用了邀请制，"有别于其他门户平台的开放式注册，'新京号'的特点是'优中选优'的邀请制，严把质量关，严格控制入驻的自媒体数量"。[①]澎湃号与南方号都有较为严格的实名要求，需要个人上传身份证件与资质证明。申请中的自分类环节，实际上也是对申请者的初筛。澎湃号设置了政务、媒体、湃客三个申请类型，"政务"针对"中央及全国各级各地单位机关、群团组织、重点事业单位、央企等"，"媒体"涵盖"有正规新闻采编资质的网站、客户端、报刊、电视台、电台等媒体"，"湃客"则被定义为"生产优质内容的创作者、垂直领域的专家、自媒体人士或机构"；相较于前两者，南方号的申请门槛更为严苛，并未开放自媒体与个人的申请，"主要服务于政务"[②]，且地域性更强，仅限广东省内的政务新媒体入驻。澎湃常设一名编辑，负责申请者审核，能否入驻没有明确标准，一般会考察其资质与生产内容的匹配程度、原创内容占比，以及内容质量和整体质量进行综合评估。新京号的管理人员表示，"一些自媒体本身没有采访权，却经常涉及一些新闻性的东西，那肯定不会给他通过""发的都是广告不

---

① 《新京号"500＋"入驻计划 7 月上线，你想知道的都在这里》。检索于 https://mp.weixin.qq.com/s/SRqh-dhMWuLLlwFDHvQlpA。
② 来自与南方网前编辑访谈。

行"，"软文多，违规记录多的，基本上不通过"。①

图 1　从左至右依次是新京号、澎湃号、
南方号在其 App 客户端位置

图 2　湃客在首页的
独立入口

　　举办比赛和活动，是迅速吸引入驻者的"冷启动"模式。澎湃号下属的湃客（自媒体版块）曾举办非虚构写作大赛、澎湃视觉大赛等活动，参赛者必须首先在其平台注册为"湃客"，才能上传参赛作品。但这种方式吸引的入驻者能长期为媒体型平台提供内容的并不多。以 2019 年 2 月举办的澎湃视觉大赛为例，在 173 个参赛者中，截至 2020 年 11 月 17 日，仅有 5.20% 在澎湃号发布内容大于（等于）10 次，而参赛作品即为平台提供的全部内容的参赛者占 55.49%（96 个）；从最近活跃度来看，在 2020 年后有更新的湃客号仅有 14 个，近一周仍有更新的湃客号仅有 3 个，有 5 个已清空主页；从存留率来看，仅有 4 个并非在赛前已入驻湃客的"冷启动"湃客号，在赛后留在平台并有过 1 次及以上的更新，存留率仅为 3.39%。"有数"栏目编辑在访谈中佐证了这一点："我觉得这种（通过比赛入驻的）号的后续比较乏力，感觉他们的积极性不高……从质量上来说都比较

① 来自与新京号管理人员访谈。

一般。"

而经过层层筛选后入驻的协同主体往往只对平台有保留地依赖，双方渐成一种"权且利用"、双向引流的共处模式：平台希望通过增加开放性，填充自己的内容池，进一步为客户端与原创内容引流；而协同主体也往往只将这类媒体型平台作为内容分发的渠道之一，为自己的"主阵地"引流，或将传统媒体的采用作为一种专业性认可。RUC新闻坊的指导老师说："实际上我也没指望这个平台（澎湃号）能给'RUC新闻坊'增加多大流量，在这个平台发布内容更多是为学生考虑，学生能够在专业媒体发表作品就算是一种认可……专业媒体的用户群和我们公众号自己的用户群有一定差异，在那里发表也可以检测一下作品在其他用户群中的传播效果，得到不同读者的反馈。"人大新闻学院师生对于湃客号的认知和使用，从用户角度为媒体型平台提供了一个有关其特点与行为逻辑的印证。

四、对抗与博弈：编辑、平台及协同主体的关系

新闻内容的分类、选择、排列与呈现形式一直是考察新闻编辑部内权力关系和活动机理的重要依据，正如塔克曼等从报纸的内容结构安排考察编辑部运行规律一样。在媒体搭建平台后，来自不同主体的、往往已经成形（而非"半成品"）的内容一齐涌入，如何安置这些编辑室外生产的内容，也能从中透视在这一协同过程中，编辑如何理解"平台"，以及如何定位自己在平台中的身份，如何处理与协同主体间的关系。

客户端的首页约等于一份报纸的头版，可被视为这一复杂过程的缩影。通过考察客户端页面可知，初始状态下，三个"号"均在首页的导航栏有单独的分区，略有不同的是，新京号与南方号的入口都仅在顶部出现一次，而澎湃号除了底部设有总入口，还在顶部设置了湃客（澎湃号下属自媒体平台）独立入口，在一定程度上凸显了澎湃对自媒体入驻者的强调，而自媒体相对于专业媒体和政务新媒体而言，黏性更低，更加需要平

台维系。

就导航功能看，三个 App 均可由用户自行定制导航栏，改变不同内容入口的排序。初始状态下，新京报与南方＋App 的"订阅"频道优先于"推荐"和"首页"位列第一，用户兴趣与阅读习惯在位置上优先于传统媒体定义的富有新闻价值的信息。而澎湃 App 则默认将"要闻"（功能约等于首页）置于最前端，与其"专注时政与思想"的定位相契（见图 3）。更重要的是，只要用户订阅了这些协同主体的账号，他们更新的内容便可以持续出现在首页。该设置体现了媒体型平台的双重属性：在编辑推荐之外也强调用户选择，向用户让渡了定制内容序列、分配自身注意力的权利，而这恰恰亦给予了本处于"协同"而非主导地位的内容一个机会——在用户赋权之下，这些内容能够被优先观看。

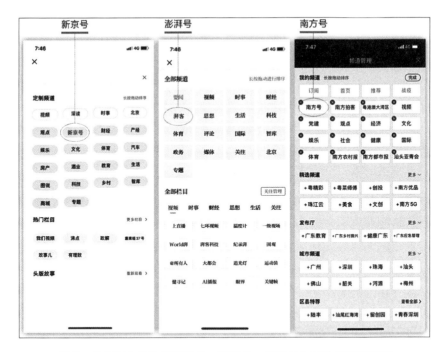

图 3　从左至右依次是新京号、澎湃号、南方号入口位置调整页面

但通过进一步了解各客户端首页内容的准入机制可知，即便首页因为用户的参与而更为定制化，但并未动摇其作为"媒体"的主体性。

　　在澎湃，澎湃号与其他原创部门的稿件都会通过"算法加权（浏览量）＋编辑推荐（编辑挑选高质量的稿件）"的机制挑选进入要闻池。但要闻版编辑会最终定夺该稿件能否出现在要闻版——也就是首页信息流中。对真正时效性强或专业性强的"要闻"，澎湃仍会优先调用自己记者团队的原创内容。①

　　南方＋对首页准入机制的阐述则是："特别是在重大政策发布或突发事件发生时，南方＋将会通过数据分析，优先向目标用户传播'南方号'发布的权威信息，广泛传递党和政府的声音，让公众及时了解事实真相，最大限度挤压各种谣言和负面信息的传播空间。"②这种通过"数据分析"进行内容分发的模式显示其作为"平台"的开放性优势：为当地的行政机关、事业单位及内设机构创造了一个更直接的信息发布渠道。但事实上，其"媒体"的身份依旧占据上风，"真正紧急的内容不会通过南方号来发"。③面对原本处于自身报道职责内的信息时，南方＋依旧会调用自身专业的采编人员或旗下分管该领域的媒体，将信息进一步加工为一个新闻产品，通过官方的账号进行发布，并呈现在更为显眼的位置。如这位编辑所言："这些政务新媒体的定位是快速传播，风格也类似微信微博，（我们）不会用新闻的眼光去审视（它们）。"④

　　新京报的首页准入模式则更强调编辑对协同主体的主动性，体现以原创为核心竞争力的定位，推荐页面呈现的基本是报社生产的原创内容，但有特殊情况时编辑会主动联系该垂直领域的协同主体，或接受毛遂自荐。接受访谈的新京报编辑提到，果壳网曾追逐苹果新品发布会的热点，发布一篇盘点文章后随即联系编辑，而新京报一方也认为果壳网在该领域的专业性能够为自己的内容池添彩，于是立刻给这篇推文在首页曝光的机会，

---

① 来自与澎湃"有数"栏目编辑访谈。
② 《"南方号"上线，这里有一份使用手册，邀请你加入》。检索于 http：//static. nfapp. southcn. com/content/201610/21/c154187. html？from＝groupmessage。
③ 来自与南方网前编辑访谈。
④ 来自与南方网前编辑访谈。

但这种"破格"的机制显然是随机的、不稳定的。①

媒体型平台以其架构和内容推荐机制向自身原创内容倾斜的原因之一，是出于对专业媒体合法性地位及品牌形象的维护。原创内容团队在媒体内部具有较高地位，被视为"招牌"，这也是目前媒体型平台与平台型媒体的重要区别之一。由于平台式的观看模式极易混淆不同的生产主体，正如澎湃编辑所言，"第三方在澎湃的平台上发表，读者可能认为是你澎湃发的"②，因此，重视原创内容的比例，只挑选最优质且符合媒体调性的非本媒体原创内容登上首页，可以让整体的内容品质和风格更可控。另一个原因是为了保证客观性。不同于一般商业化平台可以适用"避风港原则"，媒体需要为每一份公开发布的内容负责，而客观性则是记者免于被起诉的"策略性仪式"（Tuchman，1978），对首页内容进行严格的筛选，对不同主体发布的内容做出更为显著的区分，是媒体的一种自我保护机制。澎湃编辑说，"如果是我们的原创记者采的稿子，能保证自己说的话是真实的，但别人的东西不敢保证"，"在相对敏感的议题上，湃客生产的内容肯定没有原创内容放得开，宁可保守一点，我们没有百分之百的把握"。③新京报客户端编辑在接受笔者访谈时也说，"自媒体一般没有采编权，他们要发新闻报道肯定不行，但可以发一些写人物、写故事之类的非虚构作品"。④

这种对内容选择的慎重更突出表现于对算法有保留的使用上。平台逻辑与传统媒体的新闻生产、分发逻辑产生的对抗，也引起了编辑部内的"排异反应"。平台首先是一种具有"可编程性（programmability）"的基础设施（Gillespie，2010），基于程序所编制的语言和规则进行。有学者指出，随着算法普遍应用于内容推荐平台，与虚拟世界之间进行的互动对于用户现实世界的影响与建构已经成为焦虑和恐慌的对象（方师师，2016）。然而这种人机之间的张力同样发生于生产者内部。对大多数新

① 来自与新京号编辑访谈。
② 来自与澎湃"有数"栏目编辑访谈。
③ 来自与澎湃"有数"栏目编辑访谈。
④ 来自与新京号管理人员访谈。

闻工作者而言，由编程语言架构的平台规则依然是缺乏协商余地和可见性（visibility）、难以探触的"黑箱"。有编辑直白地表示"这个算法推荐的机制，我搞不太清楚，我个人还是喜欢纯人工推荐"。[①]除了上文提及的对首页内容的人工筛选，这种反抗也发生于湃客每周与每月的排行榜中：虽然周榜与优质账号月榜完全由模型计算得出，但在编辑的要求下，"优质稿件月榜"在权重占40％的客观指标（阅读数、互动数）之外增加了60％由编辑评定的主观指标（选题价值、信息量、专业性），以示新闻工作者的价值取向在媒体型平台中的在场。

随着人工智能分发技术的革新，新闻价值越来越被对用户个体兴趣的完美匹配所取代（刘鹏，2019），人们"不必再阅读别人心目中的新闻和别人认为值得占据版面的消息，你的兴趣将扮演更重要的角色"（尼葛洛庞帝，1997）。而在茧房四伏的传播环境中，媒体型平台中新闻工作者基于职业召唤（calling）的反抗，把他们认为重要和优质的内容优先导入信息流，也造成了媒体型平台与商业化平台的分野。

在媒体型平台上，多元主体因诉求不同永远存在博弈与对抗。各方只有直面分歧，建立共识，探索可持续的相处之道，才有可能在竞争中保持协作甚至互相驰援。而维系这种协同关系的责任更多地落在对平台掌控力更强的专业媒体人一方。

首先，媒体型平台呈现出"把关人"的回归与职能拓展。有学者提出，几乎完全以算法进行内容分发的资讯聚合平台亦不能因为"内容不知情"或"内容的非主观参与"而扮演中立者的角色，应依据技术伦理承担媒体社会责任，优化把关制度。而媒体型平台作为一种对算法主导的内容聚合平台进行纠偏的"编辑强在场"模式，同时作为"内容知情者"和"部分内容的主观参与者"，更无理由放松对内容的把关。在这一过程中，编辑的媒体把关人身份平移至平台，在内容生产与发布过程中掌控诸多环节，对协同主体提供的内容除了"检查"的功能，还综合地发挥着"加工"

---

① 来自与澎湃"有数"栏目编辑访谈。

"桥梁""导向"等功能。

以澎湃新闻数据新闻组为例，协同主体被纳入澎湃新闻原创内容生产的整个流程中（见图4）。当遇到某个较"软"的选题与其原创团队"严肃"的调性不相符，或某个专业性较强、更适合垂直类媒体制作的选题时，编辑便会联系相关作者，向他们约稿，进行选题外包。而在协同主体能力有所欠缺时，编辑也会给予不同形式的专业支持。合作越深入，把关机制就越有机会渗入每一个微小环节之中，更高效地生产专业、优质的新闻内容。而通过一次次合作，协作者对媒体型平台的认同和黏性也随之加强。

其次，内容聚合与创作者聚集由平台主导，以线上线下相结合的方式实现。媒体型平台以板块的精细化区分让创作者"各安其位"，形成了大大小小的以专业领域、创作体裁、兴趣等为纽带的创作者群。媒体型平台既有作为"媒体"的社会影响力、号召力，又有作为"平台"的开放性、平等性，让联系较松散的创作者从客户端迁移至微信群、QQ群等社交媒体开展更紧密的交流合作。而会议、比赛、工作坊等活动，则将协同主体间的关系从线上拓展至线下，有利于进一步构建共同体。如澎湃号2017年创号以来，针对最需要维系的"湃客"（澎湃号下的自媒体栏目），先后在不同领域举办了澎湃视觉大赛（摄影、视频爱好者）、澎湃非虚构大赛（非虚构写作）、数据创作者大会（数据新闻作者）等，通过"线下见面＋线上运营读者群和创作者群"的形式，促进了社群建设和主体间关系维护。同时，媒体型平台可以利用自己积累的社会资源，邀请业界、学界专家与创作者进行对话，并组织评选、颁奖等活动，拓宽了媒体型平台的意涵，也塑造了自身形象，有助于构筑在该领域的号召者、立法者的地位，吸引更多协作主体入驻。

然而，平台编辑的"把关"与主导性，也恰恰是媒体逻辑与平台逻辑相结合的矛盾点所在，在保证平台的调性和内容安全的同时，也可能造成对协同主体规模的限制和积极性的损伤，最终掣肘媒体型平台的发展。相比开放、自由度更高的商业化平台，媒体型平台显然需要在用户定位、功能定位和发展方略上探寻自己的独特道路。

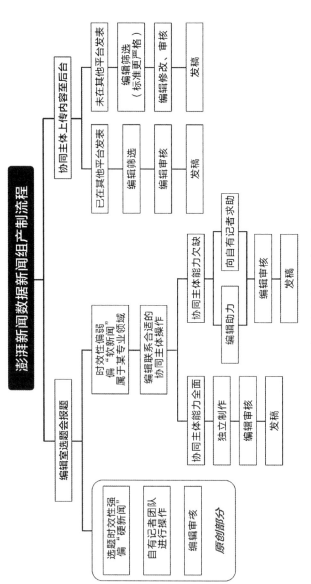

图 4　澎湃新闻数据新闻组产制流程图

结语

　　对我国主流媒体来说，建设自主可控的媒体型平台是在国家意志和政策框架下立足自身条件、担负时代使命、具有中国特色的重要任务，只有深刻认识媒体逻辑与平台逻辑的差异，同时又具备将两者有机结合的智慧，才有可能做到以平台积聚用户和社会能量，在信息和思想的平等交流中重塑媒体机构的公信力与影响力。因此，面对平台逻辑与媒体逻辑的矛盾和对抗，消除编辑部内部的"排异反应"，并以内部相统一的价值观与专业精神应对多元主体因诉求不同而存在的博弈与对抗，建立共识，保持协作，甚至互相驰援，是当下媒体型平台建设能否取得突破性进展的关键。这需要媒体自身付出更多努力，也需要媒体管理部门和全社会的理解与支持。■

参考文献

董静（2003）。论创新的制度安排。《河北学刊》，（2），39-42。

凯文·凯利（2012）。《技术元素》（金鑫等译）。北京：电子工业出版社。

方师师（2016）。算法机制背后的新闻价值观——围绕"Facebook 偏见门"事件的研究。《新闻记者》，（9），39-50。

姬德强（2020）。媒体融合与国家治理体系的平台化转型。《青年记者》，（10），12-14。

黄淼（2016）。媒体融合的英美实践。《新闻与写作》，（11），35-38。

刘鹏（2019）。用户新闻学：新传播格局下新闻学开启的另一扇门。《新闻与传播研究》，（2），5-18＋126。

尼葛洛庞帝（1997）。《数字化生存》（胡泳，范海燕译）。海口：海南出版社。

谭小荷（2019）。从 platisher 到"平台型媒体"——一个概念的溯源与省思。《新闻记者》，（4），30-39。

Gillespie, T. (2009). The politics of 'platforms'. New Media & Society, 12(3), 347-364.

Light, B., Burgess, J. & Duguay, S. (2018). The walkthrough method: An approach to the study of apps. New media & society, 20(3), 881-900.

Pearce, W., Özkula, S. M., Greene, A. K., Teeling, L., Bansard, J. S., Omena, J. J. &

Rabello，E．T．（2020）．Visual cross-platform analysis：Digital methods to research social media images．Information，Communication & Society，23(2)，161-180．

Tuchman，G．(1978) Making News：A Study in the Social Construction of Reality．New York：Free Press．

van Dijck，J．，Poell，T．& De Waal，M．（2018）．The platform society：Public values in a connective world．Oxford University Press．

作者手记

　　这篇文章的写作灵感，来源于我们师生交流中，学生向导师讲述的自己一段经历：作为一名曾经的非虚构爱好者，同时也帮着经营过一个 20 多万粉丝的校园媒体公众号，2018 年，为了参加澎湃新闻主办的非虚构写作大赛，根据指引在其 UGC 频道注册，成为一名"湃客"；不久后，校媒公众号也接到入驻邀约，因为主打数据新闻，又成为其数据频道下的一名作者。

　　我们知道，在此之前，这种"账号入驻"式的合作更多见于虎嗅、百家号等商业化内容聚合平台。这些平台需要源源不断的内容更新，反应速度极快，要么平台自动抓取转发，要么编辑会在文章发布几分钟后就找上门："老师，请问这篇可以转载吗？"而且文章往往只换个标题，或干脆原封不动地出现在这些网站上。

　　而主流媒体则不同。在既往的合作里，它们总是更爱惜羽毛，更强调"自身"在场，比如会在敲定题目后主动约稿，会要求首发权，会在已经做好的数据图中加上自己的 LOGO……对原创能力和版权的宣称，是主流媒体看重的事情。

　　入驻主流新闻媒体的自有平台后，作者有了一些新的感受：主流媒体不会一键抓取，而是挑选更符合自身调性的文章转载；每个月都会出月榜，评选优质作者和稿件，不只看流量，还结合了编辑部的审美……虽然有了平台这样更"新"的数字基础设施，却依旧带着主流媒体的"老派"作风。

　　平台与外部内容创作者之间是什么关系？平台与媒体又有什么差异和关联？成为我们交流中讨论最多的问题。书润说自己一头热注册的非虚构个人账号，在参赛后再无发表，与编辑部渐渐失去联系；而更"专业"、持续更新的数据新闻账号，却频频被转载并登上月榜，还获得了更多与澎湃新闻深度合作的机会。这是否意味着，对原生在这个平台的"小透明"来说，想从零起步经营出一番天地并非易事；而若是本来就能成熟运作的专业作者，进驻这些平台几乎是举手之劳？

　　要为这些疑惑寻找答案，仅仅从一些切身经验出发显然是不够的，还要继续扩大样本。我们决定，在澎湃新闻的澎湃号之外，增加新京报 App 中的新京号，以及"南方＋"App 中的"南方号"作为观察对象。这三家主流媒体覆盖了上海、北京、广州三座一线城市，且都在主流媒体转型和媒体融合中有大胆探索，或许能为我们提供更多的判断依据。

不同于以往的政策解读或者局内视角，这是一项更具用户视角的研究。因此，我们挑选了一种同样很"用户"的方法——走读法（walkthrough method）。这种方法意在放慢、放大那些使用 App 时司空见惯、习焉不察的行为和反馈，使其变得显著，为批判性分析提供了可能。

页面中导航的特点和它们背后的象征意涵，形塑着用户如何观看，也时刻体现着平台背后的意识形态和权力结构。所以，我们直接参与到 App 界面的使用中，尽可能模仿日常习惯，观察和记录 App 的"活动流"，如停止、凸显、加速、退出等，以及符号元素，如图片、文本等，同时记录下自己与它们之间的互动，试图理解当下主流媒体平台的搭建逻辑。

这个方法在实际操作中的难度在于，既要有研究者的视角，又得有一种"孩童"式的心态，假设自己真的是第一次使用这些 App。因为早早接入互联网和智能手机，我们曾想当然地以为各类应用的不同设计，只是功能所需或风格使然，而使用它们的方法则是数字时代一套通用的"常识"：知道如何操作"今日头条"App 的人，肯定也会使用澎湃 App。

直到有一天，作者偶然发现有些年长者在操作手机时很难理解图标与功能之间的对应关系，以及那些抽象的概念指向何处。比如不明白为什么一个灰色的齿轮就象征着"设置"，不理解什么是"小程序""浮窗"。这时才真切地意识到，这些看似价值中立、方便用户的导航，其实也潜藏着不同的意图。我们日常使用 App，学习和习惯这些导航，就是在接受它的培养甚至规训。而"走读法"恰能帮我们睁开反思日常的眼睛。

使用这一方法，我们考察了三个主流媒体 App 对这些"号"的位置安排，以及对推荐算法的保留性使用，并结合对媒体工作人员的采访，检验对 App 的"文本分析"是否正确。

在研究中，我们看见了媒体在平台化中经历的犹疑和摇摆。虽然建立平台的初衷是吸纳更多元的主体进行新闻生产，准备"垒起七星灶，铜壶煮三江"，但真正实践起来，却多有掣肘。无论是新闻工作者出于对自身专业合法性的维护，还是出于平台调性和内容安全的考量，都让平台无法更进一步地"开放"：即便来自外部的内容再优质，也非编辑部考虑的第一顺位，当有重大议题出现时，媒体的原创内容必须"挑起大梁"。而外部的作者想要突破这种等级次序，往往需要天时地利人和：事件够突发、事件够垂直、和编辑有合作基础，才能登上首页、成为头条，争取到更好的曝光位。

在当时，我们将此总结为"平台逻辑与媒体逻辑的对抗"，如今再回看，似乎这种表述过于武断，简化了对二者的理解。平台并非只有算法这一种逻辑，何况算法背后也浸透着人的意志；媒体更是一个不断流变的概念，要认清平台与媒体的关系还有待时日。

当初写作此文，主流媒体依托平台进行社会化生产尚在摸索阶段，有的App页面粗糙卡顿，有的编辑"临危受命"，一点点熟悉着新的工作流程。而今天，主流媒体拥抱平台化、建设自有平台已成大势所趋。有的平台几经迭代，已经蒸蒸日上，成为新闻生产的有效助力；有的则缺少水花，逐渐沦为徒有形式的鸡肋。

平台建立起来了，然后呢？

根据后续的田野经验，文中提及的一些当时奏效的"维系"策略，也正在面临冲击。比如澎湃新闻用于吸纳新作者的非虚构大赛，出于各种原因已经沉寂已久；再比如许多为主流媒体供稿的作者，或被互联网大厂的内容频道"挖角"，或穿梭于多个平台之间……主流媒体缺乏有效的激励机制（如稿费、流量）或充分的表达自由，协同主体自然而然地会流向更符合他们愿景的地方。

如何让主流媒体平台持续运转，充分发挥其价值，这些"建成之后"的故事，为我们留下了更多的研究空间。毕竟，在这方稍带理想色彩的平台之外，更广阔的媒介生态之中，新闻生产的协同与博弈从未止息。

用户评论会影响新闻选择吗

——一项基于文化资本视角的考察

■ 王 斌 张 雪

【本文提要】数字化时代，新闻业高度重视用户参与，用户评论已经成为新闻报道的重要关联部分。本文通过深度访谈法，在场域文化资本的视角下，考察了用户评论在新媒体新闻从业者个体认知与新闻选择中的可见性。研究发现，新媒体新闻从业者普遍表达了对于用户评论的负面态度，但他们仍然基于用户评论建立了一套工作常规。用户评论即使在新闻工作流程中具有可见性，但却在新闻选择这一新闻生产的核心环节呈现出相当的不可见性。用户评论并未实质性地改变场域文化资本影响下主流媒体的新闻生产逻辑，反倒成为新闻从业者捍卫其文化资本和职业权威的工具，并且在一定程度上固化了传受双方既有的不平等关系。

数字化环境下，社交媒体赋权新闻用户，以往被视为"被动的受众"如今成为新闻业不可忽视的力量。在话语上，"用户参与""用户思维""用户导向"等成为媒体机构强调的高频词；在实践中，新闻用户以此前从未想象过的方式重构着新闻业（Picone，Courtois & Paulussen，2015），新闻实践与新闻职业理念因用户的加入有所改变。本文以用户评论（user comments）为切口考察用户与新闻业的关系。

新闻报道的用户评论作为一种用户生成内容（UGC）和一种受众反馈（audience feedback），是用户所表达的对于新闻报道的主观感受与个人观点。用户评论在新闻研究中有三条路径：一是宏观层面，学者关注用户评论之于公共领域与公共生活的意义。在评论区，用户就新闻事件和社会问题发表、交换意见，就公共事务展开沟通和对话，用户评论区被视为一个形成和监控公众意见的空间（Peacock & Van Duyn，2021）。因此有学者将用户评论区域视为一种替代性的公共领域（张小强，张萍，刘志杰，2019），并将其与公共新闻、公民新闻等概念相联系。二是从中观层面出发，将用户评论限定在媒体机构内部，定位为一种新闻创新的形式，考察用户评论对于新闻编辑部日常工作的影响。事实上，在竞争日益激烈的新闻环境中，各个媒体组织都在通过持续的形式创新实现对用户的吸引，而鼓励用户发表评论进而建立记者与用户的互动关系已经成为自 Web 2.0 时代以来实施最持久、最广泛的策略之一（Ksiazek，2018）。当前，用户评论更多体现在基于社交媒体的新闻报道中，社交媒体天然的互动属性使新闻报道的用户评论更加普遍。这一模式导致新闻的样态发生了显著变化，新闻生产的流程有所更新，而且影响了新闻从业者对新闻的选择（selection）与阐释（interpretation）等（Lee & Tandoc，2017）。三是聚焦微观层面，在描述用户评论文本特征的基础上，探究用户评论对于读者态度和行为的影响。研究发现，即使发表用户评论的人是少数，但是大多数人都会阅读用户评论（Barnes，2015）。用户评论影响读者对于相关事件的看法（Lee，2012），加剧了"人云亦云"，即读者倾向于使用与所阅读的用户评论一致的语气、措辞和诉求来发表自己的评论，积极评论和消极评论分别使得人们的感知更为积极或更为消极（闫岩，2015）。本文采用的是第二条路径，从中观的媒体组织的角度研究用户评论。

本文对于用户评论的研究引入了场域文化资本与可见性的理论概念。首先，场域是各种位置之间的客观关系构成的一个网络（network）或一个构型（configuration）（布尔迪厄，华康德，2020：122）。新闻场域是其中的一个子场域，用户可以视为进入新闻场域的新行动者，他们使新闻场域中的位置关系发生变化，随之而来也是极为重要的是这一变化对于新闻场域中文化资本的影响。文化资本包含诸如教育证书、一般知识、技术知识、语言能力、艺术感悟力等（本森，内维尔，2017：5），新闻选择及该行为背后的职业理念可以视为文化资本在新闻场域的体现。其次，本文引入可见性的概念旨在描摹对于用户评论的使用现状，而将可见性与文化资本结合，旨在理解用户评论可见与不可见背后的控制逻辑。"可见"就字面意思而言即"可以看见"，而"看见"这一动作又涉及两方，包括看的一方与被看的一方，因此"可见性"也意味着关系（姜红，龙晓旭，2022）。这种关系往往是不对等的，它与权力息息相关（Brighenti，2007）。新闻选择同样符合这一可见性的逻辑。新闻从业者从现实社会的各种事件中，基于新闻价值、生产常规等诸多影响因素选择性地赋予特定事件或者特定人物更高的可见性（周葆华，2022）。这一行为虽然由新闻从业者主导，但是事件主体以及普通读者也会尝试通过各种行动影响新闻选择的过程。据此，本文所说的可见性包含两个层面：一是从物理层面探索用户评论的可见性，二是从媒体与用户在权力关系层面讨论可见性。本文的研究问题可以归纳为：如何在文化资本的视角下，理解用户评论在新媒体新闻场域中的可见性？

表 1　受访者信息[①]

编　号	工作单位	岗　位	编　号	工作单位	岗　位
A1	中央级媒体	记者/新媒体编辑	C1	中央级媒体	新媒体编辑/记者
A2	中央级媒体	新媒体编辑/记者	D1	商业性媒体	记　者
A3	中央级媒体	新媒体编辑/记者	D2	商业性媒体	记　者
A4	中央级媒体	新媒体编辑/记者	E1	都市报	记　者
B1	中央级媒体	新媒体编辑	F1	省市级媒体	新媒体编辑/记者
B2	中央级媒体	记　者	G1	都市报	记　者
B3	中央级媒体	新媒体编辑	H1	省市级媒体	新媒体编辑

① 本文以"媒体代号＋受访者编号"的形式指代访谈对象。英文字母代表受访者的工作单位，同一字母代表同一个工作单位，英文字母后的数字为受访者编号。

本文采用半结构的访谈法，主要以我国专业媒体中的新媒体记者与编辑为访谈对象。首先，本文根据研究目的选择受访者，注重他们在工作职位、工作年限、工作单位等方面的差异。随后，本研究采用"滚雪球"抽样的方式，通过局内人寻找消息灵通的人士，直到收集的信息达到饱和为止（陈向明，2000：103）。本研究的访谈工作于 2020 年 1 月至 4 月进行，共有 14 位从事新媒体新闻工作的人员以面谈或电话的形式接受访问，时长均在 40 分钟以上。他们之中的一部分人是新媒体编辑，参与微信、微博、新闻客户端平台中的新闻工作，一部分人是为"两微一端"供稿的记者，还有一部分人身兼新媒体编辑和记者的双重职责。

一、新媒体界面中的可见性：对于用户评论的呈现

新媒体后台中源源不断的用户评论不可能都被新媒体新闻从业者看到并呈现给读者。一般而言，用户评论有其"生命周期"，评论的数量在新闻发布之后 2～3 个小时内快速增长，随后增速放缓并停滞。而新媒体新闻工作者往往是在这段时间内展开关于用户评论的工作。不过他们也表示，"我们放两三百条（微博）精选评论，后面的评论就不管了"（B1）。"放出几条（微信推送中的用户评论），有个气氛就行了"（A1）。至于哪些评论被展现出来，其中不乏偶然性因素，同时也是新媒体新闻从业者根据组织要求和个人喜好筛选的结果。

用户评论与新闻报道立场一致时，其被新媒体新闻从业者选中的可能性更高，也相应具有更高的可见性。政治立场一致是最基本和最根本的要求。一些新媒体建立了用户"黑名单"。那些发表不当言论的用户是不会在评论区被看见的。即使他们此后转变立场，发表的言论有道理，仍然几乎不可能被选中呈现出来。立场一致更具体的表现是用户"点赞"新闻人物的事迹、观点、精神，评论内容传达出积极乐观、充满希望等正面情绪。新媒体新闻从业者针对此类用户评论选择性呈现，相当于媒体对于用户的二次议程设置，新闻报道中的立场和观点被再次强化。

　　"有趣"和"有料"的用户评论同样受到新媒体新闻从业者的青睐，此类内容在评论区也有更高的可见性。"有趣"意味着用户的言论是幽默的，能够让读者会心一笑。"有料"意味着用户评论是新闻报道的事实补充，为新闻报道提供更多注脚。当然，新媒体新闻从业者让此类用户评论更具可见性不无道理。当新闻由单向信息发布转化为双向信息互动时，公开的评论区域也开始出现有价值的观点和有趣的内容，并形成了讨论的氛围，而对于此类内容的合理利用可以吸引更多流量。如受访者 A4 所言："每个人看到（评论）的时间点是不一样的，把那些先涌进来的评论先放一下，大家看完之后就更有互动的欲望，说不定还会因此转发。"

　　用户评论的可见性还需要结合发言者的个人身份来理解。在一些媒体中，新媒体新闻从业者筛选出的用户评论并非来自广义上的读者，而是来自他们的同事和朋友，这已成为新媒体新闻从业者之间公开的秘密。同事、朋友发表评论的立场和内容在一定程度上更加"安全"，同时他们也可以根据新媒体新闻从业者的要求发表指定的内容。

　　新媒体新闻从业者通过回复用户评论等方式与用户互动的可见性并不高。通过访谈发现，这是新媒体新闻从业者出于职业安全的考虑。"回复（用户评论）其实很难拿捏尺度，本来读者说得挺好的了，万一回复歪了怎么办？到时候领导打电话让删评论，我们也不想太过殚精竭虑。"（A3）偶尔出现的与用户互动的行为背后是新媒体新闻从业者对于媒体品牌和媒体形象的考虑。此时，新媒体编辑个人的行为成为组织行为的代表，互动性的媒体特征便在新媒体新闻从业者的一时之举中建构起来。

　　归纳而言，用户评论在新媒体界面中呈现出有限数量可见、特定内容可见、特定发言者可见、有限互动可见的特征。新媒体新闻从业者浏览、筛选、回复用户评论成为一种简单的机械性工作，仿佛工厂流水化作业中的一环，他们不愿投入过多时间。他们认为新闻报道发布后就已经完成了工作，并且也为读者提供了评论反馈的空间（Hanusch & Tandoc, 2019）。需要指出的是，新媒体新闻从业者也会根据新闻话题的不同调整浏览用户评论的时长。社会新闻由于和用户生活息息相关，并且话题专业性较低，往往会有更多用户评论，而"财经新闻、科技新闻这些话题，没有一定的专业度是写不出评论的，数量自然比较少"（A2），新媒体新闻从业者就会减少浏览相关用户评论的时间。更常见的情况是，"如果不是很重磅的稿子，我们也不太关注评论是怎样的"（E1），但"如果这个稿子影响力比较大，自己也比较关注它后续动态的话，还是会去看（用户评论）的"（B2）。可见，在很大程度上，新媒体新闻从业者仍然将注意力放在新闻报道中，用户评论是对新闻报道的锦上添花。

以上现象说明，新闻场域中的文化资本潜移默化地控制着新媒体新闻从业者对于用户评论的筛选以及与用户的互动行为。社交媒体环境下，用户评论的存在挑战了新闻场域中的表层文化资本（如新闻工作流程和新闻产品样态处于不断变化之中），然而文化资本中更为深层的、内嵌在新媒体新闻从业者之中的职业理念，使他们在一定程度上抵触关于用户评论的工作。新闻从业者对于用户参与新闻生产普遍抱有冷淡而谨慎的态度，这是因为传统新闻业的专业文化有其强烈的惰性，阻止了那些不符合新闻生产标准化的观念和实践（Domingo，2008）。因此，当用户评论的存在打破了新闻从业者稳定的工作流程，内化的文化资本则驱使他们在这一变化的环境中重新回到稳定的状态，尽量降低关于用户评论相关工作中的不可控性，重新树立其在社交媒体环境下的职业权威。

二、传播者认知中的可见性：对于用户评论的态度

新媒体新闻从业者认为用户评论存在"先天不足"，对于用户评论形成了负面为主的认知。年轻的新闻从业者对用户评论的态度比年长的记者更加消极。实际上，新闻从业者对于用户评论的负面感知由来已久。早在Web 2.0时代，这一问题就已困扰外国新闻网站的编辑，路透社等一些新闻机构也因用户评论的质量堪忧而关闭他们新闻网站的评论区。社交媒体时代，新媒体新闻从业者对于用户评论的负面感知更加强烈。

第一，新闻从业者发现用户评论的内容同质化严重。一是情绪和观点

的一致性，即用户评论大都赞成文中的内容；二是论据的一致性，即部分用户只是将文中的内容复制在评论区，表示对文中观点的强调。对新媒体新闻从业者而言，一方面，他们认为用户评论的这一特征反映了用户对于媒体的认可和信任，因为有研究发现，新闻用户对媒体的信任度越高，他们发表用户评论时的立场与新闻报道的立场越相似（Kunst，2021）；另一方面，他们也认为浏览重复的用户评论是一件浪费时间的事情。

第二，新闻从业者发现用户评论大都仅仅在表达个人情绪。评论区成为个人表达喜欢抑或不喜欢的场所，发表评论成为用户发泄情绪的方式。"他们根本不在乎（新闻报道）到底写了什么，只需要把情绪表达出来就行了。"（A1）实际上，不仅是在新闻报道的用户评论中，整个社交媒体中用户评论的负面情绪都比较普遍，尤其是较少发表用户评论的人更倾向于发表消极内容（党明辉，2017）。他们对解释新闻报道没有多少帮助，反而分散了读者的注意力，导致其他读者的回应与新闻报道不相关（Paskin，2010）。也有研究表明，仅仅是用户评论的存在就会降低用户对文章质量的感知，因为它似乎在向用户传递这篇新闻报道可能存在缺陷的信号（Prochazka，Weber & Schweiger，2018）。

第三，新媒体新闻从业者发现用户评论中包含对于作者人身攻击类的内容。这一现象引起新闻从业者的反感和气愤，他们将这部分用户视为"无脑""浅薄""没有理智"的人，由于"懒得添堵"、感到"无语"，因而选择忽视这些内容的存在。此类不文明的内容在社交媒体中并不罕见。有学者对300篇文章中的6400条评论进行内容分析发现，大约五分之一的用户评论包含不文明内容（Coe，Kenski & Rains，2014），并且如果最初的几条用户评论包含不文明的内容，那后续将会有更多类似的评论，从而营造出不文明的讨论氛围。用户言语中的"恶意"让新闻从业者感到沮丧，使他们逃避阅读用户评论（Robinson，2010）。

由此，一个矛盾的现象产生了。在公开场合，媒体的代表对用户参与、用户评论、用户互动表现出积极乐观的态度；然而在新媒体编辑部内部，从业者却对用户评论表现出消极的态度。也就是说，新媒体编辑部和其中的从业者针对用户评论和用户参与形成了对外对内两套话语，对外在姿态上表现出拥抱用户、迎接变革，对内却是抵触用户、延续传统。

在公开话语中，媒体频繁强调用户的重要性、用户思维、与用户互动等，营造了媒体机构对于用户的重视感。这早已是媒体和新闻从业者一以贯之的策略。策略是行动者在场域实践中的产物，是对特别的、由历史性决定了的"游戏"的感觉，策略使行动者按照规则进行"游戏"，确信自己站在对的一边，同时也按照自己的利益行事（布尔迪厄，1997：62）。在具体实践中，媒体机构和新闻从业者在报纸的"黄金年代"就不断在公开话语中强调读者来信的重要性，并且在报纸中开设了读者来信专栏、开设了读者爆料热线。数字化环境下，这一话语方式得到了延续。尤其是媒体机构中的高层领导更喜欢强调用户的重要性（Kristensen，2021）。究其原因，受访者 E1 讲道，在公开场合强调用户的重要性是树立媒体形象的方式，可以"讨好"用户以及为媒体换取更大的生存空间。美国学者对于纽约时报的田野观察同样发现，其中的一些领导认为用户除了能让公司赚到钱外别无他用（尼基·阿瑟，2019：238-239）。可见，在公开话语中强调用户的作用是树立媒体品牌的策略，也是一种在注意力成为稀缺资源的数字化环境下对于用户数量的争夺，它更具有商业性意涵。

在编辑部的内部话语中，对于用户评论的负面态度延续着传统媒体时代受众在新闻生产中的不可见性。20 世纪 70 年代，甘斯曾经发现新闻从业者在工作中拒绝阅读以读者来信为代表的受众反馈，同时媒体内部也拒绝研究新闻受众，受众在媒体内部处于相对边缘的位置，他们不愿意接受任何质疑其新闻判断与专业自主性的程序，认为读者来信中的内容是可预测的，且来信的读者并不能代表广泛的受众（赫伯特·甘斯，2009：294-297）。可见，尽管新闻生产的目标是为了大众，但新闻业并不重视受众，新闻生产者处于这一非对称关系的主导地位，"我写你读"就是对这种关系的形象描述（白红义，2019）。以上传统观念延续到数字化环境下，无论是组织文化还是职业意识，都限制着用户在新闻生产过程中的参与程度。

整体而言，用户评论在新媒体新闻场域中是一种话语可见和姿态可见，其无法掩盖这一场域本身的传统性和稳定性。因为在文化资本的影响下，以媒体为中心的职业理念仍然主导着新媒体新闻从业者的认知实践，对于用户评论的外部话语是当今社交化、平台化的新闻环境下的产物，目的是缓解文化资本降低和新闻生产权威消解的担忧。

三、事实再建构中的可见性：对于用户评论的使用

新闻生产是在建构现实，而非描述现实的画面，其抵达或者建构事实的过程牵涉各种力量错综交织的运作（盖伊·塔克曼，2022：18）。用户作为其中的一种力量，其发表的言论可能会影响某则新闻的后续报道，也可能在一定程度上影响未来的新闻选择，即对于事实的再建构。研究发现，用户评论被纳入传统的新闻生产工作中，处于一种"流程可见"的状态，但用户评论在新闻从业者对于事实再建构中却是有限可见的，其尚未实质性地改变主流媒体的新闻选择标准，反倒成为新闻从业者捍卫文化资本的工具。

（一）寻找新闻线索

新闻编辑部将用户评论视为寻找新闻线索的渠道。新闻线索是新闻生产的起点，通过用户寻找新闻线索是媒体的传统。这既体现在纸媒时代中新闻从业者通过读者来信、热线电话等寻找新闻线索，也体现在数字化时代中新媒体新闻从业者从各类行动主体在社交媒体的发言中寻找新闻线索。2000 年时就有新闻从业者主动聚合新闻网站中的用户评论，他们将涉及新闻线索的评论内容视为最有价值的用户评论之一（Robinson，2010）。与之类似，受访者 F1 表示他所在的媒体要求他们发现用户评论中的新闻线索后，按照时间、来源、摘要、联系人的固定格式整理上报，最终由领导确定是否跟进该线索。可见，新闻生产者与新闻用户之间互为产销者，他们形成了一种循环互惠的关系——编辑、记者生产新闻，用户通过发表评论的方式完成对于该新闻的再生产，随后这些评论被编辑、记者关注。

用户以一种间接的方式参与到新闻工作中，且当新闻从业者对用户评论影响力的感知越强，越倾向于使用社交媒体中的内容（张志安，曹艳辉，2017）。

不过，从海量的用户评论中打捞有价值的新闻线索并非易事。原因之一是用户评论大都"就事论事"，新媒体新闻从业者很难发现特定话题之外的内容。即使他们发现用户针对一个新闻事件提出了新角度和新观点，新媒体新闻从业者也会出于避免新闻同质化而放弃对这一新闻的再次报道。原因之二是新媒体新闻从业者需要投入一定时间和精力阅读用户评论，随后还要进一步跟踪和判断，但最终该新闻线索很可能有始无终。这也就意味着，通过用户评论寻找新闻线索不仅效率较低，而且不确定性较高。这拉长了新媒体新闻从业者的工作流程、延长了他们的工作时间。此类工作方式很可能使他们在非工作时间仍然"浸入"在社交媒体中，延续他们"随时在线、全天候工作"的职业文化，加剧他们的倦怠感（张铮，陈雪薇，邓妍方，2021）。

对新媒体新闻从业者而言，更普遍的寻找新闻线索的方式有两种：一是延续传统媒体时代的消息源常规。彼时，记者通过政府官员等获取新闻线索。类似地，正如受访者 A4、D1 表示，浏览各政府部门的网站并从中发现新闻选题是他们的日常工作。二是基于社交媒体发展出固定消息源。当信息量的暴增超出记者浏览、处理的限度时，社交化定制为记者提供了可行的信息过滤方案，微信朋友圈等成为他们的选题来源（周睿鸣，2020）。

由此可见，由于用户评论的客观性不足以及新闻从业者长期的职业习惯，用户评论仅能在一定程度上发挥新闻线索的作用，其在新闻选择工作中的可见性是比较有限的。更进一步讲，新媒体新闻从业者在新闻生产中的主体性并未因用户的介入而丧失，他们延续着传统的新闻价值判断标准，仍然在相当程度上发挥着新闻把关人的作用，掌握着确定什么选题、报道什么内容的权力。这也就是说，即使新闻从业者处于新媒体场域，他们的判断理念和日常实践仍然在很大程度上延续着传统新闻场域中文化资本的控制逻辑。即使新闻生产环节因用户评论的介入增添了新的动态特征并发生了适应性的调整，但其职业理念仍然是原有结构下的延续。新闻生产的面貌看似一直处于变革之中，然而其内核仍然处于相对稳定的状态。

（二）反思新闻工作

在新媒体新闻场域中，有价值的用户评论相当于新媒体新闻从业者反思新闻报道的"镜子"。不过，他们仍然基于传统新闻业的操作规范反思新闻生产工作，内化的传统职业理念主导着他们在反思个人工作时对于用户评论的参考和使用。

首先，新媒体新闻从业者根据用户评论反思对新闻事实的表述。通过用户评论，新闻从业者能够及时得知新闻报道中的事实性错误，如新闻报道涉及的数字、时间、地点，错别字等。受访者 H1 表示："出错是很严重的事情，如果在重要人物报道中发现一两个字的小错误，那这些错误将抵消那些亮眼的传播数据。"浏览用户评论的过程也是为自己纠错的过程，这是对新媒体新闻从业者自身的职业保护。

其次，新媒体新闻从业者根据用户评论反思新闻报道的客观性以及对新闻事实分析的全面性。客观性是新闻业古老的职业守则，强调不偏不倚、事实与观点的分离。数字化环境下，客观性被介入性、建设性等改造，新媒体新闻从业者开始表达他们的是非判断（杨奇光，2021）。这一行为看似打破了新闻客观性的要求，然而新媒体新闻从业者又会潜移默化地使用是否中立、客观、公允的标准反思其所表达的内容。如受访者 D2 曾撰写过一则北京职高招不满学生的新闻，表达了职业教育不如普通教育的观点，而用户评论则提出职业教育和普通教育其实是两条路，两者不存在优劣之分。受访者 D2 事后反思道："（该条评论）给我打开了一个思路……我是带着偏见写这个文章，后来再思考这些问题的时候就换了一个方向，从提高教育质量方面考虑……"

最后，新媒体新闻从业者根据用户评论反思新闻报道的写作框架。分析解释是新闻从业者心中重要的媒体功能之一。通过用户评论，新媒体新闻从业者评估自己对于新闻事件的解释水平，并希望通过改变写作框架的方式对其有所提升。"之前我写关于南极的稿子，有网友问我是不是跟旅行社联手了……后来想一想，我应该把保护南极的那部分再突出一点……网友说的（内容）真的会让你思考自己的写法。"（A1）可见，新媒体新闻从业者可以通过浏览有实质价值的用户评论，了解用户对新闻报道感兴趣的关键点，同时也能够发现新闻报道中缺少的内容，进而反思新闻框架，将经验教训运用于日后的新闻写作中，提高对于新闻事件的阐释水平。

归纳来看，有价值的用户评论虽然数量少，但是可以发挥"反哺"新媒体新闻从业者的作用。尤其是当用户具有一定媒介素养或是某一领域的专业人士时，他们掌握的事实与知识居于新闻从业者之上。他们对于新闻事实的补充、对于观点的探讨与反驳、对于文章的建议，能够在一定程度上优化新媒体新闻从业者的新闻业务水平与知识结构。因而有受访者表示会将此类内容截图并记录在电脑里。此外，本研究还发现付费阅读的模式实现了对用户的筛选，付费用户更倾向于认真阅读新闻报道，发表的评论也更具价值，这使付费媒体的新闻从业者更愿意浏览用户评论。

综合以上内容可以发现，用户评论介入新闻生产后无法从根本上动摇新闻场域的资本分布，文化资本仍然处于主导地位。理论上讲，用户代表着一种经济资本，这种市场力量会导致一些新闻机构对其文化资本做出妥协和牺牲（Craft & Vos，2016）。然而在实践中，新闻从业者对于用户的负面认知早已被内化为他们自身的职业理念，这些理念镶嵌在新媒体新闻从业者的实践之中并使他们形成了相对稳定和持久的性情。因此，在具有排他性职业意识形态的新闻生产中，用户生产的内容与专业新闻生产无法完全通融，用户难以真正成为职业共同体的一员（张志安，束开荣，2015）。用户在新闻生产中的部分可见只是新闻机构为了应对新媒体的挑战而进行的权力让渡，其一方面维护了媒体的职业权威，另一方面重申了他们更为隐蔽的控制力，即新闻选择的核心环节仍然处于由新闻从业者掌控的"深后台"中（王斌，李岸东，2018）。即使在强调参与性和互动性的新媒体新闻平台，用户依然在一定程度上被视为"局外人"。专业新闻记

者作为把关人仍然牢牢地掌控着新闻生产的绝大多数权力（白红义，
2018）。

四、讨论：传受关系的再审视

　　本文考察了用户评论在新媒体新闻实践工作中的可见性。新媒体新闻
从业者对于用户评论可见性的管理，反映出他们基于用户评论形成了一套
为我所用的策略，目的是维护文化资本、延续职业权威。整体而言，新媒
体新闻从业者对于用户评论的实践与态度体现出矛盾性。第一个矛盾是，
新媒体新闻从业者因用户评论的存在而更新了工作流程与生产常规，然而
他们却在访谈中普遍表达出对于用户评论的消极态度。第二个矛盾是，新
媒体新闻从业者并未因用户评论的存在而改变新闻选择的标准，然而他们
却在公开话语中频繁表达对于用户评论与用户参与的欢迎。以上"言行不
一"的深层逻辑是，用户评论的可见是场域文化资本主导下的有限可见，
基于用户评论的公开话语和实践是新媒体新闻从业者维护场域文化资本与
新闻权威的方式。

　　本文对用户评论可见性讨论的目的是进一步观察新闻业中传受双方的
权力关系。在传统的专业化新闻生产中，受限于接触与了解用户的渠道有
限，记者、编辑的新闻生产工作大多依据个人直觉和领导喜好展开，由此
也形成了新闻从业者认为用户并不那么重要的心态。新媒体环境下，新闻
业早已从技术上突破了对于用户的认知局限，然而，新媒体新闻从业者对
用户的认识仍然尚未超脱传统新闻业对于受众的消极态度。基于用户评论
进行的可见性管理只是专业媒体机构努力适应如今"用户为中心"传播生
态的姿态性尝试。媒体在一定程度上回应了用户关切的议题，用户和记者
也在一定程度上建立了互动关系，这看似是用户对传统新闻生产权威的挑
战，是一种传受关系的重构，但是在根本上，即使是在非媒体核心工作的
用户评论区域，新闻从业者仍然是主导者。这也表明，新媒体新闻从业者
与新闻用户在平等合作中进行新闻生产难以在现实中实现，将用户评论区

打造成一个具有互动性质的区域，以及期待它在新闻生产中发挥作用只是美好的想象。更进一步讲，新闻从业者维护专业控制和公众要求开放参与之间的张力持续存在（Lewis，2012）。在本研究中，这体现在对于用户评论的可见性管理，进一步强化了传者的控制力和受众的被动性，而看似开放的背后实则是以一种以退为进的方式维护新闻业的职业权威和文化资本。

此外，讨论用户评论与新闻生产以及由此反思传受关系不应脱离中国语境。新闻业是与历史传统、社会体制、文化心理密切嵌入的行业，因此即使是探讨同一议题，它在不同情境、不同国别都具有一定的异质性。在我国语境下，新闻从业者普遍是拥有"工作单位的人"，他们常常承担着客观新闻报道和党政宣传的双重角色，他们关于用户的态度和行为与所属的新闻机构有着相当的一致性（Tong，2015）。即使在强调"用户思维""用户导向"的新媒体新闻场域，既定的新闻职业理念也指导着新媒体新闻从业者涉及用户的工作实践。从一定意义上讲，用户的可见性与新闻业的开放性成为一体两面的存在。在特定议题及特定传播情境下，用户与专业媒体的整体关系有显著调整。例如在新冠疫情中，用户从客体变为主体，从边缘走向中心，创造了"全世界都在说"的开放式新闻流，打破了专业媒体控制的结构化的新闻场域（刘鹏，2020）。此时用户在专业媒体工作场景中的可见性有所变化，细究哪些地方更可见、哪些地方依旧难见，并与新闻职业权威和新闻业开放性联系起来分析，是值得进一步探讨的问题。■

参考文献

白红义（2018）。重新审视新闻业与公众的关系。《青年记者》，(6)，20-22。

白红义（2019）。点击改变新闻业？——受众分析技术的采纳、使用与意涵。《南京社会科学》，(6)，99-108。

布尔迪厄，华康德（2020）。《反思社会学导引》（李猛，李康译）。北京：商务印书馆。

陈向明（2000）。《质的研究方法与社会科学研究》。北京：教育科学出版社。

党明辉（2017）。公共舆论中负面情绪化表达的框架效应——基于在线新闻跟帖评论的计算机辅助内容分析。《新闻与传播研究》，(4)，41-63 + 127。

盖伊·塔克曼（2022）。《做新闻——现实的社会建构》（李红涛译）。北京：中国人民大学出版社。

赫伯特·甘斯（2009）。《什么在决定新闻——对 CBS 晚间新闻、NBC 夜间新闻、〈新闻周刊〉及〈时代〉周刊的研究》（石琳，李红涛译）。北京：北京大学出版社。

姜红，龙晓旭（2022）。在"可见"与"不可见"之间：微信运动中的个体生活与数字交往。《现代出版》，（3），11-20。

刘鹏（2020）。"全世界都在说"：新冠疫情中的用户新闻生产研究。《国际新闻界》，（9），62-84。

罗德尼·本森、艾瑞克·内维尔（2017）。《布尔迪厄与新闻场域》（张斌译）。杭州：浙江大学出版社。

尼基·阿瑟（2019）。《〈纽约时报〉是怎么做新闻的》（徐芳芳译）。上海：上海译文出版社。

皮埃尔·布尔迪厄（1997）。《布尔迪厄访谈录：文化资本与社会炼金术》（包亚明译）。上海：人民出版社。

王斌，李岸东（2018）。隐蔽的"深后台"：开放式新闻生产中的传受关系——以《中国青年》对卓伟的报道为个案。《国际新闻界》，（4），144-161。

闫岩（2015）。人云亦云：在线评论对负面新闻感知的影响。《国际新闻界》，（3），52-66。

杨奇光（2021）。技术可供性"改造"客观性：数字新闻学的话语重构。《南京社会科学》，（5），118-127。

张小强，张萍，刘志杰（2019）。用户评论与替代性公共领域——我国网络用户参与新闻阐释的特征与效果。《新闻记者》，（12），13-26。

张铮，陈雪薇，邓妍方（2021）。从浸入到侵入，从待命到疲倦：媒体从业者非工作时间社交媒体使用与工作倦怠的关系研究。《国际新闻界》，（3），160-176。

张志安，曹艳辉（2017）。新闻从业者的社会控制感知及影响因素研究。《当代传播》，（3），4-9。

张志安，束开荣（2015）。新媒体与新闻生产研究：语境、范式与问题。《新闻记者》，（12），29-37。

周葆华（2022）。算法、可见性与注意力分配：智能时代舆论基础逻辑的历史转换。《西南民族大学学报（人文社会科学版）》，（1），143-152。

周睿鸣（2020）。锚定常规："转型"与新闻创新的时间性。《新闻记者》，（2），21-31。

Barnes, R. (2015). Understanding the affective investment produced through commenting on Australian alternative journalism website New Matilda. New Media & Society, 17(5), 810-826.

Brighenti, A. (2007). Visibility: A category for the social sciences. Current sociology, 55(3), 323-342.

Coe, K., Kenski, K., & Rains, S. A. (2014). Online and uncivil? Patterns and determinants of incivility in newspaper website comments. Journal of Communication, 64(4), 658-679.

Craft, S., Vos, T. P., & David Wolfgang, J. (2016). Reader comments as press criticism: Implications for the journalistic field. Journalism, 17(6), 677-693.

Domingo, D. (2008). Interactivity in the daily routines of online newsrooms: Dealing with an uncomfortable myth. Journal of computer-mediated communication, 13(3), 680-704.

Hanusch, F., & Tandoc Jr, E. C. (2019). Comments, analytics, and social media: The impact of audience feedback on journalists' market orientation. Journalism, 20(6), 695-713.

Kristensen, L. M. (2021). Audience Metrics: Operationalizing News Value for the Digital Newsroom. Journalism Practice, 1-18.

Ksiazek, T. B. (2018). Commenting on the news: Explaining the degree and quality of user comments on news websites. Journalism studies, 19(5), 650-673.

Kunst, M. (2021). Assessments of user comments with "alt ernative views" as a function of media trust. Journal of Media Psychology. 33(3), 134-144.

Lee, E. J. (2012). That's not the way it is: How user-generated comments on the news affect perceived media bias. Journal of Computer-Mediated Communication, 18(1), 32-45.

Lee, E. J., & Tandoc Jr, E. C. (2017). When news meets the audience: How audience feedback online affects news production and consumption. Human communication research, 43(4), 436-449.

Lewis, S. C. (2012). The tension between professional control and open participation: Journalism and its boundaries. Information, communication & society, 15(6), 836-866.

Paskin, D. (2010). Say what? An analysis of reader comments in bestselling American newspapers. Journal of International Communication, 16(2), 67-83.

Peacock, C., & Van Duyn, E. (2021). Monitoring and correcting: why women read and men comment online. Information, Communication & Society, 1-16.

Picone, I., Courtois, C., & Paulussen, S. (2015). When news is everywhere: Understanding participation, cross-mediality and mobility in journalism from a radical user perspective. Journalism practice, 9(1), 35-49.

Prochazka, F., Weber, P., & Schweiger, W. (2018). Effects of civility and reasoning in user comments on perceived journalistic quality. Journalism studies, 19(1), 62-78.

Robinson, S. (2010). Traditionalists vs. convergers: Textual privilege, boundary work, and the journalist—Audience relationship in the commenting policies of online news sites. Convergence, 16(1), 125-143.

Tong, J. (2015). Chinese journalists' views of user-generated content producers and journalism: a case study of the boundary work of journalism. Asian Journal of Communication, 25(6), 600-616.

作者手记

笔者近10年来主要在做一件事：系统性地重思和迭代新闻学知识。这是由于新闻学教学中产生的实际困惑所推动的行动。目前的新闻学尚未能充分关注和解释数字环境下的诸多新闻现象，新闻理论的时代性不足，大家不感兴趣，也觉得没用。因为我们的新闻理论是一个较为杂糅的知识体系，一方面，在经验基础上，它是以延安时期的党报实践为核心进行理论抽象而形成的基本面貌，尽管新闻传播活动从那时起到现在已经在介质、语态、议题、效果等多方面发生了演化，但是这些实践活动在新闻学理论知识中鲜有探讨，更没有借此去推动新闻理论自身的反思和更新；另一方面，在规范诉求层面，新闻理论又借鉴了不少国外的理论命题，许多基础而重要的理论问题还缺乏充实的内核，比如在中国社会中新闻与政治体制的关系、新闻与社会发展的关系、新闻与公众参与的关系、新闻与社会治理的关系，似乎人们说过很多，也有一些援引国外的概念例如"公共空间"和一些基于本土情况进行的实证研究结论，但整体上来看讨论是分散的，对这些基础命题的最基本、最明确的理论观点是什么，仍然语焉不详。

在这种背景下，开展新闻教学和科研显然不能在本身杂糅的知识体系中再去搅和，那样恐怕是徒增过度阐释，对厘清基本面难有增益。笔者认为可以从两方面入手去锚定一些东西。第一条路径是从基本概念和基本问题入手，对其内涵的变与不变展开询问，廓清那些朦胧模糊的表述，回答同学阅读教材以后的疑惑，诸如"新闻价值"到底是什么，是从业者和媒体建构的一套标准，还是新闻事件本身蕴含的"素质"，抑或是在传播过程中增值出来的"话语"？这几种看法哪个更准确，彼此是什么关系？"标准说"是在什么社会环境和技术条件下成立或者被强调的，当下从"标准说"出发理解新闻价值，会遇到哪些理论上和（或）实践上的矛盾？"素质说"和"话语说"也可以做类似的理论挖掘。

第二条路径是从新闻传播现实入手，搞清楚当下的实际情况到底是什么样的，在不同媒体、不同人群、不同议题中的表现有何差异，以此寻求进一步分析新闻传播的现实基准。当然，为了提高沟通效率和深入理解，不能止步于原生态地粗描现实，就像目前新闻业编辑部的数字化转型，如果得来一大堆 A 采用了什么技术、B 怎么做推送、C 如何考核人员和评价产品等事实，并不意味着对新闻传播现实有了把握。在采集到原始材料以后，还需要考虑用什么已有的概念可以描述这些现象，或者需要引入什么新概念来解释，以便为人们提供"点亮"深入理解现实的"烛光"。例如新闻生产的资源有限性和社会事实的无限性之间存在张力，所以媒体要通过一定的"套路"来框定社会现实，这也就是"常规"得以存在的基本前提。数字变革开始以后，常规有没有变，变了的部分是实质性变化还是仪式性变化，有哪些新因素在影响常规的形态，新的常规产生的影响还像以往的常规一样吗？

　　本文主要采取的是第二条路径，即锚定新闻编辑部新闻常规的现况，考察的切入点是新媒体用户数据这个新因素（在本文中具体体现为数字新闻的用户评论）。我们希望首先提供新闻编辑部面对用户数据的一种现实情况，同时也能对此提供一定的理论分析，只不过在分析时引入了场域理论中有关"资本"的学说，试图拓宽对于常规问题的理解维度。之所以这样做，一方面是系统性排查和更新新闻学知识的动力使然，新闻常规是一个新闻实践和新闻理论中的关键问题，我们必须知道目前这一问题的新内涵，这方面已经有不少研究者都在推动，本文提供的只是一个小角度之下的呈现；另一方面是对研究及写作方式的考虑，纯理论性和纯经验性的论文都各有利弊，我们期望至少能提供经验事实，即使读者朋友对于本文的理论分析是否合理有不同判断，但仍可以积累大家对于现实认知的共识。否则，学术研究为了新而新，对话和共享不足，你讲一个新故事我讲一个新故事，故事很多但难以通约，大家投入很多时间精力后，依然在重复着前述"杂糅知识体系"的生产，后来者更加看不清新闻学的骨架和面目。

　　在这样的指导思想下，具体到本文的关注点，还经过了一个确认与发掘的过程。新闻生产是一个相对宽泛的概念，而每一项研究都是面对有限时空、完成有限任务的"局部之作"。我们主要关注新闻生产的哪个环节？当笔者锁定新闻选择与事实再建构后，游移不定的问题便迎刃而解。我们将核心的理论概念缩小到文化资本。文化资本包含诸如教育证书、一般知识、技术知识、语言能力、艺术感悟力等，而新闻选择及该行为背后的职业理念正是文化资本在新闻场域的体现。确定了理论视角后，访谈文本的分析工作并非一帆风顺，那些超出核心理论概念的编码维度让我们仍感手足无措。我们再度回到文献，当时学界对"可见性"较为集中的讨论给了我们启发。可见性意味着事物背后的权力关系，而新闻选择刚好符合可见性的逻辑。由此，用户评论与新闻选择这一话题和文化资本、可见性这两个理论概念勾连到了一起，笔者以用户评论的可见性为分析框架、以新闻从业者文化资本的再生产为内在线索，论文的整体结构与文末讨论的观点也就水到渠成了。

协作是新闻业的未来吗

——对跨组织新闻协作的元新闻话语分析

■ 刘天宇 罗 昊

【本文提要】本文聚焦跨组织新闻协作这一关系类型，并将围绕此话题所展开的专家言说视作跨组织新闻协作的元新闻话语集合。通过分析 74 篇相关英文文献，本文考察了专业研究者和实践者对"跨组织新闻协作"行动的阐释。研究发现：跨组织新闻协作被专家阐释为一种解决新闻业不确定性危机的创新方案，并被认为挑战了传统新闻业的竞争文化。数字时代跨组织新闻协作的参与主体呈现出多元化特征，并依据议题属性、时间跨度、空间关系的差异生成了多种协作模式，而新闻行动者在协作过程中的自我调适将影响到协作实践的顺利进行。本文进而讨论了跨组织新闻协作对于新闻创新及数字新闻生态的意义，并建议研究者对"跨组织新闻协作"的实践潜能予以更多关注。

新闻业正面临着巨大不确定性：一方面，新技术愈加直接地介入新闻生产环节，并不断革新、颠覆着旧有新闻生产的组织模式；另一方面，多元行动者的入场也对大众传媒时代新闻行动者之间的身份边界构成挑战。在此背景下，新闻行动者采取了一系列创新实践行动，以应对这种不确定性挑战（王辰瑶，2020），其中一种重要的创新实践就是跨组织新闻行动者的协作（Slot，2021）。

本文聚焦跨组织新闻协作这一关系类型，并将围绕此话题所展开的专家言说视作跨组织新闻协作的元新闻话语集合。通过分析 74 篇相关英文文献，本文考察了专业研究者和实践者对"跨组织新闻协作"行动的阐释，并进一步讨论了跨组织新闻协作对于新闻创新及数字新闻生态的意义。

一、问题的提出：作为元新闻话语的跨组织新闻协作述说

数字时代新闻领域至少生成了三种新闻行动主体之间的协作关系。第一种是新闻组织内部跨职能部门的分工协作。研究者发现新闻机构正在采用"促进各部门行动者协调日常新闻工作惯例"的做法（Westlund & Ekstrom，2020），这反映了数字背景下新闻组织内部传统制度、组织逻辑与生产流程的重塑过程（Drew & Thomas，2018）。第二种是媒体机构与积极的数字新闻用户之间的协作。这种关系模式的前提是，受数字媒体和互联网的影响，新闻生产者和消费者的身份边界被逐渐打破，大众因此获得了制作和传播包括新闻在内的各种文化产品的能力（McIntosh，2008）。第三种，也是本文关注的协作关系，则是跨组织新闻协作，指两个或两个以上新闻和信息组织之间正式或非正式的协作，旨在补充每个组织的资源并最大限度地发挥所生产内容的影响（Stonbely，2017）。与前面两种协作关系不同，跨组织新闻协作不仅具有生产者导向，而且强调协作发生的外部性，它能更鲜明地体现出新闻生产组织主动创新的意愿。

当然，新闻业的跨组织协作并不是一件新鲜事。早在 1848 年，纽约市的六家报纸就成立了一个联合采访部，以及时报道美墨战争，这成为世界上第一家通讯社美联社的雏形，也是新闻业最早的协作实践之一（Konieczna，2020）。事实上，新闻业自诞生起即存在着竞争与协作两种关系，只不过 20 世纪新闻业的专业性逻辑和经济逻辑使得前者比后者更为突出（Graves & Konieczna，2015）。彼时，跨组织新闻协作主要体现在不同媒体的条线新闻生产（beat news）中。报道同一条线的不同媒体的记者依赖非正式的"默契"或正式的协作安排，在条线报道中共享资源、平衡竞争（Breed，1952；Crouse，1973）。来自不同媒体组织的记者时常会分

享笔记、交换线索，记者之间互相依赖，"即使他们很少承认这一点"（Graves & Konieczna，2015）。

　　而互联网的普及与数字技术的发展给新闻领域带来了深刻的结构性变化，也给跨组织新闻协作带来了新的可能性。学者马丁内斯·德拉塞尔纳（Martínez de la Serna）梳理了数字技术驱动下西方新闻业协作形式扩散的四个主要阶段：（1）20世纪90年代中期，新闻媒体开始数字化转型，新闻机构在发展新的新闻制作模式的过程中开始引入新文化、工具和协作生产模式；（2）21世纪初开始，"融合"成为新闻业的"主旋律"，传统媒体开始了广泛的内部协作，并积极同其他媒体机构、公众展开协作；（3）到2010年左右，不同组织和个人联合进行的调查性报道重新激发了协作精神，基于此，一种新的"看门狗"（watchdog）模式发展起来；（4）进入协作的"新时代"后，一系列协作战略正在得到巩固、更新和发展（Martínez de la Serna，2018）。这一"正在进行"的阶段的显著特点是，新闻机构与包括高校和技术平台在内的其他机构合作，以"制作比任何记者、新闻编辑室或组织单独制作的内容都要多的内容"，而协作已经从"实验"演变为"普遍实践"（Stonbely，2017）。可以与此呼应的经验现实是，近年来跨组织新闻协作实践开始大量涌现，蒙特克莱尔州立大学协作媒体中心协作新闻数据库显示，仅于美国开展的新闻协作项目就已从2017年的44个增加到目前的516个。[1]

　　相较于大众传媒时代新闻组织之间的协作行动，数字时代的跨组织新闻协作生成了两种新的基本特性：第一，协作实践的数字化。行动者的协作实践主要依托数字在线网络展开。在线网络增强了协作成员之间的连接力，为跨地区甚至跨国家的协作项目提供了物质基础。来自不同组织的协作者通过在线网络开展协作项目的日常讨论、信息收集、项目监测与管理。第二，新闻业跨组织协作主体类型已不限于大众传媒时代的专业新闻机构之间。学者谢弗（Jan Schaffer）就认为，传统媒体和非传统媒体之间

---

① 蒙特克莱尔州立大学协作媒体中心协作新闻数据库：https://collaborativejournalism.org/database-search-sort-learn-collaborative-projects-around-world/，检索时间：2021年8月16日。

的协作关系已"不仅是一种竞争战略，也是一种旨在打破传统秩序，为未来重新定位传统新闻机构（角色）的投资"（Schaffer，2012）。

那么，跨组织新闻协作为什么被提出？对数字时代新闻行动者怎么"做新闻"有何意义？是不是未来数字新闻业的一个可行方案？学者据此已从不同方面开展了大量研究，为实践层面涌现出的区域性的内容共享网络、跨国性调查报道协作、全球性的事实核查协作等种类多元的协作项目提供了有价值的话语集合。美国蒙特克莱尔州立大学协作媒体中心自2017年起每年举办协作新闻学峰会，邀请跨组织新闻协作的参与者介绍项目运作经验，并公开发布了多份协作新闻学报告。这些围绕跨组织新闻协作在数字新闻业中的角色定位、作用及实践经验所展开的话语言说，实际上构成了一个由多元行动主体围绕跨组织新闻协作之于数字新闻业意义而生成的话语空间。

因此，本文希望从话语角度出发，透过对围绕跨组织新闻协作展开的话语言说的考察，审视跨组织新闻协作的结构特征及潜力。具体而言，我们试图厘清：英文学术性文献、报告中记载、描述和分析了什么样的跨组织新闻协作样态？从中我们可以看到哪些关注点，何种取向、分析和评判？

需要说明的是，虽然国内新闻学界也针对不同新闻行动者间的协作行为做出过一些讨论，但多是对媒体组织间的协作过程进行探索性描述，深层次的案例研究较为少见。从研究便利的角度，以及为国内新闻研究者与实践者提供参照出发，本文通过鉴照英语文献对跨组织新闻协作的阐释，在梳理、归纳西方跨组织新闻协作的结构特征与发展动向的同时，进一步理解不断变化的数字新闻生态，并为我国的跨组织新闻协作发展及媒体深度融合进程提供借鉴。

二、研究方法

本文把美国学者卡尔森（Matt Carlson）所提出的元新闻话语理论作为

分析工具。在卡尔森看来，多元行动者对新闻业相关议题的讨论应被视作一种对新闻实践进行"合法化"（legitimization）的阐释过程。卡尔森首先把新闻业置于一个不断围绕新闻业以及更广泛的社会地位构建意义的话语场域中，并用"元新闻话语"一词来描述这一话语场域。所谓元新闻话语，是指"评价新闻话语、产生新闻话语的实践或接受新闻话语的条件的公共表达"（Carlson，2016），这些话语"界定了适当、不适当的关于新闻规范和实践"的讨论（Carlson，2014）。元新闻话语理论强调，新闻的意义是通过元新闻话语产生的，在元新闻话语中，来自新闻业内外的行动者将通过意义的共享形成对新闻工作的理解，该理论从而把分析家、教育者、新闻使用者等不同场域的话语主体纳入分析视野。此外，新闻实践和结果与人们对新闻的理解密不可分（Zelizer，1993；　Carlson，2017），元新闻话语将新闻的社会文化意义的创造和传播过程与围绕新闻生产和消费的社会实践联系起来（Carlson，2016），强调围绕新闻业的话语创造了新闻实践的共同含义。将元新闻话语理论作为分析透镜，本文把新闻学者与媒体专家围绕跨组织新闻协作的公开言说视作一个元新闻话语空间，通过话语交锋和认可，形成对跨组织新闻协作实践逻辑、规范特征等问题的不断深化的理解。

本文首先通过 *Taylor & Francis Online* 和 *Sage Journals* 两大学术期刊数据库收集了近 20 年在国际新闻传播 SSCI 刊物上发表的讨论跨组织协作的学术论文；随后在皮尤新闻与媒体项目、尼曼报告、哥伦比亚新闻评论、路透新闻研究中心等知名新闻观察研究站点收集了关注跨组织新闻协作的重要研究报告与评论、分析文章；同时补充了由协作项目组织发布的总结性的项目报告及其在官方网站上的自我陈述。由此，共收集到 74 篇可供分析的元新闻话语文本。

使用质性分析软件 Nvivo12，本文经由开放式编码、主轴编码、选择性编码三个步骤对所收集的经验文本进行分析。首先仔细阅读所收集的经验文本，关注对于跨组织新闻协作的参与者、动机、实践方式、效果和意义等话题的相关表述，确定重复出现的话语，形成自由节点。在此基础上，通过对数据的进一步归类，将自由节点遵循一定的逻辑关系归纳为树节点，得出主要类属。最后在已发现的类属中选择核心范畴，并从研究问题出发对该核心范畴下的节点进行总结与阐释。以下将从所发现的"为什么协作""怎样协作""什么在影响协作"三类主题进行阐述。

三、研究发现

（一）为什么协作：跨组织新闻协作的生成语境及实践动因

对跨组织新闻协作的言说往往伴随新闻业危机话语而出现。这类危机话语首先指向新闻业眼下所面临的可持续性（journalism sustainability）挑战：新闻机构正陷入传统商业模式失灵、广告收入下降的发展困境。"财务压力""裁员""成本缩减"等词汇被这些话语反复启用。如学者蒂姆·格里格斯（Tim Griggs）所言："目前新闻行业面临着巨大财务压力……你会发现，新闻企业（news enterprises）正在加速自己的灭亡。"（Shadwell，2018）这种经济压力加剧了新闻机构当下资源匮乏、无法进行面对面报道的问题（Quackenbush，2020），也驱使新闻行动者与其他组织互动的主导模式从竞争转向分工、共享（Stearns，2012）。事实上，将新闻采集成本保持在低水平可以被视为媒体组织的一个主要目标（Hatcher & Thayer，2017），而新闻协作提供了这样一种分享资源和成本的机会，使媒体机构能够最大限度地利用其不断缩减的预算（Stearns，2012）。而在面临可持续性挑战之外，新闻业的危机话语还指向了新闻业的新闻权威（journalistic authority）危机，如研究者所说，许多新闻机构正在艰难应对长期而复杂的调查报道所需的资源规模的挑战；同时，公众对假新闻的质疑与媒体信任度的下降也威胁着严肃报道的合法性（Sambrook，2018）。因此，通过协作的方式分担采访成本与报道资源，通过保持新闻的质量和深度重塑新闻权威成为行动者参与协作实践的一大内驱力。

跨组织新闻协作被广泛描述为一种解决新闻业不确定性危机的可行方

案。在研究者与分析人士看来，跨组织新闻协作是"解决新闻业最紧迫挑战的一种高影响力方法"（Bryant，2017），是"满足日益增长的内容需求的答案"（Reuters，2019），更是"新闻业的未来"（Quackenbush，2020）。《哥伦比亚新闻评论》刊载的一篇评论甚至提出"协作需要成为新闻业使命的核心"（*Columbia Journalism Review*，2009）。在某种程度上，跨组织新闻协作可以被视为学者格雷夫斯（Lucas Graves）和科涅奇纳（Megda Konieczna）所提出的"场域修复"（field repair）：在新闻场域陷入某种争议与危机之时，记者有意识地从事"明确的改革主义"（expressly reformist）实践，并寻求将新的工作方法与思维方式合法化，以保护整个场域的自主性和完整性（Graves & Konieczna，2015）。在对调查性新闻非营利性组织（investigative news nonprofits）与专业事实核查团体（professional fact-checking groups）的新闻分享（news sharing）进行民族志考察后，他们发现此类跨组织协作实践正在实现两个目标：增加自身报道影响力、为在整个新闻场域更广泛地开展针对公共事务的新闻工作建立制度资源（institutional resources）。

那么，在元新闻话语中，新闻行动者参与跨组织协作的动力机制是如何被言说的？协作能给行动者自身带来什么？从个体层面来看，已有研究指出，参与协作的媒体成员可以通过与同行的分享习得新技能、新调查方法与数字工具的使用知识（Cueva Chacón & Saldaña，2021）；可以获取来自其他组织和平台的尊重，这将使其打破"自我定义和自我限制"（Singer，2004）。此外，记者在协作项目中可以获得"推动社会变化"的满足感（Cueva Chacón & Saldaña，2021；Konieczna，2020），这都将挑战其既有的竞争观念（Hatcher & Thayer，2017）。而从组织层面来看，首先，经济因素将成为协作关系生成的主要驱动力（Edmonds et al.，2014）。例如非营利性的调查邮报（*Investigative Post*）于2012年同WGRZ电视台在谈判后达成了资助协作，由此，WGRZ电视台拥有了自身发展所需的调查报道内容，调查邮报则获得了长期资金支持（Alcorn，2017）。其次，在实践环节，媒体组织间的协作可以被描述为一种"集中各自拥有的资源做新闻"（Jenkins & Graves，2019）的过程，通过协作，媒体组织间可以完成内容制作资源的分享（Gordon，2003； Lowrey，2005），拓展信源（Alfter，2011）、补充不同的叙述视角（Sambrook，2018），以此提高报道质量。面对大型报道项目所生成的海量数据，不同行动者还可以通过协作处理的方式提高效率，如跨国性的事实核查项目"交叉验证"（CrossCheck）在其网站所述："通过协作，我们希望可以更快地确定哪些信息是不真实或不可靠的，并将这些信息提供给新闻编辑部和公众。"（CrossCheck，2017）经由协作，新闻产品可能获得更大的传播范围、接触到更广泛的受众，协作参与者本身也可能收获更大的影响力（Cueva Chacón & Saldaña，2021）。正如研究者所言，协作为新闻媒体提供了一种新颖的方式，既可以克服行业内部具有挑战性的结构性变化，又可以产生符合公众利益的新闻报道（Carson & Farhall，2018）。

（二）怎样协作：多元新闻行动者的关系实践

围绕跨组织新闻协作展开言说的元新闻话语如何阐释行动者的实践逻辑？哪些具体的案例被涉及？呈现出何种特征？经过对所收集74篇经验文本的编码，本文首先收集到了87个被元新闻话语涉及的跨组织新闻协作项目，这些协作项目部分出自学者的案例研究，部分出自实践者对跨组织新闻协作的言说。本文作者随后通过反复阅读已收集文本、检索项目报告与项目网站等方式对这87个协作项目的具体信息进行补充，在去除无法获取完整信息的项目后，获得了包含72个跨组织新闻协作项目的数据集。经对其反复阅读，按照参与协作项目组织的性质、在协作项目中扮演的角色，将跨组织新闻协作的参与主体分为六类： 既有媒体、原生数字媒体、新闻行业组织、辅助组织、平台媒体、高校及研究机构。①我们首先界定这六类行动者。

既有媒体指在数字时代之前就已存在的新闻生产组织（王辰瑶，刘天

---

① 本文在经验文本中还发现了非政府公民组织、公共文化机构两类协作参与者，但因涉及这两类行动者的协作项目在本文所收集的具体协作案例中出现过少，故未纳入此处的分析。

宇，2021），包括报纸、杂志、电视、广播等"传统"媒体及其在数字时代所开发的数字端口。原生数字媒体指在数字时代创立的新闻性内容生产组织，它们没有既有媒体的历史传统，也不承继原有的媒体组织架构、管理制度和经济模式（王辰瑶，刘天宇，2021）。新闻行业组织是以多个新闻性组织为组成基础，并/或以服务行业内多个组织为目标的一类特殊行动者，它们通过发起倡议、培训技能、提供支持、发展协作关系等方式促进新闻业发展。新闻行业组织不仅是内容生产者，也是内容生产过程中的协调者、后勤组织者。协作是这类行动者开展工作的重要方式，甚至有学者认为，它们"就是为协作而生的"（Shadwell，2018）。而在学者科涅奇纳看来，创立这类组织的记者正在建立一个他们认为的"平行而独立的新闻制作系统"（Konieczna，2014），以应对商业新闻媒体的失败，为新闻业的社会使命提供必要的补充。辅助组织是指以基金会、数据服务公司等为代表的协作项目支持者。与新闻性专业组织不同的是，辅助组织在新闻协作中扮演着"幕后角色"，为协作提供了认知价值（perceived value）、经济支持与合法性（Lowrey，Sherrill & Broussard，2019）。如奈特基金会（The Knight Foundation）、赫肯公司（Hearken）等。辅助组织还被认为塑造了新闻业的发展方式，斯科特（Martin Scott）等人发现，基金会与记者之间的互动引起了专业新闻实践范围的扩大、主题内容的增加以及记者角色观念的转变（Scott，Bunce & Wright，2019）。平台媒体指以脸书、谷歌为代表，通过控制社交平台、信息搜索引擎等掌握内容分发渠道的一类重要行动者，往往在协作中发挥着支持作用，如谷歌新闻实验室和脸书新闻计划，在多个案例中扮演了资金支持、技术服务、技能培训的角色。高校及研究机构同样是新闻协作的积极参与者，主要包括新闻学院的师生以及各领域的学者。

跨组织新闻协作不仅主体多元，而且协作实践形态也是多样的，从两个组织在一个主题上的协作报道，到几十个新闻机构在各大洲长期讲述复杂故事，不一而足。本文发现，协作项目的空间性特征（如地方协作和跨国协作）与协作时间的长短两种结构特征被相关元新闻话语反复言说。基于此，本文构建了跨组织新闻协作项目类型矩阵，设置时间、空间两大维度，进而归纳出文献中最常见的六种跨组织新闻协作模式：地方性的特定协作、地方性的常年协作、全国性的特定协作、全国性的常年协作、跨国的特定协作、跨国的常年协作（见表 1）。其中，"特定"指一次性的、围绕某个主题展开的短期协作，"常年"指持续的、开放式的协作，"地方性"指协作项目的参与者位于同一省（州）、同一城市或同一社区等，"全国性"指协作者来自同一国家的不同地域，"跨国"则指行动者来自不同国家。需要说明的是，该矩阵的类属划分并不能穷尽所有的协作项目，部分协作项目不止一个模式，部分协作项目的类属也会随着项目的进行而改变。本文以举例的方式对每一种模式进行阐述，旨在通过审视个案分析多元行动者在几类协作模式中的关系实践，考察其间的关键行动者、各行动者的具体工作、协作伙伴之间在哪些层面通过何种方式连接等，从而完成对经验材料呈现的跨组织新闻协作样态的描画。

表 1　跨组织新闻协作模式

时间 空间	特　定	常　年
地方性的	费城"重返社会"项目 （The Reentry Project）	得克萨斯州"头版交换" （The Texas Front-Page Exchange） "解决费城" （Resolve Philly）
全国性的	"选举之地" （Electionland）	"今日美国网" （USA Today Network） 芬兰"兰能媒体"联合编辑部 （Lännen Media）
跨国的	国际事实核查网络(IFCN) 新冠疫情虚假信息 核查项目 （Covid‑19 Fact-checking）	欧洲调查协作网络 （European Investigative Collaborations Network）

地方性的特定协作。在本文所见的话语言说中，地方新闻业受到经济

危机的影响较为突出。与全国性媒体相比，地方媒体在内容、受众参与、商业等方面所持资源较少（Ali et al.，2020；　Hess ＆ Waller，2016；Jenkins ＆ Nielsen，2018），也面临着报纸质量下降、与当地社区失去联系的隐忧。美国费城"重返社会"项目（The Reentry Project）可以被看作该地区新闻生态系统（Anderson，2013）对此展开应对的一次尝试。该项目由费城 14 家新闻机构（包括 7 家既有媒体和 7 家原生数字媒体）和两所大学参与，并获得了新闻行业组织"解困式新闻网络"（Solutions Journalism Network）和奈特基金会的资助；两所大学参与了网站筹建和组织工作，还为项目提供了实习生。科涅奇纳（2020）发现，该项目的行动者以"协作阶梯"（collaboration stepladder）的形式展开协作：从简单地共享故事以便每个行动者可以发布其他协作伙伴制作的任何产品，到共同编写故事、组织活动，再到努力参与社区活动。在协作中，规模较大的组织有时会发挥更大的作用，如主办会议和为社区活动提供空间；但总体而言，这一项目的原则是在平等的基础上运作，协作成员通过定期的电话或面对面会议来保证每个组织拥有平等的发言权。

　　*地方性的常年协作。*处于相同地区的行动者往往会发展出长期而渗入日常报道工作的协作关系。由于资金和人手有限，地方媒体很多时候无法单独报道重要议题。为此，得克萨斯州的五家报业组织在 2009 年发起了"头版交换"项目（Front-Page Exchange）：每日选题会结束后，各家报纸会把次日头版的暂定选题清单提交给协作伙伴。如果某个编辑在其间看到了感兴趣的故事，他可以选择跟进并将其纳入第二天的报纸。有趣的是，这种"交换"没有金钱交易，也不记录谁的贡献多，只是提供"值得增加的内容"。皮尤研究中心在 2014 年对这五家报纸的编辑进行访谈，发现这一安排被参与者评价为"非常创新的解决方案"（Edmonds et al.，2014）。而一些地方性特定协作项目会逐渐发展成常年项目，如前述地方性特定项目"重返社会"的参与者在该项目启动一年后组成了常年性的新闻行业组织"解决费城"（Resolve Philly）。该组织在为协作伙伴提供培训、组织对话和交流活动的同时还发起了"费城信息平等"（Equally

Informed Philly）等新的协作项目。

全国性的特定协作。一些重要的全国性议题往往需要进行协作报道。报道 2016 年美国大选的"选举之地"（Electionland）项目"可能是有史以来在一天内进行的最大的社会新闻采集行动之一"（ProPublica，2017），该项目的参与团队由 7 家核心组织（ProPublica、纽约市立大学、谷歌新闻实验室、今日美国网、Univision、纽约市立大学新闻研究生院和 First Draft News）、250 个新闻编辑室和 600 位志愿者组成。新闻行业组织 ProPublica 和平台媒体谷歌新闻实验室（Google News Lab）在其间发挥了关键作用，它们不仅是这一项目的最初发起者，还对参与者进行培训、提供数字工具，并为该项目提供了全程的资金支持。在投票日当天，分布于全国各地的 1000 多名参与者被编为 10 个履行不同职能的"工作台"（Desk），由新闻学院教授领导的学生团队首先负责监测社交媒体的数据动态，并将其输入事实核查平台"Check"。专业记者继而对所有被输入的数据进行分析，在综合信息后，借助 LandSlide 工具（一个包含地理信息的选举线索数据库）向各地记者推送线索和提示，以帮助记者针对有关议题完成实地报道。项目团队同时利用 Slack 工具建立了几十个频道，以使协作参与者之间的沟通更具针对性和组织性（ProPublica，2017）。可以看到，全国性的特定协作往往是新技术、新工作方法的试验场，协作团队使用数字工具进行大规模数据的协作处理，同时提高团队沟通的效率，进而实现对高度分布（highly distributed）议题的实时联动报道。

全国性的常年协作。在美国，全国性的常年协作往往是通过"自上而下"的整合完成。2012 年，美国最大的报业集团甘尼特（Gannett）旗下130 多家地方日报、电视台与其旗舰媒体今日美国（*USA Today*）之间开发了一个专有的后端内容管理系统。通过这个系统，全国各地的新闻编辑部可以进行内容共享。甘尼特集团由此完成内容资源的整合，这也推进了其数字化转型进程（Hochberg，2014）。而在芬兰，全国性新闻编辑部的联合实践则在内容共享之上更进一步，通过对内容的共同制作和分发形成协作。2014 年，芬兰的 12 家地区性报纸为应对持续的经济挑战，"在不直接竞争的内容领域联合起来"，成立了名为"兰能媒体"（Lännen Media）的联合编辑部。由于报道网络的分散，兰能媒体的编辑和记者通过视频会议确定每日的报道计划，并通过内容管理系统保持联系、跟进报道进展。这项协作更灵活的安排在于，各家报纸的记者在兰能媒体轮流工作两到三年后将回到自己的报社，这使得他们能够与同事分享自己获得的专业知识，以推进协作的持续发展（Jenkins & Graves，2019）。

跨国的特定协作。随着一些重要的政治和社会议题逐渐超越国界，记者越来越多地在全球范围通过协作完成深度而有影响力的报道。路透新闻研究所在其报告《全球团队协作：调查报道中协作的兴起》中就呼吁，有关公共责任的报道"越来越不能被地理边界所局限"（Sambrook，2018）。在本文观察的跨国特定项目中，事实核查与调查性报道是两种最显著的类型，而新闻行业组织则常作为协调、培育跨国报道的"催化剂"而出现（Sambrook，2018）。事实上，新冠疫情正催生着全球层面前所未有的大规模事实核查协作。2020 年 1 月，来自 30 个国家的事实核查组织联合核查有关 Covid‑19 的信息。这一项目由国际事实核查网络（IFCN）负责协调，参与该项目的事实核查人员使用谷歌文档、Sheets 和 Slack 频道等工具共享虚假内容链接与事实核查结果（Abidi，2020）。与此同时，IFCN 还敦促谷歌、Facebook 和 Twitter 等平台加强努力，通过更多的事实核查打击新冠疫情相关的虚假信息。如专家所说，"新冠疫情危机显示了协作对新闻机构的重要性"（Murray，2021）。

跨国的常年协作。本文分析的经验文本显示，欧洲似乎是跨国常年协作项目的基地，这与欧洲的政治背景和地理环境密不可分。欧洲调查协作网络（European Investigative Collaborations Network，简称 EIC 网络）于 2016 年初由来自不同国家的九个媒体协作伙伴建立，目标是联合报道以欧洲为主题的调查性新闻（Candea，2016）。该组织的协作伙伴主要通过以下几个层面展开工作：处理欧洲的故事；寻找、编译、处理或分析大数据集；开发自己的网络协作工具、平台和信息产品。《明镜》周刊（*Der Spiegel*）调查编辑、EIC 网络联合创始人约尔格·施密特（Jörg Schmitt）

曾戏称他们"就像欧盟"，这其实是在强调 EIC 网络的公平性原则：每个国家只有一家媒体能加入 EIC 网络；每个成员都有发言权，但在遇到分歧时只享有一票；对于任何特定项目的发表日期，最后的决定权将归提供原始文件的媒体组织所有（Candea，2016）。

经由以上阐释，可以看到上述六种协作模式在空间、时间层面对新闻资源的整合过程。首先，具有相似政治属性和文化属性、位于特定区域的行动者有形成日常新闻协作的潜能。对地方媒体而言，在日常报道工作中联合同一地区的媒体可以有效填补自身内容生产的不足，满足本社区的信息需求。而隶属于同一全国性媒体集团的不同地方媒体可以通过日常协作共享资源，使其在获得更多支持的同时也能为全国性的旗舰报纸提供充足的故事，从而帮助整个集团的媒体"用更少的资源做更多的事情"。其次，对具有重要新闻价值的特定议题的报道往往涉及海量的数据和分散的信源，需要大量人员、时间和资金的支持。因此，采用全国、跨国协作的方式进行此类报道，将有助于行动者突破自身限制，在更广泛的层面调动资源。

虽然元新闻话语中出现的六种协作模式在参与者动机、实践规模和工作流程等方面不尽相同，但可以初步总结跨组织新闻协作在实践层面的三个特点：第一，跨组织新闻协作的参与主体身份呈现出多元化特征，新闻行业组织在多数项目中扮演核心节点的角色；第二，协作项目参与者重视彼此之间的连接性，普遍依托在线工具进行信源的共享与海量数据的协作处理，数字工具成为跨组织协作的基础设施；第三，协作参与者重视彼此间交流的有效性与协作的公平性，使用远程会议、在线聊天、线下讨论、共享内容平台等方式进行沟通，并设置一系列流程保证项目运作期间组织之间的公平性。

（三）什么在影响协作：跨组织新闻协作的影响机制及调适过程

本文归纳出专家元新闻话语阐述的影响跨组织新闻协作的四个因素。

经济因素。指跨组织新闻协作项目的资金供给模式、收入分配等要素。经济因素对行动者参与新闻协作实践所产生的影响或许最为直接，其影响力表现为三个层面：

第一，能否获得经济支持将直接影响协作项目的可持续发展及使命实现（Konieczna，2020； Sambrook，2018）。因此对参与者来说，建立稳定、可持续的资金支持模式就显得尤为关键。本文所见的元新闻话语中有三种资金支持模式被多次提及：（1）互惠模式。即由协作参与主体依据自身所持资源的差异完成的资源互换，在既有媒体与非营利性的原生数字媒体之间的协作项目中出现较多。这类项目的顺利完成往往涉及既有新闻机构向非营利性的原生数字媒体支付费用，以获得后者所生产的内容，进而达成一种互惠关系（Alcorn，2017）。（2）辅助组织支持模式。以各类基金会、慈善组织、技术公司等辅助组织（Graves ＆ Konieczna，2015；Shadwell，2018）所供给的资金为主要财务来源。但森布鲁克（Richard Sambrook）指出，这种模式在慈善文化发展较少的地区开展较为困难，这也成为原生数字媒体经常选择互惠模式的原因之一（Sambrook，2018）。（3）共同供资模式。即所有协作方都以某种程度的资金支持来参与项目，这在学者看来已成为协作在最初的慈善赠款（grant-funded）之外得以继续生存的经过验证的真实方式之一（Stonbely，2017）。

第二，对项目资金的分配与使用也将影响到跨组织新闻协作的实践过程。如在底特律新闻合作社（DJC）的案例中，该组织内的五家媒体组织分别接受了不同数额以及使用要求的资金，这造成了五家组织在协作项目中出现行动优先级的差异，进而导致了一系列工作流程问题的出现（Stonbely，2017）。

第三，对经济回报的考量还影响到了协作参与者对协作项目的评价及后续参与效果。由西雅图时报（*The Seattle Times*）同五家超本地新闻网站协作开展的"新闻协作伙伴网络"（Seattle Times News Partner Network）虽然在其巅峰时期吸引了 50 多家在线超本地新闻网站加入，但依旧被其高管认为"在发行量和广告的角度上来看是失败的"，因为其没有形成一种广告的共享网络（Stonbely，2017）。此外，协作主体也可能会因担心受众流失（Hatcher & Thayer，2017）、不能得到双向回报等终止协作（Edmonds et al.，2014）。

在埃德蒙兹（Rick Edmonds）等人看来，协作实践者需要提高报道质量与影响力，以努力激起资金提供者"共鸣"（Edmonds et al.，2014）。然而，尽管跨组织新闻协作的实践者在"尽其所能"寻找合适的"付费的协作伙伴关系"（Edmonds et al.，2014），但几种资金支持模式都可能在不同层面表现出不稳定性。研究者发现，虽然协作项目的负责人对经由协作生产的新闻报道充满信心，但他们对自身的资金模式却显示出不确定的态度（Jenkins & Graves，2019）。媒体人哈里斯（Emily Harris）的论述就略显悲观："（媒体间）内容协作的最大成本也许是，它可能不会使新闻业更接近一个新的、可持续的财务模式。"（Harris，2012）同时，来自不同资助方的资助要求也可能会给协作带来"混乱"。因此，协作参与各方需要审慎对待来自协作资助方的要求，WEDT 总经理米歇尔·斯比诺维奇（Michelle Srbinovich）就提醒说，"我的建议是让大家围在桌前弄清楚：我们为什么要协作？我们能提供什么？以及我们作为一个团体缺少什么？然后再选择一个主题或故事去争取资金，而不是让资金来主导（协作），因为这只会让协作变得更加复杂"（Stonbely，2017）。

组织架构因素。指一个协作项目在组织层面所制定的制度设计，包括两个层面：（1）能否保障参与协作的人员稳定。阿尔康（Alcorn，2017）在《新闻协作关系是如何运作的》一文中所介绍的案例就很具代表性："调查西方"（Investigate West）雇用了一批兼职记者、实习生和全职员工来轮流承担编辑和筹款的职责，而面对不断更新的"面孔"，它的协作伙伴常常因分不清"应该与谁合作"而无法与其进行顺畅沟通。（2）是否具有扁平化的组织等级制度。研究者发现，媒体组织间去中心化的沟通结构受到了协作参与者的认同，认为他们可以由此"保持灵活性，以更好地调整策略服务项目参与者"（Jenkins & Graves，2019；Konieczna，2020；Sambrook，2018）。

除此之外，不少跨组织新闻协作实践还出现了一个被称为"协调专员"（coordinator）的新角色。虽然在不同协作项目中的具体定位存在一定差异，但其主要职责大致相同。阿尔夫特（Brigitte Alfter）通过对多个跨境新闻协作项目的调研总结了协调专员的普遍性任务："召集、准备线下会议；筹备、主持定期视频会议；通过内部通信分享团队信息；与媒体机构联系；联系技术和行政部门，筹款；处理法律问题、进行事实核查；在会议之前准备讨论文件，供团队决定和协调后续行动；对项目进行'事后'评估；负责项目的社交媒体推广；翻译、制作信息图表等。"（Alfter，2019）这些烦琐的工作被视为协作项目成功的关键。如任职于 NPR 的迈克尔·奥雷斯基（Michael Oreskes）所说，"（协调专员的角色）是一个领导角色，帮助大家了解我们已经知道的东西，识别机会，避免重复，找出下一个故事"（Stonbely，2017）。面对行动主体之间的异质性，协调专员成为调适紧张关系的关键行动者。如费城"重返社会"项目的协调专员是由"解困式新闻网络"另外招聘的，"重返社会"这样描述该协调专员所扮演的角色："他的主要职责是为项目本身服务，而不是为某个特定的新闻机构，这是我们成功的关键。"（Konieczna，2020）

信任因素。组织间的信任程度也有助于打破传统新闻业的"高墙"（Stonbely，2017）。信任因素可以体现在参与者对不同组织间文化差异的理解（Alfter，2019；Sambrook，2018），以及彼此之间的沟通与协调程度（Jenkins & Graves，2019）等方面。而人际关系的拓展（Alcorn，2017；Stonbely，2017）、共同目标的确立（Edmonds et al.，2014）、"发展一种共享的谈论新闻的语言、文化和明确的标准"（Jenkins & Graves，2019）将有助于消除协作过程中的紧张关系，促使参与者间信任关系的生成。这在明日夏洛特维尔（*Charlottesville Tomorrow*）和每日进展报（*Daily Progress*）的协作中有具体体现。两家组织分属原生数字媒体机构与既有媒体，且在叙事逻辑、报道视角等方面存在较大差异（Edmonds et al.，2014），但却在"资金换内容"的目标下维持了较长时间的协作关系。其信任来源于对彼此价值理念的认同，如每日进展报（*Daily Progress*）所述，"（我们）相信明日夏洛特维尔（*Charlottesville Tomorrow*）的内容，并对其报道始终坚持公正、平衡和准确等传统新闻价值观印象深刻"（Alcorn，2017）。在专家看来，建立信任感的媒体组织之间可以发展出更深层次、更具依赖性的伙伴关系，在 WGRZ 电视台与调查邮报的协作过程中，每当有官员致信 WGRZ 电视台试图抱怨或干预调查邮报所做的报道时，WGRZ 电视台管理层都会为其辩护，用调查邮报创始人希尼（Jim Heaney）的话说，"（这种辩护）就像是对待自己的记者一样"（Alcorn，2017）。

　　策略因素。一系列策略因素也将给跨组织新闻协作带来影响。策略一：制定清晰的流程。如"选举之地"的参与者弗格斯·贝尔（Fergus Bell）所说，"从标准化验证和沟通渠道，到实现故障的实时排除——拥有正确的工作流程是（协作成功的）关键"（ProPublica，2017）。因此，行动者尝试设计兼容的内容管理系统来提高不同新闻组织之间协作的效率（Shadwell，2018），或在协作项目初期就制定清晰的协作指南，以使来自不同组织的行动者在保持自身主体性的同时尽量在主题、常规、观念上达成统一（Cueva Chacón & Saldaña，2021；Konieczna，2020；Griggs，2017）。策略二：量化影响力。在本文所见的话语中，不少协作参与者都表示"产生可量化的影响力是一个挑战"，且"很难找到一种方法来共同追踪协作对参与者本身与受众的好处"（Stonbely，2017）。因此有行动者选择用所生产新闻报道的质量与产生的社会价值对此加以弥补，"衡量每篇报道影响力的方式是看它是否影响了立法或政治"（Shadwell，2018）。策略三：掌握数字技能，运用数字工具。数字工具使得新闻工作者能为多个平台创建新闻报道，这被描述为组织新闻协作的催化剂（Dailey，Demo & Spillman，2005）。已有研究发现，熟练掌握数字技能的记者更容易参与到跨组织新闻协作项目中（Cueva Chacón & Saldaña，2021）。数字工具的广泛应用将极大地助力于跨新闻编辑室和地理区域的协作，能够使协作主体分享成本和信息、增加新闻报道的覆盖面，加强制定新闻议程的能力（Carson & Farhall，2018），进而实现克服传统"权力流动"模式的"信息流动"模式（Castells，2013）。

表 2　作为元新闻话语的跨组织新闻协作

协作动因	生成语境	可持续性挑战、塑造新闻权威	
	动力机制	组　织	个　体
		获得资金支持、提高报道质量、扩大报道影响力	技能、方法的分享
协作特征	多元行动者	既有媒体、原生数字媒体、新闻行业组织、辅助组织、平台媒体、高校及研究机构	
	协作模式	地方性的特定协作、地方性的常年协作、全国性的特定协作、全国性的常年协作、跨国的特定协作、跨国的常年协作	
影响因素		具体因素	调适过程
	经　济	资金的支持模式、资金的分配与使用、对经济回报的考量	提高报道质量、审慎对待资助方要求
	组织架构	组织内部人员稳定性、组织间的扁平化程度	设置协调专员
	信　任	对不同组织文化差异的理解、组织间沟通与协调程度	人际关系的拓展、共同目标的确立、发展共享的"语言"
	策　略	工作流程的清晰程度	兼容的内容管理系统、清晰的协作指南
		协作项目影响力的可见性	提高报道质量
		协作参与主体的技术水平	

四、结语

根据本文对跨组织新闻协作的元新闻话语分析，可以总结出三种阐述主题：第一，参与跨组织新闻协作的动因。跨组织新闻协作被阐释为一种解决新闻业不确定性危机的创新方案。解决自身资源局限、塑造新闻权威是多元行动者参与跨组织新闻协作的直接动机，而协作的深层动力则源于行动者应对自身发展过程中不确定性挑战的诉求。第二，跨组织新闻协作的实践特征。数字时代跨组织新闻协作的参与主体呈现出多元化特征，既有媒体、原生数字媒体、新闻行业组织、辅助组织、平台媒体、高校及研究机构等多元行动主体已积极参与到协作项目中，并依据议题属性、时间跨度、空间关系的差异生成了多种协作模式。第三，跨组织新闻协作的影响因素。经济、组织架构、信任、策略因素等将对跨组织新闻协作实践产生重要影响。由数字技术驱动而来的跨组织新闻协作挑战了传统新闻业的"竞争文化"，新闻行动者在协作实践的过程中事实上面对着组织内部与组织之间的双重调适，而调适的效果也会影响到协作实践的顺利与否。

围绕跨组织新闻协作展开言说的元新闻话语显现了新闻研究者与行动者对这一不断变化的新闻实践的理解与认识。这类元新闻话语反复强调跨组织新闻协作之于数字新闻生态的意义，认为跨组织新闻协作重组了新闻实践中的报道资源分配，有助于新闻行动者克服自身资源困境；数字化技术的广泛应用也使得跨国家、区域的大型报道项目有实现可能；跨组织新闻协作实践吸纳了既往新闻业成员之外的"新行动者"，加强了新闻业与其他社会机构之间的联结；在帮扶地方新闻业的同时促成地方性新闻生态系统的形成。更进一步，元新闻话语阐述了跨组织新闻协作在社会层面所造成的影响，如行动者可通过解困式报道的协作促进社会议题解决（Konieczna，2020）、记者与科学家可协作开展气候议题的报道（Porter，2020）、新冠疫情之中媒体与社区之间可开展一系列互动（Wenzel & Crittenden，2021）等，这些都表明跨组织新闻协作在不确定性危机中具有解决问题的潜能。在总体看好，甚至认为跨组织新闻协作是"新闻业的未来"的话语基调下，也有研究揭示了跨组织新闻协作的现实困难。如安德森在分析数字时代费城新闻生态系统的重构过程时发现，行动者在特定议题上展开临时协作要比日常报道中的长期协作容易得多，多元行动者间错位的新闻生产常规、文化观念冲突等因素常常影响协作的进程（Anderson，2013）。此外，也有研究者提醒，需要进一步考察"协作关系是否产生了更广泛、更深入的新闻报道？能否给协作双方带来真正平等的收益？跨组织新闻协作所生产的新闻报道对新闻选题的多样性来说有什么影响"（Martínez de la Serna，2018；Stonbely，2017；Tady，2009）。作为一种数字技术驱动、为解决新闻业自身发展困境而快速涌现的新闻创新实践，跨组织新闻协作不仅需要被持续关注，考察其对数字新闻业发展的长远价值，也需要对不同语境下的跨组织新闻协作案例进行深入考察，并在跨国、跨文化的维度下进行比较研究，以检验这种秉持"灵活""协作"理念的实践模式在全球新闻创新中的适应性。■

参考文献

王辰瑶（2020）。新闻创新研究：概念、路径、使命。《新闻与传播研究》，（3），37-53。

王辰瑶，刘天宇（2021）。2020年全球新闻创新报告。《新闻记者》，（1），38-56。

Abidi，A.（2020）. Fact-checkers go into battle against coronavirus misinformation. Retrieved from https：//en. ejo. ch/ethics-quality/fact-checkers-go-into-battle-against-coronavirus-misinformation.

Alcorn，J.（2017）. How news partnerships work： Commercial and nonprofit newsrooms can work together to benefit and change journalism. Retrieved from https：//www. americanpressin stitute. org/publications/reports/strategy-studies/commercial-nonprofit-partnerships/.

Alfter，B.（2011）. The Challenge of Cross-Border Reporting in Europe. Retrieved from https：//niemanreports. org/articles/the-challenge-of-cross-border-reporting-in-europe/.

Alfter，B.（2019）. Cross-border collaborative journalism： A step-by-step guide. New York： Routledge.

Ali，C.，Radcliffe，D.，Schmidt，T. R.，& Donald，R.（2020）. Searching for Sheboygans： on the future of small market newspapers. Journalism，21(4)，453-471.

Anderson，C. W.（2013）. Rebuilding the news： Metropolitan journalism in the digital age. Philadelphia，PA： Temple University Press.

Breed，W.（1952）. The newspaperman，news and society. New York： Columbia University.

Bryant，H.（2017）. Exploring Collaborative Journalism. Retrieved from https：//medium. com/facet/exploring-collaborative-journalism-cbc8ef134386.

Candea，S.（2016）. Making a Network. Retrieved from https：//eic. network/blog/making-a-network.

Carlson，M.（2014）. Gone，but not forgotten： Memories of journalistic deviance as metajournalistic discourse. Journalism Studies，15(1)，33-47.

Carlson, M. (2016). Metajournalistic discourse and the meanings of journalism: definitional control, boundary work, and legitimation. Communication Theory, 26(4), 349-368.

Carlson, M. (2017). Journalistic authority: Legitimating news in the digital ear. New York: Columbia University Press.

Carson, A., & Farhall, K. (2018). Understanding collaborative investigative journalism in a "post-truth" age. Journalism Studies, 19(13), 1899-1911.

Castells, M. (2013). Communication power. Oxford: Oxford University Press.

Columbia Journalism Review. (2009). All Together Now. Journalism's collaborative future. Retrieved from https: //archives. cjr. org/editorial/all_together_now_1. php.

CrossCheck. (2017). Our Collaborative Online Verification Newsroom. Retrieved from https: //firstdraftnews. org/about/crosscheck-newsroom/.

Crouse, T. (1973). The boys on the bus. New York: Ballantine Books.

Cueva Chacón, L. M., & Saldaña, M. (2021). Stronger and safer together: Motivations for and challenges of (trans)national collaboration in investigative reporting in Latin America. Digital Journalism, 9(2), 196-214.

Dailey, L., Demo, L., & Spillman, M. (2005). The convergence continuum: A model for studying collaboration between media newsrooms. Atlantic Journal of Communication, 13(3), 150-168.

Drew, K. K., & Thomas, R. J. (2018). From separation to collaboration: Perspectives on editorial-business collaboration at United States news organizations. Digital Journalism, 6(2), 196-215.

Edmonds, R., Midchell, A., Brenner, J., Porteus, M. & Shearer, E. (2014). Journalism Partnerships. A New Era of Interest. Pew Research Center.

Gordon, R. (2003). Implications of convergence. In K. Kawamoto (Ed.), Digital journalism: Emerging media and the changing horizons of journalism (pp. 57-74). Lanham, MD: Rowman & Littlefield Publishers.

Graves, L., & Konieczna, M. (2015). Sharing the news: Journalistic collaboration as field repair. International Journal of Communication, 9(19), 1966-1984.

Griggs, T. (2017). National newsrooms say size, bureaucracy and 'do-it-ourselves' mentality are biggest obstacles to collaboration. Retrieved from https: //medium. com/centerforcooperati vemedia/national-newsrooms-say-size-bureaucracy-and-do-it-ourselves-mentality-are-the-biggest-obstacles-6b1e6b98d198#. coiqz1qr9.

Harris, E. (2012). The Costs and Benefits of Collaboration. Retrieved from http: //mediashift. org/2012/05/the-costs-and-benefits-of-collaboration-132/.

Hatcher, J. A., & Thayer, D. (2017). Assessing collaboration in one media ecosystem.

Journalism Practice，11(10)，1283-1301.

Hess, K. , & Waller, L. (2016). Local journalism in a digital world. Macmillan International Higher Education. London: Palgrave.

Hochberg，A. (2014). Case Study: Gannett's monumental task — A content management system for all. Retrieved from https://www. poynter. org/reporting-editing/2014/case-study-gannetts-monumental-task-a-content-management-system-for-all/.

Jenkins, J. , & Graves, D. L. (2019). Case studies in collaborative local journalism. Oxford: Reuters Institute for the Study of Journalism.

Jenkins, J. , & Nielsen, R. K. (2018). The digital transition of local news. Oxford: Reuters Institute for the Study of Journalism.

Konieczna, M. (2014). A better news organization: Can nonprofits improve on the mainstream news organizations from which they arose? (Doctoral dissertation, University of Wisconsin-Madison), as cited in Konieczna, M. (2020). The collaboration stepladder: How one organization built a solid foundation for a community-focused cross-newsroom collaboration. Journalism Studies, 21(6), 802-819.

Konieczna，M. (2020). The collaboration stepladder: How one organization built a solid foundation for a community-focused cross-newsroom collaboration. Journalism Studies, 21(6), 802-819.

Lowrey, W. (2005). Commitment to newspaper-TV partnering: A test of the impact of institutional isomorphism. Journalism & Mass Communication Quarterly, 82(3), 495-515.

Lowrey, W. , Sherrill, L. , & Broussard, R. (2019). Field and ecology approaches to journalism innovation: the role of ancillary organizations. Journalism studies, 20(15), 2131-2149.

Martínez de la Serna, C. (2018). Collaboration and the creation of a new journalism commons. Retrieved from https://www. cjr. org/tow_center_reports/collaboration-and-the-journalism-commons. php.

McIntosh, S. (2008). Collaboration, consensus, and conflict: Negotiating news the wiki way. Journalism Practice, 2(2), 197-211.

Murray, S. (2021). 2021 State of Collaboration: The pandemic effect, global work and community collaborations. Retrieved from https://medium. com/centerforcooperativemedia/ 2021-state-of-collaboration-the-pandemic-effect-global-work-and-community-collaborations-daf878cc8713.

Porter, C. (2020). Adapting to a changing climate: How collaboration addresses unique challenges in climate-change and environmental reporting. Retrieved from https://collaborativejournalism. org/wp-content/uploads/sites/8/2020/07/climate-change-caroline-porter-july-16-2020. pdf.

ProPublica (2017). Electionland case study. Retrieved from https://propublica. s3. amazonaws. com/assets/docs/electionland-case-study. pdf.

Quackenbush, C. (2020). Collaboration is the future of journalism. Retrieved from https://

niemanreports. org/articles/collaboration-is-the-future-of-journalism/.

Reuters. (2019). Collaborative journalism might be the answer to growing content needs. Retrieved from https: //agency. reuters. com/en/insights/videos/collaborative-journalism-might-be-the-answer-to-doing-more-with-less. html.

Sambrook, R. （Ed. ）. （2018）. Global teamwork: The rise of collaboration in investigative journalism. Oxford: Reuters Institute for the Study of Journalism.

Schaffer, J. (2012). Networked Journalism: What Works. Washington: J-Lab: the Institute for Interactive Journalism American School of Communication. Retrieved from https: //j-lab. org/wp-content/pdfs/networked-journalism-report. pdf.

Scott, M. , Bunce, M. , & Wright, K. （2019）. Foundation funding and the boundaries of journalism. Journalism Studies, 20(14), 2034-2052.

Shadwell, T. (2018). Beyond Borders: The collaborative Newsrooms of the Future. Retrieved from https: //www. canterbury. ac. nz/media/documents/postgraduate-/Talia-Shadwell_Robert-Bell-final-report. pdf.

Singer, J. B. (2004). Strange bedfellows? The diffusion of convergence in four news organizations. Journalism studies, 5(1), 3-18.

Slot, M. （2021）. About introvert incumbents and extravert start-ups: An exploration of the dialectics of collaborative innovation in the Dutch journalism field. Journalism, 22(2), 414-429.

Stearns, J. (2012). Catalysts of Collaboration: What Motivates New Journalism Partnerships. Mediashift. Retrieved from http: //mediashift. org/2012/04/catalysts-of-collaboration-what-motivates-new-journalism-partnerships111/.

Stonbely, S. (2017). Comparing models of collaborative journalism. Center for Cooperative Media, Montclair State University.

Tady, M. (2009). Consolidation Station: News 'Sharing' Erodes Journalism. Retrieved from https: //inthesetimes. com/article/consolidation-station-tv-news-sharing-erodes-journalism.

Wenzel, A. D. , & Crittenden, L. （2021）. Collaborating in a Pandemic: Adapting Local News Infrastructure to Meet Information Needs. Journalism Practice, 1-19.

Westlund, O. , & Ekstrom, M. (2020). News Organizations and Routines. In K. Wahl-Jorgensen &T. Hanitzsch（Eds. ）, The Handbook of Journalism Studies(pp. 73-89). 2nd ed. New York: Routledge.

Zelizer, B. (1993). Journalists as interpretive communities. Critical Studies in Mass Communication, 10 (3), 219-237.

作者手记

　　《协作是新闻业的未来吗》一文聚焦于跨组织新闻协作这一关系类型，经由元新闻话语的理论视角，对围绕跨组织新闻协作展开的阐释进行考察，希望以此讨论跨组织新闻协作之于新闻创新及数字新闻生态的意义。该项研究始于2020 年末，当时我刚阅读完《重建新闻：数字时代的都市新闻业》一书，对书中记述的费城新闻行动者间的协作故事印象深刻。随后，在参与"全球新闻创新案例研究"项目的过程中，我们观察到近年来跨组织新闻协作实践大量涌现，并在协作主体、协作的物质条件、协作的空间范围等方面表现出相较于大众传媒时代的显著差异。这引发了我们对数字时代新闻行动者之间关系特征的思考：究竟谁在参与跨组织新闻协作？驱使行动者参与协作的动因是什么？这对数字新闻业来说到底意味着什么？带着这些问题，我们开始对跨组织新闻协作实践展开研究。

　　本文初稿宣读于首届新闻创新研究工作坊，以公开发表文献中析出的全球跨组织新闻协作项目为分析样本。初稿关注的问题是：哪些主体参与协作？它们之间的协作关系如何？哪些因素影响了这种协作？李艳红教授指出我们在案例选取上的局限性：基于二手文献的分析能看到的只是这类协作在文本中的呈现——而对任何事情的文本再现都不是这件事情本身。潘忠党教授则建议我们使用元新闻话语理论来解决这一问题。因此，在后续的修改中，我们研究的重点从"实践"转为"话语"，问题也从"跨组织新闻协作是怎么做的"转变为"跨组织新闻协作是被如何言说的"。这项研究实际上关注的是业界与学界围绕跨组织新闻协作所展开的言说，这些言说反映了言说者对什么是新闻、新闻如何生产、需要调动怎样的生产关系、新闻之于社会的功用等议题的看法。在论文修改期间，我多次向潘忠党教授请教，潘老师每一次都认真且详细地回复我。我还保留着潘老师审阅初稿后发回的文档，里面密密麻麻地写满了修改意见和批注。这段经历不仅让我这个刚开启学术生涯的博士生感受到了前辈的关心和鼓励，也让我体会到了学术共同体的支持力量。我的心态也在这一过程中逐渐从学生向研究者转变。

新闻创新研究的魅力在于，它要求研究者时刻保持敏锐的洞察力，审视不断涌现、更新着的经验现实的意义，以此反思新闻业之于社会所扮演的角色。在不确定性日益凸显的当下，要求研究者超越传统认知和权威定论的限制，走出书斋，走进新闻实践现场，通过细致的调研收集、咀嚼经验，并不断挑战和迭代自己对研究对象的理解。这篇文章在发表后也收到了一些师友的宝贵批评，指出文章对本土跨组织新闻协作实践着墨不多。在本文发表后我也经常思考这个问题：如果本土经验中长期存在跨组织新闻协作的要素，为何在国内学术话语中却鲜有提及？是研究者尚未充分捕捉到这一实践，还是说这类行动已被制度化为一种不言自明的"常规"，抑或已融入某些本土要素而嬗变成其他形式出现？因此，在文章发表后的几年间，我努力通过访谈和田野工作去捕捉这一实践在中国新闻业中的"踪迹"。我逐渐意识到，"协作"这一过去较少被讨论的新闻行动者间关系，已在数字时代的本土语境中涌现出丰富而复杂的经验案例。例如政府部门与新闻机构的媒介化治理故事、新闻机构与技术公司围绕新技术而进行的协作探索，又如专业新闻机构与网络原生媒体组织展开的协作实践，等等。对这些本土案例的经验研究可能激发更多的理论贡献。另外，对跨组织新闻协作的考察不应局限于本土语境，用原文里的话说："需要对不同语境下的跨组织新闻协作案例进行深入考察，并在跨国、跨文化的维度下进行比较研究，以检验这种秉持'灵活''协作'理念的实践模式在全球新闻创新中的适应性。"在这个意义上讲，这篇文章只是后续研究的垫脚石。

这项研究关注协作，同时也是协作的成果。感谢我的合作者罗昊，同她的合作事实上呼应了本研究的发现：信任来源于对彼此价值理念的认同，而协作者间的信任将极大地推动协作达成。

"创新"是一个闪闪发光且让人着迷的词汇，而新闻创新研究共同体就像它的母题一样充满着生命力，自己荣幸身处于这样一个学术共同体之中，也期待越来越多的年轻学人能够加入进来，在一次次明亮的对话里见证新闻业在数字时代的变化轨迹。

第二辑

新新闻景观中的
行动者

研究者大多注意到,随着数字技术的发展,专业新闻业遭遇前所未有的危机,然而,事情的另一个方面则往往被忽视:新闻受众规模和信息消费数量却得到前所未有的增长。一个重要的原因是,由于数字技术的开放性,新闻生产不必再依附于大规模工业设施,专业媒体对传播权力的垄断被打破,涌现出无数新的新闻行动者。

新行动者中最重要的一类是原新闻工作者,他们离开新闻媒体,却难以熄灭心中的新闻热情,转而以创业媒体的方式开掘某一垂直细分市场;有些原媒体人即便转入商业平台、自媒体,也仍以"游侠"或"游牧"的个体行动参与新闻生产。还有一类是商业自媒体,在追逐流量的过程中,也从不同维度切入"泛新闻"市场,承袭并发展了专业新闻文化。当然,新行动者中大象级别的存在,仍属蓬勃兴起的政务新媒体和社交媒体平台,它们或以权威声音的姿态,或以客观中立的技术服务商的面目,根本性地改变了新闻场域的结构,重塑了受众对外部世界的认知。

大量新行动者的涌入,扩张也模糊了新闻业的原有边界,重建了报道者-信息源-用户等主体的多维关系,让原本结构化的新闻场破碎、液化,搅乱了专业新闻业固有的文化传统,也重构了一种全新的、令人尚无法完全理解和评判的新闻秩序,仍有待更加深入的研究思考。

"从前有一个记者，后来他去创业了"

——媒体创业叙事与创业者认同建构

▉ 陈楚洁

【本文提要】 媒体创业已成为中外传媒业转型发展的出路之一。基于行业刊物、网络报道和微信公众号中有关媒体创业文本的分析，本文发现，媒体创业具有精英化和浪漫化倾向，在多数情况下被等同为媒体人创业，且呈现出去新闻化、再媒体化、泛内容化的状态。媒体创业叙事再现了传统媒体机制的弊端，塑造了内部创业的他者形象；而新媒体创业则被刻画为在传统媒体动荡、技术变革、内容商业化、资本推动、社群互助、政策鼓励等背景下迎来历史性的"黄金时代"。通过使用旅行、战争等隐喻，创业叙事凸显了自由、自主、商业成就等创业神话。媒体创业叙事勾连了创业者的职业历史、创业现状与媒体前景的想象，既召唤了创业精神和职业理想，也重新定义了"媒体"和"理想"。

一、引言

传媒业的历史总是镌刻着创业精神。例如 19 世纪的媒体创业者充分利用邮政服务、电报技术、铁路网络的现代化创办了各种各样的报刊（Chalaby，1998）；同样，我国自 1949 年以来党的新闻事业以及 20 世纪 80 年代以来媒体改革催生都市报、电视节目改革等现象，也体现了筚路蓝缕、艰苦创业的精神。随着移动数字技术的普及以及社会资本来源的多元化，媒体创业的技术门槛和成本进一步降低。当中外传媒业进入传统商业模式难以为继、不确定性增强的迷茫期，媒体创业成为新闻业转型突破的方向之一，越来越多的数字初创媒体正在世界范围内产生。有学者指出，记者之所以自主创业，是由于传统媒体就业机会减少，也是由于他们对新闻业的现状不满，以及老牌媒体机构的衰落（Naldi & Picard，2012）。同时，"受大投资商、风险资本和技术企业青睐的营利性数字新闻初创公司，在新闻产业中扮演着日益重要的角色"（Carlson & Usher，2016）。当下的媒体生态格局呈现出两幅对比鲜明的画面：一幅是慨叹"一个时代结束了"的传统媒体，另一幅则是高呼"媒体人创业的黄金年代刚刚开始"的新媒体创业。

首先需要指出的是，媒体创业（media entrepreneurship）与媒体内部创业（media intrapreneurship）不同。顾名思义，后者指向在传统媒体组织内部推动的创新实践，而前者则指向由媒体人在传统媒体外部推动成立的区别于传统媒体生产的破坏性或创造性实践（Baruah & Ward，2015；Boyles，2016）。有学者将"媒体创业"界定为"小型企业或组织的建立与拥有，其创业行动会对媒体市场增添一种影响或创新"（Hoag & Seo，2005），在他们看来，媒体创业研究的对象主要是指小型媒体企业组织的创办者，他们通过掌握媒体技术创新或产品创新的方式，将新的生产要素投入媒体市场，打破市场准入的障碍，对媒体行业增添一种影响或创新。但这一定义受到不少学者的质疑，认为其过于宽泛，导致可能随便开设博客的个人都能被纳入其中。本研究更认可达梯斯·卡耶黑安（Datis Khajeheian）和罗森德尔·阿巴坦尼（Roshandel Arbatani）对媒体创业的定义——"利用小型媒体企业的有限资源去追寻那些能够从某个特定利基市场（niche market）获取收益的媒体机会"（Khajeheian，2013）。综合上述定义，本文将媒体创业界定为：以相对低成本的生产方式，在传统新闻业外创建小型媒体公司、推出新的媒体产品或推广新的媒体运作模式，与传统媒体形成竞争或补充关系的创新实践。

媒体创业的研究对象，往往从初创媒体及其从业者们开始。①

　　既有的西方语境下以新闻初创媒体研究所得出的结论，未必适用于中国语境下的媒体创业现象。事实上，在媒体初创公司的早期，媒体创业者所要面对的挑战，不仅包括如何获得长期的资金支持，还事关如何将自己打造成这个世界的正当记录者（legitimate recorder）（Carlson & Usher，2016），更关系到一个新的职业认同的形塑。鉴于此，创业的修辞与叙事便扮演了不可或缺的角色。如果我们仅仅关注媒体创业的物质层面和创业者的特征要求而忽视了其论述建构与意义塑造的面向，不能不说是遗珠之憾。

　　过去一二十年来，叙事（narrative）在创业研究中所受重视日深。在组织学、管理学和创业社会学研究中，有越来越多的文献关注创业者、创业活动的叙事角色，因为叙事理论相比过往的理性选择论和创业者特征论提供了对创业现象的新理解（Johansson，2004；Steyaert，2004；Navis & Glynn，2011）。本文认为，理解媒体人创业并不全在于去寻找一种普适的商业模式或探求创业成功的要诀，而在于理解媒体创业者如何讲述创业故事，建构了什么样的媒体想象和职业认同，而创业叙事又如何反映、构筑传媒业的转型等问题。

二、理论脉络

（一）理解媒体创业：一种叙事视角

　　叙事是指对一个时间序列中的真实或虚构的事件及情境的再现（Prince，1982）。一个完整的叙事具有开头、中场、结局等有着先后顺序的情节。尽管对于叙事的定义有争议，但在一个最简单的意义上，叙事是

---

①　在这个意义上，媒体创业也就是从媒体人创业开始，它们都发生于传统媒体机构之外，具有个体化色彩，但并不意味着它们始终都是个体化的，随着创业实践的制度化，它们也将成为工业组织的产物。至于彻底离开新闻业进行跨界创业的现象（如媒体人经营民宿、卖生鲜等），则不属于本文的分析对象。

由多个情节、问题、人物等存在关联的因素构成的连续性故事（Holloway & Freshwater，2007）。叙事具有多种形式，包括私人故事、虚构叙事、自传体叙事以及新闻故事等（Foss，2004）。

作为叙事的最基本形式，故事是各种事件赖以联结的介质，能够创造主题、情节，并提供对社会情境的理解（Buckle & Zien，1996；Smith & Anderson，2004）。叙事的主要功能在于整合人们的经历，即通过连接过往与当下并设置未来场景，打造一个连贯、统一的身份认同（McAdams，1996）。换言之，叙事的视野囊括了过去、现在与未来，叙事者在叙事中往往会建构一个连贯的自我，使其生命历程、职业选择呈现出一种线性观感。

当然，叙事研究并不在于提供解释事件的科学法则，而是通过确认事件的意义来寻求理解（Smith & Anderson，2004）。作为叙事形式之一的媒体报道，是指报道或文本生产者以讲故事的元素再现他们认为有意义的世界。自 20 世纪 80 年代起，创业叙事就已受到经济学、管理学和社会学研究者的关注，然而，具体到媒体创业领域，叙事究竟扮演了何种角色，以及从中反映、建构了什么样的创业者认同，仍然未见系统性的考察。

（二）创业叙事、创业神话与认同建构

按照安东尼·吉登斯的观点，身份认同是一个"成为"（becoming）的过程（Giddens，1991），在这一过程中，个体通过其所处的文化环境的意义认知系统对其身份认同进行协商。创业研究表明，叙事不仅有助于创业者获取资源（Manning & Bejarano，2016），亦有助于建构认同（Cohen & Musson，2000；Cohen & Mallon，2001；Down & Warren，2008），后者往往与诸如艰辛、清醒、节制、创造力和独立等价值观相联系，是在不同话语间的穿梭旅行、反思的过程（Foss，2004）。叙事反映、创造了一个社会、组织或职业的文化观念，提供了一种建构身份认同的方法和意义系统（Smith & Anderson，2004）。如果说创业是一种新价值观的创造，那么叙事则使这些价值观得到传递。

　　有学者提出，媒体创业的价值观强调媒体从业者的自我认同应从"组织人"转向"创业者"的想象，以"创业型自我"（entrepreneurial self）的概念来建构工作主体性（张煜麟，2014）。创业者在塑造"创业型自我"时，一方面突出其创业产品与既存事物的差异，另一方面也展现其在某些特征上与既有事物的相似性。简而言之，一个新的职业认同的形成将围绕连续性和差异两个层面进行阐述（Jones et al.，2008）。马特·卡尔森（Matt Carlson）和尼基·厄舍（Nikki Usher）通过分析新闻初创企业的创业宣言，指出它们通过宣誓与传统新闻业既区分又有所继承的价值立场批评了传统新闻业在应对变革、试错方面的迟滞行为，同时以实验的态度推动媒体创新，从而与专业新闻业单一化的声音形成了鲜明对比（2016）。在这一框架下，媒体创业带来的新问题对记者的职业认同也产生了新的影响。传统意义上，记者的专业认同与实践是基于公众服务、客观性、自主性、伦理等共享的职业意识形态（Deuze，2005）。这些职业意识形态相比商业价值在塑造一个记者的认同与实践上更具有优势地位（Baines & Kennedy，2010）。而随着社会环境、职业环境的变化，人们对职业的认知也有建立新的意义和理解的需要。例如在新媒体环境下工作的记者，由于组织环境、工作常规和职业价值观的调整，对于其作为记者的职业认同往往会产生疑问（Chadha，2016）。简·辛格（Jane Singer）提出，在媒体创业环境下，我们应当将记者重新理解为创业者，将新闻业理解为创业，考察其对新闻业的传统职业规范与价值观产生的冲击和调整（2017）。这意味着，对媒体创业者的身份认同的理解，将围绕着与既有的职业认同的差异和共性而展开，这将是一个区分"自我"与"他者"的建构过程，而从传统媒体人转向创业媒体人的变化过程，使得创业叙事的展开具有了时间上的秩序。

　　创业价值观的传递和创业者认同的建构，有赖于被一个社会或一个群体所接受的隐喻、传说、神话（myth）与寓言等叙事工具，它们融合在创业叙事中的起因、过程、结果之内（Smith & Anderson，2004）。琳恩·弗斯（Lene Foss）指出，创业叙事可以帮助个人重构过往、认知当下和预测未来，从而使个人生命历史具有结构感（2004）。在创业叙事的结构之下，不同的隐喻（如旅行、养育、竞赛、建设、战争、反传统、激情等）被叙事者所使用并被赋予不同的意义。既有研究表明，个体化的创业者是一种被广为接受的神话，因为它既可以将复杂的创业现象简单化，也可以产生激励众人的效果，以为创业家都是个人英雄式的人物（Dodd，2002）。不仅在经济领域是如此，在媒体创业领域亦然。在美国，媒体管理者和雇主越来越强调创业作为一项记者、编辑的个体属性而非组织属性，这意味着创业者需要改变以往专注于条线的劳动分工，而其结果是内容生产与商业运作的融合（Witchge，2011）。有学者指出，新闻界近年来出现的数字初创媒体及其创新形式与 20 世纪中叶公共事务电视节目作为一种独特的新闻形式的面世具有异曲同工之妙，其背后都与三种现象紧密相关：受众和记者对职业新闻的不信任催生了新的媒体类型与形式、受内部与外部力量刺激的日益激烈的新闻竞争，以及参与新闻创业的记者和编辑的独特人格魅力（Prenger & Deuze，2017）。而关于创业新闻的媒介话语的分析发现，尽管媒体创业可能带来内容生产与商业运营融合而导致的伦理问题，但媒体创业仍然被广泛地视为一种积极现象，对新闻业在数字时代的生存至关重要（Vos & Singer，2016）。

总之，本文所关心的问题是：中国媒体创业叙事是如何讲述媒体创业故事的？它们叙述了什么样的媒体历史、现状并描绘了什么样的前景？媒体创业叙事建构了什么样的职业想象与职业认同？塑造了什么样的媒体创业偶像（entrepreneurial icon）或者反面的典型？这种创业者认同的建构，与媒体行业的变革、转型具有何种关联？

本文研究资料来源有二：一是以"媒体 + 创业"和"内容创业"为关键词搜索特定微信公众号（包括但不限于创业家、36 氪、传媒狐、南友圈、新榜、闹客邦、刺猬公社、钛媒体、三声、DoNews、铅笔道、创业邦、财经记者圈、AI 蓝媒汇等）中的原创文章，同时辅以作者近四年来对相关案例文本的收集，共有文章 189 篇；二是从百度新闻检索 2014 年至 2017 年 12 月有关媒体人创业的评论与报道，共 398 篇，去除重复、无关者之后得到 165 篇。需要指出的是，本文无法亦无意于穷尽所有关于媒体创业的叙事文本。在完成数据收集之后，作者开始对材料进行重复而深入的阅读，归纳其主题、情节、隐喻、神话等叙事要素。

三、媒体创业叙事的结构与主题

媒体创业叙事在结构（传媒业的变革）与能动性（媒体人的进退选择）的主题下形成了时间、职业变动的秩序，这个秩序围绕着两个鲜明对比的主题展开——传统媒体正处于动荡之中，新媒体创业正迎来"黄金时代"。而随着媒体创业的深入，关于创业探索的过程与阶段性结果都在不断地被叙述。

（一）传统媒体的动荡：困境叙事

媒体创业叙事往往以传统媒体遭受技术冲击发生行业性动荡为宏观语境，强调传统媒体正遭受新媒体技术冲击，内容生产管辖权被瓦解，商业模式陷入困境，经营收入急剧下滑，媒体人才频繁流失，转型前景充满不确定性等难题。"危机""商业模式崩塌""传统媒体的寒冬""断崖式的坠落""遭受巨大冲击"等热门词汇被频繁地用来开启媒体创业叙事。正如胡舒立指出的那样，"新闻媒体这个行业，近来出现许多变化和动荡，转型冲击强烈。因此，'创业'是我们这个行业最近的热词"（胡舒立，2014）。

而更为常见的是，创业叙事不断将传统媒体的困顿和新媒体领域的吸引力并列叙述。前媒体人朱学东这样总结道："传统媒体在政治和技术以及自身体制的先天性疾病的多重夹击下，让从业者无法突破事业的天花板，看不到未来。职业的想象空间和尊严同时在丧失，而技术主导的新平台财富的想象空间以及其他领域企业现实的实惠，都在诱惑着越来越多的人转身，或创业，或转型。"（朱学东，2015）甚至，创业叙事向传统媒体人留在传统媒体和转型去新媒体创业之间发出了哲学意义上的提问："传统媒体的日渐式微，新媒介的迅猛崛起，To be or not to be？与其做困兽之斗，不如选择迈步向前，越来越多的媒体精英选择变革中涅槃重生。"（方糖小镇 2016-01-15，《媒体人的"解放"之路》①）在传统媒体的颓势与新媒体的光明前景的对比之中，媒体创业也就成为一种自然发展的趋势。

（二）新媒体创业的开启："黄金时代"叙事

区别于传统媒体的困境叙事，媒体创业叙事对基于新媒体的创业构筑了"黄金时代"的诠释框架。就新媒体创业出现的时间长度而言，"黄金时代"之说仍有待时间的考验，也因此更多是作为一种集体声称与呼吁。如果说怀旧叙事中的"黄金时代"神话围绕着职业的青春成长与赋能、宽松的组织环境以及推动社会进步的"新闻理想"（李红涛，2016；陈楚洁，2015），那么创业叙事中的"黄金时代"神话则指向了新的内容。

其一，它以乐观积极的态度划定新媒体技术变革带来的历史性机遇，而善于抓住机遇的是传统媒体行业的精英，他们往往对行业变动保持敏感。在这一叙事基调下，新媒体技术对媒体内容生产格局产生了巨大的冲击，小型初创媒体以低成本触及广泛受众群体成为可能。创业者声称"技术的变革带来了新渠道的开拓，新渠道对于内容的需求才带来了内容创业的春天""现在是媒体人创业最好的时候""现在是内容创业的黄金时代"，如此一来，拥抱新媒体创业也就成为大势所趋。从央视新闻频道原主播邱启明的讲述中，互联网技术的变革拓宽了以社交媒体为依托的内容创业的历史性机会窗口：

内容红利的窗口一直都在。如果说过去的窗口外大概能站一百人，但技术的变革、互联网优势的扩大让窗口变得越来越大，我们可以理解为技术的出现帮助内容生产者在窗外修了楼梯，远的人站在梯子上一样可以看到窗内的内容。就这样，过去的几年间，内容的创业迎来了"时代性的商机"……（36氪 2017-07-31，《沉静的力量才有〈远方〉，邱启明作为媒

---

① 此为微信公众号引文，下文引文采取统一格式："公众号名称＋日期，文章标题"。

体人的创业转身》）

其二，它指向了内容消费的细分化及其商业潜力的再发掘。在创业叙事中，技术变革促进了媒体内容生产的去中心化，而受众/用户群体的细分以及移动互联网语境下内容消费的多元化所蕴含的商业价值，成为新媒体创业的经济基础。传统媒体时代的"内容为王"式新闻生产开始让位于"内容平台""内容产业""内容创业""内容产品化""内容商业化""内容付费""知识服务"等热词以及"内容市场的火热源自其背后的商业价值"等趋势判断。在刺猬公社创始人叶铁桥看来，"内容消费的升级也在逐渐发生。在 PC 时代习惯免费阅读的受众，开始愿意打赏、订阅、包月购买内容，有很多内容生产者已经完全能够依靠内容生产而过上不错的生活"（叶铁桥，2016）。

基于垂直领域的初创媒体还因其商业潜力而受到风投资本的认可。一家专注于新媒体项目投资的风投基金概括了他们在垂直领域的投资偏好，指出"我们投的十来个财经项目里边，绝大多数都是基于某一个细分市场的财经新媒体"。[①]对新媒体融资现象的概括也表明，"在投资者眼中，'垂直化'是大势所趋。如今，最受网友热捧的新媒体平台往往集中在汽车、财经、美食等垂直领域。这直接体现在新媒体的投资风向上……"（卢泽华，2016）简而言之，互联网用户对内容消费的细分以及创投资本对垂直领域内容创业的偏好，正在影响新媒体创业的内容格局。

其三，这引出了"黄金时代"叙事的第三个指向：基于新媒体的创业实现了融资与估值的迅速增长，是媒体人"理想"与"市值"的双赢。借助社交媒体，风投资本方成了讲述媒体创业故事、构筑媒体创业前景的重要主体，有些传统媒体人也转型成为风投资本的合伙人，如高樟资本的范卫锋、紫牛基金的张泉灵。风投资本方还提出："当旧的生产关系瓦解之时，其中先进的生产力应该得到释放，得到自由，得到机遇。应该有人投

---

① 腾讯财经：《高樟资本 CEO 范卫锋：期待自媒体的内容质量超越传统媒体》，http://finance.qq.com/a/20160706/046230.htm，发表日期：2016-07-06。

资于他们，投资于媒体行业的内容极客。"①通过展现新媒体创业领域获得风投资本融资的典型案例，创业叙事刻画了风投资本入局的正面形象，也以此来展示媒体创业的勃勃商机：

　　资本入局新媒体创业领域并被业界关注始于两年前。2014 年，上线两个多月的一条公众号获得挚信资本数百万美元的投资。此后，新媒体创业融资开始进入加速期。2015 年 10 月，自媒体平台罗辑思维宣布完成 B 轮融资，其 13.2 亿元的估值将新媒体融资推向新的高潮。（卢泽华，2016）

　　其四，"黄金时代"叙事还指向了媒体创业者塑造共同体的努力以及为先行者加冕的集体仪式。在内容创业、自媒体人成为流行热词的背景下，创业媒体人试图通过建立松散的互助社群，交流创业理念，分享创业资源，建立创业者的群体认同、规范与愿景。如以原南方报系创业媒体人组成的南友圈，为媒体人创业提供创业空间、培训的方糖小镇，由新榜、刺猬公社、钛媒体、自媒社等初创媒体举办的年度峰会、论坛、沙龙，以及内容平台媒体组织的内容创业者大会、颁奖礼等，不断在凸显内容创业者身份的价值与重要性。有创业者表示，"创业是杯苦咖啡，如果我们给你加一点糖，你会甜一点。如果大家相互加一点糖，创业的过程就会美好很多"（方糖小镇 2015-12-22，《前媒体人创业成功，公益支持同行转型》）。换言之，媒体创业者不再是独行者，而是共享了媒体创业者的共同体身份。

　　其五，"黄金时代"叙事还指向了制度层面上创业政策的推动作用，将媒体创业置于近年来国家推出的"双创"政策框架下。媒体创业也因此成为曾经的"无冕之王"在万众创新的潮流中寻求"解放"之路的选择（方糖小镇 2016-01-15，《媒体人的"解放"之路》）。典型者如"在国家'双创'政策的引导下，媒体人创业也成了最受人关注的选项"，以及"伴随着

---

① 百家号"商业相对论"：《范卫锋：我要做内容的"看门狗"》，https://baijia.baidu.com/s? old_id＝223264，发表日期：2015-11-09。

万众创新，媒体人离职创业蔚然成风"。更为重要的是，制度上的创业潮流也使媒体人焕发出新的热情和憧憬——"冲破传统媒体制度束缚的媒体人，在'双创'大潮中仿佛找到了曾经的'干劲儿''理想'和'情怀'，一股全新的媒体人创业季宣告到来"（栾春晖，2015）。

（三）创业前后的职业体验：从焦虑、压抑到开阔、自由

媒体创业叙事往往将媒体创业描述为一个向过去告别，同时向新媒体领域出发的旅程。创业之前与创业之后的经历在创业叙事中得到鲜明的对比。

1. 巨变之下克服恐惧与焦虑

传统媒体的动荡难以再给媒体人带来"激情"与职业想象空间，而精英同行的离开又加剧了职业的焦虑感与危机感——传统媒体的荣光不再，媒体人何以安身立命？在张泉灵的自述和媒体的报道中，我们看到这样一个故事发生的过程： 传统媒体转型迟滞，未能及时掌握受众习惯的变化，导致媒体人难以在职业与社会变化之间建立直接的联系，从而产生职业焦虑感与危机感：

> 媒体人张泉灵有些看不懂了。传统媒体信息权被社交媒体瓦解，外面的世界不断翻页，身处信息最前沿的张泉灵突然感到了恐惧、焦虑，她发微博说，自己被"时不我待，知识缺口巨大"弄得焦虑无比。（钛媒体2017-12-04，《专访"百变"张泉灵： 投资活得"像狗"，并非华丽转身》）

另一位创业者在故事分享中直指媒体人在行业动荡时期面临"一个充满不确定性的年代"，"充满忧思、困惑和恐惧。这很正常。可是我们不能什么事情都不做。与其被恐惧紧紧地汗衣裹体，不如去顺应它，拥抱它"（高樟会 2017-11-23，《迟宇宙： 我们打得赢与写稿机器人的战争吗？》）。然而，职业环境不确定性的增强与同行的陆续离场、转场无疑搅动了职业士气与神经：

> 外部的风云变幻也撩拨着她的情绪。传统媒体式微，技术革命让周遭

一切都沸腾起来，整个行业在"动荡"，媒体领军人物纷纷离开工作了十七八年的传统媒体……易小荷的同事或创业，或转型……纸媒新闻人转型的焦虑最终逼出了易小荷的抑郁症。（火星实验室 2017-10-25，《前"篮球第一女记者"易小荷：传统媒体衰落期，文艺治疗抑郁的伤》）

于是，媒体创业成为一个克服职业危机感、恐惧感乃至治疗职业病痛的过程，这一过程的描述也给媒体创业赋予治愈性和自然化：困守衰落期的传统媒体被形容为饱受疾病困扰，而创业则成为治疗的药方。

2. 实现对自由与自主的向往

在对媒体人走出体制开始媒体创业的叙事中，旅行成为基本的诠释框架。与旅行有关的隐喻也被频繁使用，诸如"拓荒者""探索者""摸着石头过河""改变潮水的方向""登山""十字路口""柳暗花明""创业是一场修行"，乃至带有宗教色彩的"出埃及记"等描述都将媒体创业者的转型探索赋予神话意涵。在呼吁打造"11·9 中国自媒体节"的大会上，内容创业者以乐观的笔墨描绘了媒体创业的新场景："互联网以降，用户主权既开，去中心化势不可挡，话语霸权渐行渐远。媒体人转场，自媒体潮平岸阔，内容创业风正帆悬……"

在旅行的隐喻中，媒体创业叙事塑造了媒体人通过新媒体创业实现独立自主、自由和获得更多职业空间的创业神话。诸如媒体创业"让我们发现生活的另一种可能""做自己擅长且真正想做的事情""和志趣相投的人做一件有趣的事"等。以央视原记者武卿为例，她自称在辞职创业之前经历过职业上的压抑和挣扎，"生产力、创造力不能充分释放的压抑感，离地三尺找不到着落的空洞感，从 2010 年就开始有了"。无论她怎么努力都"无法填补内心的空洞，它反而越来越大"（卿谈 2015-09-11，《武卿：告别〈焦点访谈〉我创业了　临了有些真话想说》），而创业之后，她感到自己"终于可以淋漓尽致、旁若无人、不急不缓地做事"，"感觉空间打开了……打开的有发展空间、人际关系空间，更重要的是心理空间"（传媒狐 2015-09-16，《告别〈焦点访谈〉，武卿：央视和辞职都再不谈了》）。

（四）未知的结局与丛林式的竞争

与"黄金时代"的乐观叙事形成差异的是，战争隐喻被用于刻画新媒体创业即将面临的激烈竞争，一边是前景的光明，一边则是为内容流量与商业资源激烈竞逐的紧张与曲折。其热门词汇包括"红海战场""千军万马""前赴后继""千里马""冲锋舟""瞭望塔""武器"等。媒体创业的竞争不仅包括创业者之间的竞争，还包括创业型媒体与传统媒体、大型互联网平台的竞争。一篇悼念前媒体人、原"春雨医生"创始人张锐的文章正是以战争隐喻来形容创业路上的残酷景象：

> 来自投资方的盈利需求、竞争对手的"挖角"与攻击、媒体舆论的怀疑与唱衰、合伙人的离开与背叛、员工的懈怠与流失、家人的担心，最可怕的是失去信心的自己……"下海"创业的激情燃起的时候，就算战八方，也是"虽千万人吾往矣"的豪情万丈。（界面 2016-10-09，《媒体人创业：血战八方的残酷图景》）

2016 年初的"新榜"还以颇含诗意的语言发出迎接内容创业者之春的呼唤，到了 2017 年底则以进化论来形容即将到来的内容创业场上的"生死存亡"：

> 这一年，内容创业者在内容迭代进程中摸爬滚打，经历风风雨雨，甘苦自知。……传统媒体时代培养出的"内容熟练工"已全部抵达新媒体战场，缺乏"内容基因"的、不懂精雕细琢的新媒体，将在本轮大洗牌中直面"生死存亡"，号亦然，小编亦然。……物竞天择，适者生存，内容创业的玩法仍然在不断进化。（新榜 2017-12-29，《有些人会熬不过去，有些人会活得更好》）

就此而言，所谓媒体创业的"黄金时代"是短暂的，媒体创业者的生存法则仍然是残酷的优胜劣汰，在激烈变化的技术变革、政策监管、流量竞争、平台统合、资本变动的不稳定状态下经历创业的跌宕起伏。

四、从记者到创业者：职业认同的重构

（一）职业角色的转型：从单一到多元

1. 角色定义的调整

首先，新的角色定义为迎接挑战和适应变化，在创业的未知旅程上成为探索者。刺猬公社 2017 年 12 月发布的年会邀约词中，将主动迎接变化并探索内容生产新边界的"媒体人"定义为"新内容探索者"——他们"没有因茫然而不知所措"，没有"因麻木而随波逐流"，而是像探路的先知一样，"积极求索，主动探知各种可能"，"站立在变化的潮头上，身体力行地探索着当下内容变化和发展的可能性，拓展着内容的边界，创造出新的物种，丰富着社会对内容和内容生产者的认知"（刺猬公社 2017-12-11，《让让道，刺猬公社的年会来了！》）。

尽管"新内容探索者"未必都指向创业媒体人，但却从探索者的角度赋予媒体创业者一种新的身份特征。

其次，创业者的角色定义更为多元，而传统媒体记者的角色是单一的。这在关于创业媒体人的新称呼中也可见一斑。传统意义上的记者在进入创业之后需要成为内容创业者、内容拓荒者、内容提供者、先行者、自媒体人、创始人等。以往单纯负责采写、编辑的新闻记者角色，转向了创业之后必须承担多重、交叉职责的角色，"要从单纯的记者、编辑向管理者、经营者等角色过渡、融合"。在闹客邦创始人栾春晖看来，离职媒体人参与的媒体创业正迎来从单一个体到集体性参与的新阶段：

从零星的行为，到今天集中式的离职创业，从曾经做一个具体项目，到今天做投资（徐诗和范卫锋）、做创业服务（"南友圈"），媒体人投入创业浪潮中的角色日益多元，日益显现系统化的特点。从单兵作战到集团作战，从个体户创业到有强有力的组织保障（创业服务社群与新媒体投资基金），不断升级。（栾春晖，2015）

再次，从媒体与受众的关系而言，传统媒体时代是记者–受众关系，而

初创媒体则将受众定义为"用户""粉丝"或业余内容提供者。不断有创业媒体人指出，参与创业之后，他们与用户的互动增强，其角色定义不再是单向的传播者，而是强化了互动、参与、社群关系维护等。例如大米和小米创始人姜英爽表示：

> 在传统媒体中，做新闻不知道服务了谁，得不到直接的反馈。所以传统媒体的新闻传播方式的消亡是必然的。真正的新闻应该是互相反馈、信任、增进的，是读者和记者交互深入的过程，这些我在做自媒体的时候深深地感受到了。而且我现在面向的领域是垂直性的，我能直接感受到服务对象的心痛，感受到他们的快乐。（传媒狐 2017-03-22，《雷文峰事件首曝者姜英爽：我用"南都血液"创业》）

最后，媒体人和媒体的定位也在改变，不再局限于单纯制作通俗的大众新闻，而是围绕着适合用户消费的内容生产和传播，向用户提供必要的知识（如教育、财经、健康、知识问答等）和服务。在罗辑思维的自我定位中，我们看到其定位从个人化的内容生产者走向了多元化的"知识服务商"：

> 罗辑思维早就不再是一场属于罗振宇个人的知识"脱口秀"，它已经是一家拥有得到 App、罗辑思维、时间的朋友跨年演讲等产品的知识服务商。无论你喜欢与否，它都成为一面旗帜，引领着整个新媒体及内容行业摸索和变革的步伐。（新榜 2017-12-26，《脱不花：罗辑思维的天花板在哪？》）

总之，初创媒体不仅是传统媒体的一种补充，而是更新对媒体的定义，同时也让媒体创业者跳出传统体制的框架。这带来了两种后果，一方面是媒体理念的革新，另一方面也可能使初创媒体不再遵循媒体专业伦理。比如，创业新媒体的内容生产更为迎合用户需求，内容定位从思想启蒙转向了生产迎合粉丝的争议性文章。于是，一些自媒体创业者提出了用户至上的游戏规则，认为"做内容，关键要解决用户的七情六欲"，"在用户的有限时间里，谁能最大限度地满足他的诉求，谁就是用户需要的内容形态"。

2. "商人"与务实主义者

角色的转型也带来对过往职业认同的调整，它既有发扬也有否定。尤其是，当创业媒体人为了维持创业项目的经济支撑而必须与资本打交道时，他们的角色定位不再是在内容生产与商业运营之间建立防火墙，相反，是要充分利用资本来促进初创媒体的存续与壮大。

首先，创业者肯定商业运作对初创媒体生存的重要性。媒体创业者作为商人的角色——兼顾内容生产、融资、推广、商业变现等多重角色因此得到强调。有创业者直言："出来创业就是商人的身份，为团队找到生存之道，帮投资人赚钱，帮小伙伴们富裕，这是最大的情怀。"（刺猬公社 2017-06-04，《创业 3 年失败两次，前南周首席评论员李铁这次想做一个真正的商人》）也有人感慨这种身份的转变，指出："他们，敲键盘的文人，最终都变成了自己曾经报道过的商人。"（财经女记者部落 2015-01-20，《主编大人都去创业：一个时代结束了》）这种身份的转变还意味着从理想主义者转向务实主义者，就像"十余年的时间里，经历坎坷与磨炼，他从一个意气风发的记者变身为踏踏实实的创业者"（陈健，夏琪，2015）。在对"央视创业邦"的描述中，罗振宇、马东等人就被当作典型：

> 与罗振宇类似，马东成了务实主义者。于是，你可以看到，他聪明地在《奇葩说》里玩花式口播广告，同时讨好广告主和观众，也会在许知远的《十三邀》里笃定地与年轻人站在一起，避而不谈这个时代的焦虑和不安，毫不避讳自己的商人身份——这些，恰恰都是年轻人喜欢的，而后者是米未传媒最重要的受众。从这个维度上看，马东已经顺利完成了从媒体人到创业者的转变。（首席人物观 2017-10-09，《央视创业邦沉浮录》）

在这里，"媒体人"与"创业者"的角色预期和行为逻辑是存在差异的，"媒体人"可能对"商人的身份"羞于启齿，不"讨好广告主和观众"，要"谈论这个时代的焦虑和不安"，而"创业者"则要求成为务实主义者，要在商业、资本、受众之中游刃有余。

其次，他们从创业者本位的伦理出发，认为商业与资本运作并不必然与内容生产矛盾，关键在于平衡。在南方都市报原执行总编、百神传媒创始人庄慎之看来，商业与内容生产之间并不天然对抗，而商业的运作是回馈资本投资的必然要求：

> 我不像一些传统的报人那样特别理想主义，天然觉得商业会对内容造成伤害，在商业和内容之间要砌一道墙。现在做内容，采编经营很难完全分得开，主要在于决策者拿捏的尺度……我还是知道柴米油盐贵的。人家要投钱进来，也不是给你成就梦想的，你得呈现出未来盈利的可能性，就算这个东西无盈利，但如果能够树立品牌，在其他方面带来效应的话，也行。（刺猬公社 2017-04-24，《"庄子"一去不复返，一头扎向自媒体》）

可见，"商人"作为一个在传统媒体时代与"记者"相对立的称呼，现在成为创业媒体人所要承担的一种重要角色。通过商业的运作维持初创媒体的生存与发展，被当作一个既符合创业伦理又能证明转型创业成功的标志。

（二）"昨日之我"与"今日之我"的纠葛：内部创业 vs 新媒体创业

创业叙事常常涉及对媒体人过去、现在与未来的描述，通过时间秩序上的勾连，创业者的职业认同被置于历史语境之中。不同的叙事主体也对这一时间秩序上的不同阶段赋予了不同的意义。总的来说，传统媒体叙事倾向于强化媒体创业者过去的职业经历，突出传统媒体对他们的职业训练所产生的积极影响；而创业媒体人则倾向于陈述传统媒体机制的弊病，将自身的创业视为个体的能动性对科层结构的不满。

1. 传统媒体视角的叙事：传统媒体经历助益创业

立足传统媒体转型视角的媒体叙事将媒体人创业视为传统媒体职业经历的延伸。在《南方传媒研究》关于媒体创业的专题中，"编者按"指出：

> 他们曾经都是传统媒体记者，都在广州大道中 289 号大院共事。出于各种原因，他们走上创业之路，并且获得成功。他们还有这样的共性：当年作为报纸记者，表现都很优秀，硕果累累，实现了新闻理想；试水传统媒体人的转型，方向路径明确，得施所长，少走了许多弯路……他们善于

在生活中发现需求，并且尽快地满足需求。他们的故事还告诉人们，成功的根本与其曾经从事的报纸新闻工作、与充分发挥自身优势有很大关系……（2016）

在南方日报的描述中，曾在南方都市报工作的王玉德"辞职创业是考虑已久的选择"，其所以创办财经新媒体是从基于在纸媒的经验积累：

无冕财经并不是王玉德第一次创业……在南方都市报任职期间，王玉德发起创办过多个商业项目，如南都总裁读书会等……出于各方面的原因，这些尝试并没有达到王玉德的理想状态，但这些项目却给他积累了在采编岗位上很难得到的经验，以及给了他最终出走创业的把握和决心。（南方日报 2015-11-16，《传统媒体从业经历成创业法宝》）

对传统纸媒来说，媒体人走出体制去创业并不能说明传统媒体体制存在问题，反而证明了传统媒体经历对媒体创业的重要性：传统媒体工作的经历使他们更善于识别新媒体创业的机会，积累了社会资本进入新的领域。

2. 创业者视角的叙事：从体制内走向体制外

从媒体创业者的视角来看，属于传统媒体的内部创业被视为传统科层体制下的"困兽犹斗"，是媒体创业的"他者"。通过确立这个他者，媒体创业叙事突出了具有个体化色彩的媒体创业的机遇和空间。

媒体内部创业被谈论的第一种场景是创业媒体人曾经在体制内试图尝试创业的经历。一个常见的情节是：创业媒体人亲历、参与了新闻业的"黄金时代"，并且尝试在媒体巨变时期推进内部创业创新实践，然而往往都因受到多种限制而难以如愿，于是选择走出体制进行媒体创业。例如一位都市报的原副总编这样描述自己的体制内创业经历：

"在传统媒体中，我经历过纸媒的黄金时代，也看到它在最后的十年慢慢下滑。"谈到自己跳出传统媒体，开始创业的原因时，苟骅这么告诉界面记者。在探索媒体转型的过程中，苟骅不仅尝试推进媒体自身的互联网化，也希望能够带动媒体人内部的创业孵化，然而他发现，他的尝试往往会受到诸多掣肘，无法突破。在多年的努力未果后，苟骅终于选择跳出体制。

（界面 2016-08-13，《从资深媒体人到新晋创业者 苟骅想搭建一个"自媒体人的 Uber 平台"》）

创业叙事一方面对传统媒体内部创业持否定论，另一方面通过创业者的职业经历完成对媒体创业精神的召唤，从而建立这样一种连贯的职业经验：创业者的创业精神不变，媒体创业是对内部创业的扬弃。在辞职创业的自述中，央视新闻频道原调查记者武卿这样说：

"创业"之于央视，不陌生，也不遥远。十三年前央视吸引我的，就是它内部的创业氛围——那种创业的热火和对社会的冷静凝视所交织而成的魅力之于我，就如同延安之于当年从四面八方汇聚而来的革命小青年。创业没有失败。创业者永远不死，理想永不凋零。（卿谈 2015-09-14，《武卿：告别〈焦点访谈〉我创业了 临了有些真话想说》）

媒体内部创业被谈论的第二种场景涉及传统媒体机构的创新体制问题，诸如产权与激励机制不清晰、协调机制不灵活、内部创业前景不明等。在一位转型新媒体风投基金合伙人的叙述中，内部创业的机制无法适应移动互联网时代激烈的市场竞争要求，也就"无法解决媒体机构的未来出路问题"：

既然是创业，说明利益主体已经有分歧了；又叫内部，说明还是在旧机构的土壤上。当他需要其他"相关部门"配合、支持的时候，凭什么这些部门会比原来更加热情……作为创业团队，当需要各种来自后方、兄弟部队的支持时，如果需要不断地沟通、协调、配合、平衡，创业团队的竞争力就会大打折扣。（高樟会 2014-11-13，《媒体人创业的黄金五年来了》）

对媒体内部创业的叙事还用上了"如蚍蜉撼大树，收效甚微""所有的想象空间和尝试似乎已触及天花板""如果不突破瓶颈，不可能再有新作为"等语句。总之，内部创业被脸谱化地展现为：内部创业是不可能的任务。

尽管如此，仍然在专业新闻业内坚守的媒体人则继续认定媒体创业应当在机构层面上取得进展才能给传媒业带来真正的出路。以胡舒立为代表的专业媒体人指出，当前的媒体创业机会是个体化的，并未形成机构层面的制度实践：

> 转型从个体开始，形成创业潮。……但我想提醒，就目前所看到的商业机会而言，应当说这些新媒体形式，只属于单个新闻工作者的转型窗口，并没有为新闻机构的转型，给出解决方案。而做大事，做新闻的大事业，是要靠机构、靠公司的。（胡舒立，2014）

换言之，不同于创业者宣称媒体创业的颠覆性力量，新闻业的坚守者仍然坚持基于大机构生产的新闻业的主导地位，将个体化的初创媒体视为其补充。

总之，媒体创业叙事在涉及媒体人的过往职业经历时，产生了两种不同面向的评价：传统媒体机构的叙事淡化了内部创业所受到的体制束缚，但突出了创业者在传统媒体机构内获得的职业经验与方法论对体制外创业的正面意义；而媒体创业者则突出创业型的个体如何受限于不合时宜的组织机制；同时，他们在抽象层次上将个人的创业经历视为连贯的选择，既肯定了自己的内部创业经历，也为当下的媒体创业赋予更多的意义。创业者对传统新闻业经历的双重态度，反映出他们在对过去的继承与区隔中面临着职业认同的调整与重构。

3. "理想"的再诠释与"媒体"的再定义

在媒体创业叙事中，媒体人之所以离开体制，是由于不能再实现职业理想，而创业则为实现职业理想创造了新的机会与可能。"理想"和"媒体"在创业叙事中都得到了重新诠释。在《中国记者》对小猪短租副总裁潘采夫的报道中，潘将媒体工作和创业视为殊途同归之事：

> 老潘说，在这时，他实现了自己的价值理想。这个价值理想与他还是一个媒体人时的信念没什么不同。更确切地说，他成功地把自己的价值观、把自己推动社会进步的新闻情怀注入了新创的企业和独创的项目，并借助新媒体和商业的力量实现了更大程度的传播与推广……在今天这样一个媒体泛化的时代……潘采夫说，像小猪短租这样的公司，本身就是一个媒体平台，因为它是生产故事的……成了一个各种故事的"发生器"。（张垒，2016）

在这里，"媒体"的内涵和外延得到了拓展，只要涉及故事的生产和传播，就可以视为与媒体相关。简而言之，"媒体的定义从内容走向了更宽泛的以传递知识为目的的创业，跨越金融、健康、法律甚至更多行业中"（传媒梦工厂 2017-01-09，《"想象重生"2016 中国新媒体创业大赛圆满收官》）。这些细分领域的创业，都被冠以"内容创业"的名号，构成了新的"内容为王"。

而"理想"也对创业项目起到了加冕和升华的作用，令人看到创业者是在以昔日"推动社会进步"的理念投入创业。甚至，离开媒体核心业务的创业被认为能比过往的媒体工作创造更大的社会价值。比如有创业者直言，"一篇报道改变一个人的命运，一个产品则可能改变无数人的生活行为习惯"，以及"用新技术、移动互联网将新闻之外的有趣的内容，传递给那些需要精致阅读和讨论的用户，不是一件美好的事情吗？不也是为社会创造财富、服务社会吗"？可以说，"理想"在这些叙事中被抽象化为一种泛指实现自身价值与创造一定社会价值的职业价值观。在新媒体创业中提出的为用户利益着想、满足用户的需求、为垂直细分受众群体服务等做法，都被打上了服务公众、促进社会改变的象征符号。在某种程度上，"理想"的叙事隐含了一种悖论：对新闻业核心的逃离反而是为了更好地实现曾经的"理想"。

（三）创业偶像、失范者与专业主义

关于什么样的媒体创业者和媒体初创项目构成媒体创业的角色模范，并未在现有的媒体创业叙事中取得共识。但那些被频繁引述的初创媒体项目及媒体创业者，往往在创业项目融资或估值、商业变现模式（如知识付费、内容电商、社群经济）、营业收入、内容阅读量（10 万＋）、社会影响力等方面具有不凡的表现。人民日报海外版关于创业媒体人的报道可见一斑：

成功者引人注目。罗振宇的罗辑思维与马东的《奇葩说》，估值已远超 10 亿元，成为创业者的标杆；从前媒体人成长为"网红"的咪蒙，新书 4 小时内预售出 5 万多本；去年底，王玉德的"无冕财经"也完成了第一

轮数百万元的天使投资。（刘峣，2016）

作为媒体创业中的重要力量，有影响力的创业媒体、风投资本机构、内容平台媒体（如微信、今日头条、百度百家号、网易号等）举办的各种年度大会、颁奖礼等行业仪式和激励计划通过遴选、彰显其认可的媒体创业项目，也在塑造新媒体创业的偶像。

另外，初创媒体中也出现了有违传统媒体伦理的现象和创业者，凸显了这一新兴现象的繁荣表象之下的失范。它们至少涉及内容创业中这样一些引发争议的表现：缺乏查证，观点多于事实，抄袭，煽情迎合粉丝等。于是，在商业变现和阅读量上表现非凡的"示范者"也成为争议性的"失范者"，显示了两者之间界限的流动性。南方都市报原编辑马凌创办的咪蒙就成为一个常常引发争议的典型。GQ 中国的一篇文章指出，它"是2016 年上升速度最快的微信公众号，积累了 800 万粉丝，持续生产爆文，从《致贱人》《致 low 逼》到《永远爱国，永远热泪盈眶》，因风格偏激在一年之内引发过 8 次舆论争议，但它深受广告主的追捧，广告报价在公开数据中占首位"。文章继续勾勒马凌的职业经历和变化的媒体生态，指出：

咪蒙因新闻理想的感召去了南方系，在南方都市报工作过 12 年，经历了纸媒的黄金时代。当她转型为自媒体人，却被看作与理想主义的背离。……新的平台产生，就有新的代表人物产生。咪蒙的故事不仅是媒体人的职业转型，也是媒介迭代的结果。媒介与内容并非相互依存的关系，它塑造了内容，并影响着我们感受、认知世界的方式。（GQ 中国 2017-03-13，《咪蒙：网红，病人，潮水的一种方向》）

在这里，"南方系"纸媒是新闻理想的象征，它们曾经的"黄金时代"在媒体平台更迭之下已被契合社交媒体消费习惯的新潮流引领者所取代，而咪蒙创始人作为曾经的"南方系"一员则被视为背离了"理想主义"。新环境下的媒体人已不再是精英时代引领读者、塑造内容品位的主导者，而是被社交媒体平台所影响、塑造，内容创业者仿佛只能依顺新的时代潮流。这无疑是在反映新的时代语境下理想与专业主义的反讽：背离了理想与专业主义，却收获了巨大的阅读量与商业的成功。

与此同时，一些媒体创业者仍坚持应以专业主义作为区分初创媒体专业与否、好与不好的标准。在无冕财经的招聘启事中，他们打出了"专业主义，内容为王"的旗帜，对自媒体领域专业主义的阙如表示了失望与不屑：

鲜少有人将新媒体与专业主义联系在一起。相比之下，更多的新媒体宁愿将自己与百万粉丝、"10 万＋"阅读关联，或者直接跟娱乐八卦绑定。……回头看新媒体崛起这几年，抄袭、洗稿、刷量、诉讼、乱象迭生……只有流量信仰、没了专业主义信仰和专业制作能力的新媒体，就像脱了缰的野马、出了轨的列车。（无冕财经 2017-09-18，《听从专业主义的召唤，加入无冕财经吧！》）

可以看出，他们将自媒体出现的乱象归因于专业主义的缺失，同时，他们坚信"在传统媒体的整体衰落中、在新媒体的一片混乱中，专业主义终将胜利"。在大米和小米创始人、南方都市报前深度新闻记者姜英爽的自述中，专业主义是其新媒体项目获得成功的基础："客观、中立、敏锐的新闻专业主义基因和符合公共群体利益，这才是大米和小米能够迅速成长并无法被抄袭和复制的根源。"在这个意义上，专业主义构成了标榜专业、得体的初创媒体区别于业余、脱轨的其他新媒体的叙事资源。

创业叙事中专业主义出场的另一种场景是媒体创业者试图以此来建立自媒体写作的职业规范。2016 年 11 月 9 日，以南友圈、自媒社等 100 多家发起机构为代表的自媒体社群联合发布了《自媒体内容创业人公约》，指出：

基于媒体人的专业背景和行业规范制定，并将那些经过国内外媒体行业长期检验的传播原则应用到自媒体领域，旨在提升自媒社以及自媒体内容创业人的品牌美誉度，激励媒体人积极参与内容创业，同时坚守媒体从业者应遵循的基本价值观和原则底线，包括但不限于真实、客观、理性生产原创内容，传播公共资讯，表达个人观点。（自媒社 2016-11-09，《〈自媒体内容创业人公约〉今天发布，全文在这里！》）

一方面，公约的出现正反映了专业伦理规范在内容创业领域的缺失；另一方面，从传统媒体走出的创业者正力图将客观、真实、原创、理性等义理移植到自媒体领域，同时又不讳言个人观点的表达。如此一来，媒体专业义理在这里是经过修剪、调适的。总而言之，专业主义作为叙事资源主要是在新媒体发生争议性现象时才得到凸显，在一般情况下，它并不成为讲述媒体创业故事的核心资源。

五、总结与讨论

本文关注有关媒体创业的叙事文本，尝试从中透析媒体创业者的职业认同、角色认知与媒体价值观。诚然，创业叙事所面向的受众和所欲达成的目标并不完全在于建构创业者的职业认同，它还包括了创业组织/产品合法性的塑造、维持和修复，资源获取，应对挑战与危机，厘定创业的边界与规范等，本文只是聚焦了创业叙事的一个面向。媒体创业叙事在社交媒体时代成为潮流，不意味着它在媒体历史上就没有出现。在中央电视台前副台长孙玉胜于 2003 年首次出版的著作《十年》中，他写道："十年前，这些满怀理想与激情的年轻人聚在一起，吸引他们的是创业；十年后的今天，凝聚和吸引人才的基础仍然是创业——是一种创新机制使得整个集体充满活力。尽管创业的过程充满艰辛，但我的同事们却用激情和意志矗起了一座理想的山峦。"（孙玉胜，2012）如果说二十几年前吸引中国媒体人的是改革语境下开疆拓土的创业理想与抱负，那么，二十几年后媒体动荡语境下的媒体创业，其对象、理想、激情、意志的含义已发生改变，并且融入了技术变革、商业涅槃、价值重构等充满不确定性的要素。此外，衡量媒体创业是否成功的依据，以及哪些主体来衡量，已然不可同日而语。中国急剧变化的媒体生态，也见证了媒体叙事从对传统媒体"黄金时代"的怀旧转向了对媒体创业"黄金时代"的憧憬与激情（李红涛，2016）。总而言之，媒体创业叙事既勾连了传统媒体机构、媒体人职业经历的昨天与今天，也构筑了媒体创业者对传媒业未来的想象。在推崇创业思维的情境下，媒体创业者正在经历职业认同、价值观与职业伦理的重构，但并未形成共识。

在这里需要指出的是，创业叙事的言与实之间的差异并非本研究的重点。叙事理论家认为，虚构叙事和非虚构叙事之间的差异对叙事的说服效果而言关系并不重要（Bruner，1986）。当然，不同的叙事主体所发展的叙事存在内部的差异，也指向了不同的职业认同和职业想象。媒体创业叙事的主体既有创业的媒体人，也有传统媒体，还有作为投资方的风投资本方，以及与新媒体创业有关的利益相关方（如社交媒体、内容分发平台）。从传统媒体组织出发的叙事倾向于肯定媒体创业者在科层制组织的职业经历，将媒体创业视为传统媒体职业的有机延续，并为传统媒体加冕，淡化媒体内部创业面临的体制机制问题。而媒体创业者、风投资本方视角的叙事则倾向于突出创业者走出体制之后能够实现"自己说了算"的自由与自主，通过对传统媒体困境的悲观描写，塑造了媒体创业的"黄金时代"叙事。尽管不同主体的叙事重点存在差异，但他们都对媒体创业抱有积极的评价和乐观的期待。无论是强调媒体职业经历的重要性，还是憧憬创业所蕴含的解放能量，媒体创业叙事的基调是：媒体创业是一种历史性机遇，孕育着产生新的媒体平台的潜力；创业对媒体人而言是自我实现与再续理想的新路径，尽管它会有曲折，但总是一件美好的事情。

于是，媒体创业叙事具有精英化和浪漫化的倾向，偏好创业者的成功故事，而淡化了对失败的检视，即便对创业失败的讲述也是指向媒体人的内部创业经历。无疑，创业媒体人属于传媒业中的精英群体，作为创业的先锋，他们具有独特的人格魅力与优于一般媒体人的社会资本和象征资本，也因为他们是冒险者、机会发现者、先行者，他们的探索也预示甚至影响了传媒业转型发展的方向。同时，媒体创业符合了这样一种承诺：由于数字化工具的扩散，媒体生产从大型但滞于改革的媒体机构中解放了出来，为记者讲述故事、触及读者提供了新的可能。媒体从业者之所以拥抱媒体创业，也是由于传统媒体工作减少、工资降低、职业信仰下降以及记者的自主权和控制权降低（Cohen，2015）。然而，在创业至上的职业意识形态下，媒体创业者被认为"有着无限的热情，善于博弈，且能高度适应外部环境的变化"（Cohen，2015）。于是，媒体创业叙事都在强调创业者的个体能动性和自主性，那些可能使记者处于工作不稳定状态的负面影响则被选择性地淡化或忽略了，而媒体创业者的精英背景，则强化了创业成功故事的神话。创业叙事所展现的激情、希望与憧憬固然有助于提升媒体创业的氛围和更好地获取资源，但当媒体创业面临挫折时，创业叙事会否走向悲观的极端？反思性的媒体创业叙事有待发展和考察。

此外，媒体创业叙事的兴起和流行，需要置于一个媒体边界流动性加强的语境下，亦即媒体创业者所面对的媒体生态是非媒体机构通过内容传播日渐增强媒体属性，而媒体机构的内容生产把关权日益弱化，媒体人的身份边界也处于流动之中。在"新"与"旧"、"外"与"内"、"今"与"昨"的比较中，媒体创业者的认同重构从科层制组织中承担单一职责的记者转向了兼顾多种职责的媒体创始人、内容提供/创作者、知识服务商、"商人"等。他们所创办的媒体也不再是单纯的内容提供者，而是成为一个连接者：连接用户与创业者，连接用户与商业，连接用户与资本，连接不同的用户。媒体创业者不是在新闻专业的意义上去定义媒体，而是在连接用户与内容消费的层面上来界定媒体。一方面，这为媒体人的职业流动提供了广阔的空间；另一方面，这也意味着媒体创业不必然遵循传统媒体价值观的框架。当媒体和媒体人的边界不再是固定不变的，媒体的公共属性也不必然成为初创媒体的基本特征。所以，我们可以发现，中国语境下的媒体创业叙事在相当大程度上被简化为"媒体人创业"——既然是媒体人创业，则未必紧贴新闻业的核心；而笼统、无所不包的"内容创业"则将一切能够生产可供互联网用户消费的文字、图片或视频的内容提供者视为媒体创业者。[①]这就与西方语境下的媒体创业叙事具有不同的表现。在西方媒体语境下，非营利新闻和调查新闻初创媒体的成立体现了一种专业精神的号召，再现了关于新闻业如何变化的理想化观感，关于新闻业应当如何表现的规范观点，以及去探索新闻业可以如何发展的新观念的雄心壮

①　通过网络搜索引擎和微信搜索关键词检索可知，自 2018 年以来，"内容创业"开始取代记者创业、媒体人创业而成为更流行的标签，"内容创业"的所指和能指也不断地扩大，并且越来越强调与新技术趋势及其工具的结合。

志，因而，媒体创业叙事同时容纳了传统与创新、怀旧与探索（Price，2017）。其中一些知名初创媒体往往批评大型媒体机构背弃了新闻业的初衷，而创业者正是要通过回溯新闻业的某些传统价值（如民主、公共性、公民参与等意识形态，但采编与商业区分的伦理则未必）和重塑内容生产的常规来凸显创业的价值与独特性和正当性（Wagemans，Witschge & Deuze，2016）。在中国语境下，我们也看到媒体创业者对传统媒体机构的失望与不满。但不同的是，大多数的媒体创业者并没有将专业伦理、公共性、新闻业的社会责任等意识形态作为创业项目的核心资源予以申明，而是突出了商业潜力、用户数量、内容生产自主性、生活方式更新等关系创业项目成败和发展前景的元素。对新技术的追求和商业重要性的强调也使媒体创业减弱了"新闻"的底色，这既有客观条件的约束，也是资本偏好和创业者务实的选择。在追求商业收益和防范风险的决策之下，媒体创业更容易获得融资的垂直领域主要集中于财经、体育、娱乐、时尚、生活方式等。在创业的初始阶段，创业项目能够生存即为成功，从而，商业成功与否的创业定律或主导话语限制了衡量初创媒体价值的多样性可能。于是，一个去新闻化的媒体创业格局正在形成之中，媒体（人）创业的"黄金时代"未必是新闻创业的"黄金时代"。总而言之，创业叙事中初创媒体的定义是"去新闻化"和"再媒体化"的，也是"泛内容化"的。去新闻化是为了不必固守新闻业伦理的条条框框或者避开潜在的风险，再媒体化是为了将创业者过往的职业声誉、当下的创业实践和创业的前景连成有机的整体，并实现对传统媒体定义和角色的革新、丰富；而泛内容化则力图以新的"内容"重新界定过往的"内容"，以更多的包容性和更少的规范约束性去应对一个日趋不确定的媒体创业环境。可以说，这三种取向构成了相辅相成的关系。

对媒体专业伦理而言，一种可能的出路是，初创媒体以一种非制度化、情境性的方式选择性地吸纳、调整专业主义。在一些民生、非政治议题上，垂直领域的初创媒体基于其专业积累，对传统媒体由于组织惯性或言论空间限制而未予以及时关注的现象与事件进行报道，倒逼传统媒体跟进后续报道。例如 2017 年 2 月 14 日，关注儿童自闭症的初创媒体大米和小米率先报道自闭症少年雷文峰从深圳走失并随后于广东新安某救助站意外死亡的事件，引发传统媒体跟进报道和民政部门介入调查。类似地，2017 年 8 月，教育类新媒体芥末堆发布长篇调查报道《求职少年李文星之死》，率先报道东北大学毕业生李文星因误入传销而在逃跑途中溺亡一事，随后得到其他新媒体和传统媒体的跟进。此外，在 2017 年发生的上海携程亲子园虐童事件、北京红黄蓝幼儿园虐童事件以及北京大兴火灾之后引发争议的拆迁事件中，包括知乎、品玩（PingWest）、好奇心日报在内的初创媒体分别有不俗的表现，提供了传统媒体上缺席的视角和内容。在这些事件上，初创媒体因其在垂直领域的耕耘而代替传统媒体成为议程设置者。但这种现象毕竟缺乏制度性的支撑，具有"随机的新闻行为"（random acts of journalism）的特征（Holt & Karlsson，2015）。

总之，当媒体话语的焦点从危机、转型时刻转向创业时刻，以及面向一个日趋不确定的技术生态和市场环境时，创业媒体人的创业叙事和创业自我将从何处汲取叙事资源和文化脚本？他们所提供的产品、生产的内容、创办的组织，究竟在何种程度上吸纳、移植、重构或扬弃了专业媒体的理念与价值？媒体技术的革新带来的创业机会，究竟是给创业者更大的赋能空间，还是仍将形成另一个内容生产的约束性结构？媒体创业叙事与其他领域的创业叙事，存在哪些共性与差异？这些问题仍有待进一步探究。■

参考文献

陈楚洁（2015）。媒体记忆中的边界区分，职业怀旧与文化权威。《国际新闻界》，(12)，26-45。

胡舒立（2014）。《创业与专业——十字路口的中国新闻人》。检索于 http://hushuli. blog. caixin. com/archives/70545。

李红涛（2016）。"点燃理想的日子"：新闻界怀旧中的"黄金时代"神话。《国际新闻界》，(5)，6-30。

刘峣（2016）。媒体人创业，你准备好了吗？《人民日报》（海外版）5 月 12 日。

卢泽华（2016）。资本搭台 内容唱戏：新媒体创业进入"天使"时代。《人民日报》（海外版）2016 年

4 月 21 日。

栾春晖（2015）。"媒体＋"时代媒体人迎来创业季。《青年记者》，（11），112。

孙玉胜（2012）。《十年》。北京：人民文学出版社。

叶铁桥（2016）。我为什么要离职创业。《青年记者》，（11），120。

张垒（2016）。在互联网的创业创新中实现新闻理想。《中国记者》，（4），84-87。

张煜麟（2014）。从"组织人"到"创业者"：媒体从业者职业图像的变迁。《新闻记者》，（8），33-39。

朱学东（2015）。《2014：中国传媒业大事点评》。检索于 http://www. ftchinese. com/story/001059987。

Baines, D. , & Kennedy, C. (2010). An Education for Independence: Should Entrepreneurial Skills be an Essential Part of the Journalist's Toolbox? Journalism Practice, 4(1): 97-113.

Baruah, B. , & Ward, A. (2015). Metamorphosis of Intrapreneurship as an Effective Organizational Strategy. International Entrepreneurship and Management Journal, 11 (4): 811-822.

Boyles, J. L. (2016). The Isolation of Innovation: Restructuring the Digital Newsroom through Intrapreneurship. Digital Journalism, 4(2): 229-246.

Bruner, J. (1986). Actual Minds, Possible Worlds. Cambridge, MA. : Harvard University Press.

Buckle, S. A. , & Zien, K. A. (1996). The Spirituality of Innovation: Learning from Stories. Journal of Product Innovation Management, 13(5): 391-405.

Carlson, M. , & Usher, N. (2016). News Startups as Agents of Innovation. Digital Journalism, 4(5): 563-581.

Chadha, M. (2016). What I am Versus What I do: Work and Identity Negotiation in Hyperlocal News Startups. Journalism Practice, 10(6): 697-714.

Chalaby, J. K. (1998). The Invention of Journalism. Barsingtoke & New York: Palgrave Macmillan.

Cohen, L. , & Musson, G. (2000). Entrepreneurial Identities: Reflections from Two Case Studies. Organization, 7(1): 31-48.

Cohen, L. , & Mallon, M. (2001). My Brilliant Career? Using Stories as a Methodological Tool in Careers Research. International Studies of Management & Organization, 31 (3): 48-68.

Cohen, N. S. (2015). Entrepreneurial Journalism and the Precarious State of Media Work. South Atlantic Quarterly, 114(3): 513-533.

Deuze, M. (2005). What is Journalism? Professional Identity and Ideology of Journalists Reconsidered. Journalism, 6(4): 443-465.

Dodd, S. D. (2002). Metaphors and Meaning: A Grounded Cultural Model of US Entrepreneurship. Journal of Business Venturing, 17(5): 519-535.

Down, S. , & Warren, L. (2008). Constructing Narratives of Enterprise: Clichés and

Entrepreneurial Self Identity. International Journal of Entrepreneurial Behaviour and Research, 14(1): 4-23.

Foss, L. (2004). "Going against the Grain..." Construction of Entrepreneurial Identity through Narratives. In Daniel Hjorth & Chris Steyaert (Eds.). Narrative and Discursive Approaches in Entrepreneurship: A Second Movements in Entrepreneurship Book (pp. 80 – 104). Northampton, MA.: Edward Elgar.

Giddens, A. (1991). Modernity and Self-Identity: Self and Society in the Late Modern Age. Cambridge: Polity.

Hoag, A., & Seo, S. (2005, April 2). Media Entrepreneurship: Definition, Theory and Context. Paper presented at the NCTA Academic Seminar, San Francisco. Retrieved from https://www.smeal.psu.edu/fcfe/research/white/mediaentre.pdf/view[10-06-2017].

Holloway, I., & Freshwater, D. (2007). Vulnerable Story Telling: Narrative Research in Nursing. Journal of Research in Nursing, 12(6): 703-711.

Holt, K., & Karlsson, M. (2015). "Random Acts of Journalism?": How Citizen Journalists Tell the News in Sweden. New Media & Society, 17(11): 1795-1810.

Johansson, A. W. (2004). Narrating the Entrepreneur. International Small Business Journal, 22 (3): 273-293.

Jones, S., Millermaier, S., Goya-Martinez, M., & Schuler, J. (2008). Whose Space is MySpace? A Content Analysis of MySpace Profiles. First Monday, 13(9).

Khajeheian, D. (2013). New Venture Creation in Social Media Platform: Towards a Framework for Media Entrepreneurship. In Mike Friedrichsen & Wolfgang Mühl-Benninghaus (Eds.). Handbook of Social Media Management (pp. 125-143). Berlin: Springer.

Manning, S., & Bejarano, T. (2016). Convincing the Crowd: Entrepreneurial Storytelling in Crowdfunding Campaigns. Strategic Organization, 15(2): 194-219.

McAdams, D. P. (1996). Personality, Modernity, and the Storied Self: A Contemporary Framework for Studying Persons. Psychological Inquiry, 7(4): 295-321.

Naldi, L., & Picard, R. (2012). "Let's Start An Online News Site": Opportunities, Resources, Strategy, and Formational Myopia in Startups. Journal of Media Business Studies, 9 (4): 69 97.

Navis, C., & Glynn, M. A. (2011). Legitimate Distinctiveness and the Entrepreneurial Identity: Influence on Investor Judgments of New Venture Plausibility. Academy of Management Review, 36(3): 479-499.

Prince, G. (1982). Narratology: The Form and Functioning of Narrative. Berlin & New York: Mouton.

Prenger, M., & Deuze, M. (2017). A History of Innovation and Entrepreneurialism in Journalism.

In Pablo J. Boczkowski & C. W. Anderson (Eds.). Remaking the News: Essays on the Future of Journalism Scholarship in the Digital Age (pp. 235 - 250). Cambridge, MA.: The MIT Press.

Smith, R., & Anderson, A. R. (2004). The Devil is in the E-tale: Forms and Structures in the Entrepreneurial Narratives. In Daniel Hjorth & Chris Steyaert (Eds.). Narrative and Discursive Approaches in Entrepreneurship: A Second Movements in Entrepreneurship Book (pp. 125 - 143). Northampton, MA.: Edward Elgar.

Steyaert, C. (2004). The Prosaic of Entrepreneurship. In Daniel Hjorth & Chris Steyaert (Eds.). Narrative and Discursive Approaches in Entrepreneurship: A Second Movements in Entrepreneurship Book (pp. 8-21). Northampton, MA.: Edward Elgar.

Usher, N. (2017). Venture-backed News Startups and the Field of Journalism. Digital Journalism, 5(9): 1116-1133.

Vos, T., & Singer, J. (2016). Media Discourse about Entrepreneurial Journalism: Implications for Journalistic Capital. Journalism Practice, 10 (2): 143-159.

Wagemans, A., Witschge, T., & Deuze, M. (2016). Ideology as Resource in Entrepreneurial Journalism. Journalism Practice, 10(2): 160-177.

Witchge, T. (2011). Changing Audiences, Changing Journalism? In Peter Lee-Wright, Angela Philips & Tamara Witchge (Eds.). Changing Journalism (pp. 117-134). London: Routledge.

作者手记

当时为什么想要做这个研究呢？主要有三个原因。

首先是这个选题在时效上的价值。在开始检索这篇文章的相关资料的时候（2015年底），正值国内媒体人形成一波内部创业和进入新媒体领域创业的潮流，尤其是此前还读到胡舒立女士专门就媒体人创业潮发表的一篇演讲，让我意识到它已经进入中国顶尖媒体人的视野，体现了那些年新闻界普遍关注的媒体融合与媒体人转型创业的行业性问题。这意味着，探究这个问题是有一定现实价值和理论意义的。毕竟，媒体人创业既有关于新闻业的创新发展方向，也属于新兴的创业新闻研究的重要话题。在新闻业历史上，从媒体的内部创业到媒体之外的创业，本质上也是围绕着新闻业的改良型创新或颠覆型创新。

其次是学术小共同体的因缘巧合。在发表这篇论文之前，我在《中国社会科学报》上发表过一篇分析媒体人创业话语的小论文，那个专题是潘忠党老师在复旦新闻学院举办的新闻生产工作坊之后组织的。在得到潘老师肯定的基础上，我便继续往创业媒体人如何讲述创业故事的方向去进一步探究。

最后则与阅读英文文献过程中产生的一些疑问有关。在2015年前后，来自欧美国家的新闻学者也陆续发表了有关新闻初创机构和新闻创业的论文。但梳理了若干篇重要的文献，我发现他们的研究对象始终还是围绕着新闻业的核心——新闻事实报道的规范、生产模式、新闻的新技术呈现等方面，并以主流新闻业的挑战者角色自居。相比之下，国内新出现的媒体人创业潮流中，我们看到的不是哪家新闻初创机构和媒体创业者的类似宣称，而更多表现为对边缘新闻领域或延伸领域的投入，以及对"服务""商业模式""融资额""粉丝量"等方面的突出。这自然与媒体创业所处的国情和市场偏好有关，也与创业者如何在特定的社会条件下讲述创业故事、获取外部认可有关。因此，这篇论文的落脚点是通过考察媒体创业叙事和创业者的身份认同重构，来观照中国新闻业在此转型过渡阶段的观念变化、记者创业群体的示范意义以及媒体创业的总体格局。

为此，我除了阅读媒体创业的相关文献，也拓展阅读了组织研究和管理学领域的创业叙事研究。这个过程也帮助自己拓宽了关注面，比如后来我和袁梦倩合作写了一篇关于罗振宇创办的罗辑思维的合法性建构的论文。当然，本来还有其他想完成的一些选题，出于个人原因，遗憾未能继续推进。

在文本资料的收集方面，当时遇到的问题还不算太大。我主要是通过搜索引擎、微信搜索、行业报刊/公众号阅读的积累等多个途径来完成。这篇文章采取的还是传统的路径：文本精读、划分类别、提炼主题、选择代表性引文，将解读融合进论文上下文之中。

回过头看，当年那一波媒体人创业潮已然消退，记者创业似乎也不再具有新鲜度，舆论的兴趣点在于新兴互联网巨头、MCN机构、网红带货主播的创业故事，也可见新闻退场，而能指与所指皆可宽泛的"内容创业"登场并仍在场。这是时代风向的转变使然，或者也是"内容"二字足够具有包容度和正当性使然。这也与这篇论文的主要观点和结论是相符的，它们基本上经受住了时间的验证。

今天看来，这篇论文还存在一些遗憾，比如当时没有对媒体创业叙事做更具体的分类，以及未进一步探讨媒体创业者采用的创业叙事的共性和内在差异及其与创业媒体人所处的新闻场域资本的关联。同时，有一些问题目前看来还值得进一步探讨，比如从历时性的角度考察媒体创业叙事的主流框架、隐喻和意识形态，或者从关系的角度考察市场、技术、内容的汇流与区隔对媒体创业的生态与机会结构的塑造，以及从民族志的角度探究媒体创业机构与主流媒体机构生产规范和创新采纳方面的共性与差异，等等。

总之，一个社会对新闻业的关注、支持、投入、投资，一定关系到人们对新闻业在这个社会当中应当和实际能够扮演的角色的认知。新闻创新和媒体创业，也不仅仅是新闻业和记者自身的事。如果一个社会为新闻创业提供的资源和机会是极其有限的，那么我们也很难去期望新闻业在社会当中的表现会足够出色。创新常有，而创业却未必常有。未来，我们还有机会再遇见另一波媒体创业潮吗？

界外之地：
线上新闻"作坊"的职业社会学分析

■ 李东晓

【本文提要】新媒体技术既可以被看作导致危机的因素，也可以看作刺激变革的因素。本文试图离开主流的"危机-救赎"的话语路径，从变革的视角探讨新媒体技术对我国新闻业的影响。为此，本文从职业社会学的视角，运用职业系统的相关理论，以生长于互联网平台的线上新闻"作坊"为切入口，通过对此类新闻实践的职业状况、专业主义理念及其践行、产业模式的空间和限制等方面的分析得到如下几点结论：线上新闻"作坊"可被视为新媒体带来的我国体制外机构新闻实践的尝试和面对传统新闻业产业"危机"时从业者职业流动的选择，但并没有改变当下体制内新闻业的职业管辖权；囿于身份限制，线上新闻"作坊"更加倚重"新闻专业主义"话语来获得正当性，但这一正当性支持十分脆弱；产业模式不清晰使得线上新闻"作坊"并不能改变当下我国新闻职业的系统结构，但被"包养"模式在一定程度上携带了"公共新闻"的基因，可被视为新技术带来的体制外新闻实践的多元尝试。在上述结论的基础上，本文还对"技术-制度"之间的关系进行了讨论，为新闻业"危机"话语提供来自中国经验的阐释。

一、问题的提出

进入新世纪后，"新媒体"①技术成为刺激新闻业变革最重要的外部因素，带来了新闻业的一系列变化，如"市民新闻"或用户生产内容（User Generated Content， UGC）消解着传统新闻职业的权威；大数据和算法以及机器人（AI 技术）写作改变了传统新闻业的生产模式，使得"新闻专业主义"理念无所依托；网络渠道分流了大量广告，造成了传统新闻媒体产业模式的瓦解。这些影响迅速导致了全球范围内新闻业"危机"话语兴起。

在我国，"危机"也成为审视新媒体技术对新闻业影响的主要视角，对不同"危机"表现的讨论可被粗略地归纳为三个主要维度，即职业危机、专业危机及产业危机。虽然讨论在不同维度展开，但"产业"危机成为实践者们做出因果解释、提出解决方案的支配性话语，形成了"商业主义"单一话语统合"危机"的特点（李艳红，陈鹏，2016）。也因此，任何传统媒体经营上的"成绩"都被作为救赎"危机"的成果受到关注。比如根据《2017 中国报业发展报告》，2017 年我国报业经营整体下滑趋势已经趋缓，产业模式改革、多元经营及中央和地方各级党委政府的财政扶持成为传统新闻媒体"解困"的重要路径。尤其是党报，在外部财政扶持、政务合作等因素的共同作用下，原有的"子报养母报"的情况已经发生改变。②在这样的"危机"话语的主导下，西方一些学者所关注和讨论的基于互联网的新闻业的"多元实践"在我国没有受到关注。如美国学者泽利泽

① 关于"新媒体"的界定有不同的讨论，本文意在"媒介理论（medium theory）"的取向上来界定，即用"数字化"和"网络"这两个基本的技术特征来作为"新媒体"的分野（Manovich，2001；Jensen，2010）。转引自：潘忠党、刘于思：《以何为"新"？"新媒体"话语中的权力陷阱与研究者的理论自省——潘忠党教授访谈录》，《新闻与传播评论》2017 年第 1 期。

② 参见：陈国权：《2017 中国报业发展报告》，《编辑之友》2018 年第 2 期。有关党报的经营状况，与笔者在访谈中得到的信息一致，据某省级报业集团多年的从业者提及，他们报社的党报当下营利状况还比较好，但相当的资金来自政府扶持以及各级政府所做的宣传广告。在此并无意对这种"救赎"的方式以及可持续性的效果进行评价，只是说这样对待危机的方式出发点和出路都有着我国语境中的特殊性。

（Zelizer）所言，"危机"一词也许会遮蔽我们对新闻业处境的深入理解，因为所谓的危机并非同一的现象，而是具有地方性特征和时空差异的（Zelizer，2015）。

全面审视我国的新闻业态，我们发现，除了上述新媒体技术所带来的UGC的内容生产、新闻聚合平台以及机器人写作和算法推送等普遍的新闻业变化外，在我国的互联网平台上还有一些小规模的、非传统新闻机构的新闻实践，它们持续性地生产内容，定期推出的调查或深度报道在传统新闻业之外产生影响。比如2018年12月25日，公众号"偶尔治愈"发布的原创性调查报道《百亿保健帝国权健和它阴影下的中国家庭》不仅揭露了"权健"的问题，也撕开了我国保健产业乱象的冰山一角，随即引发了大量的公众讨论以及相关部门对权健集团的调查。类似地，2018年9月4日，公众号"后窗工作室"发布了《"被反杀者"刘海龙的昆山江湖》，是对"反杀案"这一突发事件从一个独特视角的深度报道，获得了大范围的关注。这样与"偶尔治愈"和"后窗工作室"类似从事着新闻生产，但又与体制内的传统新闻机构以及"游侠式"的UGC内容生产方式不同的、基于互联网传播的新闻实践还有不少。

这些新闻实践有如下一些特点：它们不在体制内，但是机构性质的；它们规模大小不一，但都拥有较为稳定的新闻生产团队，能定期生产和发布新闻；它们的机构性质存在差异（有些依托于互联网企业母体，有些附属于高校科研机构，有些靠公益基金支持），从业目的也不尽相同，但都是依托新媒体分发渠道，是在新媒体技术打破了传统新闻媒体渠道垄断的背景下产生的；它们不同于个人化的"市民新闻"和UGC写作，是兼具"市场化"和"新闻专业主义"要素的职业新闻活动。借鉴传媒经济学家罗伯特·皮卡德（Robert G. Picard）对新媒体平台的新闻手工模式（craft production mode）的界定，我们将这些新闻实践统称为线上新闻"作坊"。①

---

① 尽管早已有"网络新闻""市民新闻"这样的概念来指涉基于互联网传播的新闻实践形态，但"网络新闻"的界定过于笼统，"市民新闻"不能包罗体制之外的依托于机构的新闻生产。所以本文用"作坊"一词试图表达一种有组织的，具有一定规模的、原创的新闻实践活动。另外，也有"网络原创新闻"的说法，但由于互联网（公司）不具备从事原创新闻生产的合法性，应某些被访者的要求，希望不进行如此的定名。

那么，我们应该如何看待这些线上新闻"作坊"在我国语境中的存在？是否可以离开传统新闻业"危机-救赎"的路径，将其视为新媒体技术给我国新闻业带来的"多元可能"？为了遵循泽利泽所强调的"地方性特征"，我们试图从我国新闻职业的系统结构（system of profession）出发来审视这些新闻实践可能带来的影响。为此，我们将征用职业社会学（sociology of profession）中职业系统（system of profession）的相关论述，主要从职业管辖权、专业主义和产业模式三个维度①来考察如下问题：（1）线上新闻"作坊"是否能重新生成或改变我国新闻职业的管辖权？（2）线上新闻"作坊"的新闻实践中秉持了如何的新闻理念？是否消解了新闻"专业主义"，形成了新的象征性资源？（3）线上新闻"作坊"的经营方式如何？是否形成了成熟的产业模式从而占领劳动力市场来竞争职业管辖权或改变我国新闻职业的系统结构？通过对这些问题的探讨，本文希望从职业系统的角度，为当下新媒体技术之于新闻业的影响做出"技术-制度"关系维度的阐释，从而为此问题提供来自我国的经验和阐释。

二、我国新闻业的职业系统：职业社会学的视角

（一）职业系统中的职业、专业及产业

"职业"被认为是"由使用高深的知识解决特定问题的有组织的专家团体"（Carr-Saunders & Wilson，1933）或"把某种抽象知识用于处理特定事务的具有排他性的行业群体"（Abbott，1988）。职业群体成员通过复杂的知识传授和训练，经由考试筛选，奉行某种道德规范或行为规范，从而获得处理某类专门的社会工作（或任务）的权威（Abbott，

---

①　需要说明的是，《职业系统》一书的作者阿伯特在对"职业系统"的论述中并非只论及了职业管辖权、"专业主义"（在《职业系统》一书中被翻译为"职业主义"，有关两种译法的不同，参见184页注释①）及产业模式这些方面，并且，在阿伯特等人看来，"专业主义"、产业模式是竞争和维持职业管辖权的策略和要素。考虑到新闻业的特殊性及对新媒体兴起后，新闻业产生"危机"变化的三个主要方面（职业危机、"专业主义"危机和产业危机），本文则主要分析这三个维度，但并不否认还可以做出更多面向上的讨论。

1988）。阿伯特（Abbott）从职业如何建立与工作（work）之间的关系来探讨职业的形成，他认为"那种把职业和工作结合起来的社会纽带，即管辖权（jurisdiction），是职业和工作之间的合法联系，它是一种公认的权利"，"研究职业就应该研究职业与工作之间的管辖权如何形成的，如何被正式和非正式的社会结构所固着"，它是一个职业系统（profession system）（系统中的各种要素）共同作用的结果（Abbott，1988）。

阿伯特将职业系统中影响管辖权的要素分为内部要素和外部要素。内部要素包括专业知识和技能、产业规模；外部要素包括工作需求（出现或者消失）、职业合法性认可、技术进步、组织变迁等（Abbott，1988）。艾略特·弗雷德森（Freidson，1989）也着重职业系统要素的分析，他不仅强调不同的职业管辖权形成发挥作用的要素是不同的，还强调不同的要素在一个职业系统中起作用的力道是不同的，一些职业比较强调职业内部的自主性要素，另一些则比较强调系统外部的政治及社会结构要素。通常，国家法律的规定和国家承认是起着关键作用的外部要素。对新闻业来说，除了在各方力量作用下所形成的媒介体制，常被提及的影响因素包括科学技术、专业主义理念和产业模式。

科学技术是影响职业工作及其管辖权重要的外部因素（Abbott，1988）。工业化之后，科学技术的作用越来越突出，它可以消解、改变或重塑职业管辖权，这一点对新闻业来说尤为重要。"新闻业作为一种独特的传播实践，其发展与技术变革之间息息相关"（徐来，黄煜，2017），这也是当下我们如此关注互联网技术对于新闻业影响的原因。

"专业主义"（professionalism）[①]曾被认为是一种重要的职业控制形式（Johnson，1972），它通过强调专业技能、提高知识门槛以及设立规范

① "professionalism"一词，在阿伯特等职业社会学家使用的意义本源上看，翻译为"职业主义"也许更为贴切，因为，在其职业化或职业管辖权的论述中，"职业"一词已包含了中文"专业"一词的含义，而在阿伯特等人的论述中，"专业"一词对应的英文为"specialty"。但鉴于在新闻传播领域，"专业主义"是一个已经被广泛接受的形成共识的用法，为了不再增加混乱，继续使用"专业主义"，如无特别说明，此"专业主义"就是"professionalism"。

的价值标准实现对职业的控制。也有学者不认同专业主义作为职业控制的阐释路径，认为专业主义所形成的价值体系对形成一个规范的职业秩序起着积极的作用。埃维茨（Evetts）还强调专业主义不是一个孤立的存在，对专业主义的审视需要关注具体的社会和历史环境，在具体语境中探讨其价值才更有意义（Evetts，2003）。

产业在职业系统中对保有劳动力市场的控制权起着重要作用，只有对劳动力市场有足够的控制权，才能保持对特定工作的管辖权（Freidson，1989）。在一个行业中，尤其是具有产业属性的行业，只有具有一定的产业效益，才具有雇用或供养从业者的能力；反过来说，职业从业者只有从职业中获得足够的，甚至是令人满意的薪资和社会地位，才会为谋求发展而贡献劳动或提供利他性服务。弗雷德森认为：行业内起支撑作用的大型企业、公司或机构，由于具有显著的产业规模，占据着行业的主体地位，成为职业管辖权的主要声称者；而行业内的小型企业或个人实践（solo practice）往往因为缺乏声称职业管辖权的资源，只能与整个职业体系保持某种共生关系才能获得发展的空间。"专业主义"有利于行业内的各个部分，包括小型的或个人从业者，借助已经形成的、被普遍接受的"专业主义"的价值体系来获得合法性的从业资格。

职业社会学的职业系统理论提供了一个不同要素相互关联的视角，为我们分析新媒体技术对我国新闻业不同层面的影响提供了一个整合的框架。然而，在我们进入具体分析之前，还需要对我国新闻业所在的职业系统框架予以交代。

（二）我国新闻业的职业系统

如弗雷德森所言，在一个职业系统中，各个要素起作用的方式和力道是不同的。在我国，新闻职业系统的决定性要素来自新闻体制或官方认可，国家（官方）通过颁发标志着职业资格的"记者证"、组织成立职业协会、认定可以获得新闻专业教育背景的学术机构等方式形构了我国新闻业的职业系统，构筑了一个新闻业存在和运行的"鸟笼"①。

　　"记者证"是新闻采访权的合法性标识。在我国，"记者证"制度规定申领记者证的人员须是在新闻机构编制内从事新闻采编工作的人员。虽然，2014 年 10 月，国家互联网信息办公室和国家新闻出版广电总局决定在已取得互联网新闻信息服务许可一类资质并符合条件的新闻网站中，按照"周密实施、分期分批、稳妥有序、可管可控"的原则核发新闻记者证，但这些新闻网站仍以传统新闻机构的网络平台为主，商业网站因不具备原创新闻采访权而不在发证之列。

　　在职业系统的论述中，职业协会（professional association）等有组织的法团实体（corporate body）是代表行业内成员讲话，与权力部门协商获得并保护其职业地位的组织（Freidson，1989）。在我国的新闻职业系统中，"中华全国新闻工作者协会"（简称"记协"）是我国最主要的新闻职业协会，其主管单位为中共中央宣传部，它不仅组织记者的业务交流和培训，还组织各种行业奖项的评选，这些奖项的评选对象也都是针对有官方认可的具有从业资格的从业者。

　　专业知识的生产部门被认为是职业系统中维护职业权威的要素，它通过使"专业知识"神秘化，培养进入职业的人才和认证（比如授予专业文凭）来建立和维系职业声望（Klegon，1978），高等院校是主要的专业知识生产部门。在我国，能够承担新闻专业知识生产和人才培养的高等院校，是由国家主导设立，受教育部直接管理。2013 年底，中宣部、教育部又联合发出《关于地方党委宣传部门与高等学校共建新闻学院的意见》，强化了从知识生产、人才培养、从业资格等一个链条上的官方权威，构成了一

---

① 根据潘忠党的描述，"鸟笼"是一个比拟的说法，之所以称之为"鸟笼"既意味着（党和国家）允许一定空间的大原则的控制，同时也意味着这一控制的调整，但在另外一些学者的使用中，更强调的是"控制"，即动词的"cage"（关在笼子里）这一意涵。相关的论述可参见：潘忠党：《大陆新闻改革过程中象征资源之替换形态》，《新闻学研究》（台北）1997 年第 54 期。Chen, H. L., & Chan, J. M. (1998). Bird-Caged Press Freedom in China（Joseph, Y. S. Cheng ed.，PP. 645-668）．Hong Kong: Chinese University Press. 周翼虎：《抗争与入笼：中国新闻业的市场化悖论》，《新闻学研究》（台北）2009 年第 100 期。

个具有本土特色的新闻职业系统。

在这样的职业系统中，国家通过"官方认可"将最优质的新闻资源和传播管道配备给予其社会治理关系最为密切的体制内的新闻媒体，使它们在关键内容的发布上占据竞争优势，比如在重大事件的报道中，新华社通稿成为唯一消息来源；中央级媒体获得更多报道优先权及"向下监督"的舆论空间；如果同级媒体之间发生冲突，根据不同媒体对国家政权的重要程度进行调节等（周翼虎，2009）。

当然，职业系统也是在历史地发生变化的，某些要素的变化会引起系统稳定性的变化。改革开放后，国际交流对"新闻专业主义"理念的引入以及经营层面的改革使"市场"作用显现，曾是动摇我国新闻职业系统稳固性的因素。"新闻专业主义"作为共同认同的价值体系与其他话语体系（党的新闻事业、启蒙人文和市场导向的新闻）并存启发了我国新闻业多种不同的实践（潘忠党，2007），在改革中积累起来的构筑、阐释并正当化新闻操作"非常规"行动的象征资源具有"解放"的意义（潘忠党，1997）。经营改革后，"市场"也成为影响中国新闻业的重要因素，使得制约我国新闻媒体的因素由单一的统治意识形态转为政治和市场的双重力量（李金铨，2004：32）；还使得国家不再是媒介中唯一的表达主体，社会的声音可能通过市场在大众媒介中获得表达；政治和市场的矛盾给媒体创造了一定的空间。

但由于职业系统中起着决定性作用的要素没有发生改变，"专业主义理念"和"市场"这些影响因素只能在某些议题、某些层面和某些话语空隙中发挥作用。党的十八大以来，党和国家领导人又多次强调了新闻舆论工作的重要性，要积极发挥新闻媒体的舆论引导功能，新闻媒体要坚持党性原则，坚持党对新闻舆论工作的领导。通过对新时期新闻体制、新闻理念及职业使命的界定，强化了既有的系统结构以及传统新闻机构的职业权威。

但新媒体技术对新闻业的影响令人始料未及。阿伯特强调工作内容和方式的变化会是导致职业管辖权变化的直接因素（Abbott，1988）。对新闻业来说，传统媒体之所以能够建立较为稳固的职业管辖权，最主要的原因在于传统媒体拥有着渠道垄断。新媒体技术打破了原有的渠道垄断，令新闻生产和传播模式发生了巨大变化，线上新闻"作坊"便是在这一背景下出现的。然而，虽然构成职业管辖权的工作与职业群体之间的纽带发生了变化，但维护职业管辖权的系统结构并没有发生变化，于是，在技术和制度之间便形成了一种张力。这种张力是具有我国语境特征的。通过对线上新闻"作坊"的分析，我们试图发现并阐释这种张力，并从中管窥新媒体技术给我国新闻业可能带来的影响，以及当下难以突破的边界。①

三、研究方法

由于本文所关注的线上新闻"作坊"在机构性质、规模、内容定位、经营方式上均有不同，为了从不同的案例中提取一致性的脉络，本文尽可能地收集丰富的案例进行分析。通过我们的搜索以及与业内人士的访谈，确定了如下几个较有影响力的案例，分别是"偶尔治愈"公众号、搜狐的"后窗工作室"公众号、腾讯的"谷雨实验室""故事硬核""ONE 实验室"、南京大学的"NJU 核真录""中国三明治"和"真实故事计划"。在研究中，我们也尽量收集不同案例的多元材料，包括机构的介绍、发布的报道或作品、公开出版的机构信息或从业者访谈、平台运营情况介绍等，这些资料均构成本文的经验材料。

此外，本文还以对从业者的访谈作为辅助材料，访谈对象包括部分本文所关注的新闻"作坊"的从业者以及传统媒体的新闻从业者。具体的访谈对象有"偶尔治愈"主编及记者（各 1 名，1 号被访者、2 号被访者）、原"ONE 实验室"写作者（1 名，3 号被访者）、"谷雨实验室"从业者（1

---

① 虽然"市民新闻"、UGC 内容、机器人写作也是互联网带来的新闻生产和传播模式的变化，但第一，这些变化对新闻业的影响是普遍的，不能突出我国的本土特点；第二，这些新闻生产方式消解了新闻职业和"专业主义"，似乎没有了讨论的基础；第三，从实践上看，线上新闻"作坊"更加强调深度报道，在新闻理念上更趋近于对新闻作为"公共知识"的界定，似乎与"市民新闻"、UGC 内容、机器人写作在相反的路子上探索着维护"有价值"（被访者语，1号、5 号被访者）新闻的尝试，而这样的新闻实践，在救赎传统新闻媒体产业危机的话语背景下，更有探讨的价值。

名，4 号被访者）、某线上原创新闻机构记者（2 名，5 号被访者、6 号被访者）、"界面新闻"记者（2 名，7 号被访者、8 号被访者）、"财新传媒"记者（2 名，9 号被访者、10 号被访者）、浙江日报记者（1 名，11 号被访者）、河南报业集团资深记者（1 名，12 号被访者）。访谈采用非结构化访谈为主，内容包括（但不限于）：新媒体技术对新闻生产的影响，所在机构为适应新媒体技术所做的制度安排或改革；对新闻职业的认知，对新媒体非传统新闻实践活动的认知，以及在新媒体平台工作的职业阐释；对新闻专业主义理念的认知，工作中的践行方式；对当下新闻工作状态的描述及职业规划等。本文所有访谈集中在 2018 年 5～10 月完成，对访谈材料的解读大多渗透在分析当中，仅在直接引用处做出标引。另外，笔者在教学和科研中与大量新闻从业者有良好的联系，与他们的交流也会成为文章的经验材料，消化在文章当中。

四、体制之外，"鸟笼"之内

　　改革开放后，在"市场"因素、国际化交流及"新闻专业主义"理念等要素的刺激下，我国新闻实践中曾经出现了一系列"非常规"行动（潘忠党，1997）或"隐藏文本"的抗争策略（王毓莉，2012），以解决新环境下的新闻实践与"命令型体制"（潘忠党，1997）之间的张力。新媒体技术兴起后，产生于网络平台的线上新闻"作坊"与体制之间也存在着张力，这种张力源于线上新闻"作坊"开拓了职业系统之外新的从业领地。但因这一领地只是小规模的"作坊"，并不能带来结构性的变化，因此，线上新闻"作坊"也需要遵守现有"鸟笼"内的行动规则，运用一定的实践策略来获得实践空间。这些策略包括：
　　（1）**把握边界。**"把握边界"是从业的基本要求。虽然在体制之外，线上新闻"作坊"的从业者也恪守我国新闻实践在选题、报道角度以及报道可行性等方面的边界，以确保报道和平台的"安全"。"多年的传统媒体的从业经验让我们很清楚边界在哪里，我们在实践当中有几个原则，'红

线'是肯定不碰的，有争议的尽量选择可以做的角度，在能够做的议题和领域内发挥。"（4 号被访者）

（2）变换体裁。拓宽或者改变体裁可以被认为是线上新闻"作坊"的实践策略，非虚构写作就是一例。尽管有学者将非虚构写作视为新时期新闻话语范式的转型，但"非虚构"的概念来源于传统的现实主义文学（黄典林，2018），与"新闻报道"之间的交叉使得"非虚构"成为扩大新闻内容来源和内容表现形式的新体裁，"'非虚构'的提法不是新闻，可以规避一些风险，实际上，当下所谓的'非虚构'，就是特稿嘛"（6 号被访者）。

（3）身份移植。身份移植是指利用其母体机构的新闻从业资质或在垂直领域的信息服务资质，模糊身份进行新闻原创或某个专业领域的深度报道。比如在我们考察的案例中，有个别案例是隶属于某网络平台的公众号，此平台已经获得了某类新闻信息服务（比如转载、聚合或发布）的许可，其下属的公众号便借助其母平台所拥有的某种新闻业务许可从事新闻生产。还有利用母公司在某专业领域的信息服务而致力于专门领域的新闻报道的，比如丁香园旗下的"偶尔治愈"公众号，这些都可视为身份移植策略。

（4）随机应变。"随机应变"并不是现在才有的策略，在传统媒体的新闻实践中早有了各种式样的"临场发挥"（潘忠党，1997），但新媒体技术使得"随机应变"更加发扬光大，不仅体现在一个个具体的报道当中，更是运用到了平台的运营当中。比如线上新闻"作坊"大多依托于微信公众号的技术形式，大大降低了平台创建和维护成本，如此便意味着更容易应对"突如其来"的（政策）变化。"这个号没了，就再弄一个呗"（7 号被访者），"随时准备着被解散，只要愿意做，就再开一个"（8 号被访者），这种可以抛却"阵地"的"随机应变"体现了新媒体技术独有的灵活性。

从这些实践策略来看，线上新闻"作坊"既没有破坏现有新闻职业系统制度安排的企图，也不具备足够的力量，它们只能在模糊的身份界定中寻求生存的空间。当然，也正是因为模糊的身份界定，反而使它们获得了一定的从业空间，"毕竟我们不是新闻机构，只有网信办一个管理部门"（4 号被访者）。

不过策略与规制也是"磨合"前行的。为了应对新媒体技术所带来的包括线上新闻"作坊"在内的新的实践形态，国家不断出台一些新的规制措施，以维护传统新闻职业系统的稳定性。这些措施包括：成立专门的管理部门对新媒体平台的内容生产进行监督和治理，比如 2018 年，国家将"中央网络安全和信息化领导小组"改为"中央网络安全和信息化委员会"，成为中央直属的议事协调机构，提高了对网络信息治理的重视；强化对原创新闻从业资格的管理，体制外的新媒体平台均无获得合法进入原创新闻实践的资格；通过对互联网平台的信息服务实施分类管理的方法，限制新媒体平台从业者采访权的获得等。

总之，由于没有官方授予的从业资格，又受到"鸟笼"的限制，虽然线上新闻"作坊"能够利用新媒体技术的便捷性发展出一些实践策略，但在当前我国新闻职业系统的制度安排下，不要说无力竞争职业管辖权，就连进入职业系统都很困难。在这种情况下，线上新闻"作坊"必须借用其他方式获得从业的正当性。

五、倚重"专业主义"，获得正当性

克莱根（Klegon）认为：对那些个人的、小型的从业者来说，借助已经形成的被认同的"专业主义"价值体系，是获得正当性的策略（Klegon，1978）。通过对不同线上新闻"作坊"的个案考察，我们也发现了类似的策略，即其从业者特别强调并利用"新闻专业主义"的话语及实践技术来构筑正当性。

（1）明示"专业性"或"专业主义"价值理念。这一点在诸多案例的平台介绍、从业者在不同场合的发言以及我们的访谈中都有体现。比如"偶尔治愈"初创者强调的"要打造医疗领域专业的深度报道平台"；"后窗工作室"在其公众号介绍中提及"专注优质内容的生产，秉承新闻专业主义价值观"的明示；以及利用了"非虚构"的策略，却又要通过"专业性"的强调来为"非虚构"正名的"故事硬核"等。"故事硬核"团队组建人林珊珊在一篇访谈中提到：非虚构属于新闻行业中的一个高度专业化领域，要不断地采访，才能不断地接近事实真相，"我们这里的人，多少都有点精神洁癖"。①在笔者的访谈中，一位被访者也强调"我们十分看重和强调专业性，这样才能有竞争力"（5 号被访者）。

（2）践行"专业主义"技术。在新闻生产研究中，新闻专业主义被释义为两个层面的含义，一个是秉持服务"公共利益"的理念，另一个是在操作中践行专业主义的技能，包括技术上力求事实与意见分离，形式上力求客观公正、不偏不倚等。线上新闻"作坊"也通过对专业主义技术的强调来表达其实践的专业性。比如林珊珊强调在"故事硬核"团队中专门设立了事实核查人员，"事实核查至少可以确保逐字逐句都由采访得来，每一篇非虚构作品中的全部内容都是有所凭据的"。②而短暂存在的"ONE 实验室"也强调调查核实，"打磨出最真实的新闻故事"，在专业性上曾获得"严苛的自律和专业"的赞许。③"偶尔治愈"的主编在访谈中也强调"我们的稿子都是要进行调查、采访的，我们在操作流程中更强调真实、客观"，"我要求记者们必须到现场去，采访到核心的人物，保持克制、中立和客观"（1 号被访者）。另有被访者在访谈中也多次强调了"专业"问题，无论是在招人、用人方面，还是对内容的生产和稿子的把关方面，专业理念和专业化的实践操作在整个团队中是极被看重的（6 号被访者）。高校的新闻实践平台也是一例，利用互联网这一分发渠道，将原有学生校内的新闻实践推出校园，是一个将新闻专业知识和实践技能在现实中操练的机会，背靠着高校和新闻专业（老师和学生）的身份，在实践中，践行专业主义是获得认可的唯一办法，这一点可以从南京大学的"NJU 核真录"的公众号定位、选题及生产模式中体现出来。

---

① 杨佳琦：《"卧底深圳 45 天，我被一条皮带救了命"——探访故事硬核》，http：//www.sohu.com/a/241093075_647752。

② 杨佳琦：《"卧底深圳 45 天，我被一条皮带救了命"——探访故事硬核》，http：//www.sohu.com/a/241093075_647752。

③ ONE 实验室解散：一个理想主义者的挫败，https：//baijiahao.baidu.com/s？id＝1580930514298130588&wfr＝spider&for＝pc。

尽管"新闻专业主义"理念和操作技术为线上新闻"作坊"的新闻实践提供了可被倚重的正当性资源，但这一话语支持并不充分也不稳定。从当下我国新闻职业体系的制度安排来看，体制外的从业空间能有多大，可以走多远，都没有定数。也正是由于这样说不清楚的未来，使得线上新闻"作坊"的从业者流动特别快，正如一位被访者描述的，"这个行业的人员流动特别大，不是说收入不好，而是找不到方向，不知道要走到哪里或者能够走到哪里"（2 号被访者）。这个"找不到方向"，一是指没有合法性保障，个人的职业轨迹和发展空间不明确；另一个也指线上新闻"作坊"没有形成成熟的产业模式，机构的发展路径也不明晰。

六、难"产"之业：空间与局限

职业社会学认为，产业在职业体系中起着供养从业者、对劳动力市场实施控制权的重要作用。曾经，供职于传统媒体是可以带来收入和社会地位双重保障的，体面的职业地位和收入使得大批的新闻从业者创造了我国新闻业的"黄金时期"（李红涛，2016）。虽然学者大多从新闻操作的空间和社会责任的角度来界定和阐述这一"黄金时期"，但不可否认的是，职业回报是支撑从业者创造"黄金时期"的重要条件。

互联网技术向内容产业的介入极大地削弱了传统媒体的赢利能力，造成了传统媒体产业模式的崩塌，供养能力的减弱使得大量从业者转型离开。然而，离开传统媒体并不必然意味着离开新闻业，我们所考察的线上新闻"作坊"中便有许多传统媒体的跳槽者进入网络平台继续进行新闻生产。比如"故事内核""后窗工作室"的采写团队大部分是原传统媒体的从业者，其中以深度报道记者和特稿记者居多，"偶尔治愈"团队成员也分别来自南方报业、凤凰周刊及财新传媒等。

在笔者的访谈中，有被访者如此解释自己的"跳槽"，"主要是因为收入，现在同样是做新闻工作，但比我原来（在传统媒体）的收入高了很多"（5 号被访者）。也有一位曾经在纸媒、电视台都做过深度报道的记者称"当有一天发现人们的阅读习惯已经改变了,你的读者已经不在传统媒体了,想要做新闻应该到互联网平台去谋求发展"(9号被访者)。可见,无论是更高的收入还是更适宜的空间,互联网确实为新闻从业者提供了传统媒体之外的,可以选择的从业平台,从这一点来看,互联网可被视为是打破传统媒体对新闻职业劳动力垄断的解放性力量。

然而,从产业运营的角度来看,线上新闻"作坊"因为没能发展出成熟的产业模式①,同时又受到互联网经济模式的限制和冲击,尚没能发展成为行业内具有较大供养能力的大企业。在笔者所考察的线上新闻"作坊"的案例中,有依赖于母公司支持的,如"偶尔治愈""后窗工作室"等;有依赖于公益基金支持的,如"真实故事计划";有与互联网企业合作的,如"故事硬核";有依赖于志愿行为的,如各个高校的新闻实践等。大多数线上新闻"作坊"的运营仍以业界所称的"包养"模式为主。这种"包养"模式存在的最大问题是机构如何存续以及做大做强,如何为从业者提供稳定的、具有上升空间的职业回报等。虽然以"ONE实验室"为代表的"非虚构"写作平台曾经希望通过出售版权的方式建立产业模式,但并不成功,"ONE实验室"也于2017年9月前后宣布解散。这些没有成熟产业模式,仍以小型团体或个人实践为主的线上新闻"作坊",对于改变当下我国新闻职业的系统结构难有突破。

不过从另一个角度看,"包养"模式从一定程度上又运行了一种类似"公共新闻"的尝试。比如"故事硬核"的林珊珊在访谈中提到,"比起在传统媒体工作时,大多数记者尚不具备足够宽松的创作环境,版面和发行要求使得想要把稿件反复打磨,做到极致,并不是一件容易办到的事",而今,"故事硬核"并不考虑太多利益诉求,在与腾讯新闻谈合作时,"我们

---

① 这里所谓的"没有发展出成熟的产业模式"是就线上新闻"作坊"的总体状况而言的,即它没能像传统媒体一样发展出"二次售卖"这样清晰的产业模式,但也不排除某些案例通过特殊方式获得资金,比如据报道,"真实故事计划"曾获得1200万元的A轮融资,或一些"非虚构"平台试图通过出售版权的方式获得盈利等。

都能看到彼此对新闻理想有种类似的执着，并没有感受到很强的利益诉求"。①同样，"偶尔治愈"的主编在访谈中提到，"丁香园对我们没有营利要求，反倒让我们觉得拿着这么多资金支持，必须做出好的内容来"（1 号被访者）。"我想平台支持我们做高品质的新闻是为了树立口碑吧，这样反倒让我们可以更纯粹地去做新闻。"（6 号被访者）

美国传播政治经济学派的罗伯特·麦克切斯尼（Robert McChesney）提出，报纸、杂志、广播公司和新闻学院，这些新闻事业应被视为是一项非营利的活动……应服从于公共服务的核心价值（罗伯特，2004）。虽然"公共新闻"理念在落地实践时饱受争议（黄旦，2005），但反观当下这些线上新闻"作坊"，这种被"包养"的"做新闻"的模式，"标榜着"并在一定程度上践行着新闻专业主义，反倒具有了"公共新闻"色彩，或可被视为互联网技术带来的多元实践的尝试。

七、结论与讨论

新闻业作为一种独特的传播实践，其发展与技术变革息息相关，也因为如此，技术对新闻业影响的讨论从来都没有停止过。英国新闻传播学者马丁·康博伊（Martin Conboy）和斯科特·A. 埃尔德里奇（Scott A. Eldridge II）认为，应该用"渗透"（permeation）这个概念来理解技术对新闻业的传统、实践和沟通所宣称的各个方面的入侵（於红梅等，2015）。

新媒体技术兴起后，新闻业产生了巨大的变革，这种变革有对新闻业普遍内容生产方式、职业权威及产业模式的影响，也有催生多元实践并形成一个具体社会语境的意义。对于前者，在全球范围内生产出了普遍性的"危机"话语；但对于后者，"多元实践"在一个具体语境中如何存在、能够产生如何的影响，需要进入一个系统结构中进行考察，本文正是希望在

---

① 杨佳琦：《"卧底深圳 45 天，我被一条皮带救了命"——探访故事硬核》，http://www. sohu. com/a/241093075_647752。

后一条路径上做些尝试。

因此，借用职业社会学中职业系统的相关论述，通过对我们视为"多元实践"的线上新闻"作坊"在职业化生存状况、专业主义理念和技术应用、产业模式及职业供养能力等维度的分析，得到以下三点结论：

首先，互联网打破了传统新闻业的渠道垄断，为体制外的新闻实践提供了可能。然而，我国现有的职业系统通过授权新闻采访权和内容传播权来维护传统媒体对新闻业的职业管辖，使得线上新闻"作坊"并不具备官方认可的从事新闻生产的合法身份。一方面没有合法身份，另一方面又要符合"鸟笼"内的规则要求，网络提供的技术空间与制度限制之间形成的张力使得线上新闻"作坊"只能通过多种策略来寻求生存和发展。

其次，作为"作坊"存在的新闻生产机构，在缺乏合法身份保障的情况下，更加倚重已形成的、被广泛接受的新闻专业主义理念来获得认可和从业正当性，这与一些体制内媒体曾经利用"专业主义"理念来构筑象征性资源一样，新闻专业主义也成为线上新闻"作坊"谋求生存和发展的话语资源。

最后，"作坊"仍然意味着小规模和"游击式"。在缺乏体制内资源支持以及在互联网经济本身盈利模式不清晰的情况下，线上新闻"作坊"很难形成产业规模来竞争新闻工作的职业管辖权。不过，新媒体平台毕竟为新闻从业者提供了可供选择的从业机会，从这一点来看，新媒体技术又在一定程度上撼动了新闻职业系统中对劳动力市场的垄断，成为影响当下我国新闻职业系统结构稳定性的因素。

基于上述三点结论，我们还希望就技术与新闻业及新闻职业系统的制度安排之间的关系做些探讨：

首先，在任何时候，新闻业都不是一个独立于社会的存在，当我们在探讨技术对新闻业的影响时，话语的指向不能离开新闻业所在的社会历史背景。从我国当下新闻职业系统的制度安排来看，体制内的新闻媒体仍然占有对新闻工作专属的管辖权，虽然互联网这一技术要素能够为体制外的新闻实践提供一定的空间，并改变了新闻生产的方式，为传统媒体从业者的职业困境提供职业流动的选择，但很难（大规模）改变的是体制内新闻业的专属地位。在这样的制度语境中，"危机"话语很容易被替代为传统媒体的产业"危机"，而"救赎"的路径自然是以传统媒体为中心的，进而，很难产生出"救赎"作为公共知识生产实践的新闻业（journalism）的多元话语。

其次，从改革的视角来看，如果说"市场化"、国际交流及新闻观念讨论等因素成为早期的改革动因，新媒体技术可被视为是当下主要的刺激因素。只是在我国"渐进式"改革的原则下，如果新媒体带来的变革过于剧烈，引发的变化不足以引起系统应对，从维护系统稳定角度加以限制是必然的。加上新媒体技术兴起本身带来的内容的混杂、"后真相"等问题，很容易将"危机"简单地归咎于技术本身，从而忽视技术所带来的生产性或解放性的力量。

再次，互联网的兴起或许可以改变新闻业的核心工作内容，即某些"五要素"的新闻工作或许可以被市民新闻、UGC 的内容，甚至机器人写作所取代，但那些需要信息核查、调查追问、还原真相的新闻工作或许会成为新闻工作更强调的主业。真如此，倒是应和了马丁·康博伊和斯科特·A. 埃尔德里奇的观点，"尽管出现了裂痕，但新闻业正处于一个好时代，因为我们有理由相信，面对新媒体带来的挑战和机遇，新闻业的核心职责正在得到强化"（於红梅等，2015）。但也要看到，由于缺乏合法的从业身份、缺乏成熟的产业模式支持，"作坊"式的生产若想坚持并致力于"有价值"的新闻实践仍然比较困难。

再其次，早在 20 世纪 90 年代，已有学者在论及我国新闻改革时提出，一些"非常规"的新闻实践活动构筑并代表了一些新的新闻观念和社会关系，已经超出了"命令型体制"的范畴，可以说是走上了超越体制的不归路（潘忠党，1997）。而当时"超出体制"的新闻活动还只能在体制内的新闻机构中发生，如此看，线上新闻"作坊"的新闻实践至少是在体制外做出了一些尝试，只是在诸多限制下，从历史眼光看，这些尝试对于进一步改革的意义仍无法定论。

最后，新媒体技术对新闻业带来的变化是复杂而深刻的，虽然我们选择了从系统角度，在不同维度上的讨论，也难免挂一漏万或流于表面。但本文至少在"危机–救赎"这一压倒性话语之外来谈论互联网技术对我国新

闻业的影响，是一种新立场和视角的尝试，也为探讨技术与新闻业变迁、技术与制度之间的互动关系提供了来自我国的地方性经验。■

参考文献

黄旦（2005）。《传者图像：新闻专业主义的建构与消解》。上海：复旦大学出版社。

黄典林（2018）。话语范式转型：非虚构新闻叙事兴起的中国语境。《新闻记者》，（5），35-43。

李红涛（2016）。点燃理想的日子——新闻界怀旧中的"黄金时代"神话。《国际新闻界》，（5），6-30。

李金铨（2004）。《超越西方霸权》。中国香港：牛津大学出版社。

李艳红，陈鹏（2016）。"商业主义"统合与"专业主义"离场：数字化背景下中国新闻业转型的话语形构及其构成作用。《国际新闻界》，（9），135-153。

[美]罗伯特·W. 麦克切斯尼（2004）。《富媒体　穷民主——不确定时代的传播政治》（谢岳译）。北京：新华出版社。

潘忠党（1997）。"补偿网络"：作为传播社会学研究的概念。《国际新闻界》，（3），13。

潘忠党（2007）。有限创新与媒介变迁：改革中的中国新闻业。陶东风，周宪编。《文化研究》（第7辑）第7-25页。南宁：广西师范大学出版社。

王毓莉（2012）。驯服 v. s. 抗拒：中国政治权力控制下的新闻专业抗争策略。《新闻学研究》（台北），（110）。

徐来，黄煜（2017）。"新闻是什么"——人工智能时代的新闻模式演变与新闻学教育之思。《全球传媒学刊》，（4），25-39。

於红梅，马丁·康博伊，斯科特·A. 埃尔德里奇（2015）。绝处逢生的机遇：危机和新技术条件下新闻业的元话语。《新闻记者》，（4），35-41。

周翼虎（2009）。抗争与入笼：中国新闻业的市场化悖论。《新闻学研究》（台北），（100）。

Abbott，A. (1988). The system of professions：An essay on the division of expert labor. Chicago: IL: University of Chicago Press.

Carr-Saunders，A. M. , & Wilson，P. A. (1933). The Professions. Oxford: Clarendon Press.

Evetts，J. (2003). The sociological analysis of professionalism occupational change in the modern world. International Sociology，18(2)，395-415.

Freidson，E. (1989). Theory and the Professions. Indiana Law Journal，64(3)，Article 1.

Johnson，T. J. (1972). Professions and Power. London: Macmillan.

Klegon，D. (1978). The Sociology of Professions An Emerging Perspective. Work & Occupations，(5)，259-283.

Zelizer，B. (2015). Terms of Choice: Uncertainty，Journalism，and Crisis. Journal of Communication，65(5)，888-908.

作者手记

2017年初夏，在一个媒体人的聚会上，遇到几位老友。他们之前都是传统机构媒体的记者，后来出于各种原因离职，有的去了公司，有的去做律师，也有自主创业的，还有两个去了互联网公司，继续做新闻。这两位的选择和当时的从业经历引起了我的兴趣。他们做的新闻内容不是传统互联网门户的聚合新闻，也不是零散的 UGC 内容，他们有正式的采编团队，有与传统新闻编辑室一样的采写编流程，所做的也是具有一定深度的原创性新闻，也偶有不错的调查报道出炉。他们仍以记者自居，但却没了记者证及所服务的新闻机构。这样的从业者、这样的新闻实践在当时并不是一个新现象，但少有学者对此有过关注。

2017年前后，中国新闻业危机和媒体融合被大量讨论，学界的关注点在传统的新闻媒体机构如何应对危机，媒体融合和新闻创新成为热门话题。但在盈利模式和报道空间的双重压力下，总也看不到实质性的创新和走出危机的出口。同时，由于受到 UGC 内容及其产制方式的冲击，对新闻业边界的讨论热了起来，这也引起了我的思考：新闻业有边界吗？如果有，这个边界应该是什么？是所谓"新闻"概念的界定，还是一个大家普遍认可的伦理准则？

我认为，哪怕在最基本的新闻界定上，都没有一个一致性的认知。我熟稔于心的是上学时背诵的教科书上的新闻定义，即"新近发生的事实的报道"，以及若干学者对"事实说"和"报道说"的争论。后来读博期间学了符号学，学习了结构主义、解构主义，读了德里达和福柯，了解了学术史上的"语言学转向"，才知道所谓"事实说 vs 报道说"的争论在这个维度是没有意义的——新闻说到底是一种陈述，是符号运作结出的果。而在伦理准则上的争论也日益走向漂浮，所有伦理准则的背后都会引出"专业主义"的概念，"公共利益"成为终极指向。然而，何谓"公共"？谁的"公共"？在社群主义和个人主义兴起的背景下，对"公共"和"公共利益"的阐释让我们一退再退，从"共识"到"共情"，再到"互联"，从哈贝马斯的公共领域到只要具有一定开放性和群体参与就可被认为的"公共性"潜能，政治意涵被不断剥离，以回避"公共"概念本身的脆弱。因此，在这些维度讨论新闻业的边界问题无法带给我启发性的快感。那么，新媒体/互联网到底给新闻业带来了怎样的变化？这种变化在中国和在西方是否一样？如果新闻业有边界，这个边界到底是什么？

带着这样的问题，我开始审视中国新闻业的发展历程，尤其是微信公众号兴起后的变化（因为当微信成为人们主要的社交和信息传播平台后，"两微一端"中微信公众号的影响力首屈一指，虽然后来直播和短视频平台的影响力也与日俱增，但这是后话）。我梳理了当时影响力较大的以发布原创新闻内容为主的微信公众号，发现很多都不是传统新闻媒体机构，这些公众号承办或隶属的主体有些是互联网门户网站，有些是互联网垂类公司，有些是文化传播公司，有些是科研机构、社团组织，也有一些高校的新闻学院。虽然主体性质不同，但所创制和发布的内容从属性上看（不是选题和写作风格）与新闻并无不同。因此，我们不能说这些内容不是新闻，但它又不是传统新闻生产主体生产的新闻。显然，它们已经溢出了传统新闻业的边界，"界外之地"这个概念就是这么一下子跳进脑子里的，我认为如果把新闻业看作提供新闻产品的行业，可以肯定的是，这个行业里提供新闻内容和信息服务的生产者及从业者的构成边界发生了变化。

当然，产品提供者和从业者构成的变化对其他物质产品生产和生活服务行业来说并不是什么紧要的事儿，但因为新闻行业的特殊性，尤其是在我国，新闻媒体是"喉舌"，新闻具有政治功能和宣传功能，新闻内容的生产和发布主体并不是可以在市场上自由竞争的企业。所以，从这一点来看，我国的新闻业是有边界的，这个边界由明确的新闻生产资质许可来限定，而新媒体兴起后出现的溢出传统新闻媒体机构和新闻生产许可之外的新闻实践，在我看来就是"界外之地"。在想到"界外之地"这个词的时候，同时跳进我脑子里的还有"特区"这个词，于是我开始思考，这些"界外之地"会成为我国互联网新闻实践的"特区"吗？这些新闻实践具有怎样的从业空间并受到如何限制？它们会不会带来不一样的新闻表现和盈利模式？如同20世纪90年代末的市场化报纸一样，我当时确实希望从一个新闻业变迁的历史脉络中来审视它们的意图。

带着这样的想法我开始寻找能够解释上述问题的理论资源，从"专业主义"概念向上找到职业系统，这是职业社会学探讨职业管辖权和职业边界的重要概念。围绕这些概念，职业社会学对现代职业系统中管辖权的形成及变迁机理做出了讨论，这些理论层面的讨论给了我启发。尤其是技术革新对职业系统影响的阐述也刚好符合当下互联网技术之于新闻业的影响，即互联网打破了传统新闻业的渠道垄断，进而破坏了传统新闻业职业管辖权的稳固性，新闻业边界变化的原因之一就来自此。找到核心概念和理论资源后，研究推进得还算顺利。但不可否认的是，当时之所以从这个视角研究也是希望探讨技术与制度的关系，希望对互联网"是否可以"以及"如何能够"改变我国新闻业的样貌做出探讨。其实后来这些所谓的网络新闻"作坊"确实做过不少不错的报道，尤其是在新冠疫情期间，这些公众号在疫情信息传播和深度医疗科普报道上发挥了重要作用，但如文章结论所言，它们尚不具有改变我国新闻职业系统构成和职业管辖权的能力，至于它们是否对我国新闻业的新闻价值观念、社会功能和新闻叙事方式形成补充或竞争或是其他影响，本文没有在这些维度上进行讨论，这需要更多扎根本土的经验研究来呈现和解释。

"竞争性选择":
两种形式下商业自媒体的专业理念"重构"

——基于对"当下频道"的田野调查研究

■ 蔡润芳　汤乐盈

【本文提要】商业自媒体给数字内容生产带来了新的实践方式与专业理念。本文通过对"当下频道"进行田野调查，认为在平台、资本、网络舆论等多重影响下，以"当下频道"为代表的专业自媒体依然能够以"组织专业主义"和"职业专业主义"两种形式来践行"真实性""生产和经营分离"等新闻专业理念和职业操守。但"客观性"被"主体间性""介入性"等新的观念所重构，"以事实为中心的话语实践"转变为"以交流为中心的话语实践"。这种重构是媒体组织基于数字媒体职业的竞争性选择，既是经济行为，也是数字技术赋权下自媒体从业者对职业认知和专业理念的自主性阐释。

一、问题缘起：自媒体"专业主义"何以建构

"自媒体（We media）"概念来源于 Bowman 和 Willis 对"参与式新闻"（participatory journalism）的讨论，指公民或公民群体通过技术手段在收集、报道、分析和传播新闻信息过程中发挥积极作用，是一种自下而上的新闻（bottom-up news）活动，具有去中心化、草根性、民主性、协作性等特点（Gillmor，2006）。随着自媒体商业化发展，内容生产由 UGC（用户内容生产）转向 PGC（专业内容生产）、PUGC（专业用户内容生产）及

OGC（组织内容生产）等专业化模式。自媒体组织亦日益机构化、专业化与职业化，成为数字新闻业多元新闻行动者网络（王辰瑶，2021）的重要组成部分，也是一种有一定规模和影响力的、自下而上的新兴传播力量。作为一种技术赋权下的新兴市场媒体力量，商业自媒体在新闻创新、技术迭代、理念变革中起到了积极作用。研究商业自媒体，尤其是以"真相探寻"（Rauch，2021）为志业的专注于资讯生产的商业自媒体的专业理念建构与重构问题，在理论和应用上都显得尤为重要。

新闻专业主义是西方媒体在长期实践中形成的一套专业意识形态与社会角色分工下的职业道德规范与操守（陆晔，潘忠党，2002；黄旦，2005；李良荣，2017；胡翼青，2018），一些原则及操作规范也被中国新闻从业者所接受，比如新闻真实、客观、采编与经营分开等，一般称为新闻专业理念。数字时代新闻业的大变革，使"新闻专业主义"及相关专业理念呈现何去何从的问题，相关研究主要聚焦在"挑战""坚守"与"重构"（吴飞，唐娟，2018）三个方面。"挑战"观认为，社交媒体、智能算法等媒介技术的迭代促使新闻工作边界模糊化（Carlson，2018），新闻正在由一种职业行为演变为一种文化行为（常江，2019）。新闻业的"液态化"（陆晔，周睿鸣，2016）与新闻工作的不稳定性（Matthews & Onyemaobi，2020）趋势伴随着新闻生产的去媒体化与去专业化（Anderson，2007；Witschge & Nygren，2009；白红义，2013；王维佳，2016；王海燕，刘湘，2020），传统新闻专业主义的核心观念在数字时代被逐步消解。有观点认为"客观性"在新闻业的日常生产实践中已经实质上消亡，数字新闻业步入"后客观时代"（常江，何仁亿，2021）。"坚守观"认为，新闻业对民主的公共生活来说不可或缺，因此许多媒体人与学者认为仍应坚守新闻专业主义的核心逻辑。如潘忠党与陆晔（2017）指出，"新闻专业主义蕴含理性交往模式，构成民主的公共生活……新闻专业主义仍然具有规范新闻实践的重大意义"。吴飞（2018）也认为，"无论是何种媒体体制，只要是被称为新闻业的，都得有相近的职业规范意识"。而针对如何"重构"，学者有多种思路。一种观点认为"客观性"的概念本身就在不断流变（舒德森，2021），"介入性"或许将取代"客观性"（常江，何仁亿，2021）成为数字新闻专业主义的核心逻辑。也有学者提出新闻专业主义的核心逻辑不会随着技术的变化而改变，但"技术与业态的变化对理论的重构也提出了新的要求"（吴飞，唐娟，2018）。迈向 2.0 版本的新闻专业理念将打破"专业"与"业余"之间的界限，逐渐从新闻工作者的专业话语转变为公民的公共话语（潘忠党，陆晔，2017；吴飞，田野，2015）。同时，各类新闻行动主体进行的多种多样的新闻创新实践（王辰瑶，2020），以及"事实核查"等新技术与新手段（周睿鸣，刘于思，2019）将作为数字新闻专业实践来支撑数字新闻专业理念的重构。

如果说"新闻业 2.0"认为新闻专业理念话语将转变为全社会的公共话语，那么分析商业自媒体的专业实践方式与建构过程，有助于我们找到在数字新闻业中重构新闻专业理念的有效路径。因此，本研究对新经济转型、新技术赋权背景下，资讯类商业自媒体如何实践与重构专业性，哪些动因与要素促进或阻碍了其专业性建构，以及应当以何种路径来引导自媒体规范发展等问题展开探讨。

二、理论工具：两种不同形式的"专业主义"实践方式

"专业主义"的发展历来与社会变迁和经济转型有关。在职业社会学有关"专业主义"建构过程的讨论中，Collins 区分了"盎格鲁-撒克逊"模式和"大陆"模式。在大陆模式下，国家是主要的行动者；而在英美模式下，个体经营者有控制工作的自由。Burrage 和 Torstendahl（1993）确定了专业（professions）发展的四个关键行动者：从业人员、用户、国家和大学。Julia Evetts 则总结了在新经济发展过程中，当劳动力市场放松管制，以及短期合同和基于项目的工作增加的情况下，雇佣组织（employing organization）对专业主义建构形式的作用（Evetts，2010）。

在新经济劳动环境中，大部分专业工作都在公共服务组织与私人公司组织中展开，用人组织亦成为专业发展的重要因素（Evetts，2010），专业

主义不再是 Freidson（2001）所称的市场、机构之外的"第三种"社会工作的组织逻辑，专业主义被组织重新定义，包括组织和市场、管理主义和商业主义的逻辑。Evetts（2009，2010）把这种新趋势概念化为"新"专业主义（"new" professionalism）或"组织"专业主义（"organizational" professionalism），以与"职业"专业主义（"occupational" professionalism）形成区别。

"组织专业主义"指管理人员在工作组织中越来越多地使用控制话语，它结合了权力的法理形式和责任与决策的等级结构；涉及增加工作程序和实践的标准，以及管理控制；依赖外部形式的管理和问责措施，如设定绩效目标和业绩审查。"职业专业主义"则是一种在专业群体内部构建的话语，它涉及客户和雇主对从业者的信任，从业者具有工作的自由裁量权和职业控制。它依赖于专业群体共同和漫长的系统教育、职业培训和社会化，以及发展强大的职业认同和工作文化。控制是由从业者自己实施的，他们受专业协会和协会监督的职业道德守则的指导（Evetts，2013）。

组织专业主义代表一种规范性控制，职业专业主义则多指一种意识形态控制。这两者之间并不是非此即彼的关系，不同职业群体将在规范性和意识形态控制要素之间取得平衡。有如 Fournier（1999）指出，在新的职业环境中，对"专业主义"的诉求是一种规训机制。大型商业公司往往将"自主的"专业实践纳入问责网络中，并对专业行为进行远程管理。一般来说，与商业团体相比，由政府资助的社会服务团体的职业意识形态控制因素比规范性因素更强（Evetts，2013）。但职业专业主义有关专业"特质"的美好描述也被认为是过于理想性的，专业主义也被认为是专业团体为了自身利益成功实行职业垄断与封闭市场的意识形态（Larson，1979；Larkin，1983）。因为当专业群体"从内部"发出并使用专业主义的诉求时，这个群体的回报（在薪水、地位和权威方面）往往是可观的。

规范性因素和意识形态因素如何影响新闻业专业主义建构问题，欧美学者也有相应讨论。Aldridge 和 Evetts（2003）认为新闻业以其强大的专业神话而闻名，但它却提供了一个有关专业主义话语如何被管理者作为一种自律形式来动员的绝佳案例。Henrik Örnebring（2009，2016）基于 Evetts 两种形式的专业主义框架提出了"协商专业主义"（negotiated professionalism）概念，讨论了在"新经济"工作组织变化的背景下新闻职业的四个关键的变化，认为在劳动力市场放松管制、新就业形式兴起、工作场所技术化，以及部分劳动力技能大规模降低的情况下，新闻专业主义是在组织规范性因素与意识形态因素互动的过程中被实践的。Kristensen 等人讨论了文化记者通过组织专业主义、职业专业主义，以及审美专业主义这三种潜在竞争类型的专业主义来获得"权威"（Kristensen，2017）与确立工作边界（Riegert，2021）。

数字新闻专业主义的发展与整个社会新经济转型、劳动模式革新息息相关。机构化的商业自媒体作为一种新兴媒体组织也成为推动专业主义建构的重要因素。职业社会学的相关理论为分析自媒体专业主义的重构问题提供了很好的研究思路与分析框架。本研究将借用"组织专业主义"和"职业专业主义"的理论框架，考察在资讯类商业自媒体的机构化与专业化发展过程中，新闻专业主义部分理念和操作规范在实践中如何被自媒体组织重新定义。

三、研究方法：对"当下频道"的新闻民族志研究

进入媒体组织进行深入观察和分析，是揭示内容生产的"秘密"，考察内容生产的组织机构，分析数字媒体变革的有效方法（Schudson，1989；白红义，2017）。本研究采取新闻民族志研究方法，选取资讯类视频自媒体"当下频道"作为田野调查研究对象。

按照我国政府管理规定，非公资本不得涉足新闻采编播发业务，但随着商业自媒体的兴起，一批以生活服务类资讯为主要内容的资讯类自媒体受到广大用户的欢迎。本文即以资讯类视频自媒体作为研究切口，原因有三：其一，资讯类自媒体的内容强调信息和资讯，可以归入"泛新闻"类媒体，并纳入新闻生产与新闻专业理念的讨论范畴；其二，视频自媒体的

专业化水平、职业准入门槛与组织化程度较高，代表了一批新兴自媒体专业化与职业化发展趋势；其三，相较脱胎于传统媒体的视频媒体项目（如依托新京报的"我们视频"、澎湃新闻推出的"澎湃视频"等），资讯类视频自媒体代表了商业性创新实践主体，在内容生产传播方式、专业理念重构方面都有所突破，是新闻创新网络中不可或缺的新行动者。

本文研究对象"当下频道"成立于2016年，是一家关注青年消费文化和现象的资讯类视频专业自媒体，以"一个聚焦年轻人生活方式的原创短视频生产车间"，"用视频启发不同青年圈层的好奇心、感知力和同理心"为号召，入驻哔哩哔哩（以下简称B站）等媒体平台，设立多个固定栏目，包括"新消费""我们这一天This is us""当下乱码""当下Vlog"等。截至2021年10月，其每集平均播放量在150万左右，B站粉丝数达37.2万，微博粉丝101万，在量级上属于中小型专业自媒体。

作为研究对象，"当下频道"在当前国内自媒体中具有代表性研究价值。其一，如果把新闻看作"以事实为导向，其工作是根据既定原则发现、确认和传播这些事实"，"主要是通过与各种公共组织的互动以及与信息来源的交谈来制作内容"（Örnebring，2016），"当下频道"以事实性报道为宗旨，可以界定为一种泛新闻传播活动，并纳入新闻专业范畴考察。其二，其视频内容制作精良，达到专业水准，并在新闻创新上有所突破。其三，"当下频道"在国内视频生产圈占有一席之地，和多个平台与媒体长期保持良好合作关系，如B站、微博、虎嗅、澎湃新闻等。其四，"当下频道"拥有一支年轻化的专业制作团队，成员主要为"90后"与"00后"，专业背景各不相同，代表着从业者中的新兴势力与创新力量。

本文研究者从2020年12月至2021年5月在"当下频道"以实习生的身份开展了为期6个月的田野调查。田野期间和多个部门人员共同协作，深度参与了多个视频项目的生产与运营，还对其8位全职员工中的6位进行了深度访谈。受访对象覆盖了CEO（创始人）、PD（编导）、运营三大岗位，获得了丰富的一手资料。

四、多重权力交织下资讯类商业自媒体的生存困境

媒体的生存境遇是专业理念建构与发展的土壤。当前，资讯类视频自媒体的内容生产、经营模式、话语表达等受到政府监管、平台治理、商业力量和网络舆论等多重权力的交织影响（见图 1）。

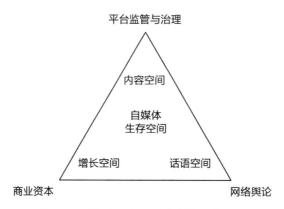

图 1　三重权力交织下的自媒体生存空间

（一）平台监管：人工审查与算法技术限流下的内容空间

与主流媒体和平台型媒体拥有自建传播渠道不同，商业自媒体完全依托网络平台分发内容，受制于平台审查与监管。在政府监管与商业利益的双重压力下，B 站等平台的"总编辑内容管理负责制度"与"先审后播制度"造成"一切平台说了算"现象，规制了自媒体的内容创作空间。"人工＋算法"的审核机制成为流量把关人，题材空间与传播效果取决于平台的审查力度。不涉及时政成为商业自媒体的默认规则。在 B 站"人工审核"＋"流量池叠加推荐算法"的审核机制中，如果内容首先被人工审查判定为"较为敏感"或者"不符合主流期待"，会被丢到较小的"流量池"，只能获得较小的曝光率；反之，符合主流价值与平台利益的内容会被推到较大的流量池。

平台审查机制下的限流措施会打击内容生产者的积极性，流量的不确定性使创作者无法对内容表现做出合理预判，有时平台审核编辑甚至无法给出具体的限流原因。如果想要获得高流量，自媒体必须在内容和运营上都顺从平台算法机制与审核逻辑。例如，新冠疫情期间"当下频道"制作的所有涉及疫情的片子都被 B 站限流。在制作"疫情特别企划"时，运营团队需要和 B 站人工审核编辑不断确认相关内容能否上线。此时，是顺从平台逻辑还是坚守自身的内容生产原则是考验其专业实践的重要参考。

（二）商业生存：内容价值与分发价值双重变现下的增长空间

在控制成本的基础上实现价值增长是商业自媒体存活的关键。按照"当下视频"创始人的说法，商业自媒体的品牌价值体现在"内容价值"与"分发价值"两个层面。"内容价值"反映自媒体内容生产的专业能力，而"分发价值"通俗来讲就是流量，通过媒体品牌与内容的传播力来体现。运营与生产一样重要，具有不同级别内容价值的产品需要配套不同的运营策略，以实现内容价值与分发价值的最大化。据美通社报告显示，亚太地区 78.6％ 的记者会兼顾原创内容在其他媒体渠道的推广工作（PRNewswire，2019）。"内容价值"是媒体品牌价值的基石，而"分发价值"是媒体品牌价值变现的依据。自媒体的商业变现模式可以总结为一个公式，即内容价值×分发价值＝商业变现。

但"内容价值"与"分发价值"不一定成正比，缺少"分发价值"的自媒体难以存活。以"当下频道"为例，早期较弱的"分发价值"会导致其自有 IP 内容更新速度慢，用户黏性不够牢固。从 2016 年至 2020 年，"当下频道"都无法依靠自有 IP 内容盈利，得依靠外接商业定制项目来补给自有 IP 内容生产，直至 2020 年"当下频道"才实现自有 IP 内容的商业化发展。但"当下频道"并没有完全向资本妥协，而是在充分利用资本的基础上保留自有内容的独立性与品质。例如"当下频道"的主要栏目"This is us"的海外实拍项目成本高昂，"当下频道"通过同时接商业项目，或者在

"当下 Vlog"中置入广告,以平衡"This is us"的相关支出。

因此,如何让有"内容价值"的产品赢利是商业自媒体组织存活下去的基础。"用爱发电"不能长久,在坚持生产优质内容的同时提升分发能力,形成内容与分发循环增长的商业化之路是目前商业自媒体在生存压力下的出路。

(三)网络舆论:网络暴力与情绪传播下的话语空间

虽然在数字新闻业中,新闻生产体现为职业记者和公众共同参与的动态实践(陆晔,周睿鸣,2016),但在充斥网络暴力与情绪传播的非理性社交媒体话语场域中,理性的网络舆论对媒体机构起到了一定的正向监督作用,而非理性的表达和群体极化却侵蚀了媒体的话语空间。

以网民为"衣食父母"的自媒体的生存环境更为恶劣,稍有不慎就会成为网络舆论的对立面。以"当下频道"微纪录片《外包的生命》为例,该片完整跟拍了三个中国家庭赴美接受代孕服务的故事,客观记录了代孕客户、代孕妈妈的各自诉求与代孕过程中的心路历程。没想到该片发布后却遭到一批持"女权主义"立场的网民的攻击,认为这个片子倡导物化女性,忽视女性权益。此外,网民不仅会批评内容,还会对出镜人员及创作团队进行人身攻击,如批评"全员洋夹土,创始人颜值不高"等。

总之,自媒体的生存空间受到平台审查、商业利益、网络舆论的三重影响。如何在平台审查下寻求更大的内容空间,在注意力经济的信息内容市场中获取增长空间,在网民的暴力表达与情绪化传播的环境中依然保持媒体自身的专业操守是实践中的难题。

五、组织专业主义:"当下频道"的专业化生产与运营

面对在夹缝中生存的自媒体环境,实践"组织专业主义"是首要前提。因为自媒体组织的专业化运作,以及实现高效的管理,是数字内容市场环境下自媒体对内容把控和成本控制的必然选择。尤其是视频类自媒体

的内容生产，需要经历多个复杂、琐碎的步骤，牵涉众多专业人员的参与。如何高效率、低成本地制作出高质量的视频内容成为诸多视频自媒体面临的问题。但是，以落实"法理形式"的专业性和为加强有效管理的"组织专业主义"实践，是否牺牲了"职业专业主义"所强调的从业者的自由裁量权和职业控制，则需要置于具体情境中去分析。

（一）制作模式：PD 负责制下的 T-shape 中台协作

"当下频道"承袭了传统影视制作"编导责任制"，在制作模式上贯彻"PD 负责制下的 T-shape 中台协作模式"。PD（编导，Producer Director）的工作贯穿内容制作的全流程，从采访、寻找信源、现场把控、团队沟通，到控制视频预算、剪辑成片等，是视频项目的中心人物和灵魂角色。在 PD 负责制下的创作团队中，T-shape 中台是"当下频道"组织与协作的核心架构（见图 2）。"T-shape"最早由大卫·盖斯特（David Guest）在 1991 年提出，指具有专业技能与跨学科协作能力的人才。T-shape 中台架构意在强调专业深度与沟通协作的双重重要性。其中，技术团队中的每一个人都各司其职，又通力合作，注重通过沟通与反馈实现高效运作。

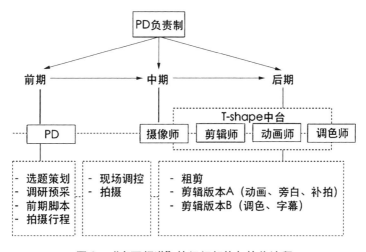

图 2　"当下频道"的组织架构与协作流程

　　该模式的核心优势在于这既是一种有效的管理制度，又能够赋予创作团队一定的个性化创作空间。一方面，PD 负责制是一种有效的绩效与问责制度，能够确保内容生产的各个环节具有可预见性与目标达成的一致性。PD 的前期调研工作一般为一个月左右，事先要进行选题策划、调研预采、脚本撰写、拍摄行程确立等环节，以确保选题的高价值、内容的高质量、制作的可行性，防止因为内容不过关或项目中断而产生废片。在中后期，PD 贯穿 T-shape 中台协作过程始终，以确保内容逻辑链条的完整性、前期策划与后期制作逻辑的一致性。另一方面，此种制作模式又给予 PD 很大的自由裁量权，PD 相当于项目负责人，对内容生产具有控制权。T-shape 协作模式又有利于调动创作者个人以及制作团队的主观能动性，符合个性化优质内容的生产需求。因此，从"当下频道"制作模式来看，既加强了内容生产过程中的专业化管理，也给予职业专业主义一定的发展空间。

（二）运营模式：内容生产和运营 KPI 分离模式

　　商业自媒体内容产品的综合流量表现实际上是由生产和运营两方工作共同成就的，PD 决定一支视频的上限，运营决定一支视频的下限。"当下频道"根据"曝光率""喜爱率""互动率"和"带货率"四个维度（见表1），来预测和评定一支视频的流量表现（视频发布后 3～4 天内的统计数据）。在"曝光率"中，以"起始留存率"代表视频内容的传播力度、"完播率"代表视频内容的传播周期，这两个指标用来衡量运营和生产的工作表现。

表 1　"当下频道"的流量评判标准

评判维度	具体指标
曝光率	播放量、起始留存率、完播率
喜爱率	点赞、转发、收藏、投币

续　表

评判维度	具体指标
互动率	评论、弹幕
带货率	粉丝转化率

　　首先，运营工作决定了一支视频的流量起点。运营主要负责内容产品的运营和推广，其工作分为两个部分：一是内容运营，包括管理上片日期、起标题、设计视频封面、打标签、视频预告和捞片。在上片之前，为了预估封面和标题的效果，运营会在平台上做有成本支出的 A/B Test（B站推出的有偿流量效果测试服务），测试不同版本视频封面的传播效果。在上片之后，运营会通过"捞片"的方式使已经播出的片子重新获得曝光机会。通常的手段是在 B 站社区、微博等社交媒体上对与热点相关的片子做再一次的营销和推广。二是媒体公关，与各大平台编辑对接和沟通，请编辑把视频推到流量池，获得更多曝光渠道。运营通过这些工作来为内容产品争取较高的流量起点，高起点意味着后续能被推入更多的流量池，形成良性循环。

　　其次，视频内容质量决定了其流量的长尾效应。这反映内容产品的保鲜期时长，保鲜期长的内容可以保证后期流量的增长曲线是比较平稳的。"当下频道"早期有些高质量的视频内容在今天仍然有流量增长，如关于冻卵、音乐厂牌、微整形等话题的纪录片。

　　新闻专业理念要求内容生产和经营分离，以保证内容生产不受市场因素干扰。"当下频道"采取生产和运营 KPI（Key Performance Indicator，关键绩效指标）分离模式，以在制度上保护内容生产的独立性和专业性。KPI 分离模式中，视频的流量指标与运营的 KPI 直接挂钩，但不会影响内容团队的基本薪资绩效。流量如果超出预期，PD 会按比例得到薪资上的加成；如果没有达到预期，PD 薪资不会受到影响。KPI 分离模式是以"组织专业主义"的形式来落实新闻专业性，把专业精神内化到制度中，以实现组织管理的预期目标。在创办团队看来，一家致力于生产优质内容产品的专业自媒体，保证内容产品的高质量与高价值才是长久发展之道。

（三）管理模式：外包模式下的"弱关联"弹性生产网络

新闻工作边界的模糊化曾被认为是数字新闻业的危机，却是资本主义新经济社会劳动结构转向以弹性用工与协作式生产为特征的"后工作社会"（Scholz，2014）的一部分。作为中小型规模的商业视频自媒体，"当下频道"的生产管理模式具有"后工作社会"特征。虽然正式员工只有 8 位，但"当下频道"的"弱关联"弹性生产网络远远不止此数。

其一，"当下频道"把部分业务外包，外包业务签约模式灵活，可以按项目需求选择合适的专业人士。目前和"当下频道"保持长期合作关系，按项目签约的自由职业者有十几位，包括动画师、摄影师、PD、美术等。其二，非劳动关系的实习生（包含运营、PD 和摄像岗）也是团队中很重要的一个部分，主要承担事实核查、搜寻视频素材、添加字幕等辅助性工作。PD 实习生则会以"练习生"的身份给予培育机会，有机会在成熟期被委任独立编导工作。不少实习生在离开以后仍和"当下频道"保持长期联系，转化成"当下频道"的人脉资源。其三，"当下频道"的粉丝也属于"弱关联"弹性生产网络的一部分。与传统职业专业主义强调从业人员要独立于目标客户群体不同，"当下频道"的粉丝往往成为"协作式生产"的一方主体。有时粉丝会给"当下频道"提供一些有趣的选题，甚至成为受访对象，还有粉丝会转化为实习生进入媒体组织。

"危机论"认为，新闻生产工作边界的模糊化会削弱新闻专业性。但如果从媒体机构的组织管理角度以及媒体机构主动选择弹性生产管理模式的结果来看，生产组织边界的模糊化与劳动关系的临时性，是提升资源优化配置和运行效率，减少成本并提升利润，实现组织短期目标及推进"开放式创新"（open innovation）的有效途径。"当下频道"基于外包模式的灵活用工模式和包含实习生、受访对象、粉丝等在内的"弱关联"弹性生产网络，能够使其精准地实现劳动供需匹配，同时省去很多团队管理上的麻烦和费用，不仅节省成本，还能够灵活用工，充分利用网络资源促进创新。此时，职业专业主义的话语被组织管理者所利用，弹性工作意义在于"选择最专业的人在最专业的项目上做最专业的事"。

也就是说，媒体组织在弹性生产管理模式下的组织专业主义实践未必会削弱职业专业主义。一方面，PD 负责制使组织能够落实对内容的品控管理，以及贯彻较为集中的品牌调性；另一方面，"弱关联"的生产关系能够使自由职业者灵活选择和控制工作。虽然灵活用工存在"自主性悖论"（the autonomy paradox）问题，在某些情况下会使组织管理者处于控制地位，从业者会因不稳定性而缺少对工作的控制，但实际上，越具有不可替代性的专业劳动或创意劳动的自主性越高。正如 Platman（2004）的研究指出，自由的悖论在于，从组织约束中解脱本身就是一种约束，因为个体被迫在充满风险的工作环境中生存，但这些人在自我表达、独立和控制方面仍然具有"积极"的一面。

综上所述，"当下频道"在新闻工作的组织专业化发展过程中，在以 PD 负责制为核心，落实内容生产环节的可预见性与可控性的基础上，以外包及"弱关联"弹性生产网络组织形式实践"开放式创新"，充分盘活了创作团队与社会资源，并在绩效模式上采取生产与运营的 KPI 分离模式，从制度上保障了内容生产的独立性与专业性。因此，可以说"当下频道"在制度层面、管理层面、组织架构层面、绩效评估层面都强调了新闻生产的专业性，在"组织专业主义"的实践过程中把新闻专业理念纳入组织架构与管理过程中，并在新经济劳动结构的环境下找到了商业自媒体"组织专业主义"实践的新方式。

六、职业专业主义："当下频道"的专业理念与新闻创新

职业专业主义要求新闻从业群体内部能够建构一套有关新闻职业认知与行为规范的专业话语。虽然数字新闻从业群体是一个开放统一的多元新闻行动者网络，"新闻真实"依旧是主张新闻管辖权的核心，是维系网络化

数字新闻业运转的价值罗盘（王辰瑶，2021），但是，为了争夺竞争系统中的权威位置，职业行动者之间是相互驱逐、协作、竞争的关系（王辰瑶，2021），不同行动者之间对专业理念的话语表述与修辞体现出差异化竞争态势，专业记者、自媒体、公民记者都通过将自己和他人定义为局内人或局外人，作为"我们"或"他人"进行区分，以修正自己的边界（Anderson & Schudson，2019）。作为多元职业行动者中的一方，从事新闻生产的商业自媒体需要"重构"职业专业主义话语来确认自身价值与边界，一方面通过遵守"新闻真实"的规范原则来确保资讯类媒体的身份，另一方面在实践中进行创新来突出自身的差异化价值。我们从"当下频道"的职业专业主义实践过程中可以看出这两股张力。

（一）"实践出新知"：以实践的理念来追求"真实性"

确保新闻内容产品的真实性是资讯类媒体的立身之本。"当下频道"的视频产品在内容与形式上都力图确保"真实性"的专业操守，对所发布的内容进行事实核查、标明出处等。这样做一是为了建立品牌声誉与公信力，因为一旦出现"虚假信息"问题，会对媒体品牌造成毁灭性打击。通过对视频中所有数据、文献材料注明出处，也能说明材料的真实性、准确性与透明性，同时也可以规避侵犯版权问题。也就是说，无论是出于专业信念还是经营考量，"真实性"原则依然是资讯类自媒体遵从的专业操守。

如何在数字新闻时代以创新实践来实现"真实性"原则？"当下频道"提出了自身理念。"当下频道"提出"实践出新知"的传播宗旨。以"实践"的方式进行报道，有别于传统美国新闻专业主义所提出的新闻客观性原则。新闻客观性原则要求记者置身于事实之外，客观中立地陈述客观事实或解释事实（舒德森，2021），而"当下频道"以"实践"方式做内容的理念则致力于打破主客观之分，实现主客体之间"主体间性"式的交流。"当下频道"创新地以民族志田野调查的方法来"做新闻"。采访团队进入"新闻田野"中，不是简单地进行采访与资料收集，而是对事件中的人或事实进行参与式观察。这种方式有利于避免"他者视域"，与被报道对象达成共情。例如在一期有关"字幕组"的报道中，创作团队专门组织了一个临时字幕组来体验字幕工作的全流程。视频不仅报道了字幕产业的发展现状、字幕组的组织架构和工作流程，还直观呈现了字幕生产过程中每一个环节的工作感受。这是一种对"真实性"的更高追求，不是简单地把客观和主观事实二元对立，而是在尊重客观事实的基础上挖掘其中被忽视的细节。不仅如此，参与式观察的方式也是在告诉观众一个时常被忽视的重要信息，即叙述者的主观在场。早在 20 世纪 60 年代，法国纪录片大师让·鲁什（Jean-Pierre）就以民族志的理念提出"真实电影"的叙事模式，以"镜头在场"的方式记录对话。"当下频道"以民族志的叙事模式来做新闻，并不掩饰记者的主观输出，就是明示"镜头在场"，承认报道的主观性。

（二）"以交流为中心"：以"协作式生产"等方式来重塑传受关系

职业专业主义要求职业群体通过知识垄断来获取专业权威，以建立客户和雇主对从业者的绝对信任，从而使从业者能够获取较大的自由裁量权。但新闻工作的知识门槛太低，新闻行业从来都不能真正通过构建知识壁垒来实现专业控制，而是需要通过垄断传播渠道的途径来实现行业控制。这在数字时代变得更不可能，重塑传受之间的关系是重构数字新闻专业性的必然选择。资讯类自媒体工作边界的模糊性比传统专业媒体更严重，"当下频道"除了以"主体间性"原则重塑报道主体与被报道对象之间的关系之外，还致力于用"协作式生产"等方式重塑媒体与用户之间的关系，这背后蕴含着媒体职业理念的彻底转变。

"当下频道"并不把自身定位为凌驾于大众之上的精英专业角色，而是把自身与用户的关系定位为独立、平等、协作的共同体关系。用户是"粉丝"，也是"协同合作者"，甚至是具有相似价值观的网络意见表达共同体。具体体现在"当下频道"非常注重与用户的沟通，他们把忠实用户称作"股东粉"。粉丝也属于"弱关联"弹性生产网络的一部分，有机会参与内容选题、制作、事实核查等生产环节，甚至以"粉丝"的力量改变自媒体的品牌调性。例如有一期关于"螺蛳粉"的片子就是由粉丝投稿并参与制作的，该粉丝后来成为实习生，参与了"河南假发""柯尔鸭"等片子的制作与运营。

此时，专业性被重构为以"信息交流服务"为核心的职业价值体系，这种力量是革命性的，瓦解了传统新闻专业理念对新闻工作的精英主义建构。媒体、被访者与用户的地位变得更平等，是对新闻工作的一种彻底祛魅。

（三）"整体平衡"：在网络意见市场中寻求"价值增量"

数字内容市场中，有价值的产品能够带来"信息增量"，实现方式主要有两个：一是提供信息市场上人们还不知道的信息，二是提供解读信息的新视角与新观点。"当下频道"不仅致力于提供优质信息产品，还不吝于创作团队的主观表达。每期正片后都会有 PD 点评，表达其主观感受与思考。创始人与团队成员都表示，"当下频道"不追求完全客观中立的报道立场，尊重大家不同的价值观与思想，做视频就是意在通过观点的表达与用户进行相关话题的深度讨论和交流。

"当下频道"所追求的报道平衡并不像传统新闻报道一样力求每一篇报道都客观公正地陈述观点，而是致力于追求网络意见市场中观点的"整体平衡"，追求让更多的群体、价值观、生活方式被看见。以《外包的生命》为例，在 2019 年视频发布前，内容市场上有关代孕过程、代孕客户多元诉求的呈现非常少。而《外包的生命》不仅记录了代孕过程中的诸多细节，例如购买精子、取卵、孕妈生育等过程，同时呈现了代孕客户的多样性，在"政治正确"意见市场中给予代孕客户平等对话的机会。

因此，选题的新颖与视角的独特是"当下频道"吸引用户的关键，找准主题和切入角度来讲故事是 PD 的核心能力。通过这种手段追求"信息增量"当然是资讯类自媒体的经济行为。但通过寻找被广大网友及其他媒体所忽略的对象和视角，"让熟悉的事物变得陌生"，又可视为"当下频道"追求视角和观点"整体平衡"的职业价值追求。

（四）人文主义的价值关怀：关注现象背后的当代青年群体

"当下频道"的"新消费""This is us"和"当下乱码"等诸多栏目的最终落脚点都是关注现象背后的人本身。其创始人认为，"一个视频是一个点，十个视频可以连成一条线，一百个视频可以构成一个面，我们的视频最终是想要勾勒出当代青年的基本画像"。他用人类学中的"部落"概念来理解现代社会的"圈层"，"当下频道"希望能打破"圈层"之间的次元壁，"有些观众可能无法认同社会上的某种现象、人群或品类，当下频道希望这些片子能帮助观众去理解这些部落里人的想法以及他们的行为"。例如"This is us"第四季以《徐州乡宴大厨 vs 上海西餐主厨：你一个月的成本竟是我一年的收入？》开篇，试图对比不同职业、背景青年群体的生存状态和文化环境。

"当下频道"的人文主义价值取向来自创始人与成员的人文专业背景。创始人背景是人类学；第二代成员背景有政治学、心理学、美术学、教育学等；直到第三代才有新闻传播学、广播电视编导学的成员加入。这也解释了为何"当下频道"制作团队并没有直接奉行"新闻专业主义"，而是在一种朴素的人文主义价值观下力图关注与呈现当代青年的多样性。

综上所述，通过对"当下频道"的田野调查可知，在"娱乐性"成为注意力经济时代商业自媒体必不可少的生存之道的同时，"真实性""观点的平衡"，以及"人文主义"依然能够成为资讯类专业自媒体从业者的职业认知。而经典新闻专业主义中提出的"客观性"等原则却未必被完全复制与践行，一是因为"客观性"的话语实践方式难以让自媒体突出特色，也不能适应互联网时代注重个人话语表达的市场需求；二是因为自媒体创作团队背景的多样性导致学院派的新闻实践理念未被完全重视，而人类学、心理学等多元的传播实践理念却开始"重构"自媒体的专业价值理念。

七、"竞争性选择"：商业自媒体的专业理念"重构"

通过对"当下频道"的田野调查发现，专业的资讯类视频自媒体在组织专业主义与职业专业主义的实践中碎片化地继承了部分传统新闻专业理念。"专业"概念和操作规范在一定程度上适用于评价资讯类自媒体组织和从业者的特质、特征。例如"当下频道"在组织专业主义实践中，以生产与运营分离制度保障内容生产的独立；在职业专业主义实践中，通过坚持事实核查以求信息内容的真实性，以及追求人文主义价值取向等。同时，自媒体组织既是部分新闻专业理念的实践者，也是新闻专业理念的重构者，其职业认知和所践行的职业操守已经与西方"新闻专业主义"的核心观念大不相同，特别是"客观性"原则被重构。如果说客观性（objectivity）是英美新闻界基于启蒙理性发明的"以事实为中心的话语实践"（Chalaby，1996），用以对抗极端怀疑主义而提出的人们认识世界的普遍而有效的标准（Schudson & Anderson，2009），"当下频道"则以人类学的方式在数字新闻时代给出了另一种"以交流为中心的话语实践"方式，追求的是在被访者、采访者与观众之间形成某种主体间性式的交流。

打破"客观性"核心原则，践行以交流为中心的话语实践是"当下频道"在数字新闻职业市场和新媒体技术迭代过程中确立自身价值与边界的竞争性选择。按照职业社会学分析，新闻客观性既是一种职业规范，也是更大范围内关于职业管辖权斗争的对象（Anderson & Schudson，2019）。对新闻专业来说，一方面，"客观性"充当了一种规范的终点，是以现代化和社会分化为能动，以历史进步为促进的"最佳实践"；另一方面，"客观性"也是一种对客观新闻（objective journalism）的技术解释，这种解释视客观性为一种由技术发展以及这种技术与报纸市场整合的结合所培育的文体形式（Anderson & Schudson，2019）。

以"当下频道"为代表的商业自媒体在追求"真实性"的内容创新过程中，"客观性"理念与操作方式被"实践性""主体间性""介入性""体验性"等新的观念扬弃也是基于两个方面：其一，"客观性"被认为是传统专业媒体所宣扬的理念，商业自媒体要区别传统专业媒体来确立自身的价值与地位。"当下频道"以非精英的姿态，承认内容的主观性，给予用户平等的参与和交流机会，就是意在制作理念、传播关系上实施差异化竞争策略。其二，媒介技术的迭代使公众不再满足于专业媒体程式化的客观报道形式与文体，而是需要更直观、生动、贴近的报道方式。从报道理念和报道形式上区别于传统媒体亦是商业自媒体与其目标用户达成的共识。例如"当下频道"有一期报道"云南咖啡"的视频被粉丝批评"太像央视的报道"，制作团队后来反思这期内容流量表现平庸的原因在于"太像主流媒体，丧失了自己的特色和风格"。实际上，数字新闻的多方行动者都亟须新闻创新以获取新的新闻权威与竞争性市场地位，双方都在改变客观新闻报道形式以增强竞争力，从央视等主流媒体探索自媒体形式的记者 Vlog 也可窥见一斑。

因此，我们可以认为，商业自媒体对新闻专业理念的重构是基于数字媒体市场激烈竞争下的选择。商业资讯类自媒体对专业性的重构首先是一种"经济行为"，这种转向是商业自媒体为了满足信息过剩环境下数字市场需求的实践策略；其次，这种转向反映了数字技术赋权下文化和时代的转向，是传受关系变革后自媒体从业者对职业认知和专业理念的自主性阐释。

随着自媒体的专业化发展，以及自媒体作为一种职业的影响力越来越大，对其进行职业规范与引导非常有必要。本研究认为，可以分别从"组织专业主义"与"职业专业主义"两个维度对其专业理念"重构"给予一定的引导，通过职业价值培训、建立专业行业协会等，探索建立一套自媒体行业管理与规范机制，规范自媒体行业生态。■

参考文献

白红义（2013）。塑造新闻权威：互联网时代中国新闻职业再审视。《新闻与传播研究》，（1），

26-36。

白红义（2017）。在新闻室做田野：作为方法的新闻民族志研究。《现代传播（中国传媒大学学报）》，（4），61-67。

常江（2019）。价值重建：新闻业的结构转型与数字新闻生产理论建构。《编辑之友》，（3），88-94。

常江，何仁亿（2021）。客观性的消亡与数字新闻专业主义想象：以美国大选为个案。《新闻界》，（2），26-33。

胡翼青（2018）。碎片化的新闻专业主义：一种纯粹概念分析的视角。《新闻大学》，（3），17-22。

黄旦（2005）。《传者图像：新闻专业主义的建构与消解》。上海：复旦大学出版社。

李良荣（2017）。新闻专业主义的历史使命和当代命运。《新闻与写作》，（9），36-37。

陆晔，周睿鸣（2016）。"液态"的新闻业：新传播形态与新闻专业主义再思考——以澎湃新闻"东方之星"长江沉船事故报道为个案。《新闻与传播研究》，（7），24-46。

陆烨，潘忠党（2002）。成名的想象：中国社会转型过程中新闻从业者的专业主义话语建构。《新闻学研究》，（71），17-59。

迈克尔·舒德森，李思雪（2021）。新闻专业主义的伟大重塑：从客观性1.0到客观性2.0。《新闻界》，（2），5-13。

潘忠党，陆晔（2017）。走向公共：新闻专业主义再出发。《国际新闻界》，（10），91-124。

王辰瑶（2020）。新闻创新研究：概念、路径、使命。《新闻与传播研究》，（3），37-53。

王辰瑶（2021）。"新闻真实"为什么重要？——重思数字新闻学研究中"古老的新问题"。《新闻界》，（8），4-11＋20。

王海燕，刘湘（2020）。数字化环境下的新闻"去专业化"研究——基于2018与2012年我国报纸新闻的比较内容分析。《新闻大学》，（7），79-93。

王维佳（2016）。专业主义的挽歌：理解数字化时代的新闻生产变革。《新闻记者》，（10），34-40。

吴飞，唐娟（2018）。新媒体时代的新闻专业主义：挑战、坚守与重构。《新闻界》，（8），18-29。

吴飞，田野（2015）。新闻专业主义2.0：理念重构。《国际新闻界》，（7），6-25。

周睿鸣，刘于思（2017）。客观事实已经无效了吗？——"后真相"语境下事实查验的发展、效果与未来。《新闻记者》，（1），36-44。

Aldridge, M., & Evetts, J. (2003). Rethinking the concept of professionalism: the case of journalism. The British journal of sociology, 54(4), 547-564.

Anderson, C. H. R. I. S. (2007, May). Journalistic professionalism, knowledge, and cultural authority: towards theoretical framework. In Conference Papers of International Communication Association (pp. 18-19).

Anderson, C. , & Schudson, M. (2019). Objectivity, professionalism, and truth seeking. In The handbook of journalism studies (2nd ed). Routledge.

Carlson, M. (2018). Automating judgment? Algorithmic judgment, news knowledge, and journalistic professionalism. New media & society, 20(5), 1755-1772.

Chalaby, J. K. (1996). Journalism as an Anglo-American invention: a comparison of the development of French and Anglo-American journalism, 1830s – 1920s. European journal of communication, 11(3), 303-326.

Evetts, J. (2009). New professionalism and new public management: Changes, continuities and consequences. Comparative sociology, 8(2), 247-266.

Evetts, J. (2010, April). Organizational Professionalism: changes, challenges and opportunities. In DPU Conference (Aarhus University), Organizational learning and beyond, Copenhagen, October 20th (see www. dpu. dk).

Evetts, J. (2013). Professionalism: Value and ideology. Current sociology, 61(5-6), 778-796.

Fournier, V. (1999). The appeal to 'professionalism' as a disciplinary mechanism. The sociological review, 47(2), 280-307.

Freidson, E. (2001). Professionalism, the third logic: On the practice of knowledge. University of Chicago press.

Gillmor, D. (2006). We the media: Grassroots journalism by the people, for the people. " O' Reilly Media, Inc. " .

Kristensen, N. N. , From, U. , & Kammer, A. (2017). The Changing Logics of Danish Cultural Journalism. CULTURAL, 29.

Larkin G (1983) Occupational Monopoly and Modern Medicine. London: Tavistock.

Larson, M. L. (1979). The rise of professionalism. University of California Press.

Matthews, J. , & Onyemaobi, K. (2020). Precarious Professionalism: Journalism and the Fragility of Professional Practice in the Global South. Journalism Studies, 21(13), 1836-1851.

Örnebring, H. (2009). The Two Professionalisms of Journalism: Journalism and the changing context of work. Oxford: University of Oxford, Reuters Institute for the Study of Journalism.

Örnebring, H. (2016). Newsworkers: A comparative European perspective. Bloomsbury Publishing.

PRNewswire (2019). Asia-Pacific Media Survey: Redefining the Value of Content, access from: https: //en. prnasia. com/resources/whitepaper/.

Platman, K. (2004). 'Portfolio careers' and the search for flexibility in later life. Work, employment and society, 18(3), 573-599.

Rauch, J (2021). The Constitution of Knowledge: A Defense of Truth. Brookings Institution Press.

Riegert，K. (2021). Negotiating Boundaries in a Changing Media Ecosystem: The Case of Swedish Cultural Journalism. Journalism Studies，22(4)，418-434.

Rauch，J (2021). The Constitution of Knowledge: A Defense of Truth. Brookings Institution Press.

Scholz，T. (2014). Platform cooperativism vs. the sharing economy. Big Data & Civic Engagement，47.

Schudson，M. (1989). The sociology of news production. Media，culture & society，11(3)，263-282.

Schudson，M.，& Anderson，C. (2009). Objectivity，professionalism，and truth seeking in journalism. The handbook of journalism studies，88-101.

Witschge，T.，& Nygren，G. (2009). Journalistic work: A profession under pressure? . Journal of Media Business Studies，6(1)，37-59.

作者手记

这篇论文是我和汤乐盈的合作成果，田野部分主要由乐盈进入"当下频道"实习完成，我负责研究问题提出、研究框架设计和理论化阐释。乐盈2021年本科毕业后进入纽约大学攻读硕士研究生，目前在纽约的媒体行业工作。这篇作者手记将结合我和乐盈的回忆来共同讲述。

基于对内容生产的热情，乐盈的田野做得很深入和细致，这有利于我们对研究对象的全面把握。按她的讲述："这是我当时特别想做并且喜欢做的事情。我主导了三个视频项目，并协助了十几个视频项目的生产流程，因此对他们的工作流程很熟悉。我可以根据我每天的工作经验进行记录，总结出一套方法论，比如'PD负责制'下的T-shape中台协作就是这样被总结出来的。"除此之外，访谈对象的配合也是本研究能够深入的重要原因。"当下频道"创始人Lucia、当时的运营官Ciao等工作人员的真诚分享，丰富了经验材料，也提升了可信度。

做质性研究的一个关键挑战是如何从大量细碎的经验材料中找到一个具有理论价值的研究问题。在进入田野之前，我们还没有形成具体的研究问题，只有一个对数字新闻业中商业自媒体进行研究的模糊想法。直到在田野过程中，我们发现商业自媒体行业内部有构建新闻专业价值规范的内生性需求时，才确定了论文的核心问题，即"商业自媒体新闻专业价值规范何以建构"。与此同时，当我们对研究对象有了充足的观察和分析时，才有底气参与到对"数字新闻业中新闻专业价值规范何去何从"这一经典议题的讨论，并尝试寻找对该议题进行理论推进与突破的可能性。

想到"专业价值规范重构"这个理论问题源于乐盈在田野中反馈给我的一个有关"当下频道"和当时一个知名科普自媒体HXZ的冲突事件。事情大致是HXZ一期有关螺蛳粉的视频内容和"当下频道"相关内容高度相似，有洗稿的嫌疑。"当下频道"编辑部找到HXZ公司的创始人W讨论解决方案。W回应"我们应该先坐下来讨论一下如何界定洗稿"。两家自媒体公司因为一个冲突事件坐下来讨论什么是洗稿，这让我意识到这也许是一种自下而上的对数字媒体行业专业规范的建构行动。此刻，专业规范可能是自媒体行业发展的内生性需求。由此，我们提出研究问题：在自媒体日益机构化、专业化与职业化趋势下，商业自媒体如何实践与重构专业理念。

论文初稿出来后我很忐忑，主要担心讨论自媒体的专业规范建构问题是否能够受到学界的认可。在第一届"新闻创新"工作坊的讨论给我很大信心，因为我发现原来真有一个勇于直面新闻业真问题的学术共同体——潘忠党老师强调数字新闻行业依然是以"真相探寻"为志业，让我更加坚信，个体和社会对准确、真实信息的刚需使专业新闻理念之火永不熄灭；王辰瑶老师指出新闻从业群体是一个开放统一的多元新闻行动者网络，使我确信讨论自媒体的专业理念建构问题是有意义且有必要的。

我原本的领域聚焦在平台研究，之前对数字新闻关注不多，这篇论文的写作燃起了我对新闻研究的热情，且进一步加深了我对新闻专业的信念感。最近恰逢高考，大家又开始讨论起张雪峰有关新闻专业选择的言论。我发现无论环境如何，始终有一批人，对专业新闻抱有一份热忱、一份相信、一份坚守。正如乐盈从纽约发来的感想：

"新闻工作者薪资少，劳动多。这是目前中美共同存在的现象。但这份工作带给我的成就感和有趣程度真是超乎我的想象。尤其是每次跟采访对象聊到一个令人起鸡皮疙瘩的事情时，或者在媒体上看到一个仿佛只在电影中发生的真实故事时，真的是专属于新闻工作者的快乐。而且自己写的报道，或者制作的音频和视频会定期发布，看到自己的作品不断输出，这给人的正反馈很高。作为媒体人会收到读者、听众和观众的邮件与评论，看到自己的作品开启了大家讨论某一个社会议题的对话时，心里会有一种由衷的开心，并激励自己继续做下去。"

时至今日，带有理想主义色彩的专业信念依旧构成专业新闻人事业的内驱力。我感觉做新闻研究也是一样。对真实社会问题的关切，这就是新闻业和新闻研究最有魅力的地方。

网上的"当事人发声"究竟是什么

——基于对媒体 X 当事人栏目组的田野调查

■ 林羽丰　古　玥

【本文提要】互联网媒体正加入新闻生产，它们的新闻实践在冲击既有业态、规则的同时，也在开创新闻适应未来的可能。本文通过对互联网公司 X 一档"新闻当事人"栏目的田野调查发现，新行动者正调用经典新闻概念来组织他们的生产，但也因此面临嵌入不当的困境；市场和政策共同主导了这次新闻创新的发生，也酿成了其发展的不确定性；而所谓"当事人发声"的新闻产品在互联网平台复兴了传统的新闻元素，但其本身包含诸多隐患。言及受众但缺少直接材料可能是本文的局限所在。

新闻业正迎来移民潮——博客主、公民记者、维基、程序员、网页分析师——与他们一同到来的是令人眼花缭乱的新闻创新。用西美尔（Georg Simmel）的话说，他们是新闻业的"陌生人"，昨日不在、今日即来、明日徘徊，他们"从一开始就不属于这个群体，必然将一些不可能从群体本身滋生的质素引进了这个群体"（西美尔，2001：110）。

生人进门，我们的第一反应都是——"他是谁？"——首先完成对它的界定和分类。Eldridge（2018）称这些人为"媒体闯入者"（media interlopers），不是"融入""加入"，而是"闯入"，多少带有一点传统新闻业的拒意。Lewis（2015）把他们叫作"非传统新闻行动者"（non-traditional journalistic actors），更显包容。Holton（2018）则在他们之中进一步区分出显性闯入者（explicit interlopers，如 UGC）、隐性闯入者（implicit interlopers，如技术人员）、从新闻队伍中出走的内在闯入者（intralopers）。

"他是谁"的问题深究下去，必然引出下一个问题：他们来干什么？要回答这个问题，就要弄清楚这群"新闻陌生人"（journalistic strangers）不同于以往的新闻实践，以及他们寄寓在惯习中的价值标准和可能带来的行业影响。本文正立意于此。

一、新行动者新闻生产研究

20 世纪末，美国学者哈林（Hallin，1992）就指出，新闻业中的某种确定性正在消逝。进入新世纪，这种趋势在互联网的催化下越发明显。迪耶兹（Deuze，2007）借用鲍曼（Zygmunt Bauman）的"液化"概念提出"液化新闻"（liquid journalism），用来描述今天新闻室采编融合、能动减少、人员流转的势头。随后，有学者在国内也捕捉到相近的情形（陆晔，周睿鸣，2016）。

陌生人的闯入正是新闻液化过程的一个片段，最终指向记者身份和共同体边界的消融。一方面，老新闻人为此行动起来，通过边界工作（boundary work）对外捍卫职业的正当性（Tong，2015）。另一方面，到来的陌生人并非一味破坏，他们也在按照自己的方式生产新闻，用他们的产品满足甚至开创受众某方面的信息需求。这无形中拓展了新闻的形态，增强了新闻适应未来的能力，也为他们自己赢得了越来越多的研究关注。

围绕新行动者的新闻生产研究注重田野经验，这与 20 世纪末开始的新闻编辑室调查一脉相承。不过，也许是因为老牌媒体的一举一动具有行业效应，又或者因为传统媒体的新闻创新更具戏剧性，总之，现有研究对互联网出身的新型媒体组织（社交媒体、平台媒体等）关注较少。而事实上，它们生产的内容在受众端是与专业报道平行并列的，与后者一同构成人们对现实的想象，遑论那些全天候单一接收网络消息的人群。简而言之，我们也应该进入互联网媒体的田野中。

　　已有经验研究对后续讨论有诸多有益的启发：一是，新行动者与他们的行动是相互定义的，要在新闻生产中讨论主体，更要看到主体自身对创新的理解和变通；二是，要在与传统新闻生产的比较中理解新闻创新的意义，尤其是对新闻惯例和文化的影响；三是，要用一种网络的思维去考察新闻创新，要注意单个点上的突破其实是一个组织性的结果；四是，要试着从他们的立场去理解他们的应变，用一种内部视角去认识创新的意义，而不是以铁板一块的标准去评判他们。

　　遵循上述思路，本文选取了互联网新闻生产中的一个角落，尝试以一例个案的全貌来理解新闻创新的发生和影响。本文的讨论基于 2020 年 7 月至 2021 年 1 月研究者对一家有全国性影响的互联网媒体（下文称为"媒体 X"）所进行的田野调查。具体来说是，研究者进入媒体 X 下一档"新闻当事人"栏目进行考察，并对其中的三名员工进行了四次访谈。本文还主要援引了一份同题研究的数据（王梓瑄，2019）做交叉印证，这位研究者于 2018 年底在另一家互联网媒体（下文称为"媒体 Y"）的类似栏目开展了调查。

二、网上的"当事人发声"

　　"新闻当事人"的基本含义是新闻事件的直接参与者，作为新闻学的基本概念表达了一种以事件参与者为消息来源的报道思路（experiential interview）。通过采访亲历者（肇事者、受害者、幸存者等）在事件（灾难、冲突、迫害等）中的经历和感受，记者可以掌握一套关于事件的陈述、细节和情绪；由此生成的内容浅显直观，还天然具备一套理解事件的框架（frame），因而容易争取到受众的同情。"当事人＋互联网"的情形则是事件参与者通过网络发声进入报道视野，这在今天已经是新闻工作者尤其是调查记者的常规消息来源了。

　　本文所探讨的当事人现象与经典概念有所不同，大家在网上冲浪时可能或多或少都接触过，其情形是，发生一起热点事件后，中心或关联人物现身网络平台，向网民陈述事情经过和个人诉求。这样的事件往往是负面的，个人陈述充满悲情，又因为面向公众喊话，很有点像旧时市井百姓走到公开场合拉人评理的生活场景。然而，网上的当事人发声又并不像它看上去那么简单，它们不全是少数网民的即兴表演，其中有相当一部分出自一套稳定、有组织的新闻生产。

作为本文的研究对象，这部分组织化生产出来的内容将被统称为"当事人发声"，因为它在媒体实践中是被这么称呼的，也因为这个称谓多少反映了互联网新闻创新与传统新闻工作之间某种不甚清晰的联系。

（一）"当事人发声"的形态

在"新浪微博""今日头条""腾讯新闻"等国内主流资讯平台上，我们都能找到"当事人发声"的内容。"新浪微博"主体就是用户言论，因此很难迅速地把这类文本从其他内容中甄别出来；而在"今日头条""腾讯新闻"，辨识"当事人发声"就容易得多了。

以"腾讯新闻"为例，其移动客户端开设有"新闻""视频""社区"等版块，热门的当事人内容会出现在"新闻"版块与其他常规报道并列，而大多数时候，"当事人发声"可以在第三页"社区"版块找到，这里被设定为各个自营账号的发布平台。

形态上，"当事人发声"接近于微博：主体由文字构成，但篇幅比微博长得多，能达到 1000 字乃至更多；内容多为当事人就事件的过程回顾、披露隐情、表达诉求等，会附图片；正文底部设有转发、评论、推荐、点赞等功能，转发可以在平台内，也可以生成长幅截图用于跨平台的传播。相同的设计不无巧合地存在于"今日头条""腾讯新闻"中，只不过前者换了个"微头条"的叫法。

"当事人发声"的一个突出标志就是平台对账号的"官方认证"。譬如"腾讯新闻"会给当事人账号头像的右下方添加一个 V 字黄牌，账户名后紧跟着粉色底纹、红色字体的"当事人"三字（2021 年 9 月的最新设计改为蓝色字体的"认证"二字），下方还会附上一段简介，常用的表述是"某某事件当事人"，如"山东'辱母杀人案'当事人""被拐 35 年方言寻亲的当事人女儿""不堪家暴跳楼致截瘫当事人"等。

网络平台的认证行为是一种赋权，但与传统的机构认证、名人认证、职业认证等意义不同，"当事人"的官方认证表明的仅仅是账号所有人与特定新闻事件的直接联系，它向人们暗示账户言论作为事实凭据的潜质。加之这类事件多轰动一时，同时也会得到专业媒体的报道，因而网上的这些当事人发声往往会和正在发酵的新闻报道遥相呼应，构成受众了解事实经过的另一份文本。

（二）"当事人发声"的问题

对"当事人发声"稍做探究就会陷入疑惑——它究竟算什么？应该用什么概念去理解它？

从用户的角度看去，这类内容完全就是个人言论，即"用户生产内容"（UGC）。这不妨碍我们继续把它视为新闻创新来讨论（照 Holton 的提法，他们是显性闯入者），但讨论的去向可能是杜威（John Dewey）式的，指向言论表达和公共参与，而在方法上有可能偏向话语研究（白宁宁，2019）。

但设若有相当一部分内容背后是"一批专业人员在官僚化机构下的生产活动"（甘斯，2009：103），是经过专业人员把关、具备新闻价值、面向公众满足知晓的新闻产品的话，那前面的进路就面临极大的危机。此时，更为切合的应该是舒德森（Michael Schudson）式的路径，即我们需要进入媒体内部，从新闻生产的角度分析它的存在逻辑。

一旦有机会获得内部的视角，本文的研究问题是：生产"当事人发声"的是一群什么人？他们是如何开展新闻生产的？这个过程中形成的新闻惯例与传统媒体有何不同？是什么因素造成了这种不同？这种不同于以往的互联网新闻产品对于公众和新闻业又意味着什么？

三、"当事人发声"的新闻生产

本文田野所在的媒体 X 运营着一个具有全国影响力的综合资讯平台，"新闻当事人"栏目组作为一个固定部门位于其业务体系的第四层级，成立不到两年，人员由正式员工和流动实习生组成。2020 年 7 月，研究者以实习生身份进入该组，参与了内容生产的大部分环节，具体包括查找线索、策划报道、联系当事人、整理文字、组织发布、后期维护等。这是本文得以开展此次讨论的基础。

（一）"当事人发声"的生产者

媒体 X "新闻当事人"栏目组的正式员工多数有传统媒体从业经历。例如，组员 e 是新闻科班出身，上一份工作是某电视台的栏目编辑；组员 f 是互联网"老人"，之前在另一个互联网团队做深度报道，再之前，曾在某地方报做过三年编辑；组员 g 留学时期转到新闻专业，曾在某地方报做深度报道。

传统媒体人会聚于此并非巧合，而是媒体 X 既定的人事目标。在相关岗位的招聘中，媒体 X 明确要求雇员须担任过"专业媒体机构一线采编骨干"，"熟悉机构媒体采编流程和当下行业生态，能及时判断全网重大、热点议题，转化为选题操作并把控风险"。

这时再比照 Holton 的分类标准，"当事人发声"的生产者接近于一类"内在闯入者"。关于内在闯入者，Holton（2018）的评价是：这些人深谙新闻之道，但眼下不是来履行经典使命的，他们凭借新的要素（也有旧的）重新加入新闻生产，较少受到新闻规范的约束，从内部突破新闻传统、注入新闻创新（work from the inside out）。当事人栏目的组员即具有这种内在闯入者的素质：他们被互联网企业从传统媒体招募进来，与新的组织和技术合作，但继续操作他们熟悉的主题、资源、工序。他们与专业新闻业保持着一种若即若离的关系。

那么，一个传统新闻人占多数的团队意味着什么呢？首先意味着媒体X的当事人栏目能够快速进入高水平的新闻生产。在现代企业管理中，员工的经验、资源、创造力都是接受了雇主评估而买入的有助于企业实现赢利的再生产资料。媒体X能够给出高于传统媒体许多的薪资，除了自身财大气粗，也是因为看重传统媒体从业经验对于完成新闻当事人栏目运转的价值。

但在帮助企业赢利的同时，这种人事策略无意中为栏目组营造了浓厚的传统编辑室氛围。除了后文会提到的与传统媒体雷同的采编流程，组员在工作陈述和情感表达上所调用的都是经典新闻概念。有一次，一则关联事件因为栏目组的介入引起社会关注、取得事实进展，组内一时欢欣鼓舞，有组员就说道："恭喜诸位，帮了当事人大忙，推动了议程。""新闻理想就是这么实现的哇！包括之前的……也是。"推动议程、实现新闻理想，这也许压根就不在媒体X的经营目标之列，组员平时也不会挂在嘴边。但此刻，他们选择用新闻业的经典概念来表达报酬以外的这份公共价值，不难看出他们对昔日成名想象的缅怀——那是新闻的烙印。

值得一提的是栏目组的上级主管，他虽然平时不现身，但也遥远而深刻地影响着栏目组的工作。作为集团意志的代表，他会在关键时刻做出强势干预。有一回，在一起轰动全国的网暴事件前，栏目组第一时间未选择跟进，结果第二天事件当事人在竞对平台上发了言，轰动一时，分管上级旋即要求组员暂停手头的一切工作，全力争取这位当事人来本平台开号发声。在集约的科层体制下，上级主管对栏目组构成了一种权威支配（domination of legitimacy），而他传导的核心意志主要是市场流量。

（二）"当事人发声"的生产过程

媒体X的"当事人发声"是由一批专业人员在官僚化机构下经专门生产所得出的产物，其生产过程大致包括确定选题、联系当事人、整理文字、外部联动四个环节。

1. 二手选题

"新闻当事人"栏目组的选题大部分来自近几日的媒体报道。通常在一天工作的第一个小时，组员会分头浏览"微博热搜""知乎热榜"等平台榜单或主流新闻客户端寻找新闻选题，然后将各自认为有价值和操作空间的选题的报道链接和理由发到微信工作群中。随后，当班人员会编写当天的"运营重点"，选定需要跟进的选题及组内分工，再和早先遗留的任务一并发到工作群中，由实习生做初步跟进。

2. **联系而非"采访"**

栏目组往往通过两种方式获取当事人的联系方式：一种是求助于既有新闻报道的媒体或记者，请他们代为牵线；另一种是利用社交媒体和其他平台搜寻对方的社交账号。这个环节说来简单，但有时会消耗最多的时间。取得联系方式后，组员要做的就是与对方直接沟通了。这时，作为实习生的研究者被教授了一套基本话术：

您好，我是来自媒体 X 的工作人员/编辑。我们这里和某某媒体联合共建了"（栏目名）"，想邀请您来入驻话题开号，为您提供一个发声的平台。您可以自己来发布您的想法，跟大家讲讲诉求。如果您没那么多时间，我们可以和您电话聊一下，聊完之后帮您把您的想法整理出来，发给您确认后，最终没问题的话，咱们再发布出来。发的内容都以您的意愿为准，我们不会篡改。

沟通过程中，组员和实习生被明确提醒：不能自称"记者"，不能称自己在"采访"。这样的要求也存在于媒体 Y，只不过他们有自己的说法——"拓展"当事人。

栏目组的这番说辞反复提到"您的想法""您的意愿"，有意向对方展现一种忠诚于对方意志的姿态；而媒体 Y 的说辞更加凸显功利，会向对方强调"首页""曝光""影响"这些传播利好。[①]他们的目的都是把当事人争取到自己的平台上。如果一切顺利，对方会接受邀请，向栏目组组员讲述

---

① 媒体 Y 的拓展话术与 X 的大同小异："您好，我是媒体 Y 的某某某，近日关于房租上涨一事在我们平台上已有 n（讨论量数据）讨论，非常希望能邀请您以个人身份入驻我们平台，发布下您的相关声明。我们给您进行认证以后会将您的内容推荐到首页等位置，扩大传播和曝光。媒体 Y 的用户超过 n 亿，日后您有发声需求都可借平台扩大影响力。方便的话您可添加我的（联系方式），或留下您的联系方式，我会进一步和您沟通。"（王梓瑄，2019）

他的所见所闻。

3. 代为整理

因为是"讲讲您的想法",组员与当事人的通话不太会有经典新闻采访中围绕真实性的来回角力,他们所要做的更多的是听和记录。通话之后,组员能收获长段的录音和零碎的笔记,而他的案头工作也就此开始。具体就是,组员要对零散啰唆的口头陈述进行重新组织、删节、润色,改写成可供大众传播的发行文本。

与在传统媒体工作相比,组员普遍认为,现在的工作更像是一种"整理"。"整理"二字精准地点出了这种工作区别于传统新闻采写的要义:(1)在忠于当事人原意和便于受众理解的前提下,尽可能保留其口语特色;(2)将最优质、有吸引力的内容摆在前面,然后按照一定逻辑编排出一份有层次、相对完整的文本。①正如组员 g 所说:

> 我在操作过程中的加工润色,是不太包括帮他修改词的……我润色、改动得比较多的,一是口语表达中的口癖,或者是明显存在的语法问题。还有极个别的情况是,比如说"这件事我们是感到欣喜和快乐的",由于字数限制,"和快乐"就不要了。除此之外,彻底改掉他一个词汇,这种(情况)都比较少。

整理好后,组员会将文稿发给对方,经其认可后再对外发布。常有当事人提出删改要求,而只要不涉及擅动核心事实,组员一般都会遵照他们的意愿做调整。

4. 专业媒体联动

显然,专业媒体也在追逐热点事件及其当事人以开展新闻报道。他们

---

① 媒体 Y 存在着"组织叙事"的情形——组员依据职业经验为当事人组织叙事结构——这比之"整理"在干预程度上就大得多了:"我们曾经拓展了权健事件中患癌女童周洋的父亲。他的第一条发文详细叙述了 2012 年女儿因服用权健产品致使病情加重的详细情况……我们想对周洋事件进行深挖。因为我有记者经验,所以领导派我对周洋的父亲做一个专访,方向包括但不限于周洋治病细节、官方最近触达他们的情况、与权健败诉官司的细节和新证据等,希望引导他提供更多的信息,而采访的产出并不是一个报道,而且拆成一篇篇文章,由周洋父亲发出。"(媒体 Y 刘先生)(王梓瑄,2019)

的工作看似与网络媒体并不交叉，但实际上常常关联着"当事人发声"的生产，构成后者的前奏或后续。

这种联动的基本背景是平台与专业媒体的既有合作。比如媒体 Y 的当事人栏目，能与新京报、北京青年报、澎湃新闻、南方都市报、红星新闻等一线专业媒体交换资源，首先是因为这些媒体早先在它们的平台上开设了账号。虽然前面提到媒体 X 借由招募传统媒体从业者快速组织起新闻生产，但这并不意味着"当事人发声"与专业媒体的联动只是个人的、偶然的；相反，它主要是有组织、机构性的。媒体与平台的合作乃至融合，能给平台带来优质内容，也能给媒体带来渠道和流量，是近年来行业发展的主要趋势（张志安，李霭莹，2019）。

栏目组与专业媒体间的联动从选题环节就开始了： 前期已完成采访的媒体或记者将相关资料、当事人的联系方式甚至未刊稿提供给当事人栏目组①，栏目组据此与当事人取得联系，邀请入驻，整理发声。这么做的间接结果就是，能形成专业媒体与网络平台在新闻事件上的共振效应，放大无论是报道还是当事人发声的传播效果。同时，也存在相反方向的联动： 有时候栏目组在接触当事人的过程中会探知到未见诸媒体的新内容，这时他们会将这一线索反馈给合作媒体，由职业记者跟进。此时，网络媒体又成了专业媒体的消息源。如此往来互惠能够激励双方间的合作。

至此，我们可以对"当事人发声"的新闻生产做个初步小结： 从外部看，这只是新闻事件当事人的个人言论表达，但其实质上是由专业人员在官僚化媒体机构中、遵循一定生产惯例所开展的有组织的新闻生产。这种组织性，首先体现在人员的专业化，其次是它有着明确的目标、分工和工作惯例。媒体 Y 甚至还发展出一套新闻选择（news selection）的分类体系②，而分类的基本目的就是快速、批量生产。最后，新闻当事人栏目是整

---

① 能够获得未刊稿这一点充分反映了当事人栏目或互联网媒体与专业媒体之间的亲密关系。

② 媒体 Y 按照重要程度将新闻事件划分为 S 级、A 级、B 级。S 级事件指的是全社会都关注的新闻事件，A 级指的是网络热点或全站热点，B 级分为两类，一类是垂直领域事件，另一类则是本地事件。（王梓瑄，2019）

个网络媒体内容生产的一环，自身运营着特定的生产线，向上服从集团的整体经营目标。

四、当事人新闻生产的不确定性

一旦谋求长存，人、事物、组织必然会趋向于某种稳定机制。在"当事人发声"还并不算长的产品周期中，有些东西被很快确定下来——形态、惯例、等级、目的，有些东西则始终处于摇摆之中。后者让我们看到了互联网新闻创新的缺陷和风险。

（一）新闻惯例与内部争议

新闻惯例（news routines）是一个新闻编辑室的重要构成，"惯例形塑了新闻"（塔克曼，2008）。媒体 X 的"新闻当事人"栏目运作了一年多，很快就形成（复制）了自己的惯例，比如前面提到的寻找选题、获取当事人联系方式、说服话术、材料整理原则、与专业媒体的适时互动等。制度化的惯例有利于形成稳定的新闻节奏（news cycle），确保 24 小时快速生产能够持续进行下去。

惯例理论上应是编辑室里普遍接受、最为稳定的部分。围绕它的异议的存在，说明团队内部对生产内容、生产目标、外部环境等媒体运作的基本问题存在不同的认识。而在访谈当事人栏目组员时，至少有两点组员反复提及的争议引起了我们的注意：

一个是对线上沟通的疑虑。目前，当事人的联络工作都是而且只能在线上完成，包括电话和网络。线下接触虽未被明令禁止，但如果有人为此申请出差，可能在审批环节就会碰钉子——做运营的为什么突然要出差？可见至少媒体 X 在规则上不认可线下沟通的必要性。

虽然线上沟通事实上减轻了组员的工作负担，但有人并不认同。反对的人表示，线上沟通给他们的事实判断造成了障碍，限制了他们与当事人的交流和信息获取，还让他们在搭建信任这样的环节上搭进去许多不必要的时间。他们拿在传统媒体的经历与现在做比较：

之前我们做人物报道，要去跟访这个人，可能要跟访一个星期，他这一天做什么你就跟着做什么，然后你把你的五官全部打开，用所有的观察，你去感知这一个人，然后你去结交他的朋友，你去全方位地看，这些通过电话是不可能实现的。（组员 g）

另一个是对文本篇幅存在不同看法。媒体 X 的当事人栏目目前字数设定在 1200 字左右，同类竞品差不多也是这个篇幅。这就造成，在实际阅读中用户需要特意点击右下角的"展开"键才能看到发声全文。而且正文没有精致友好的版面编排，往往只是乌压压一屏幕的字。

对此，一方面，有组员认为这是落后的，与短平快的网络阅读习惯背道而驰；但另一方面，还有人认为 1200 字还不够，限制了理应达到的深度，"什么都讲不出来"，如此说来发声的篇幅还应该增加。

不管是线上线下沟通，还是压缩扩展篇幅，分歧的根源在于栏目组内部对"当事人发声"的定位存在截然不同的认识，它可以归结为一个问题："当事人发声"究竟是言论产品还是新闻报道？如果它是言论产品，它的生命依赖流通，那么理所当然要顺应用户的阅读习惯；它要做的也仅仅是向用户提供新闻当事人的说法，与对方口径一致是唯一的标尺。因此，线上沟通正是实现成本较低、效益较大的最佳方案，篇幅也顺理成章应该迁就读者。但如果把"当事人发声"当作新闻，那它的生命在于真实，这就反过来要求媒体完整、负责地交代事实全貌，仅 1000 多字可能是不够的，线上所完成的隔空交谈也给猜忌和谎言提供了相当大的空间。[①]

然而，在媒体 X 的业态布局中，新闻当事人的产品定位实际上是明确的——无论换作哪个平台，内容的经营都是为了争取流量。问题在于，以营利为目的的互联网媒体出于组织理性雇用了最有助于实现其目标的前传统媒体人队伍，却无意中在企业内部组建一个传统新闻编辑室。这个团队在调用经典新闻生产模式高效完成内容生产的同时，也在以此拼接他们对

---

① 还有组员对当事人只反映单方面声音的模式提出疑问，这种质疑同样是各人对产品的定位问题。

这份工作的理解——这是人的本能，是行动被称为"社会行动"（soziales handeln）的根源所在——并最终走向对自身工作的质疑。

栏目组对经典新闻概念的借用是组织决策的结果，这在当前激烈的互联网竞争中是经济和有效的。而不断回溯经典概念，对有着多年传统媒体经历尤其是那些科班出身的组员来说，也是自发必需的，与那些经典标准相契能让他们认可自己的工作价值——不只是工资条，还有公共性。不过，这种借用长期下来不能不引起冲突，因为商业主义与专业性的矛盾一贯尖锐，在传统新闻业的时代就没有得到很好的解决。只不过到了今天，这对矛盾化身为平台逻辑与媒体逻辑间的拉锯而继续存在，衍生出平台媒体联动中的诸多疑虑和困难（蔡雯，葛书润，2021）。

可能会被借用这个概念所遮蔽的深层问题是，新闻创新中的新行动者普遍缺乏引领自身行动的概念工具，面临概念缺失的问题。面对新的技术、平台和规则，他们唯一能抓住的只有形成于大众报刊时代的经典新闻理论，而他们却试图凭此理解和解决液态新闻业的现实挑战，这是一种典型的嵌入不当，是行动者彷徨的根源所在。

（二）采编限制与边缘生产

除了惯例，能让当事人团队日复一日工作下去的另一个不可忽视的因素是，这类产品的市场反响超乎想象。必须承认，社会公共事件所能集聚的流量是惊人的，相比体育、文娱、科技等主题，它的受众面最广，人们对它的兴趣最大。借用媒体 Y 的一组数据可以证明这一点：在从 2018 年 11 月项目启动至 2019 年 1 月总共 68 例当事人发声中，阅读量排名第十的已达 761 万，第一名更是高达 6200 万；评论量第十名有 1.4 万，第一则达到 19 万。68 例"当事人发声"的阅读量整体分布在 100 万到 1500 万的区间内（王梓瑄，2019）。这是今天绝大多数传统媒体想都不敢想的数字。

一方面是令人心潮澎湃的市场反响，另一方面却是严峻的政策规制。2005 年，国家出台相关规定：非新闻单位设立的互联网新闻信息服务单位享有"二类新闻资质"，只能转载、发送新闻单位发布的新闻信息，不得登载自行采编的新闻信息。2017 年互联网新闻信息服务管理规定对"新闻信息"做了进一步说明：有关政治、经济、军事、外交等社会公共事务的报道、评论，以及有关社会突发事件的报道、评论。这意味着，像媒体 X、Y 这种互联网起家的媒体公司原则上不能进行时政新闻的生产。

这也就解释了为什么栏目组在与当事人沟通时极力避免使用"记者""采访"等表述，最终产品采用的也是个人言论的形态。访谈中有组员抱怨当事人内容在客户端缺乏一个集纳版块，检索极不方便，这个"bug"背后未必不是出于相同的政治考虑。从这个角度来说，现有新闻当事人的形态和生产规则是一个明智的选择。

但无论如何，"当事人发声"这类新闻产品都游走在政策的边缘地带，这种情况如果得不到改善，栏目组内部所纠结的线上沟通、片面主观、核查困难、版权等问题都无法从根本上得到解决。

然而，面对如此诱人的流量，无论是哪个平台媒体都很难忍住不碰这块蛋糕。所以我们看到，媒体大厂看似十分短视、毫无耐心地不断推出新的内容产品①，而一旦政策收紧，项目即刻叫停，组员原地遣散。这一过程虽然曲折惊险，但确实极大地丰富了大众的新闻体验，也启发着传统新闻业，网络媒体也由此逐渐成为新闻市场中鲜明而突出的新势力。

总之，由于政策风险和本身缺乏长远规划，像"当事人发声"这样的互联网新闻产品单体很难长存，但可以预见的是，互联网媒体的新闻创新会持续下去，昙花一现又你方唱罢我登场，整体上呈现出一种离散式创新的局面。

五、"当事人发声"的创新结果

"当事人发声"存在的直接意义在于，一段时间内缓和了媒体扩大再生产的需要与政策的刚性约束之间的矛盾，迂回地实现了他们向新闻领域

---

① 比如资料写作、非虚构、与高校学生媒体合作等。

的挺进，由此他们收获了可观的点击量、广告收益和公共关系。但媒体经营的向好绝不是它的全部意义。"当事人发声"从一开始就具有新闻性，而与人们的生活、公共舆论、新闻业紧密地联系在一起。

（一）"当事人发声"的新闻逻辑

塔克曼（Tuchman，1972）曾批判道，新闻业引以为傲的客观性在目标与手段之间存在明显的断裂，是一种"策略性仪式"（strategic ritual）。考虑到被报道的事件常常仍在激烈演进，客观、均衡的原则确有它存在的道理。但这样的操作对揭露事实帮助不大，还不免使报道显得刻板、冷血，以致招来采访对象甚至读者的抱怨。

"当事人发声"的斐然成绩部分是因为它放下了传统新闻业的包袱。正如组员在电话沟通时所说的，他们要做且仅能做的就是充分呈现观点。这可以概括为一种对"观点真实"的追求。即便主观上是为了赢利，但这种借道互联网实现的观点传递，客观上促进了公共领域的发展和各方意见的交流，尤其为欠缺信息资本的一方提供了机会。从这个角度说，"当事人发声"有利于公共舆论的生态平衡。

"当事人发声"的这层公共意义能够成立，关键在于它具备了引起公共讨论的潜力。栏目组把观点整理出来，推给受众，凭借既有报道的光晕或者完全就是靠自身题材吸引网民围观，形成公共讨论和舆论压力，进而在现实冲突中建立一种权力平衡，促成理性沟通：这本就是一条新闻的逻辑。

而且，这种新闻性不仅是媒体方面的能动，它也是在受众的接收过程中被赋予的。从用户的角度来看，这样的内容虽然由个人账户发布，但与其他新闻享有平等的被查看的机会。它的内容翔实，第一人称的陈述亲近读者，包含了一般报道没采访到、采访不到甚至选择性剔除的部分，它与其他相关报道一同构成了公众了解事实的有效信息文本。

因此，虽然栏目组从未声明他们做的是新闻，但实际上他们做的就是新闻。他们就是闯入新闻业的一群新行动者，翻新了（不好说是"发明")一种追求"观点真实"、以呈现事件中人物观点为内容的新的新闻产品,调用着新闻业的概念和手段生产出人们应知、欲知、未知的新闻产品。

(二)"当事人发声"存在的隐患

"当事人发声"是互联网媒体发起的一次新闻创新,是在生产力和政策的平衡中找到的一种新的新闻体裁,即便它看上去像极了微博客,但它的形态经过了精心加工,与之匹配的是一套以观点真实为指向的新闻操作手段:

首先,栏目组把报道进程限定在当事人一方。这满足了新闻生产的需要,也规避了常规报道在事实核查上所须投入的大量工作,还避免了核查不到位、报道不准确可能引发的争议。

进而,在追求观点真实上,栏目组也安排了一定的核查。如前所述,对于言论中的关键信息,比如欠薪、重伤、重病,组员会要求对方出示相应证据。对于当事人这个人,栏目组设计了认证机制,以统一账户所有人的虚拟身份与现实身份。虽然这本身并不决定发言的真实性,但仍能对对方形成一定程度的道德约束。

值得一提的是,媒体 Y 还存在着"无 V 认证"的方案:假如有犯罪事件的当事人要发声,风险评估员会加入进来;被评估员认为无风险的当事人才会被平台接受,获得用户名下的身份信息说明,但不加 V(王梓瑄,2019)。这实际上就在认证机制中建立了一定梯度。

再就是,组员会对一些偏激、针对性强、有失实风险的措辞进行修改,所依据的当然仅是文本①,此外还可以依赖的就是其他媒体报道或法

---

① 相比正文第三部分提到的"整理",媒体 Y 的记录更能佐证他们修改过激言论的做法:"当事人自己发文的内容虽然我们不强加干预,但是针对一些明显的问题我们会给一些建议。有些当事人可能是因为自己的一些合法权益受到了侵犯,就会在发文当中有一些类似申冤式的语言,甚至指责一些相关部门等。他们这种情绪我能理解,但是他们这内容我们认为是不合适的。"(媒体 Y 蔡女士)(王梓瑄,2019)工作人员未必知道事实全貌,但仅凭情绪化的语言就得出了"不合适"的论断,这是单纯与文本对话的结果。

院判决的背书。①

那么，观点真实是新闻真实吗？这无疑开启了一个新的话题。不管是或不是，从"当事人发声"内部的生产来分析，这一系列操作并不能彻底解决新闻真实的问题：报道者自始至终没有直接接触报道对象，没有到过现场，没有条件进行交叉信源的检验，所有的真实性操作依靠的是线上沟通和文本。这意味着，"当事人发声"在很大程度上把真实性押注在了受访者自我披露的决心上，失实的风险不小。

更深层的问题是，受众是怎么理解"当事人发声"的？他们是将它明确地与新闻报道区别开来，作为一种补充性的观点信息，还是把它们混为一谈，甚至将它作为了解事件的第一条甚至是唯一一条信息而浅尝辄止呢？受众方面的这种不确定性加剧了"当事人发声"对于舆论的隐患，即受众可能因为阅读了他们单方面的、核查不足的、立场失衡的、带有"受害人"框架的内容而对现实做出误判。从这个角度说，"当事人发声"又让理性的公共生活更远了。

在组织上，以 X 为代表的互联网媒体也有新闻失范的隐患。通过生产"当事人发声"，媒体 X 正在建立与报道对象、受众、事实的新关系，这种关系是保守的。首先与报道对象，栏目组在某种程度上成为当事人的合作者、服务者，少了点以往的紧张，但深层地，他们将披露事实的风险从媒体自身转移到了当事人身上。譬如无 V 认证，实质上是对缺陷信源不做淘汰，将风险象征性地捆绑在用户个体上后继续推进内容生产。所谓风险评估实质上评估的不是受众被误导的风险，而是媒体被累及的风险。其次与受众，他们阅读"当事人发声"时，对话的是事件主人公，至于媒体则退隐到后台不被察觉。再次与事实，"新闻当事人承担了信源与信息生产者的双重身份……减少了传统媒体的干预"（王梓瑄，2019），事实和报道在这里看似完美地重合了。然而，"消息来源和报道者的分离应该是新闻传播活

---

① "在日常操作中，我们其实更加偏向从法院判决或媒体报道过的新闻当中去找，这些案例我们可认可为是真实的。"（媒体 Y 刘先生）（王梓瑄，2019）

动的常态，重合是传媒的角色错位"（陈力丹，周俊，2006）。只不过，这一观点主要流通于传统新闻业内。

那么，像媒体 X 及"新闻当事人"栏目这样的互联网媒体是否要遵循新闻伦理呢？这在目前还没有定论。现实中，新闻伦理属于专业媒体，而互联网媒体遵循的是商业伦理和宽泛的公共道德。比如选题上一旦涉及合作商、兄弟公司的负面事件，栏目组就会做回避或模糊处理。虽然组员都表示他们会把公共价值摆在第一位，但这显然倚赖个人的旧日情怀和自律。随着互联网新闻创新的深入，一个主体更广泛、适应新形势的新闻伦理规范是必需的。

六、结语

"当事人发声"昭示了互联网新闻创新的前景，也暴露了其中的缺陷和隐患。在其形成发展中，市场和政策构成两大决定因素，两者的冲突是其发展不确定性的根源。在其具体组织生产中，传统新闻概念构成了重要的线索，但这也造成了实践中的错位。它创新了以观点真实为导向的报道思路，由此发展出新的惯例和新闻生产关系，但也因此存在误导舆论的风险。它的单个生命周期并不乐观，但与极大丰富的其他互联网产品一道形成了当下互联网新闻创新的繁荣景象。对此，我们必须予以正视。这群新行动者虽然在边缘游弋，但早已具备了"新闻原创能力"（郭全中，2014），已经在和职业新闻人一起构建公众对社会现实的想象。他们的行动冲击着原本就不那么牢固的行业规则，深刻影响着未来新闻业的认识论、专业性、经济学和伦理（Lewis，2015）。■

参考文献

白宁宁（2019）。《新闻当事人微博话语研究》。博士学位论文，吉林大学。

蔡雯，葛书润（2021）。协同与博弈：媒体型平台上的外部内容创作者——基于澎湃号、新京号与南方号的考察。《新闻记者》，（2），3-13。

陈力丹，周俊（2016）。试论"传媒假事件"。《北京大学学报（哲学社会科学版）》，（6），122-128。

甘斯（2009）。《什么在决定新闻》（石琳等译）。北京：北京大学出版社。

郭全中（2014）。媒体转型中的七大理论问题探讨。《新闻与写作》，（8），49-53。

陆晔，周睿鸣（2016）。"液态"的新闻业：新传播形态与新闻专业主义再思考——以澎湃新闻"东方之星"长江沉船事故报道为个案。《新闻与传播研究》，（7），24-46+126-127。

塔克曼（2008）。《做新闻》（麻争旗等译）。北京：华夏出版社。

王梓瑄（2019）。《资讯聚合平台中的新闻当事人拓展业务研究》。硕士学位论文，河北大学。

西美尔（2001）。《时尚的哲学》（费勇等译）。北京：文化艺术出版社。

张志安，李霭莹（2019）。变迁与挑战：媒体平台化与平台媒体化——2018中国新闻业年度观察报告。《新闻界》，（1），4-13。

Deuze，M.（2007）. Media Work，Cambridge: Polity Press.

Eldridge，S. A.（2018）. Online Journalism from the Periphery: Interloper Media and the Journalistic Field，London: Routledge.

Hallin，D.（1992）. "The passing of the 'high modernism' of American journalism". Journal of Communication.

Holton，A. E.，& Belair-Gagnon，V.（2018）. "Strangers to the game? Interlopers, intralopers, and shifting news production". Media and Communication.

Lewis，S. C. & Westlund，O. A.（2015）. "Actors, actants, audiences, and activities in cross-media news work". Digital Journalism.

Lewis，S. C. & Westlund，O. A.（2015）. "Big data and journalism: Epistemology, expertise, economics, and ethics". Digital Journalism.

Tong，J. R.（2015）. "Chinese journalists' views of user-generated content producers and journalism: a case study of the boundary work of journalism". Asian Journal of Communication.

Tuchman G.（1972）. "Objectivity as strategic ritual: an examination of newsmen's notions of objectivity". American Journal of Sociology.

作者手记

虽然知道这个习惯不好，但学习工作间隙我会刷微博、刷头条、刷抖音，这些和我手头工作打岔、彼此间也相互打岔的"短平快"能让人从节奏紧张的工作中获得片刻抽离。也就是在这个消遣的过程中，我不止一次刷到了一些以当事人身份、第一人称口吻所做的发言。这些发言引人注意，自然首先是因为刚刚发生的事件。那边才收到推送的新闻，这边就有事主下场道来，这很难不让人驻目一看究竟。这类发言也不新鲜，至少在微博出现以后就有了。但看着看着，你可能就会和我当初一样察觉到"不对"。不必太费力，你就能发现不少疑窦。比如发言的账号加了"V"，名字下方打着"××事件当事人"的字样——出个事现在都要"官方"正名了，可"官方"为什么要来正名？比如这些账号一般都没有历史发布，粉丝数也是在刚起步的水平——账号很可能是刚注册的，为事发声用的。又比如他们往往在九宫格的图片里填塞大段大段的文字——不是所有网民都能驾驭如此篇幅的缜密陈述的。

总之，一切都和普通网民上网发言的样子相去甚远，这不禁让我怀疑当中另有文章，虽然还有一些文本几乎让人看不出斧凿痕迹。

至于将这个怀疑付诸调查，全靠本文另一位作者、我的硕士生古玥的机缘。因为实习的机会，她得以进入互联网大厂的内容部门。巧的是，那正是一个围绕当事人内容生产的专门栏目组，这首先印证了我之前的猜测。

于是，我和古玥计划对这个栏目组进行田野调查。事实上，这是我个人第一次与其他合作者共同完成一项田野工作。为此，我们进行了许多有益尝试。比如，我们首先遇到的一个典型问题是：她的实习地在外地，而我在南京；她作为研究生尚没有过田野调查的经验（采访她是做得不错的），而我有教职和其他工作在身，难以抽身前往。于是，我通过办公软件新建了在线协同文档，并结合以往在农村的田野经验和前人的编辑部民族志研究拟写了一系列调查事项和问题。之后，古玥十分忠诚地完成了我们计划的任务。必须承认，再高明的调查思路都离不开一个负责的执行者，古玥做到了。

我们的配合是流畅的。古玥在忙碌的实习之余抽空完成田野笔记，并定期提醒我去查看。我看完了会给她批注进一步的调查意见，然后等待她的下一次报告。我能意识到这样的田野工作仍是有缺陷的，比如我俩关于新闻业的认识有差距，有许多细节我相信会因为学生缺乏问题意识而错过（我会这么想，是因为后续在整理田野材料时发现，许多材料被学生另作他用或弃用了）。再比如，作为遥控者的我对田野的情况几乎一无所知，很多工作不能给到具体的建议，也许我还提供了一些不切实的建议而令我的合作者犯难。最后就是，受访者接受访谈的信任基础是他与我的合作者的关系，并非与我的，那么他们是否真的接受自己所讲的再被第三者凝视呢？而我也会担心学生不能将研究目的和伦理问题清晰地表达出来，而对被访者造成一种无意的遮蔽。总之，我们用半年多的时间完成了这次田野调查，古玥带回了大量有价值的数据，尤其是与各个组员不止一次的深度访谈。这次经历让我对未来合作式的田野调查多了一份想象。

关于这个研究，我最愿意分享的是这么一个问题：我们应该如何看待这些互联网媒体和它们的新闻实践，以及我们接下来应该如何定义新闻？事实上，新闻早已不是报刊、广播电视所能垄断的了。即便在国内相对谨慎的法律框架下，拥有二类新闻资质的互联网媒体机构也已经通过各种渠道贡献了相当体量的资讯，在这一点上，广告市场的此消彼长能提供侧面支持。不过，这样的新闻实践仍值得我们好好反思。

事实上，在初稿中，我将这些现象过于小心地定义为一种"准新闻生产"，然后，略显苛刻地批评他们的新闻工作是一种"弱把关"。正如我在文中提到 Eldridge 称这些人为"媒体闯入者"（media interlopers），新闻专业出身的我也多少带有一点对他们的怀疑和拒意。

如此就显示出了学术交流的可贵。在我所在学院举办的一次学术讨论中，夏倩芳教授、王辰瑶教授都提出了她们关于这篇文章、这类现象的思考，更难得的是她们的意见有相左之处，足见是遵循内心真理得出的最纯粹的见解。

我们交流的一个中心问题就是，要不要把这些互联网媒体的边缘性工作看作新闻生产？而这个问题的答案是肯定的。因为下面这个问题的答案——什么是新闻？——在互联网的时代已经发生了变化。在互联网全方位渗透、社会平台化的今天，新闻不应该被约束在一个机构媒体所谓专业的有限生产活动范围内，根本的原因是，我们的读者正广泛阅读着这些资讯，并凭此了解世界、做出判断。从人们应知、欲知、未知的角度来说，这些新闻甚至比传统新闻更好地满足了他们的需要。不能跟上时代的新闻定义最终约束的是新闻学研究本身的手脚。这一点也是我通过这次研究而深刻反省到的认识。

"中间地带"的边界工作

——基于创业媒体 J 播客的案例研究

■ 白红义　施好音

【本文提要】本文聚焦上海的一家数字音频创业公司，借助边界工作的理论视野和参与式观察等研究方法，分析其创业路径、策略，并讨论创业媒体的边界工作形态。研究关注创业媒体成为媒体职业生态中合法主体的过程及其与传统媒体、自媒体之间的互动关系。研究发现，作为传统媒体的颠覆者和专业内容的生产者，创业媒体需要在这两重身份之间进行平衡，面临持续的、双重的边界工作，而这一边界工作又呈现出分界与合界相复合的机制。

一、新闻业变革中的创业媒体

随着新闻业进入"后工业化"时代，创业文化成为推动新闻职业转型的一股新生力量。在传统媒体面临发行量与广告收入下滑、解雇风险骤增的危机时代，"创业"正被视为全球劳动市场上新闻从业者的另一种选择，更成为新闻研究关注的新领域，昭示着新闻业的长期趋势（Deuze，2014）。Briggs（2012）较早提出了"创业新闻"（entrepreneurial journalism）概念，将其界定为通过创建个体媒体业务，以创新方式变现内容、与受众互动的产业形态。在创业文化的驱动下，被研究者称为"新闻创业公司"（news startup）的新兴职业主体开始涌现（Usher & Kammer，2019）。在美国，行业调查发现，从 2014 年前后开始，大批传统报业人才流向了 BuzzFeed、

Vox 等公司。这些为离职媒体人提供大量全职岗位的新闻创业公司大多专注于填补传统媒体在地方新闻和调查性新闻上的报道空白，并积极拓展全球业务（Jurkowitz，2014），由此成为西方新闻研究的前沿议题。

相对而言，创业文化在中国新闻业内的生发情况与西方大有不同。由于我国对新闻生产执照的发放有严格限制，专业新闻的采制很难在"非公资本"的初创公司中完成。大部分退出机构、成立创业公司的媒体人，基本上要"与新闻告别"。因此，中国的"新闻"创业实践整体上较为零碎、分散，学术界定也较为模糊。既有研究指出，中国的"创业新闻"表现出聚焦垂直领域（niche）、行业趋势（industrial trends）、海外新事（newness from overseas），从而规避禁区的特点（Wang，2019； Deng & Yan，2022）。就中国本土的情况来说，"新闻创业"确实面临着一定的现实瓶颈，而"内容创业"又明显受到了传统新闻业资本和惯习的介入与影响。因此，本文使用"创业媒体"（media startup）一词来概括当下介于传统媒体和自媒体之间的本土传媒创业形态，并与英文学界的"新闻创业公司"这一研究概念进行比照和转化。

对媒体创业现象的研究，进一步引发了学界对新闻职业话语和社会文化变迁的反思。不少研究将创业视为传统新闻业转型和超越的一种形态，关注其中商业主义与专业主义相协调的问题（Deuze，2017），或将创业媒体看作"创新推动者"（agents of innovation）（Carlson & Usher，2016）。Chadha（2016）发现，创业新闻工作者在积极地创造全新职业身份的同时，仍保留对传统专业新闻的职业认同，揭示了创业新闻职业主体身份建构和认同形成的复杂性。近年涌现了更多聚焦全球创业媒体案例的研究，考察其内容生产与传统新闻室的关系及其构筑自身职业地位的话语和实践，强调要对传统新闻职业范式之外的"其他路径"（other ways）进行全面认识，以"生成"（becoming）的动态视角破除"二元"（业内/业外）局限（Deuze & Witschge，2020：32）。

尽管制度环境和市场生态不同，中国语境下的研究者也关注到创业思维和创业组织为新闻业带来的变化。不少学者关注到传统媒体机构内部和外部媒体市场中的多个创业媒体案例，讨论其商业模式、新闻室文化转型程度等，进而追问其对新闻职业文化的影响（Zhang，2019；Deng & Yan，2022；Fang & Repnikova，2022）。然而，由于中国创业媒体的地位模糊，大多数创业者难以进入主流的专业新闻话语体系，面临着更为复杂的创业模式选择和身份认同问题。陈楚洁（2018）就曾提出，从结构、文化、话语的视角考察媒体创业者建立职业认同的研究仍相当缺乏，呼唤更多基于本土实例的探讨。因此，对本土媒体创业实践和创业组织的聚焦将有助于更全面地理解当下中国的新闻职业生态变革。而由于它们的兴起和发展过程是一个冲破既有新闻边界、协商构筑自我边界的过程，边界工作这一中层理论就为研究提供了理想的分析工具。从这一视角切入研究，并非"为了解释边界而创造边界"（Carlson，2015：13），而是为了更好地理解在内部分化显著的中国媒体职业生态中，各职业主体协商互动的动态过程。

二、创业媒体作为边界工作者

边界工作（boundary work）常被用于讨论职业主体试图界定自身生态位置的文化过程（刘思达，2017：8）。这一概念最早由美国社会学家Gieryn（1983）提出，用以分析历史上科学共同体建立自身权威的话语实践。20 世纪 90 年代中期以后，边界工作也被引入新闻研究领域，常用于讨论新闻业应对各类业内危机和业外威胁对既有边界产生冲击的现象（白红义，2015）。不少研究依据 Gieryn 提出的三种边界工作类型（扩张、驱逐和自主性保护）讨论新闻业的边界工作实践（Carlson，2015），其他呼应新闻边界和权威问题的研究关注修辞性策略、记忆建构、话语斗争等在报道实践和职业共同体建构中的作用（Zelizer，1990；Meyers，2004；Eldridge，2014），但大多聚焦于话语层面的分析。

边界工作理论之所以常被用于解释新闻职业群体的权威建构问题，与新闻业的"弱自主"（布尔迪厄，2005/2017：35）特性密不可分。同样关注职业自主性的阿伯特（1988/2016：12）提出管辖权（jurisdiction）概念，将其视作解读职业划定领域范围的核心。由于形成完全、固定的管辖权的可能性总是有限的，职业主体总是处在一个相互或内部竞争、协商管辖权的动态的生态系统中。从"争夺""划界"的角度看，"管辖权冲突"理论与边界工作概念有相似之处。不同之处是，阿伯特更强调关注"职业工作到底做什么"和"职业间竞争互动从而协商边界"的动态过程。在新闻研究领域，此前已有学者尝试将边界工作与管辖权建立勾连（Schudson & Anderson，2009）。刘思达也指出边界工作理论与"管辖权冲突"的联系，认为职业工作领域的管辖权冲突正是边界工作的一种类型；但是，边界工作不只是"自我区分"（self-distinction）的机制——社会边界是一个模糊和弹性的区域范围（ambiguous and elastic areas），因此他又提出了包括边界模糊和边界维系在内的边界工作类型（Liu，2015）。

数字时代的新闻业正遭遇着更复杂的边界工作场景，不仅传统新闻业的边界工作效应正在减弱，而且在主流媒体之外，有更多主体参与进了对专业边界的争夺和协商之中，这也随即促成更多边界工作类型的出现。值得注意的是，已有少数研究者开始注意到新闻媒体之外的一些边界工作者。例如，有研究发现，受众会通过一些特定的修辞策略建构自己作为边界工作者的权威（Kananovich & Perreault，2021）。尽管受众维护的依然是新闻业的边界，但这一现象表明，在数字新闻生态系统中，一些所谓的非新闻行动者也可以从事边界工作实践，直接影响着新闻边界的变动。创业媒体也是一类新兴边界工作主体，从这个角度出发，或许对新闻创新和新闻边界的研究都能有所推进。

一方面，作为新闻创新研究领域的热点，对新闻创业公司的研究一般将其作为一种典型的组织层面的创新，着重分析新闻创业公司的形成、风投资本对新闻创业公司的影响等问题。然而，新闻创业公司是新闻场域中的"新入场者"，它的进入势必会导致既有的新闻边界发生变动。有学者发现，创业媒体在将自己纳入新闻场域并享受与之而来的红利时，也强调传统主流媒体的过失与不足、标榜自身的不同，存在"反向"（in the reverse direction）的边界工作（Buozis & Konieczna，2021）。陶文静

（2017）对欧美创业新闻研究进行的元话语分析也发现，西方创业媒体与传统媒体之间正呈现出明显的"边界融合"现象。虽然有少量研究注意到了创业媒体从事边界工作的可能性，但它们究竟如何进行边界工作仍然没有得到充分的重视，尤其是在非西方语境下的创业媒体。

另一方面，边界工作虽然在过去 20 多年间逐渐成长为新闻研究领域一个较有影响力的中层理论，但近年的新闻边界研究仍存在一些弱点和不足，包括从时间和物质维度对边界的探讨缺乏、比较研究薄弱，以及规范维度的讨论不足等（白红义，李拓，2020）。创业媒体这一新兴的边界工作主体则具有补充既有研究薄弱之处的潜力。首先，从历时维度来看，透过创业媒体的产生和发展，能够洞察传统新闻边界的变化甚至消失，以及新边界建立的过程，补充既有研究从某个标志性的热点时刻切入的静态视角。其次，深入研究创业媒体的边界工作，能够破除既有研究"多把边界工作视为一种应激式的反应机制"（白红义，李拓，2020）的局限，从而更进一步启发对新闻边界"规范性"的探讨。

总之，中国创业媒体的发展为边界工作理论提供了更为复杂的分析对象，有可能提炼出一些独有的边界工作策略。而这就需要先适当越过既有的新闻职业权威话语，进入对本土创业媒体生产实践的洞察中，然后再回到对其专业价值观树立和职业话语生成的讨论上来。如此，方能看到中国媒体职业生态内部的现实分化和竞争互动，以及创业媒体所展现出的"模糊和弹性"的边界工作发生区域。

本文就将聚焦创业媒体中的一个典型——J 播客，讨论其作为新型传媒内容生产者的边界工作形态。J 播客是位于上海的一家成立于 2018 年的数字音频媒体创业公司，其创始人和大量员工均从传统媒体人转型而来。随着加入创业行列，他们的工作领域从文字、电视新闻生产，转向了数字音频内容生产。起初，J 播客是一个完全的"自媒体"，主要基于公众号和音频平台个人账号发布内容。但经过短短几年发展，通过成立公司、扩建团队和确立营收模式，J 播客逐渐形成了规模化和组织化的内容生产能力，向"机构"的形态演变。不论是吸收传统媒体人才，还是采用播客媒介的创业形式，J 播客的发展与海外报业转型、媒体创业的趋势均有所呼应。因此，J播客诞生于新闻人的职业流动、传统媒体向新媒体转型、海外媒体创新动态向国内传播等多重进程的交会点，具有典型性。通过这一案例研究，本文旨在讨论新闻生态系统中的新兴行动主体——创业媒体是如何通过边界工作来创造和维持自身的管辖权的。具体研究问题包括：第一，J播客如何通过建立创业实体的过程成为一个划定管辖领域的边界工作主体？第二，J播客如何通过特定的边界工作实践创造出一个拥有专属管辖权的"中间地带"？

表 1　访谈对象情况简介

编　号	访谈时间/时长	访谈地点	职业背景	专业背景	职　位
IN1	2022 年3 月 10 日2 小时	公司会议室	前电视编辑、记者	播音艺术与主持	联合创始人、内容总监
IN2	2022 年3 月 19 日1 小时	线上语音	媒体实习	英语、心理语言学	制作人
IN3	2022 年3 月 20 日1.5 小时	线上语音	前记者	国际经济与贸易、市场营销、电影制片	编　辑
IN4	2022 年3 月 20 日2.5 小时	线上语音	媒体实习	中文、传播学	制作人
IN5	2022 年3 月 22 日1.5 小时	线上语音	媒体实习	历史学、新闻与传媒	制作人
IN6	2022 年3 月 26 日1.5 小时	线上语音	前媒体运营	广播电视学	制作人
IN7	2022 年3 月 22 日1 小时	线上语音	媒体实习	西班牙语、数学、法学	制作人

　　为了探讨这一新兴新闻行动主体的边界工作形态，本研究对 J 播客的内容生产实践进行了参与观察。在研究对象知晓本研究目的和意图的前提下，作者之一于 2021 年 7 月～12 月以实习生身份深度参与了该公司的内容生产、内部培训、招商会谈以及年会筹办等工作环节，并与该公司内容生产团队 12 人中的 7 人分别进行了时长为 1.5～2.5 小时的半结构式访谈。访谈样本同时包含了该公司的联合创始人与普通员工、具有传统媒体工作经验者与校招新人、编辑与制作人。以上访谈样本从职位、经验、分工上各不相同，具有代表性。访谈问题围绕研究问题展开，旨在深度了解访谈对象的专业教育背景和职业选择经历，其工作内容如何随从业媒体类型和内容生产领域的变化而流变，其如何认知、理解自身职业身份，以及对于当下国内外媒体产业变动的看法等。此外，作为媒体创业领域的"明星公司"，对该公司的公开报道材料也比较丰富，亦为本研究所用。对于以上所有质性材料的处理采用主题分析（thematic analysis）方法进行了编码和分析。

三、制造边界：创业媒体如何成为媒体机构

　　对创业媒体 J 播客来说，"从无到有"的创业过程是与既存媒体争夺、协商获得管辖权的过程，更是一个不同于传统媒体边界工作的特殊面向。所有职业都是"在构建社会边界过程中出现的社会实体"（Liu，2018），但对早已确立起社会声望的传统新闻业来说，其社会边界的建构已经经历了几个世纪。因此，既往对于新闻边界工作的研究，实则更多是在探讨"危机"之下的边界维系方式。然而，对在媒体生态系统中新生的创业媒体来说，其成立和发展的边界创造过程也应当被视作边界工作的重要组成部分。创业媒体处在传统媒体和自媒体的"中间地带"这一特殊社会空间位置，它们的边界工作并不是受到挑战时才出现的应激式反应，而是一个伴随创业始终的历时性过程。

　　阿伯特（2016）曾在《职业系统》中论述，法律对职业管辖权的规定

需要漫长的过程，且相当静态。因此，那些在舆论领域和工作场所中对模糊之处的争夺，正是不同职业争夺管辖权的关键之处。西方语境中，新闻媒体的专业权威建构就紧密围绕专业主义意识形态展开。而中国新闻领域的主导话语体系较为混杂，反而是从业者与新闻机构之间的正式雇佣关系在职业边界的确认中至关重要，即人们更倾向于认可"体制内媒体人"（"单位人"）的职业权威（Tong，2015）。为了生成自身合法的职业边界，创业媒体往往也需要将自身建构为一个"媒体机构"，既在媒介形态、业务内容等方面不同于既有的传统媒体，又在组织规模和专业性上超越自媒体，从而占据传统媒体和自媒体之间的"中间地带"。

对成为"媒体机构"的追求，成为中国创业媒体在管辖权争夺中的一个突出特征。J播客就体现出这一特点，它在创业近四年间的发展相当迅速，随着团队规模扩大和节目数量扩充，商业订单和原创节目两条内容生产线逐渐步入正轨，完成了从自媒体向组织化媒体机构的转化。本节将从J播客成立创业实体的方式、确立工作内容与专业价值观的自主过程切入分析，讨论其建立在工作实践上的边界工作。

（一）创业实体凝聚：专业资源的流动与重组

创业媒体虽然是媒体职业生态中新生的主体，但其最初的职业形态仍从传统媒体中脱胎而来。创业实体的凝聚及其进一步塑造自身成为专业机构的过程，伴随着既有新闻场域中专业资源向创业组织的流动和重组。

从创业团队来看，J播客创始人均是从传统媒体离职的专业从业者，此前分别在上海当地的知名文字、广电媒体中担任记者、编辑。在体制内媒体的工作经历和认知变化使其积累了大量的专业经验以及具体的创业意向，直接转化、作用于其创业实践。

在机构媒体工作时，J播客创始人就关注到了本土专业媒体内容市场中"缺少的内容"。以IN1所在的某电视媒体财经新闻频道为例，其对宏观经济的解读性报道在选题常规中有所欠缺："从节目版面的需求来讲，前方有一手的信息，比如说政策出来之后，是需要配合解读的……（虽然）政策不是每天都有，但是宏观经济的事情其实每天都在发生。这些东西还是需要有人去分析的，所以我就发现这里有一大块没有人去 cover（报道），然后我就跟领导说我可以去跑这一块，后来就变成我在做这一块。"（IN1）

此外，领域相关、形式不同的外媒报道也启发了 IN1 转向差异化的内容生产："我那时候喜欢看外媒，会有很多关注中国经济或者全球经济的东西，但是国内的媒体是不做的……我就去看它们在做什么、最近在讨论什么、都采访谁，我也去想办法做……慢慢也会学到一个视角。"（IN1）

传统新闻机构生产内容覆盖的缺漏为差异化专业内容的生产提供了空间，促发掌握专业技能的媒体人向更自由灵活的工作组织迁徙，J 播客创始人也进入了生涯"徘徊期"，即一边考虑离开传统媒体，一边寻找、酝酿新的职业选择。由此，产生了 J 播客创业实体的最初形态：两位意欲离职的媒体人开始合作一档播客节目和一份聚焦播客的行业通讯（IN1，IN3）。

除创始人之外，J 播客初创阶段的员工主要由两类人员构成：一类是两位创始人从传统媒体中连带而出的社交关系，即本文所称的"旧媒体人"；另一类是被播客这一早先流行于海外的媒介形式吸引而来的兴趣导向型员工，即"新媒体人"。前者在专业技能上支撑了 J 播客早期的节目策划和生产，在选题撰稿和剪辑分发等操作上解决专业壁垒；后者则一般是拥有较高学历背景，对"用声音表达"具有热情，或对特定垂类内容有浓厚兴趣和知识特长的"志愿者"，也就是俗称的"为爱发电"（IN1，IN7）。

加入 J 播客的"旧媒体人"大都曾供职于传统新闻媒体或有为其供稿的经历。他们熟悉机构媒体的工作流程，有稿件操作经验，同时在特定话题领域有相应的知识储备。如 J 播客某商业栏目的一位编辑曾是上海报业集团旗下"界面新闻"的商业记者。负责其他栏目的制作人中，也有不少人分别曾在"36 氪""GQ""第一财经"等媒体任记者、编辑。这些拥有专业媒体从业经验的员工，此前均有固定的报道条线和关注的垂直领域，如文化出版、商业财经等。这些"旧媒体人"或因为报道口径的限制，或出于传统媒体影响力下滑带来的危机感，又或是受到"移植""复刻"英文播客的启发（IN3，IN1），最终离开机构媒体，加入 J 播客。而"新媒体人"则大都是通过应届校招进入 J 播客的。从教育背景来看，他们大部分毕业于新闻传播类或其他相关专业，如中文、语言学、历史等，并大多在官方媒体或其他中外市场化媒体中从事过稿件采写、运营编辑等基础的媒体工作。

"旧""新"媒体人的不断加入标志着媒体专业资源向创业组织的迁徙，使 J 播客在成立后三年左右的时间里，内容制作范围不断扩大、制作能力不断提升。2018 年到 2021 年，J 播客发展出了涉及历史、文学、艺术、商业、体育和社会纪实等多领域的数十档节目，账号粉丝近 20 万，各平台累计订阅近 70 万次，收听超过 2000 万次[1]，成为初具规模的媒体组织。

（二）确立产制常规：重建专业工作法

在职业竞争确立对工作内容管辖权的生态视角下，"专业人士做什么"（what do professionals do）的工作内容本身受到了更多重视（Liu，2018）。对创业媒体来说，非体制化的身份使其难以在法律规章等更正式的社会环节中固定其成为专业内容的管辖者，因此，同化、转化媒体的专业技艺对于其管辖权的争夺和建构至关重要。如何在内容生产的专业性和生产流程的可行性之间达成平衡，成为边界工作的主要目标。而完成这一目标需要对既有的媒体专业工作进行适应性的重建。

---

[1] 该数据统计截至 2022 年 7 月。统计方法说明：由于播客广泛采用 RSS 开源技术发布和订阅，订阅和播放数难以直接统计。此处仅统计了中国大陆地区五个主流音频播放平台（喜马拉雅、荔枝、网易云音乐、QQ 音乐、小宇宙 App）中，以"J 播客"认证账号所发布的节目专辑数据。因各平台审核机制和页面展示方式不同，"J 播客"在不同平台账号上架节目数量和可统计的数据类别不尽相同，具体统计情况如下：账号累计关注数 18.3 万（5 个平台累计），上架节目累计播放量 2295.3 万（喜马拉雅、荔枝、网易云音乐、QQ 音乐累计），上架节目累计订阅量 69.2 万（网易云音乐、QQ 音乐、小宇宙 App 累计）。

受制于核心内容生产团队的较小规模，J播客的内容生产采取专题化、项目化的方式，以保证节目质量和数量的稳定。在策划类型上，早期出于制作成本和听众收听习惯的考虑，J播客制作的大部分节目是"对谈类"，即通过主播的自然对话呈现信息和故事。但随着制作团队的扩大，J播客开始将制作重心调整到"叙事类"播客的制作上，即通过有设计的脚本写作并辅以声效变换，交替使用访谈、自述、旁白等多种叙述形式进行叙事。向叙事类节目的转型，使得节目更接近"媒体质感"（IN1），即通过脚本写作、编辑、剪辑、声效设计等塑造故事或信息的传播样态，从而让听众感受到节目是"被创作的"，取代"对谈类"节目带给听众的"随意感"。

追求专业的"媒体质感"这一表述直接指导着J播客的内容生产，并反映其对自身职业角色的规划和期待，标志着其与数量更广泛、规模更小的"自媒体"的根本不同："在内容流程操作上面，我们也希望引入一些传统媒体的那种'正常的采编思路'去做，而不是像一些公众号。"（IN3）

在这一生产理念驱动下，J播客规划并形成了一套"类机构媒体"的工作法。首先，在立项的流程和周期上，以聚焦特定话题领域的节目为工作单位，类似传统新闻的条线划分。根据节目更新频率要求，制定开选题会、写稿、编辑、音频制作、发布的流程。这一工作流程的最终目标是"保持稳定更新""不开天窗"（IN1），即实现更新质量和频率都相对稳定、可控的"工业化"内容生产。

其次，从内容选题来看，其节目在体裁和篇幅上均类似解释性报道（interpretive reporting）或评论专栏。这既因为受制于不具新闻采编资质下的现实选择，也是能够保证前述更新频率和品质"双稳定"的策略性安排。这类"软性"内容淡化时效性，但也会选择从热点新闻的"第二落点"甚至"第三、第四落点"（IN5）切入为节目引流，但本质上是从相对中长期，或更深度、侧面的视角解读新闻话题。这类内容虽与"新闻一线"背道而驰，但稳定地提供深度解读类内容以帮助用户了解"复杂的世界"，也被视作一种专业性的表征（舒德森，1978/2009：131-135）。

另外，所谓"媒体质感"的实现还要求水准稳定的后期声音制作。J播客的音频节目在基础剪辑和片头片尾包装之外，还加入了音效设计、原创配乐以及广告点位。单集节目开头统一的"声标"以及中插的其他旗下节目广告，无一不在向收听者提示其作为一个"专业机构"的整体形象，成为其标志自身特质的手段。

这套以传统机构媒体工作常规为蓝图而重建的专业工作法，正是J播客试图在"保持专业"和"完成可持续的生产目标"之间达成平衡的一种规范的建构。在这一被重建了的专业工作法之上，另一种专业价值观也在创业媒体中显现出来。

（三）好内容也是好生意：向商业开放的专业价值观

对秉持"客观中立"角色的传统媒体而言，在面对广告、公关时往往需要建立"防火墙"。但对生产团队更小，生产内容更"软"、更垂直的创业媒体来说，可持续营收模式的建立要求专业性和商业性的融合而非对抗（Deng & Yan, 2022）。在J播客的案例中，创业媒体正表现出了对从前被视作"敌对世界"（hostile worlds）的商业市场的开放态度，并试图将"实现成功的商业变现"纳入其专业价值观的诉求之中。

在J播客的营收构成中，品牌播客和平台采购节目的订单收入占总收入九成以上。这部分节目订单实现的盈利所得，再被用于支持公司内部其他原创节目的生产。这类节目由J播客内容团队根据品牌和平台提供的项目选题，完成创意策划、脚本撰写、采访录制、声音设计、后期包装等一系列流程，最终成为品牌宣传矩阵中的一环或平台独家的专栏。通过直接将内容制作这一专业技能转化成用以出售的服务和产品，创业媒体力图在"有价值的信息传播"和"为品牌宣传良好形象"之间获得双赢。

这种商业模式迎合了商业品牌寻找赞助内容（sponsored content）"新领地"的需求（Lynch, 2021），类似"原生广告"（native ads），即将与品牌相关的内容以相对自然的方式呈现，在商业赞助的前提下向受众提供有价值的信息，从而促使其接受。对品牌方来说，相比在传统新闻领域寻找赞助和公关内容的空间，与 J 播客这类内容制作机构的合作阻力更小，能以更体面的形式吸引更多用户的关注和接受。对内容制作方来说，商业项目盈利支撑下的其他内部节目则能够以相对自由的形式创作，不受外部力量干涉。

在这一商业性与专业性相融合的创新专业价值观指导下，J 播客的内容生产得以在中国媒体生态中的不同话语体系之间"游走"。在与消费品牌或电商平台合作的情境下，J 播客生产的节目直接成为品牌和平台商业宣传活动的一部分。但相比单纯的广告片而言，这类播客节目则侧重于采访故事、挖掘解释性信息等内容。而在与金融投资公司、纪实报道媒体等专业主体合作时，J 播客又能够制作出类似宏观经济报道、纪实调查报道的声音内容。把制作媒体内容产品的专业能力"打包出售"是 J 播客的运营法则，这种专业的实践形态与传统媒体大相径庭。从严格意义上讲，作为创业媒体的 J 播客并不能也不会直接生产驻扎新闻一线的原创报道，但却始终在考虑信息和故事传播的专业标准与自主营利二者的"共赢"。

四、创造"业界"：创业媒体如何管辖"中间地带"

如前所述，从组织形态和运作流程上，J 播客已经从内部逐步确立起属于自己的职业边界，但受制于较小的公司规模、并不完全的执行力，以及中国市场内相对空白的创业经验，这类创业媒体仍然面临着规范化、行业化的难题，直接影响其未来在媒体生态中的生存境况和发展趋势。因此，确立行业身份、形成职业归属，完成独属"播客人"的职业文化生产，成为这类创业实体形成后的核心任务，也构成了边界工作的重要组成部分。本文就以"创造'业界'"来概括这类创业媒体依凭新兴媒介或商业模式来创造职业共同体话语空间的实践。

创业媒体当下正处于传统媒体和自媒体的"中间地带"，决定了其所从事的边界工作面临着"双重边界"。而这一双重的边界工作也并不止于"边界划分"的机制，而是包含了"区别"与"借力"的复合机制，并同时在话语的和非话语的层面上展开。在 J 播客的案例中，"新""旧"媒体人共享一套围绕专业内容创业者的工作常规和认同话语，与传统媒体和自媒体不断进行着分界、合界的边界工作，从而建立新的职业权威、吸纳更多资源。

（一）借助符号与仪式的认同凝聚

建立在生产流程之上，J 播客对自身业内身份、其员工对自我职业身份的认同，也产生了相应的建构机制和表征。作为创业媒体，J 播客在建构业内身份时，同时调用了专业主义和创业文化两套话语资源，为自己划定"中间地带"。

在节目详情页中所标注、简介的制作团队信息，成为 J 播客标识自身职业身份的一个典型表现。这一"身份简介"的内容可大致分为两类：一类是标注制作人或编辑的"前媒体人"身份，如"前资深商业记者"（商业主题播客）、"前新闻从业者"（文史主题播客）等；另一类是标注制作人或编辑的"垂类专家"身份，且往往采用更活泼和非正式的修辞方式，如"长期关注消费、营销和好玩的商业故事"（商业主题播客）、"科幻迷"（科幻文学主题播客）等。这些身份标签成为内容创作者建立与节目内容相关联系的最直接、简单的方式，既体现了在此话题上的专业权威，又打破了专业媒体的"严肃面孔"，标志其作为创业媒体的文化属性。

借助仪式的文化生产则突出表现在 J 播客从成立之年起每年举办的行业年会。这一年会从 2019 年到 2021 年已经举办四届，概况如表 2 所示。

表 2　J 播客主办行业年会情况一览

届　次	时间·地点	活动概况	主要参与者
1	2019 年 1 月 19 日 上海	邀请中国市场主流数字音频平台运营管理者、中外播客内容创作者进行主题分享。主要议程讨论中国播客现状和前景、制作经验、音频技术等	中外播客内容创作者、业内媒体人、声音技术人员、音频平台运营经理、播客听众

续 表

届 次	时间·地点	活动概况	主要参与者
2	2019 年 11 月 9 日 上海	主题为"中文播客新起点",邀请美国播客"This American Life"制作人和十余位中国播客创作者、音频平台管理者、播客初创企业创始人、投资人等进行分享。主要议程讨论叙事类播客制作、播客商业化与产品开发、中文播客发展趋势等	中外播客内容创作者、业内媒体人、音频产品开发者、投资人、播客听众
3	2020 年 10 月 31 日 上海	主题为"播客新声浪",议程包括面向行业的"播客,工具与技术助推""播客,创作者的探索",以及面向普通听众的"播客,表达者的新场景""听播客,听见更大的世界""做播客,收获更多可能性"	中文播客内容创作者、业内媒体人、音频平台代表、播客 App 负责人、播客听众
4	2021 年 10 月 30 日 上海	主题是"对话复兴",议程包括"文化圆桌""喜剧圆桌""商业圆桌""音乐圆桌",依据垂直领域话题划分议程,组合不同领域嘉宾讨论关于播客创作和发展的内容,穿插数字音频平台和播客移动端应用的介绍与产品发布	中文播客内容创作者、业内媒体人、脱口秀演员、播客 App 负责人、音频平台运营代表、投资人、播客听众

通过线下活动来积累品牌声望并不新鲜,但 J 播客主办年会的特点在于致力于建立"播客人"(podcaster)的群体认同,强调播客作为一种新媒介、新产品在各类内容传播和商业开发中的角色。近两届年会中更加入了播客平台、软件等产品发布和推广环节,意在对外展示一个相对完整的产业生态。在年会议程中,J 播客更多将自己呈现为一个传布者、组织者的角色,其自身的节目与产品在议程中反而被淡化。与其他垂直类内容年会相比,J 播客主办的年会围绕播客、音频这一媒介形式,让"做播客""做播客产品"的群体"有确定下来的意思",从而建立"创业同行"的概念(IN1)。

在致力于建立以播客为中心的独立业界叙事之外,年会这一仪式性聚集也展演着与其他媒体组织的"边界融合"。一方面,每届年会会有传统媒体的意见领袖或知名人士加入与播客创作相关的分享,如 2019 年有美国公共广播站记者、制作人 Emanuele Berry 的参与，2021 年有前央视、凤凰卫视记者、主持人陈鲁豫和前凤凰卫视主持人梁文道的参与。这些业界知名人士的"站台"，也成为 J 播客所调用的符号性资源，强调着播客业态与传统专业媒体的亲缘关系。另一方面，由于在播客业内，机构化的创作者仍是少数，年会仍会邀请大量个人特色鲜明、自带高黏性"粉丝"群体的自媒体主播参与。借助年会这一仪式场合与自媒体创作者进行亲密互动，从而提升主办方 J 播客在播客领域的权威性和认知度，亦是一种合界的实践。

（二）争取"中间地带"的话语建构

在职业文化的生产中，分界的工作机制让创业媒体得以与他者形成区分，而合界的工作机制则让创业媒体同时享受与既有职业权威紧密关联的社会资本。分界与合界复合的边界文化生产共同维护着创业媒体所在的边界区域。对创业媒体来说，这个边界地带是处在传统专业媒体和广泛的自媒体之间的"中间地带"。这个特殊的社会空间位置使得创业媒体能够在秉持一定专业性的同时，拥有更自由广泛的创作空间，与此同时，也导致创业媒体需要通过种种文化生产来争取自己并非天然显著的专业身份。

通过关注创业媒体如何向大众"自我介绍"的创业宣言，Carlson 和 Usher（2016）揭示了创业新闻公司加入元新闻话语表达的方式。创业宣言等理念性的文本可以被视作解释性话语的一种具体形式，其内核是关注新闻专业表现、规范性假设和适当实践等问题，成为创业媒体重建职业边界和争取合法性的工具。类似地，J 播客也通过向公众发布理念性的文本来试图生产自主的职业文化。J 播客对外发声的最主要渠道是其旗下的微信公众号，发布内容是聚焦播客产业领域的行业通讯。这一通讯的雏形是 J 播客创始人在个人公众号上写作和编译发布的播客业界动态（IN1），之后成为公司运营部门的一项保留业务。该通讯的主要内容包括编译海外播客行业动态，编发国内播客、数字音频、流媒体产业新闻，并在年末等时间节点发布统计、盘点类的原创内容，如统计过去一年中新增的中文播客数量、洞察中国数字音频市场发展趋势等，成为播客这一领域内较为可信和丰富的信息"集散地"。

在该公众号发布的 400 余篇推文中，有三类较典型的内容。第一类是溯源职业文化的推文，一般出现在制作幕后和年会盘点等板块。通过引介优秀播客案例的幕后制作故事、树立典型，这类文章加强了对"何谓专业"的阐释，包括"讲故事的技巧""播音质感的塑造""明星主播的打造"等。此外，这类内容还偏向将"播客人"的职业形象与更宏大的媒体专业历史相勾连。比如在 2021 年以"对话"为主题的年会前夕，公众号发布了一篇名为"谈话类节目的'不惑之年'，从锵锵开播前说起"的原创推文。该文追溯了中文广播电视节目改革的诸多标志性的历史时刻，如珠江广播经济电台的《珠江模式》、中央电视台的《东方时空》和《实话实说》、凤凰卫视的《锵锵三人行》等，从广播电视节目形态范式转型的视角，赋予"对话"节目以专业正义，从而完成播客类媒体产品专业性的自我溯源和历史建构。

第二类主要内容可以被概括为"行业现场"，包括公众号内的"播客现场""播客行业洞察""国内播客行业动向"等标签。这类推文内容一般包括海内外音频制作公司的成立、并购新闻，主要流媒体平台与播客相关的业务动态，以及与播客传播相关的研究和行业报告等。使用"现场"这一栏目标签，意味着将读者和用户带入了一个被营造起来的行业空间领域，向读者宣告"播客"是一个正在生发、活跃着的内容领域。通过不断在"播客现场"中展示行业内的主体（创作者、平台、资本等）以及不断发生的新事件（新节目、新纪录、新明星等），J 播客不断完成着拣选热点事件从而向读者积极展示行业现状的边界工作。

该公众号的第三类重要内容则主要传播 J 播客所秉持的创新专业价值观。在公众号中，有一个单独的下拉菜单用于介绍和展示"音频营销"案例，此外还有多个推文标签用于解说、展示"品牌播客"这一概念，比如"品牌怎么做播客""行业播客厅"等。这类内容反复突出作为商业订单的品牌播客同样能够向受众提供有价值的信息和故事，并同时为品牌、平台、机构提供传播企业理念和形象气质的传播价值。这一叙述模式实际上是对其"好内容也是好生意"创新专业价值观的再现。

　　不论是何种类型的推文，这些文本所传达的意涵均在于呈现播客作为一个蕴藏潜力的职业领域正在蓬勃发展，融合了商业性的创新专业价值观也正在发挥良好的社会效用，同时不断将播客和更广泛的媒体职业话语相勾连。这正体现出 J 播客作为创业媒体试图通过塑造专业标准、热点时刻、共同记忆等方式不断生产和扩大其所处的"中间地带"这一边界区域，创造专属"播客业界"的话语空间。

五、结论与讨论

　　在媒体行业剧烈变革的当下，创业媒体作为新兴职业主体，如何承接既有的或创造全新的职业地位与权威，又将对媒体生态产生哪些影响，成为近年学界关注的焦点。本文通过聚焦创业媒体 J 播客加入这一讨论。透过该案例可以发现，当下中国的创业媒体正在积极构筑自身的职业边界，从而加强在媒体生态系统中的合法性。这一过程具体表现为：创业媒体借力从传统媒体连带而出的专业义理和操作方法来规范自身的工作常规和方法，并通过提供与传统媒体相差异的内容建筑自身的管辖权范围；同时，依托特定媒介或者商业模式，并借助线上平台和线下活动，创业媒体亦在生成新的媒体职业认同话语。

　　在对 J 播客进行案例分析的基础上，本研究认为，创业媒体所从事的边界工作具有过程性和双重性的特点。所谓"过程性"是指不同于媒体生态中既有的、保有职业声望的职业主体，创业媒体的边界工作并不是在"抵御入侵"和"回应冲击"的逻辑中完成的。相反，伴随着创业实体的建立，其边界工作是一个持续进行中的历时过程。对像 J 播客这样的创业媒体来说，确立对内容管辖的边界，对内是一个确证自我、培训团队的过程，对外是一个树立职业权威、吸纳资源的过程，整体上是一个主动的、开拓的职业化进程。随着技术、资本、制度等多种条件的变化，创业媒体的边界工作仍将是一个持续的进程。

所谓"双重性"是指创业媒体处于传统媒体和自媒体的"中间地带",面临"两重边界"。一方面,创业媒体通过移植、改造传统媒体的工作流程,借用、复用从传统媒体中连带而出的专业技能、人际关系等文化资本,调用相关的符号和话语,从而强化与自媒体之间的区别;另一方面,创业媒体也借助创业话语,开创出售内容制作能力的商业模式,组织以媒介或产品为中心的职业社区,从而标示与体制内媒体的差异。这既是中国现行传媒业执照式的管理机制使然,也是媒体人寻找内容创作更大自由空间的自主选择。此外,"中间地带"的职业处境决定了创业媒体的边界工作绝不是简单的"领地划分",而是一个存在着复杂的借用、共生等状态的复合过程,即亦存在"合界"或"模糊边界"的机制。以J播客来说,一方面,它通过与其他媒体职业主体边界相模糊来使自身合法化,如改造传统媒体的工作流程、调用"专业媒体人"相关的符号系统和话语资源等;另一方面,它也围绕新媒介、新商业模式,划定新的职业社区,并将传统媒体有所忽略或生产不足的内容纳入自己的管辖领域。处在"中间地带"的创业媒体既不同于散漫自由的个人创作者,也不同于专业新闻人,更不同于"耳目喉舌"式的宣传工作者,而是一股借力多方以建筑自身的力量。本文所发现、探讨的"中间地带"的边界工作,并不维护传统新闻业的权威,也不是传统新闻业危机话语的转化,而是一种保持专业性的同时,争取差异化内容生产的折中探索。

任何职业的确立都是一个缓慢的过程,对边界本就模糊的媒体职业而言更是如此。在当下中国的媒体职业生态中,执照化的管理体制、宣传话语复合专业理念的职业教育,以及社会层面的文化认同,都没有为创业媒体提供优渥的职业化土壤。但在媒体职业生态的视域中,创业媒体争夺管辖权,从而为社会提供信息和故事流通价值的这一职业初衷是不变的。因此,吸收市场化的创业话语,同时借力传统媒体的专业基因,成为其建筑自身的方式。这类"已经广泛存在但在制度空间里没有正式地位的新闻现象"(王辰瑶,2021),将成为拓展新闻创新研究的重要个案,提示新闻研究始终需要回到媒体生态系统这一更大的视野中,关注传统主流媒体之外的其他社会信息服务提供主体及其工作形态。■

参考文献

安德鲁·阿伯特（2016）。《职业系统》（李荣山译）。北京：商务印书馆。

白红义（2015）。新闻业的边界工作：概念、类型及不足。《新闻记者》，（7），46-55。

白红义，李拓（2020）。"边界工作"再审视：一个新闻学中层理论的引入与使用。《湖南师范大学社会科学学报》，（2），147-156。

陈楚洁（2018）。"从前有一个记者，后来他去创业了"——媒体创业叙事与创业者认同建构。《新闻记者》，（3），4-22。

刘思达（2017）。《割据的逻辑：中国法律服务市场的生态分析》（增订本）。南京：译林出版社。

迈克尔·舒德森（2009）。《发掘新闻：美国报业的社会史》（陈昌凤，常江译）。北京：北京大学出版社。

皮埃尔·布尔迪厄（2017）。政治场、社会科学场和新闻场。《布尔迪厄与新闻场域》（罗德尼·本森，艾瑞克·内维尔主编，张斌译），31-48。杭州：浙江大学出版社。

陶文静（2017）。结盟、重组、民主功能坚守——欧美数字新闻创业机构研究中的专业建构转向。《新闻记者》，（9），53-64。

王辰瑶（2021）。站在新起点上的新闻创新研究。《新闻记者》，（11），2-7＋20。

Briggs, M. (2012). Entrepreneurial journalism: How to build what's next for news. Thousand Oaks: CQ Press.

Buozis, M., & Konieczna, M. (2021). Conservative news nonprofits: Claiming legitimacy without transparency. Journalism, DOI: 10. 1177/14648849211056145.

Carlson, M. (2015). Introduction: The many boundaries of journalism. In Boundaries of journalism: Professionalism, Practices and Participation, ed. by Carlson, M., & Lewis, S. C., 1-18. London: Routledge.

Carlson, M., & Usher, N. (2016). News startups as agents of innovation: For-profit digital news startup manifestos as metajournalistic discourse. Digital journalism, 4(5), 563-581.

Chadha, M. (2016). What I am versus what I do: Work and identity negotiation in hyperlocal news startups. Journalism Practice, 10(6), 697-714.

Deng, M., & Yan, Y. (2022). Striking the balance between professionalism and commercialism: A cross-case study on news start-ups in China. Journalism, 23(11), 2471-2488.

Deuze, M. (2014). Journalism, media life and the entrepreneurial society. Australian Journalism Review, 36(2), 119-130.

Deuze, M. (2017). Considering a possible future for Digital Journalism. Revista Mediterránea de Comunicación/Mediterranean Journal of Communication, 8(1), 9-18.

Deuze, M., & Witschge, T. (2020). Beyond journalism. Cambridge: Polity Press.

Eldridge, S. A. (2014). Boundary Maintenance and Interloper Media Reaction: Differentiating between journalism's discursive enforcement processes. Journalism Studies, 15(1), 1-16.

Fang, K., & Repnikova, M. (2022). The state-preneurship model of digital journalism innovation: Cases from China. The International Journal of Press/Politics, 27(2), 497-517.

Gieryn, T. (1983). Boundary-work and the demarcation of science from non-science: Strains and interests in professional ideologies of scientists. American sociological review, 48(6), 781-795.

Jurkowitz, M. (2014). The growth in digital reporting: What it means for journalism and news consumers. Pew Research Journalism Project, http://www. journalism. org/2014/03/26/the-growth-in-digital-reporting.

Kananovich, V., & Perreault, G. (2021). Audience as Journalistic boundary worker: The rhetorical use of comments to critique media practice, assert legitimacy and claim authority. Journalism Studies, 22(3), 322-341.

Liu, S. (2015). Boundary work and exchange: The formation of a professional service market. Symbolic Interaction, 38(1), 1-21.

Liu, S. (2018). Boundaries and professions: Toward a processual theory of action. Journal of Professions and Organization, 5(1), 45-57.

Lynch, L. (2021). Sponsored Content in 2020: Back to the Future? . Digital Journalism, 9(7), 991-999.

Meyers, O. (2004). Israeli journalists as an interpretive memory community: The case study of "Haolam hazeh" . Ph. D. diss. , Philadelphia: University of Pennsylvania.

Schudson, M. , & Anderson, C. (2009). Objectivity, professionalism, and truth seeking in journalism. In The handbook of journalism studies, 108-121. New York: Routledge.

Tong, J. (2015). Chinese journalists' views of user-generated content producers and journalism: a case study of the boundary work of journalism. Asian Journal of Communication, 25(6), 600-616.

Usher, N. , & Kammer, A. (2019). News Startups. In Oxford Research Encyclopedia of Communication. DOI: 10. 1093/acrefore/9780190228613. 013. 827.

Wang, W. (2019). Chinese Government's Partition Management and the Fragmentation of Journalistic Ecology in the Age of Technological Transformation. Ph. D. diss. , Hong Kong: City University of Hong Kong.

Zelizer, B. (1990). Achieving journalistic authority through narrative. Critical Studies in Media Communication, 7(4), 366-376.

Zhang, S. I. (2019). The business model of journalism start-ups in China. Digital journalism, 7(5), 614-634.

作者手记

　　《"中间地带"的边界工作——基于创业媒体 J 播客的案例研究》（后简称《中间地带》）这篇研究论文最初来自第二作者的本科学位论文。就学术写作的方方面面来看，这篇文章都存在诸多青涩和不足之处，借此手记，作者希望能在分享写作幕后的同时，也呈现出完成研究后的两年间对该课题的持续关注和思考。

研究缘起

　　最初引起作者研究兴趣的是"中文播客"这个研究对象。2020 年左右，作者关注到中文播客进入所谓"井喷式"增长期。在此之前，大多数人对播客的认识或许只是"苹果手机里一个从不点开的系统自带软件"。其实早在这一波增长之前，中文播客已经存在了近 20 年的时间。它和世纪之交的 BBS 一样，存在于一代人青年时期的互联网记忆中，只不过由于较高的制作门槛（包括录音、剪辑、后期，以及建站等）让播客始终是一个相对小众的爱好，没能成为一个流行产品。为什么当前这一拨"中文播客"能够强势崛起，是作者最为好奇的问题。2020 年，以"专门为播客设计"为口号的某款手机应用发布内测版本，当时还需要通过"邀请码"来注册。作者在朋友圈刷到有朋友热心分享的"邀请码"，于是成为这个在中文播客"井喷式"增长中扮演了重要角色的手机软件的第一批用户。

　　在真正收听了大量播客节目并深度参与播客社区互动之后，作者发现，有一类节目凭借稳定的制作水平和较为专业的内容选题，在一众中文播客中脱颖而出，在播客圈被称为"头部播客"。它们很快收获了大批稳定的"粉丝"，常常登上各个播客软件的"排行榜"，并最早开始尝试内容变现。这部分内容创作者的播客生产大都存在着以下特点：第一，内容制作相当专业。所谓"专业"，既包括对音频的处理包装，也包括"讲故事""说观点"的方式接近专业媒体操作水平。第二，主播在播客中不时透露出自己的媒体从业背景，在选题和邀请对谈嘉宾时也能够捕捉到他们与新闻界的微妙关联。对这部分创作者而言，制作播客是他们的"职业"而非"爱好"。这成为作者继续探究的主线，即关注这群相对"成功"的播客制作者与媒体职业生态的关联。

找到"田野"

在积累了以上对播客社区的经验认知后，研究的核心问题也基本浮现，那就是这个新兴的"播客界"与现存的"媒体界""新闻界"之间存在什么样的关系。"播客界"成为作者开展研究所需要深入的"田野"。因此，作者开始寻找能够进入播客生产一线的各种机会。

播客圈里有个说法：中文播客有"沪派"和"京派"之分，上海当然是"沪派"的大本营。作者本打算通过直接联系访谈的方式开展对案例公司的研究，但恰巧此时该公司开放了实习生的招募。之后作者了解到，这次招募是该公司创立后首次开放实习岗位，意在扩充内容生产团队，稳定音频产制流程。作为播客内容的深度用户和新闻传播专业的准毕业生，作者顺利进入了该公司进行参与式观察。作者开始曾担心案例公司是否愿意将创业幕后分享出来，但在与公司创始人的沟通中，作者发现，创业公司反而非常乐于向学界讲述自己的创业经验以及关于行业的所思所想。这一方面为作者的研究提供了极大的便利，但另一方面也提醒作者时刻要紧绷着一根弦——避免从"粉丝"或"创作者"的视角来书写研究。

在为期近半年的参与式观察和持续的文献阅读中，作者发现案例公司的内容生产模式和理念与学界热议的创业媒体现象之间产生了诸多可以对话的部分，成为提出本文两个研究问题的基础。大约半年的实习结束后，作者从2022年3月开始对该公司的内容生产团队进行深度访谈。深度访谈反而是经验材料收集最困难的一部分。在作者离开实习岗位、开展访谈之前，该公司搬迁到更加宽敞明亮的南京东路上的写字楼，是紧临老申报馆的"黄金地段"。作者本打算前往新办公室展开访谈，没想到突如其来的疫情封控让大部分访谈只能在线上艰难完成。好在被访对象都欣然应允，并给予作者极大的支持和鼓励。虽未能面对面完成深度访谈，但在某种程度上也算是呼应了这个研究"因声结缘"的底色。由于创业公司规模较小，内容制作团队精干，访谈很快达到了写作所需的内容饱和。但是很显然，较小规模的深度访谈也是本文的局限所在，因此，研究加入了对案例公司发布的所有公众号推文的文本分析，以补充经验材料的不足。

回望"中间地带"

转眼距离研究开展已经过去两年多时间,再次回望以"播客界"为代表的本文所称的由创业媒体所搭建起来的"中间地带",视线向它的两端延展开来。在经历了"中文播客元年"及其后几年的增长红利期后,播客这一数字音频类型的内容生产又一次面临发展瓶颈。音频类的创业媒体项目始终面临"赛道狭窄"的困难,优质内容的产出变得越来越艰难,创业媒体的"新闻"底色也在不断弱化。即使作为本文研究案例的这家"头部"播客制作公司,也越来越将重心放在能够变现的内容创作上,即将播客作为品牌广告和公关的一部分,对标西方新闻界"报业播客"的内容仍然很难在创业公司中得到成熟和持续的孵化。

与此同时,中文播客的增长让更多机构媒体看到了新的业务开拓方向,它们也开始尝试在这片内容领域"开疆拓土",开设音频内容栏目,为深度、长篇的非虚构内容开辟了新的传播空间,构成传统媒体内部的一股创新力量。对机构媒体的这部分创新行动仍有待研究,但机构媒体往往不像个体创业者那样乐于敞开自己的内容后台,这对后续研究是一重新的挑战。

最后,作者还想就"边界工作"这一理论的调用做出一点补充。这一概念在传统新闻业面临危机、多重职业传统交会碰撞、新兴技术和内容生产模式层出不穷的当下,具有极大的"诱惑力"。正因为如此,我们对于理论的或调用或推进应当更加谨慎。原文中也提到"社会世界中鲜有清晰的边界",边界应该只是我们讨论职业生态系统中不同行动者之关系的抓手。正如作者在《中间地带》的引言最后所写,调用边界工作这一概念的用意绝非为了解释而强行制造边界。在开展经验研究的过程中,许多理论和概念都散发着诱惑的光芒,但就像舒德森(Michael Schudson)说的,所谓"理论"是在收获一批信徒、一套语汇、一群惺惺相惜的参与者的过程中成为一个"理论"的,但任何理论都不应当"拜物"自身以实现前述过程。

第三辑

新传播生态中的创新反思

喜新厌旧是普遍的社会心态，由此，"新媒体""新闻创新"等词语，也带上了正面价值。但是，以平台为中介的数字新闻新生态究竟给我们带来了什么，改变了什么？新闻创新的终极追求又是什么？

新的传播生态下，曾以"在场"为文化权威表征的专业新闻业变成主要依赖线上信息的"久坐新闻业"；曾以时效性、"抓活鱼"为专业文化目标的记者在互联网时间节奏下变成不知疲倦的"踩轮仓鼠"；曾经面目模糊的"大众"如今现实化为可追踪可测量的"量化受众"；曾作为媒体最高机密的发行量数据如今透明化为点击数据；曾经为信息多样而欢呼的人们开始抱怨信息越多，真相越少，甚至陷入"信息茧房"……

本辑论文从不同侧面对各种以"创新"为名出现的问题，展开严肃的学术省思。对当前的新闻传播生态，学者们以杂合（hybrid）、混沌（chaos）、液态（liquid）等来命名，以凸显其混乱无序、难以把握。然而，为迷茫中的实践探索确立清晰的目标规范，在混乱的经验现象中审慎辨析理解的秩序，不正是新闻理论研究的使命所在吗？

打开算法分发的"黑箱"

——基于"今日头条"新闻推送的量化研究

■ 王　茜

【本文提要】算法分发逐渐成为网络新闻主要的分发方式。本文以算法分发模式的先行者——"今日头条"为研究对象，运用内容分析法考察了算法自动化选择和衡量新闻价值客体的标准。通过分析77位用户的8000多条新闻推送，本文提出"今日头条"算法价值观念的四个要素：场景、内容、用户偏好和平台优先级。这些标准内嵌于代码编写与设计之中。

一、研究缘起

中国互联网络信息中心（CNNIC，2016）在第38次报告中指出，基于用户兴趣的"算法分发"逐渐成为网络新闻主要的分发方式。随着算法渗透用户的媒介消费日益加深，作为算法分发模式先行者的聚合新闻客户端"今日头条"受到业界和学界瞩目。截至2016年10月底，"今日头条"已经累计有6亿的激活用户，1.4亿活跃用户，每天每个用户平均使用76分钟（张一鸣，2016）。

"今日头条"称其"没有采编人员，不生产内容，没有立场和价值观，运转核心是一套由代码搭建而成的算法"。由算法驱动的个性化资讯分发暗含这样的逻辑，"你是谁"决定了"推荐给你什么内容"，这一决策的制定过程是在"黑箱"中进行的。用户的个人信息和数据成为输入信号，源源不断地被收集、储存、分析，并影响随后的信息消费。

新闻价值观念是指新闻主体用来选择和衡量新闻价值客体的标准（杨保军，2003）。"编辑分发"模式，新闻价值观念主要体现在新闻从业人员的实践（如新闻筛选、排序、版面设计）或新闻机构的内部规范之中；而"算法分发"模式，新闻价值观念则内嵌于代码的设计和编写之中。记者、编辑等传统把关人在进行信息筛选时所遵守的职业规范和新闻伦理并不约束算法工程师或程序员，而后者所从事的工作则深刻影响着新闻生产、分发和消费。据此，本文提出算法价值观念这一概念，将其界定为"算法用来自动化选择和衡量新闻价值客体的标准，这一标准往往内嵌于代码编写与设计之中"。本文以"今日头条"为研究对象，试图揭开算法运作的神秘面纱，从而更好地把握"编辑分发"向"算法分发"中出现的问题，并为已有研究提供新视野和新路径。

二、文献综述

在讨论算法分发之前，首先需要厘清：什么是算法？学者给出了这样的定义："算法是为了解决问题而输入机器的一系列指令。"（Goffey，2008：16）从广义上讲，算法是一种编码程序，通过特定的运算把输入数据转化为输出结果。有学者做了形象的比喻：如果我们把数据比作食材，那么算法就是食谱；只有遵循食谱所设立的步骤和指令，按照要求筛选和搭配食材，才能做出指定口味的菜肴（Willson，2017）。从这个角度看，按照指令做出来的是垃圾食品还是营养均衡的菜肴，算法发挥着重要作用。

在大数据时代，庞大的数据带给算法巨大的权力。英国文化研究专家斯科特·拉什（Lash，2007）强调："在一个媒体和代码无处不在的社会，权力越来越存在于算法之中。"受此启发，大卫·比尔（Beer，2009）提出了"算法的权力"（power through the algorithm）概念，认为它体现在两个方面：第一，在于算法发挥的功能，包括分类、过滤、搜索、优先、推荐、判定；第二，算法这一概念本身具有文化内涵，即基于算法的决策常常被认为是理性、中立、高效、值得信赖的。也有学者对此提出不同看法，认为算法本身并不具有社会权力，而是算法联合（algorithmic associations）在发挥作用。算法运作过程中会和"规则、人、过程、关系"等相互作用，因此要特别考虑算法的情境性（situatedness）（Neyland & Möllers，2019）。人与非人因素的交织、相互作用正是行动者网络理论（Actor Network Theory）的核心思想。学者姜红和鲁曼（2017）使用这一理论，指出算法、专业新闻机构和用户这些行动者共同编织着一张传播之网。

　　无论是算法自身，还是算法联合，都深刻影响着新闻业。迈克尔·德维托（DeVito，2017）考察了 Facebook 信息流的算法价值要素，通过对其公开发布的专利、新闻稿、博客等进行内容分析，德维托概括出九大要素：朋友关系、用户公开表达的兴趣、用户先前的参与、用户含蓄表达的偏好、发布时间、平台优先级、页面关系、用户的负面表达、内容本身的质量。其中，朋友关系要素占据主导地位。这和编辑分发主要依赖的新闻价值要素存在显著差异，而有关这些差异及其影响的讨论在国内学界较为缺乏。

　　目前国内学界有关算法分发的文献以质化研究居多，少量量化研究以个人观察为主，容易受主观因素的影响（王茜，2017）。为了弥补量化研究的不足，本文采用内容分析法来考察内嵌于"今日头条"代码编写与设计中的算法价值观念。具体而言，本文力图探讨以下问题：

　　RQ1："今日头条"算法自动化选择和衡量新闻价值客体的标准是什么？包含哪些要素？

　　RQ2："今日头条"所采用的算法分发会造成信息窄化吗？如是，窄化到什么程度？

三、研究设计

（一）对"今日头条"公开材料的内容分析

　　笔者首先收集了"今日头条"创始人张一鸣的公开演讲、传统媒体采访、期刊文章，以及"今日头条"官方宣传片等公开材料。经分析，笔者发现"今日头条"算法分发模式主要在一篇文章和两次公开演讲中得到了详细阐释。

在《机器替代编辑？》一文中，张一鸣（2014）介绍了"今日头条"的推荐机制："当用户绑定微博登录后的 5 秒之内，系统会为用户建立起一个 DNA 兴趣图谱。这个图谱类似一个数学模型，主要根据用户 SNS 账号上的标签、关注人群、好友、评论／转发、收藏等数据，以及用户的手机、位置、使用时间等数据提取而来。"

2015 年 1 月，张一鸣在极客公园创新大会上发表主旨演讲，指出"今日头条"主要使用有关用户的以下数据来进行信息推荐： 动作特征（包括点击、停留、滑动、评论、分享）、环境特征（包括 GPS 定位、是在 Wi-Fi 环境还是 3G 环境、是否为节假日等）和社交特征（例如微博的关注关系、历史上发的微博）。

2016 年 11 月，张一鸣在第三届世界互联网大会上表示，人工智能在"今日头条"个性化推荐里的三个关键之处是个性化、泛化和数据积累。其中，泛化是指把一个人的推荐泛化到其他有共同特质的人身上。

（二）对用户新闻推送的内容分析

尽管"今日头条"声称其没有价值观，然而出现在用户手机通知栏的每一次主动新闻推送（push）都是某种算法价值观念指导下的产物。因此，除了对"今日头条"公开材料进行内容分析之外，笔者也试图考察算法优先为用户推荐了哪些信息。

笔者召集了郑州大学两个班级共 90 名学生进行为期三周的新闻推送记录。参与者需要使用各自的社交账号登录"今日头条"客广端，记录以下内容："今日头条"2017 年 4 月 10 日至 30 日每日推送的新闻标题、时段、新闻发生地点。与此同时，参与者需要提供年龄、性别、社交账号类型（QQ、微博、微信）、手机型号、兴趣标签等信息。之所以选择大学生参与，是因为笔者能够对该群体进行统一协调，有助于减少记录过程中出现的差错。此外，该群体年龄相仿、专业相同，具有一些共同特质。如果他们的新闻推送存在显著差异，更能够体现出"今日头条"新闻推荐的个性化程度。

四、数据结果及分析

经核实，13 位参与者的新闻推送记录出现缺项、事实性错误等问题，被排除在分析之外。最终，笔者分析了 77 位参与者共 8637 条新闻推送，其中男生 12 人，女生 65 人。这些新闻中，有的被推送给多人，有的仅仅推送给单个人，覆盖率（单条新闻出现的频次除以总人数）有所不同。删除重复项后共得到 1894 条新闻。如图 1 所示，888 条新闻被推送给单个人，"今日头条"新闻推送的个性化程度较高。这些新闻推送涵盖了时政、国际、军事、社会、娱乐、生活服务、科技、台湾、财经、体育、游戏等类型。此外，一些非新闻类资讯也出现在推送之列，后文将做具体分析。

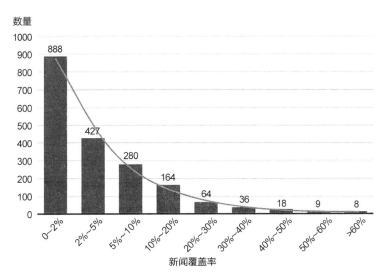

图 1　"今日头条"新闻推送覆盖率

（一）"今日头条"算法价值观念四要素

在内容分析的基础之上，笔者总结出"今日头条"算法价值观念的四要素：场景、内容、用户偏好和平台优先级。

1. 场景

移动传播的本质是基于场景的服务，即对场景（情境）的感知及信息（服务）适配（彭兰，2015）。在本文中，场景因素主要表现为本地新闻的高覆盖率。如表1所示，覆盖率50%以上的新闻中，本地新闻占一半以上。"洛阳原书记被控收受1.48亿"这条新闻被推送给52名参与者，覆盖率最高。

表 1 覆盖率 50% 以上的新闻推送

序 号	新闻标题	出现次数	覆盖率	类 型	备 注
1	洛阳原书记被控收受 1.48 亿	52	67.53%	时 政	本 地
2	银行劫匪成房地产商　16 年后受审	49	63.64%	社 会	本 地
3	4 车连环相撞　有人倒地不起	48	62.34%	社 会	本 地
4	安徽落马厅官羁押期间死亡	48	62.34%	时 政	
5	团伙专偷后备厢　最快两秒钟到手	48	62.34%	社 会	本 地
6	美航母战斗群逼近朝鲜半岛	48	62.34%	军 事	
7	河南电台原台长李新全被判刑	47	61.04%	时 政	本 地
8	白百何首度回应出轨事件	47	61.04%	娱 乐	
9	民房下现古墓群　发掘出十余尸骨	45	58.44%	社 会	本 地
10	男子摆花圈讨债，事后发现认错门	44	57.14%	社 会	本 地
11	货车撞电动车　骑车人当场被撞死	43	55.84%	社 会	本 地
12	曝《乡爱》"赵四"出轨女粉丝	43	55.84%	娱 乐	
13	陈羽凡：前年已和白百何离婚	43	55.84%	娱 乐	
14	猛料！卓伟爆白百何婚内出轨	42	54.55%	娱 乐	
15	直播：朝鲜举行大规模阅兵活动	42	54.55%	军 事	

续　表

序　号	新闻标题	出现次数	覆盖率	类　型	备　注
16	"诗人贪官"杜工会贪污受贿获刑六年半	42	54.55％	时　政	本　地
17	实锤！白百何张爱朋上演摸臀杀	41	53.25％	娱　乐	

接近性是新闻价值五要素之一，而LBS（基于地理位置的服务）、物联网等技术为更精准的信息适配提供了技术支持。"今日头条"推送了九条有关郑州大学的新闻，其中《郑州大学校运会开幕式大观》《郑大与郑州舰签订双拥协议》以及《郑大校内柳絮纷飞》的覆盖率分别达到48.05％、42.86％和33.77％。此外，42位参与者曾在晚间收到"今日头条"推出的"夜宵"新闻，即一组当天发生的要闻集锦。这也是根据场景因素即用户的作息习惯进行的算法分发。

2. 内容

尽管"今日头条"声称其没有价值观，然而，本文研究发现，具有重要性、冲突性以及流行度的内容更容易通过算法筛选过程并进入用户视野。

媒体人吴晨光（2015）曾介绍新闻客户端的推送规则："当新闻足够重大时，可从不同的角度Push多条，形成持续关注度。"重要性是新闻推送的准则之一。在为期三周的时间里，参与者收到最多的新闻类型是军事新闻（28.63％）。笔者把所有军事新闻标题导入"清博词频统计工具"，导出结果显示"朝鲜"一词出现频次最高。在记录期间，朝鲜核问题、萨德问题是国际社会关注的热点议题，"今日头条"对各方回应、事件发展动态进行了持续推送。

参与者收到的社会新闻（27.67％）排名第二，第三是时政新闻（13.59％）。笔者分别统计了这两类新闻标题的词频。如图2和图3所示，有关凶杀、强奸、车祸的社会新闻，以及有关官员落马、贪污腐败的时政新闻更易得到"今日头条"算法的推荐。这些新闻都具有较强的冲突性，包括人与人之间的冲突、官员落马前后形成的反差等，易吸引眼球。

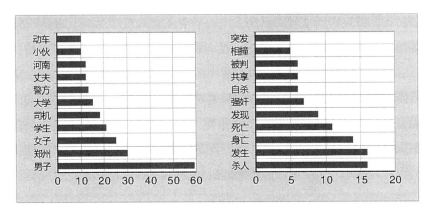

图2 社会新闻推送词频统计

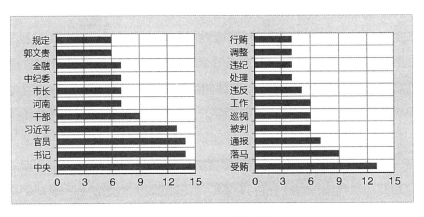

图3 时政新闻推送词频统计

娱乐新闻（10.76%）占比排在第四位，余下的新闻类型占比均在10%以下。如表1所示，"今日头条"为50%以上的参与者接连推送了"白百何出轨"事件。在为期三周的时间里，每位参与者平均收到5条有关该事件的新闻推送，最高者收到12条相关推送。由此可见，具有流行度的新闻也会得到"今日头条"的优先推荐。这一发现与杰姆斯·韦伯斯特（Webster，2011）的研究结果相符，即搜索引擎、社交网络、协同过滤系统等在进行信息推荐时都倾向于把"流行度"（popularity）作为消费指南。

3. 用户偏好

"你关心的，才是头条"这一广告语显现了"今日头条"对用户偏好的注重。受尼尔·瑟曼（Neil Thurman）研究的启发，本文将用户偏好分为两种类型：第一种是用户主动表达的偏好（explicit preference），包括点赞、评论、收藏、关注、转发、搜索、屏蔽；第二种是指用户含蓄表现出的偏好（implicit preference），主要是指媒介组织通过收集和分析用户数据而推导出的偏好（Thurman，2011），这些数据包括用户的注册信息、社交账号、GPS 定位、IP 地址、使用的手机型号等。分析结果显示，"今日头条"给每名男生平均推送了 18.38 条体育新闻，给女生则推送了 1.53 条。由此可见，性别等人口统计学特征也被用于推测用户偏好。

值得指出的是，于 2018 年 5 月在欧盟正式实施的《一般数据保护条例》（*General Data Protection Regulation*，简称 GDPR）第 22 条规定："数据主体应该拥有以下权利，即不受仅仅基于自动化处理（包括画像）所做出决策的制约，如果该决策会为他或她带来法律后果或其他显著影响。"本文认为，"今日头条"所进行的画像显著影响了用户的信息消费。GDPR 条例第 4 条对"画像"（profiling）进行了界定："指任何通过自动化方式处理个人数据的活动，该活动服务于评估个人的特定方面，或者专门分析及预测个人的特定方面，包括工作表现、经济状况、位置、健康状况、个人偏好、可信赖度或行为表现等。"在本研究中，参与者收到的新闻推送在很大程度上反映了"今日头条"算法对"用户特定方面"的评估，包括位置、个人偏好、性别等。

"今日头条"有多了解我们呢？曾经有研究者分析了 5.8 万名志愿者 Facebook 上的点"赞"，据此推测出了一系列高度隐私的个人特质，包括性取向、种族、政治观点、个性特征、智力情况、快乐程度、上瘾物的使用、父母离异、年龄和性别（Kosinski et al.，2003）。可以预见的是，随着物联网、人脸识别等技术的快速发展，算法将积累越来越多的用户数据，变得越来越智能。与此相伴随的是"谁来约束算法"的问题。

4. 平台优先级

德维托（2017）分析指出，平台优先级（platform priorities）是影响 Facebook 信息流呈现的因素之一，例如 Facebook 会在用户信息流中优先呈现自己平台上的视频而非 YouTube 上的视频。分析发现，平台优先级也是"今日头条"算法价值观念的要素之一。

如前所述,"今日头条"也将一些非新闻类资讯推送给了用户,共有47条。这些资讯涵盖了以下类型: 头条问答(例如"为什么说千万不要一个人吃海底捞?")、图片(例如"老照片: 30年前的河南嵩山少林寺")、短视频(例如"找些废品,在家动动手,这么高大上的东西你也可以拥有")、人物故事(例如"数学天才18岁被保送北大,三次创业三次成功,连追女友都是算概率")。这些非新闻类资讯均来源于"今日头条"的自媒体平台——头条号。

张一鸣(2015)曾表示:"传统媒体是把观点告诉别人,'今日头条'是提供实用信息,比如给养猪专业户提供更好的养猪信息,告诉强直性脊柱炎病人如何治疗。传统媒体是传递价值观,我们只是让有益的信息到达个体。"作为一家商业公司,"今日头条"的运转核心——"一套由代码搭建而成的算法"——会受到公司整体战略布局的导向和影响,并优先推荐本平台生产的内容,无论内容本身是不是传统意义上的新闻。

最后,本文试图勾勒出一幅关于"今日头条"算法价值观念的图景(见表2)。上述分析和讨论回答了RQ1。

表2 "今日头条"算法价值观念四要素

	对"今日头条"公开材料的内容分析	对用户新闻推送的内容分析
场 景	GPS定位、天气、Wi‑Fi还是3G、常住地还是处于旅行状态、是否为节假日、是首次使用还是第二次使用	用户作息时间
内 容	内容的相关性、实用性	内容的重要性、冲突性和流行度
用户偏好	主动表达的偏好,主要通过用户的动作特征; 含蓄表现出的偏好,主要通过用户的社交特征、手机型号、注册信息、年龄等人口统计学特征	性别等人口统计学特征
平台优先级	未提及	优先推荐头条号生产的内容

（二）千人千面：没有两个人收到完全相同的新闻推送

RQ2 关注信息窄化问题。通过对 77 名参与者收到的新闻推送进行内容分析发现，"今日头条"采用的算法分发做到了"千人千面"，没有两个人收到完全相同的新闻推送。那么，对个性化的强调和推崇会造成信息窄化吗？在本文中，笔者将信息窄化界定为：单一类型新闻推送占比超过 50%。如表 3 所示，11 名参与者的新闻推送存在窄化现象。以 A 同学为例，他是"今日头条"的老用户，无论是动作特征还是社交特征都表明他对 NBA 感兴趣。将 A 同学收到的新闻推送标题导入"清博词频统计工具"，结果显示，出现频次最高的名词分别是火箭（12 次）、骑士（10次）、威少（9 次）、季后赛（9 次）和快船（8 次），全部和 NBA 有关。

表 3　信息窄化的参与者新闻推送情况

姓名	性别	手机品牌	登录方式	微博标签	用户类型	体育	军事	台湾	国际
A	男	苹果	微信	NBA	老用户	54.55%	0.00%	0.00%	1.21%
B	女	苹果	QQ	无	新用户	0.00%	50.00%	2.94%	14.71%
C	女	OPPO	微博	无	新用户	0.00%	52.73%	6.36%	6.36%
D	女	OPPO	微博	无	新用户	0.00%	62.71%	2.54%	13.56%
E	女	VIVO	微博	无	新用户	0.00%	59.59%	4.11%	6.85%
F	女	三星	QQ	无	新用户	0.00%	63.72%	6.19%	7.96%
G	男	华为	微信	无	老用户	1.65%	51.24%	11.57%	5.79%
H	女	苹果	QQ	无	新用户	0.00%	50.00%	6.00%	2.00%
I	女	小米	微信	无	新用户	0.00%	64.20%	0.00%	11.11%
J	女	华为	QQ	无	新用户	0.00%	56.52%	11.18%	8.07%
K	女	VIVO	微博	动漫控、爱玩、学习、90	新用户	0.00%	10.20%	2.04%	0.00%

夜宵	娱乐	时政	游戏	生活服务	社会	科技	财经	非新闻
0.00%	7.88%	3.03%	7.27%	1.21%	24.24%	0.00%	0.61%	0.00%
0.98%	13.73%	4.90%	0.00%	0.00%	11.76%	0.98%	0.00%	0.00%
0.00%	1.82%	21.82%	0.00%	0.00%	8.18%	1.82%	0.91%	0.00%
0.85%	5.93%	5.93%	0.00%	0.85%	6.78%	0.00%	0.85%	0.00%
0.00%	6.16%	10.96%	0.00%	0.68%	10.96%	0.68%	0.00%	0.00%
0.00%	7.08%	2.65%	0.00%	1.77%	8.85%	0.00%	1.77%	0.00%
0.83%	1.65%	9.92%	0.83%	0.00%	14.88%	0.83%	0.00%	0.83%
6.00%	6.00%	12.00%	0.00%	5.00%	12.00%	0.00%	1.00%	0.00%
0.00%	8.64%	4.94%	0.00%	1.23%	9.88%	0.00%	0.00%	0.00%
0.00%	7.45%	8.07%	0.00%	0.62%	6.21%	1.24%	0.62%	0.00%
0.00%	57.14%	2.04%	0.00%	6.12%	22.45%	0.00%	0.00%	0.00%

由于每天新闻推送过多有打扰用户之嫌，因此强调某些新闻类型的同

时，其他类型会相应弱化。据统计，在为期三周的时间里，49 位参与者从未接收到体育新闻推送，14 位参与者从未接收到有关台湾地区的新闻，32 位参与者从未接收到科技新闻推送，16 位参与者从未接收到财经新闻推送。这一现象值得关注，因为 CNNIC 报告（2017）显示，在手机推送时才关注新闻的网民占比为 26.7％。"今日头条"有 1.4 亿活跃用户，这意味着大约 3000 万用户的新闻消费依赖手机推送。在此，手机推送发挥了"界面代理人"（interface agent）的角色，行使信息筛选权力。该过程直接影响用户的信息消费，然而已有研究显示，大多数用户并不了解个性化算法的运作机制（Powers，2017）。面对这种信息不对等，即算法积累了大量有关用户的数据，而用户对此毫不知情，提高用户算法素养变得重要且必要。

五、结语

综观近年来国内网络新闻市场的变化，媒体平台对个性化新闻推荐和算法分发愈加重视。随着把关权力从人工编辑向智能算法让渡，传统的新闻价值观念已经不能很好地解释当前业界的新动态和新趋势。在此背景之下，本文提出算法价值观念这一概念，并提炼出四大要素：场景、内容、用户偏好和平台优先级。此外，本文讨论了信息窄化问题，发现 14％的参与者收到的单一新闻类型占比超过 50％。笔者继而强调了提高用户算法素养的必要性。

本文尚存一些不足。首先，由于样本量较小，推导出的算法价值构成要素可能存在偏差。例如，内容的流行性有可能仅仅针对"90 后"群体，而非适用于所有年龄层的用户。其次，本文的结论主要依赖于对"今日头条"算法分发的考察，未把其他聚合类新闻客户端（例如天天快报、一点资讯）纳入讨论范围。面对激烈的市场竞争，各个聚合类新闻客户端所进行的代码设计和优化将趋于开放还是趋于封闭？不同客户端遵循的算法价值观念有何异同？这些有待在进一步的研究中改进。

张一鸣（2016）曾在多个场合提到"今日头条"的发展目标，"帮用户更好地发现信息"(汪再兴，陈文希，2014），"让信息和人更快匹配"，"增加信息的吞吐量和分发效率"……叶夫根尼·莫罗佐夫（2014）指出了这种"解决方案主义"的不足："这些新过滤器可能会更快、更廉价和更有效率，但速度、成本和效率，与这些过滤器和算法在我们生活中扮演的公民角色只有浅表的联系。不对其进行应有的严密伦理审查，我们就有可能犯解决方案主义的错误，为不太重要的问题的改进欢呼雀跃，而对更重要问题的严重恶化却完全忽视。"需要我们重视的"严重恶化问题"包括画像对用户隐私的侵犯、算法偏见和歧视、算法短视、人文价值的缺失，等等。因此，在拥抱算法这一"热"趋势的同时要进行"冷"思考，考虑算法分发对用户信息消费及公共领域的实际影响，并提高算法运作的透明性和社会责任感。▨

参考文献

关于头条（时间不详）。检索于 http://www.toutiao.com/about/。

姜红，鲁曼（2017）。重塑"媒介"：行动者网络中的新闻"算法"。《新闻记者》，（04），26-32。

彭兰(2015)。场景：移动时代媒体的新要素。《新闻记者》，（03），20-27。

吴晨光（2015）。《超越门户：搜狐新媒体操作手册》，第48页。

汪再兴，陈文希（2014）。张一鸣：禁区闯入者。《博客天下》，（166）。

王茜(2017)。论个性化信息推荐系统的运作逻辑及影响。《郑州大学学报(哲学社会科学版)》，（1），155-157。

杨保军（2003）。新闻价值观念与新闻价值创造。《国际新闻界》，（03），45-50。

叶夫根尼·莫罗佐夫（2014）。《技术至死：数字化生存的阴暗面》（张行舟，闫佳译）。北京：电子工业出版社。

中国互联网信息中心（2016年7月）。《中国互联网络发展状况统计报告》，第29页。

中国互联网信息中心（2017）。《2016年中国互联网新闻市场研究报告》，第2页。

张一鸣(2014)。机器替代编辑？《传媒评论》，（03），36-40。

张一鸣（2015）。机器学习能带来更有趣的世界吗？ 极客公园创新大会主旨演讲。

张一鸣，谢鹏（2015年8月11日）。文科生爱自由，理科生爱效率。《南方周末》。

张一鸣（2016年11月17日）。世界互联网大会主题演讲。

Andrew Goffey. (2008). Algorithm. in Matthew Fuller(Eds.). Software Studies: A Lexicon, mbridge (p. 16). MA： MIT Press.

Beer，D. (2009). Power through the algorithm? Participatory web cultures and the technological conscious. New media & society，11(6)，985-1002.

DeVito，M. A. (2017). From editors to algorithms： A values-based approach to understanding ry selection in the Facebook news feed. Digital journalism，5(6)，753-773.

Kosinski，M. ，Stillwell，D. ，& Graepel，T. (2013). Private traits and attributes are predictable m digital records of human behavior. Proceedings of the national academy of sciences，110(15)，02-05.

Lash，S. (2007). Power after hegemony： Cultural studies in mutation? Theory，culture & society，24(3)，55-78.

Neyland，D. ，& Möllers，N. (2019). Algorithmic IF… THEN rules and the conditions and nsequences of power. In The Social Power of Algorithms (pp. 45-62). Routledge.

Powers，E. (2017). My news feed is filtered? Awareness of news personalization among college dents. Digital Journalism，5(10)，1315-1335.

Thurman，N. (2011). Making 'The Daily Me'： Technology，economics and habit in the instream assimilation of personalized news. Journalism，12(4)，395-415.

Webster，J. G. (2011). The duality of media： A structurational theory of public ention. Communication theory，21(1)，43-66.

Willson，Michele. (2017). Algorithms (and the) Everyday. Information，Communication & society，20(1)，137-150.

作者手记

数学家丘成桐先生在他的自传《我的几何人生》中，使用王国维的三个阶段来概括自己证明卡拉比猜想时的心路历程：开始时，"昨夜西风凋碧树，独上高楼，望尽天涯路"，要找到一个制高点，对整个问题有通透的理解；然后是，"衣带渐宽终不悔，为伊消得人憔悴"，不眠不休、废寝忘食地工作；到了最后，"蓦然回首，那人却在，灯火阑珊处"，灵光一闪，突然看到了完成证明的途径。虽然难以望其项背，但我也有相似的心路历程。

一、"独上高楼，望尽天涯路"

2016 年一次偶然的机会，我观看了 Eli Pariser 的 TED 演讲《当心互联网上的"过滤泡"》，演讲中的一句话像闪电一样猛地击中了我："信息甄选的火炬日益从人工把关者传递给了计算机算法。"把关人理论是传播学经典理论，这引发了我强烈的好奇心：什么是算法？算法又是如何把关的？为何会出现把关权力从人工向算法的转移和让渡？这将对媒介生态和公共生活带来何种影响？就这样，我意外找到了自己感兴趣的研究领域——算法研究，对一名青年教师而言无疑是幸运的。

随后在检索文献的过程中，我发现早在 2009 年 David Beer 就在《新媒体与社会》（*New Media & Society*）上发表了《权力通过算法？参与性网络文化与技术无意识》（*Power through the algorithm? Participatory web cultures and the technological unconscious*）一文。随后在阅读中又发现了多位重要的算法研究学者，其中给我最大启发的是 Taina Bucher 和 Tarleton Gillespie。私下里我把这两位学者称为我的"灵感缪斯"，他们的研究极富创新性和洞见，每次读都会有新的收获和启发。而当时在检索中文文献时，只找到了一篇相关论文——2016 年方师师在《新闻记者》发表的《算法机制背后的新闻价值观——围绕"Facebook 偏见门"事件的研究》。那一刻我意识到，国内的算法研究大有可开掘的潜力，颇有发现"金矿"之感。

二、"衣带渐宽终不悔，为伊消得人憔悴"

在读了大量文献、对算法研究脉络和知识地图有了比较全面的了解之后，是时候开展自己的研究了。我将目光投向了算法分发的先行者——"今日头条"，并开始进行资料的收集。

我收集了"今日头条"的官方资料、创始人张一鸣的公开访谈、新闻稿等，同时也下载了历年的《中国互联网络发展状况统计报告》，从中定位有关"算法"的内容。有两个发现令我振奋：一是中国互联网信息中心 2016 年发布的第 38 次报告预测，网络新闻资讯市场将朝着"资深编辑＋智能算法"相互融合的方向发展；在第 39 次报告中继续指出，"算法分发"逐渐成为网络新闻主要的分发方式。我意识到，2016 年是国内算法分发方式趋于主流的重要节点。二是"今日头条"早期官方简介中出现的一句话——"它没有采编人员，不生产内容，没有立场和价值观，运转核心是一套由代码搭建而成的算法。"（见图 1）① "今日头条"在短短几年内迅速崛起，一跃跻身国内新闻客户端第一阵营，而它的运转核心就是算法。我更加坚定，"今日头条"会是非常有价值的研究对象。

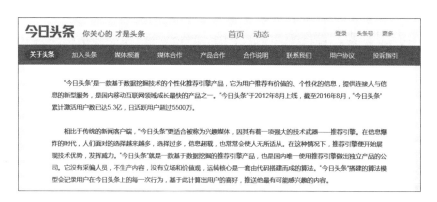

图 1　早期"今日头条"官方简介

"今日头条"真的没有立场和价值观吗？DeVito 曾对脸书信息流的算法价

---

① 值得一提的是，"内涵段子"被关停后，张一鸣发表了公开道歉信，提出会将正确的价值观融入技术和产品。此后，官方介绍中也删除了算法相关内容。

值要素进行研究，发现朋友关系是最为重要的价值要素。而"今日头条"的口号"你关心的，才是头条"，不也体现出其对用户偏好的推崇和强调吗？为了验证这一假设，我想到采用众包（crowdsourcing）的方式来收集不同用户收到的新闻推送，进而反推其算法价值观念。该方法可以应对个性化背景下数据收集的不便，尽管存在一定局限性，但也不失为一种研究方法上的创新。

三、"蓦然回首，那人却在，灯火阑珊处"

近些年来，算法研究如雨后春笋般在国内外蓬勃开展。作为这一进程的亲历者和参与者，着实为学术共同体的发展壮大而备感欣喜。算法价值、算法伦理、算法文化、算法—用户互动、算法治理、算法素养……学界同人已从多个角度开采这座"金矿"，此时又该如何创新呢？

我的灵感缪斯——Taina Bucher 分享了她的思考。她曾提出诸多富有洞见的学术概念，包括算法想象（algorithm imaginary）、编程社交性（programmed sociality）、从"实时"（real time）到"适时"（right-time）时间逻辑的转变。我在挪威奥斯陆大学访学期间，曾就"如何做有创新性的研究"和她交流，她回答"学理性思考需要时间"（thinking conceptually takes time）。她举例说，自己早在 10 年前就开始关注算法时间。她把这个话题写在文档里，心里知道有一天会把这个选题做下去，然后继续广泛地阅读文献、收集资料、观察，直到某一天水到渠成。我自己在写论文《热搜代表民意？大众媒体对热点算法的合法性话语建构》时，也有思如泉涌、灵感飞现之感，且很偶然地踏入舆论学研究领域。

我想，唯有持续不断地在某一研究领域深耕，保持对经验现象的好奇心和观察，并不断进行理论化的尝试，灵感就有可能出现。数学家庞加莱形容灵感如"漫漫长夜中的一霎电光，这一霎就是一切"。

事实核查：
专业新闻生产者可为的创新实践

——一项在线实验的启示

■ 闫文捷　刘于思　周睿鸣

【本文提要】事实核查是全球新闻业用以应对数字化浪潮冲击所尝试的新闻创新项目之一。有别于欧美国家通常由专业新闻机构或人员从事事实核查，由平台发起、用户参与的信息纠偏成为我国本土的一种核查创新。本研究通过一项三因素混合设计在线实验（$N=508$），检验了不同媒体来源和行动主体组合作用于真假新闻核查时，对中国社交媒体用户新闻真实性判断和转发倾向的影响。结果显示，接触事实核查能够显著降低人们对假新闻误以为真的判断，同时提升他们对真新闻的准确度感知。其中，新闻机构和专业人员完成的"识真"式事实核查具有尤为显著的正面效果；相反，两者在"辨伪"式事实核查中未显示出有别于辟谣平台和网络用户的影响效果。文章基于以上研究结果，对事实核查创新实践的可持续性，以及如何将其纳入我国当下的虚假信息治理等问题做出了讨论。

一、社交媒体时代的事实核查及其创新

伴随数字新闻业的发展，社交媒体、聚合新闻源等网络平台纷纷涌现，极大丰富了新闻用户的信息来源，受到使用者青睐。这些新型网络平台不仅打破了传统新闻业对新闻生产和分发的垄断（Hermida，2012），使

包括普通受众在内的非专业行动者可以参与信息的发布和扩散，进而模糊了信息生成者和消费者的角色边界（Lewis & Westlund，2015），也由此削弱了传统新闻生产与扩散过程中的专业机构把关机制，使得大量未经验证的信息得以在网上自由流通（Waruwu et al.，2021），其中不乏假新闻、失实报道等错误及误导性信息。一方面，社交媒体上的假新闻凭借个体分享可能在瞬间实现几何级数的传播（Vosoughi et al.，2018），再加上算法的加持，更为其大范围传播提供了便利；另一方面，面对复杂的市场竞争，不少专业新闻媒体不惜以牺牲报道的准确性为代价以追求新闻发表速度（Stepp，2009）和用户点击量（Scott，2017）的倍增。在多种因素的综合作用下，信息环境越发真假难辨，新闻受众比以往任何时候都更需要就信息的真实性做出小心明辨与求证。甚至在一定程度上可以说，假新闻的泛滥正在无形中推动普通受众担当起较以往更为重大的裁定事实真相的责任（Tandoc Jr. et al.，2018）。

如何回应甚至消除公众对于新闻真实性的质疑？事实核查的研究者和实践者认为，通过对新闻中政治精英或其他权威人物的公开声言展开真实性核验与报道，新闻工作者能够协助公众了解事实真相，并在此基础上就涉及其自身利益的公共事务决策做出准确判断和知情的决定（Elizabeth，2014）。在实践中，事实核查已成为近年来全球新闻业用以应对数字化浪潮冲击所尝试的最重要的创新项目之一（Graves et al.，2016）。美国专业新闻记者组成的三大事实核查机构——FactCheck.org、PolitiFact 和 Fact Checker 相继成立，事实核查也受到世界各国新闻工作者的重视，一时间掀起全球范围的事实核查运动（Graves，2018）。据粗略估测，美国几乎所有的全国性报纸和广播类新闻机构，以及数十家州或地方新闻媒体都在或多或少地从事某种形式的事实核查报道工作（Adair & Thakore，2015；Moore，2012；Spivak，2011）。以《华盛顿邮报》的 Fact Checker 为例，从 2007 年创办至今，它始终围绕政治人物的公开声言展开核验，以此为公众提供客观准确的新闻信息。其标志性的"匹诺曹形象指数"作为新闻真实性程度的视觉呈现已深入人心。与海外新闻业相比，事实核查在中国起步稍晚。过去几年间，以澎湃新闻、腾讯新闻等新闻媒体和互联网平台为代表的媒体机构相继进入事实查证实践领域，或通过组建专业团队，或借助社会协作等形式向公众提供事实核查服务。作为一项新闻创新，事实核查及其在中国的萌发与形成具有其自身特点。

首先，作为一种创新的新闻形态，事实核查以新闻报道中可验证的事实为对象，以遵循新闻生产或社会科学逻辑的分析手段验证和表达事实，并依据"透明性"原则向读者完整呈现核查展开所依据的证据、论证过程及判定结果。故而，与客观性规范限定下新闻记者力图避免针对事实性争议或相互竞争的政治宣称选边站队的惯有做法不同，事实核查报道需要对事实性宣称做出直接的准确性评估（Graves et al.，2016）。

其次，我们注意到在当下的中国，除去专业性的事实核查之外，辟谣是另一种更为社会公众所熟悉的信息纠偏形态，其中，尤以新浪微博的"微博辟谣"和腾讯新闻旗下的"全民较真"最广为人知。如果说可验证的声言或反声言、证据、论证过程和最终的事实性判断是支撑起一项完整的事实核查所必不可少的构成性要素（Coddington et al.，2014），那么相比之下，辟谣在内容构成和样貌呈现等维度上的要求都要松散得多。

最后，在差异化的新闻形态之下，"核查"和"辟谣"构成中国语境下事实核查新闻的两套实践方案和路径选择。与欧美新闻业通常由组织化、独立性的新闻机构发起并报道事实核查不同（周睿鸣，刘于思，2017），以辟谣样貌出现的中国式事实查证常常源自互联网商业平台的推动、依赖社交媒体等平台类媒体的发布，同时着手于核查工作的关键执行者亦由常见于事实核查报道中的职业记者扩展至平台管理者和普通新闻用户，后者或通过提供新闻线索，或直接发起谣言举报，卷入具体的查证行为。也就是说，不仅"核查"和"辟谣"所倚赖的媒体来源常常不同，而且从事这两类事实查证实践的主体也往往存在显见的差异。

基于以上考虑，本文将辟谣视作事实核查在中国本土化发展过程中所出现的一种独特变种，它同由新闻机构所主导的核查一起，构成现存于中国媒介系统内两种辨析事实真相的新闻实践路径和取向。

那么，在新闻机构或网络平台作为发布事实核查的媒体来源，以及专业核查者或普通用户作为执行事实核查的行动主体的情景下，事实核查报道在怎样的经验条件及其组合之下可能更为有效地纠正虚假信息对于公众的误导，进而遏制其在网络上进一步扩散？就此问题，已有实证研究尚未提供明确的经验证据。本文希望沿此方向迈出第一步，从效果研究的视角出发为这一兼具理论与实践意义的问题提供探索性解释。

具体而言，本文希望通过报告一项基于中国社交媒体用户样本的调查实验结果，探究事实核查的媒体来源和行动主体如何在中国公众接触核查报道后影响其对于新闻真实性的判断和转发趋向。通过提供来自非西方社会情境的经验证据，本文结果可能更有助于我们理解并阐明作为一项具有创新意涵的新闻实践，事实核查进入中国之时以何种方式展开并展现于公众面前，能够更为有效地实现其探究真相、澄清事实的目标和初衷。

二、事实核查与公众对新闻真实性的判断和分享

客观报道可验证的事实既体现出新闻从业者的职业素养，帮助他们规避由于报道新闻而招致的个人或组织风险（Tuchman，1972），同时也构成新闻职业伦理的内核。在由传统媒体所主导的大众传播时代，少数社会精英掌握公共传播渠道，并因此获得向公众传递信息的权力，新闻受众依赖新闻媒体对公共信息的准确性进行核验。在很长一段时间内，事实核验都只是专业新闻工作者新闻生产过程中的一道基本工序（周睿鸣，刘于思，2017）。

互联网平台的兴起在理论上令所有普通用户都可能从单纯的新闻消费者转变为自主的生产者与传播者，形成以个体为信息网络中心的用户新闻生产机制（刘鹏，2019）。显然，"全世界都在说"在提升了新闻的开放性以及新闻生产过程的非结构化和去制度化等特点的同时（刘鹏，2020），也带来了数字新闻环境的泥沙俱下，令公共信息领域充斥着虽呈现出新闻样貌但实际上混杂了事实、宣传、谣言和怀疑的混合物（科瓦奇，罗森斯蒂

尔，2011/2014）。

在中国，虚假新闻在日常生活和社会政治议题领域均广泛存在。有政治学者指出，中国公众对于政治谣言的信任程度与其人格特征和意识形态立场存在着"匹配效应"：高威权人格者和左派群体更倾向于相信与政府立场一致的谣言，更不愿意相信与政府立场不一致或不利于政府的信息（马得勇，2018）。这与李艳红、刘佳诺（2022）对疫情期间国内媒体的新闻呈现及公众反馈的观察是一致的：一些宣扬"他国阴谋或破败"的假新闻更易被民族主义者相信，另一些鼓吹"他国先进性"的假新闻则更为自由主义者所偏爱；尽管作者认为，对当下中国而言，以上观念形态的分化仅存在于少数网民当中，但社会政治类虚假新闻的广泛传播或将强化我国未来的社会观念分化，乃至加剧群体间对立。如何提升中国公众对于假新闻的警惕意识和识别能力，进而防止由于误信误判而卷入对虚假信息的转发和扩散，对于中国在未来发展中整合社会关系、促进社会和谐的意义不言自明。

然而，准确辨识假新闻比人们想象中的难度更大。美国皮尤中心发布的一项调查报告显示，高达84％的美国公众相信自己具有识别假新闻的能力（Barthel et al.，2016），但实际上，他们中的大多数人在未被明确告知新闻真伪之前往往意识不到自己接触了假新闻，不仅无法识别假新闻，甚至可能错误地信以为真（Silverman & Singer-Vine，2016）。常人在展开人际交往的过程中具有"真相默认"（truth default）的倾向（Levine，2014），这不仅表现在，人们与他人交流时常常具有一种"真相偏向"（truth bias），对他人交流的真实性和真诚性予以信赖；同时在辨别信息真伪时往往表现出一种"真实性效应"（veracity effect），即正确判别真实信息为真的概率显著高于正确判别虚假信息为假的概率（Levine et al.，1999）。尽管有研究表明，随着外部情境从人际互动转而设定为对新闻可信性的评价，并从线下转入社交媒体场景，"真相默认"效应并不明显，但结果还显示，人们正确判别真实新闻为真的概率低于50％的随机水平（Luo et al.，2020）。这些研究结论整合在一起，一方面对人们为何并不擅长在日常社会互动中发现欺骗性信息和行为做出了部分解释（Bond & DePaulo，2006），另一方面似乎也暗示我们，网络环境下的情况也许会变得更为复杂。

如果是这样，事实核查或可通过提示人们所读新闻存在事实性争议乃至错误而起到警示作用。这几乎成为所有事实核查的倡导者所共享的一个基本假定，即通过提供验证信息，便可消除假新闻接触者的误解（Thorson，2008）。已有研究显示，通过向社交媒体用户发出关于误导信息的一般性预警，或对具体新闻标题打上"有争议"或"评定为假"的标签，均可降低人们对假新闻的准确性评价；一般性预警甚至可能降低人们对真实新闻的准确性打分（Clayton et al.，2020）。虽然后者似乎在提示研究者，有必要进一步厘清如何在不扭曲真实信息感知的前提下更有针对性地打击虚假新闻的有效机制，但以上研究确也表明，警示信息可能吸引公众注意，进而降低他们被假新闻误导的可能。另有研究显示，接触事实核查不仅可能减少受众的错误认知（Bode & Vraga，2018），而且可能通过激发第三人感知而最终降低他们分享假新闻的意愿（Chung & Kim，2021），起到减少假新闻实际流转的作用。据此，本文提出第一组研究假设：

H1a：接触事实核查将降低人们对虚假新闻事实准确度的评价和分享意愿。

H1b：接触事实核查将提高人们对真实新闻事实准确度的评价和分享意愿。

三、事实核查的媒体来源及其对核查效果的影响

需要指出的是，事实核查的实际效应不仅规模有限（Clayton et al.，2020），而且受到发布核查报道的媒体来源的影响。面对过载的网络信息，可靠的信息来源有助于减轻个体在评估特定信息内容时的认知负荷，因此信息来源的可信度常被人们用作评价信息内容可信性的启发式线索

（heuristic cue）（Chen et al.，1999）。甚至在面临一条可信来源发出的错误信息时，后续纠正性的努力也效果甚微（Walter ＆ Tukachinsky，2019）。媒体是人们核实周遭信息准确性的重要机构来源（Metzger et al.，2003）。面对真实性可疑的新闻，除了通过个人关系等人际渠道加以核实之外，人们可能或主动或被动地在不同媒体来源之间寻求交叉验证（Tandoc et al.，2018）。

具体到中国当下的事实核查，大体源自两类系统：一类是提供专业性新闻报道的机构媒体，另一类是商业导向的互联网平台。前者以澎湃新闻及其下属的致力于国际新闻查验的"澎湃明查"最为人所熟知，后者则常以辟谣的形式，广泛分布于各主要社交媒体和新闻聚合平台，如"微博辟谣""腾讯较真"等。新闻机构的事实核查主要集中于国际新闻领域，核查报道突出对论据和论证过程的呈现，据此做出的新闻真实性判定有真有假。平台辟谣覆盖的话题则可能跨越时政、健康、社会等不同领域，内容展现上既可能基于对政府或权威公告的转发，也可能来自平台或第三方做出的辟谣，故而判定结果以驳斥假消息为主。

两类来源相比，新闻机构从事事实核查在中国尚处于起步阶段，无论是行业规模，还是社会关注度或影响力均较有限，但它的出现在事实上打破了"辟谣"作为单一信息纠偏机制长期垄断中国公共话语空间的局面，为事实核查实践提供了一种新的路径选择，或可为研究者就不同媒体来源如何作用于事实核查的有效性做出比较提供崭新契机。的确，已经有研究者开始关注媒体来源的核查效果。一项基于新加坡受众的实验研究显示，尽管源自不同类型媒体的事实核查对公众的风险感知不具有显著的主效应，但在参与者有机会与他人进行在线讨论的情况下，相比当地的主流新闻媒体（如报纸网站），国有事实核查机构发布的核查信息能够更为有效地降低公众由于假新闻而产生的错误认知（Ho et al.，2022）。

中国公众身处迥异的媒介系统，媒体与外部体制环境之间的结构性关联成为他们评价媒体的现实基础（闫文捷，2012）。中国公众对报纸、电视等传统主流媒体具有较高的可信度评价，这往往植根于他们对政治体制的整体性信任（Pan et al.，2011）。也就是说，人们对于特定媒体来源的信任程度取决于媒体与权威之间关系的紧密程度。这种结构性关联即便在互联网深度普及、各种新型媒体频繁涌现的当下依旧存在。比如一项面向北京高校学生展开的、针对传统媒体与网络媒体可信度比较的小型问卷调查结果显示，人民日报和新华社等传统党媒的新闻网站比新浪、搜狐等商业新闻网站收获更高的可信度评价（Xie & Zhao，2014）。另一项面向 44 名微信用户开展的深度访谈则显示，被访者对微信平台的辟谣服务表现出普遍的漠然甚至消极态度。综合以上论证，我们从逻辑上推断，新闻机构相比商业平台在整体可信度及其所提供的信息准确性方面享有更高的公众评价。我们进一步推断，媒体来源对人们就新闻真实性判断的影响同时受限于新闻自身的真实性。与新闻机构倾向于享有更高的可信性评价相一致，同样一条新闻在经过机构媒体"证实"或"证伪"后，可信度或许更高。基于以上论证，本文提出第二组研究假设：

H2a：相比辟谣平台，人们倾向于认为被新闻机构发布的事实核查验证为真的新闻事实准确度更高。

H2b：相比辟谣平台，人们倾向于认为被新闻机构发布的事实核查验证为假的新闻事实准确度更低。

人们对于信息真实性的信念可能构成其后续有关信息处置意愿的行动基础，进而影响他们与他人分享信息的意愿（Van Bavel et al.，2021）。但这一论断似乎并未获得强有力的经验支持。心理学学者彭尼库克等人基于一系列实验研究得出结论，人们对信息真实性的认知信念和他们在社交媒体上实际分享的内容之间存在巨大的脱节，究其原因，并不是人们有意分享错误信息，而主要是由于社交媒体分散了使用者的注意力，以致人们转发信息之前未能足够留意（inattention）内容的准确性（Pennycook & Rand，2021；Pennycook et al.，2021）。此外，我们也缺少足够的证据以支持媒体来源直接作用于新闻分享意愿。有鉴于此，本文提出研究问题一：

RQ1：事实核查的媒体来源对人们的新闻分享意愿具有怎样的影响？

四、事实核查的行动主体及其对核查效果的影响

事实核查的影响效果不仅有赖于发布核查的媒体来源，事实上，由谁完成核查同样很重要。伴随新闻生产主体的日益多元化，新闻机构和职业记者不再是唯一的新闻生产者，已成为由数字技术赋能的新媒介生态的重要特征之一。国内外研究者相继提出"参与式新闻"（Lawrence et al.，2018）、"液态新闻"（陆晔，周睿鸣，2016）和"用户新闻"（刘鹏，2019）等诸多能够体现更新中的新闻生产模式及文化的新概念，其内涵虽然各有侧重，但无一不体现出对于新闻生产与传播过程中公众作为参与者身份的认可。

事实核查这一特定的新闻样式同样可能在专业的新闻传播主体和非专业的个人或组织传播主体之间实现资源和文本的"共享"与"共产"（杨保军，2013）。通过对参与式事实核查在国内外实践形态的梳理，我们观察到，公众可能以多种方式、在事实核查展开的多个阶段参与其中，一些较为常见的参与形式包括，基于众包模式对新闻内容的准确性打分、评级和添加注释，提供更为可靠的信源，以及向专业核查人员建议核查选题等（闫文捷，刘于思，周睿鸣，2022）。

将公众带入事实核查，一方面可以令核查过程与呈现变得更为可见，增强核查新闻的透明度；同时，专业和非专业的核查者以合作的方式，就复杂问题中何谓事实和非事实做出共同裁决，可以增强事实核查的协作性（Hermida，2012）。这些都可能在理论上令事实核查的过程和结果在公众眼中更有效、可信（Brandtzaeg et al.，2018）。然而另一方面，机械地开放公众参与而罔顾其真实的关切，甚或由此引致参与的形式化乃至民粹化，均有可能在事实上对新闻活动的认知权威造成伤害（闫文捷，刘于思，周睿鸣，2022）。

无论是由新闻机构主导的事实核查还是平台辟谣，都在其具体实践中为公众提供了参与的空间。在以"微博辟谣"为代表的平台辟谣模式中，

平台用户多以"举报人"身份出现，对个人存疑的信息向平台发出举报，而用户在此过程中几乎无须承担关乎事实核查活动内核的举证与核验责任。与之相比，"澎湃明查"所代表的源自新闻媒体的事实核查为读者提供的参与空间在广度和深度上均有不同表现。读者可以向机构媒体提供新闻线索或核查证据，向编辑部发起求证，也可能以志愿群组的形式与专业团队展开协作生产。那么，公众的卷入是否令事实核查在纠正错误信念、抑制假新闻扩散等方面更为有效？我们只能基于有限的研究做出谨慎的推断。在前文述及的针对微信用户的深度访谈中（Lu et al.，2020），研究者观察到，相较而言，普通微信用户最相信政府或高校等权威机构做出的辟谣，其次是微信的官方辟谣，对第三方辟谣信息的可信性则心存疑虑，原因在于，这些第三方主体被认为"权威性"不足。这一观察结果与政治学研究中关于中国公众对政府和公共机构具有更高的信任度这一长久发现相一致（Ries et al.，2018）。不难想象，在中国的社会及新闻体制场景下，职业记者或平台团队作为专业性的事实核查主体，比普通用户更紧密地依附于并体现着背后机构的权威性，也就是常言所谓的"官宣"的权威性。公众对于专业核查者的信任是对其权威性身份的信任。在此基础上，与媒体来源影响新闻感知的效果受限于新闻自身真实性的逻辑相一致，核查者身份对人们就新闻准确性评价的影响同样可能受到新闻真实性的调节：经专业核查者判定为真或假的新闻，结论或许更具说服力。基于以上论证，本文提出最后一组研究假设：

H3a：相比网络用户，人们倾向于认为被专业人员完成的事实核查验证为真的新闻事实准确度更高。

H3b：相比网络用户，人们倾向于认为被专业人员完成的事实核查验证为假的新闻事实准确度更低。

基于和前文相似的逻辑，由于缺少经验证据以支持事实核查的行动主体影响新闻分享意愿的直接或间接效果，本文提出研究问题二：

RQ2：事实核查的行动主体对人们的新闻分享意愿具有怎样的影响？

最后，出于贴近并反映现实境况的目的，本文尝试综合考量事实核查的媒体来源和行动主体对于核查效果的协同性影响。为此，我们提出最后一个研究问题：

RQ3：事实核查的媒体来源和行动主体如何相互作用，共同影响人们对新闻准确度的评价及分享意愿？

五、研究方法

（一）研究设计、实验物料和实验程序

我们委托调查公司于 2022 年 3 月 4 日至 23 日，依据中国互联网络信息中心发布的《中国互联网发展统计报告》最新数据（CNNIC，2022 年 2 月），在性别和年龄两个维度上通过配额抽样，面向中国社交媒体用户样本（$N = 508$）开展了一项在线调查实验。实验采用 2（媒体来源：新闻机构 vs 辟谣平台）×2（行动主体：专业人员 vs 网络用户）×2（新闻真实性：真 vs 假）的混合设计。其中前两项为被试间因素，第三项为被试内因素。经过 G＊Power 软件测算，在统计效力为 0.95 的情况下，该混合设计所需最小样本量为 400，本研究达到了最低样本量的基本要求。

在同意参与研究后，被试者首先完成一份基准调查（baseline survey），测量他们的新闻使用偏好和国际政治知识水平。之后，被试者被告知，我们将向其展示一组网络新闻，并在每条新闻标题后询问其几个问题。此处，被试者被随机分入基于事实核查的媒体来源与行动主体而形成的四个实验组之一。他们以随机的顺序先后阅读 8 条国际新闻标题。标题全部选自公开的中文事实核查报道，并以其惯有的问句形式出现，以凸显新闻内容的不确定性（如"韩国成为日本公民流出主要目的地之一？""加拿大清查境外购房者资金来源？"）。8 条新闻标题中 4 条为真、4 条为假。三位作者在数字新闻领域较具影响力和代表性的新闻机构与辟谣平台中各选 4 家作为实验刺激物中出现的事实核查的媒体来源。其中，新闻机构组的新闻标题分别源自南风窗、澎湃新闻、新京报和观察者网 4 家机构

媒体；辟谣平台组的标题由腾讯较真辟谣、头条辟谣、微博辟谣和百度辟谣4家平台账号发布。每条新闻标题由三项元素组成：一个问句形式的标题、一张新闻配图以及顶部出现的相应媒体来源的标识。每条标题以截图的形式呈现给被试者。针对每条标题，被试者就其是否看到过这则消息，为消息点赞、转发和阅读全文的可能性，以及对新闻准确度的判断依次做出回答。

接下来，被试者被告知我们将向其展示针对这则新闻的准确性所做的核查，他们需要在阅读事实核查后再次回答几个与之相关的问题。每则事实核查长约180字，内容选编自已被权威来源验证并报道的新闻，包括事实性证据和据此做出的"真"或"假"的验证结论。"专业人员"组的核查显示由相应新闻机构的记者或平台官方团队执行完成，"网络用户"组的核查则显示由该媒体来源的某位网友提供。四个实验组的被试者所接触的事实核查的内容完全一致，差别仅在于发布核查的媒体来源和具体从事核查工作的执行者身份。[1]事实核查阅读完毕后，被试者需要就其对新闻真实性的判断和转发意愿再次做出报告。调查同时包括被试者的社会人口特征、知识水平、思维模式以及对事实核查的使用和态度等一系列相关问题。

（二）变量测量

1. 因变量

新闻真实性判断。被试者在阅读每条新闻标题后被要求对其事实准确度打分："据您所知，这则消息在事实上有多准确？"（1＝完全不准确，10＝十分准确）。被试者在阅读过核查信息后使用相同的量表，根据核查信息，对新闻的准确度再次打分。重复测量的目的在于帮助我们对被试者阅读事实核查前后就新闻准确度的主观评价做出比较。完成第二次打分后，被试者被要求对原始报道的真实性做出总体判断（1＝真实，0＝不真

---

[1]　由于篇幅所限，文章未完整显示新闻标题与事实核查的具体内容，感兴趣的读者可向作者索要。

实）。如果被试者判定真新闻"真实"或者假新闻"不真实"，表明他们的判断准确。我们依据每位被试者做出准确判断的百分比，计算了他们识别新闻真伪的准确率。

新闻分享意愿。同样，在接触事实核查前后，被试者采用 7 点量表（1 = 完全不可能，7 = 极其可能），回答下列问题："如果在网上（再次）遇到这则新闻，您在多大程度上会把它转发给他人？"

2. 控制变量

新闻熟悉程度。阅读过每条新闻标题后，被试者对其是否"在此前看到过或听说过这则消息"（1 = 有，2 = 没有，3 = 不确定）做出回答。

认知反思测试（CRT）。我们使用了 Frederick（2005）和 Oppenheimer（2016）两个版本共 7 项的 CRT 测试题目。每个问题的答案被编码为 1（正确）或 0（错误）。正确答案求和汇总成一个总指数，分值越高，表明被试者展开分析性思考的倾向越大（$M = 3.85$，$SD = 1.92$，$\alpha = .69$）。

事实核查观。被试者完成所有的实验测试后，首先回答 3 个有关其事实核查使用与态度的问题。其中，熟悉度的测量问题是："您对事实核查有多熟悉？"（1 = 非常不熟悉，7 = 非常熟悉）；使用频率的问题为："您多久访问一次事实核查网站（如澎湃明查、腾讯较真等），以了解关心的新闻消息是否准确？"（0 = 从不，6 = 经常）；好感度通过如下问题测量："您认为我国新闻界目前开展的事实核查的数量如何？"（1 = 数量过多，2 = 数量合适，3 = 数量较少，9 = 不知道）。

社会人口变量。除去以上变量，我们在分析中还控制了以下社会人口学特征：年龄、性别、教育程度、家庭月收入。

（三）统计分析方法

首先，本文就人们接触事实核查前后对新闻的真实性判断和分享意愿展开描述性分析，以此对事实核查在多大程度上有望改变人们基于假新闻形成的错误观念做出整体呈现。在此基础上，我们通过双因素方差分析（two-way ANOVA），初步检验事实核查的媒体来源和行动主体对新闻真实性判断和分享意愿的影响效果。

在本文的主体分析部分，我们充分利用重复测量设计和多变量控制的统计功效，通过估测一组多层线性模型（multilevel linear models）将分析的重点转向横跨新闻标题和个体层面的诸多因素，考察其如何构成事实核查产生效果的经验条件，如何共同作用于人们对于新闻的准确度判断及转发分享的行为趋向。

六、研究结果

在正式检验研究假设之前，我们先进行了随机化和操纵检验。首先，4个条件组的被试者在社会人口特征、国际政治知识和新闻使用偏好等方面均不存在显著差异，表明随机化成功。其次，操纵检验结果显示，与辟谣平台作为核查的媒体来源相比，新闻机构组的被试者更倾向于指认其接触的核查新闻不是由微博、微信、百度和"今日头条"等平台客户端所发布［χ^2（1，$N = 484$）$= 8.92$，$p < .01$］；专业人员组的被试者更倾向于认定事实核查由记者或专业团队所完成［χ^2（1，$N = 484$）$= 8.84$，$p < .01$］。综合以上检测结果，两项实验要素的操控有效。

（一）对于事实核查影响效果的初步分析

在对被试接触事实核查前后就新闻准确度给出的评分加以比较后，我们观察到，事实核查显著降低了人们对假新闻误以为真的判断［$M_前 = 5.41$，$SD = 1.88$，$M_后 = 5.12$，$SD = 2.04$，t（507）$= 4.27$，$p < .001$，Cohen's $d = .10$］，同时也显著提升了他们对真实报道的真实度判断［$M_前 = 5.68$，$SD = 1.94$，$M_后 = 6.14$，$SD = 1.82$，t（507）$= -7.92$，$p < .001$，Cohen's $d = -.19$］。H1a 和 H1b 得到初步支持。

新闻真实性判断可能进一步转化为分享意愿。被试者接触事实核查后表现出更高的新闻转发意愿［$M_前 = 3.50$，$SD = 1.48$，$M_后 = 3.66$，$SD = 1.36$，t（507）$= -3.94$，$p < .001$，Cohen's $d = .18$］，尤其是针对真实

新闻的转发意愿显著提升［$M_\text{前} = 3.54$，$SD = 1.51$，$M_\text{后} = 3.93$，$SD = 1.45$，$t(507) = -8.20$，$p < .001$，Cohen's $d = .36$］，H1b 得到进一步验证。虽然人们对假新闻的转发意愿在事实核查后略有降低，但没有达到统计显著的水平［$M_\text{前} = 3.47$，$SD = 1.56$，$M_\text{后} = 3.40$，$SD = 1.53$，$t(507) = 1.33$，ns］，H1a 仅得到部分支持。

在描述性分析的基础上，我们进而通过双因素方差分析考察了事实核查的媒体来源和行动主体对新闻真实性判断和分享意愿的影响效果。结果显示，媒体来源对新闻真实性判断的准确率具有显著的主效应［$F(1, 508) = 3.94$，$p < .05$，$\eta^2 = .01$］：新闻机构发布的事实核查（$M = 63.62\%$，$SD = 21.10\%$）比平台辟谣（$M = 60.02\%$，$SD = 17.12\%$）能够更有效地提高人们判断新闻真伪的准确率。媒体来源和行动主体无论对于被试者的新闻准确度评价还是分享意愿，均未显示出显著的主效应或交互效应。

（二）预测新闻准确度评价和分享意愿的多层线性模型

本文主体部分的分析重点在于考察媒体来源和行动主体如何与一些新闻内部特征，如新闻自身的真实性相互作用，共同影响人们的新闻感知和分享意愿。表 1 报告了针对这两个结果变量的线性混合效果模型结果。在每个模型中，我们控制了被试者的分析性思维倾向、事实核查观的不同面向和社会人口特征，以及新闻标题层面的接触经验。重点关注的预测变量即实验因素包括新闻标题层面的新闻真实性，以及个体触及的事实核查在媒体来源和行动主体上的差异。在主效应之外，我们在模型中纳入了三组二阶交互项，以评估新闻真实性对媒体来源和核查主体，以及后两者之间的调节作用。被试者对每条标题的准确度评分进而作为自变量被纳入模型二，以此反映个体的新闻真实性信念构成其新闻使用行为的基础这一逻辑（Van Bavel et al.，2021）。

表 1　预测新闻准确度评价和分享意愿的混合效果模型

	模型一 新闻准确度评价	模型二 新闻分享意愿
层次 1（$N=503$）：标题层次固定效应		
新闻真实性（1＝真实）	.71（.10）***	.07（.05）
曾听说过该新闻（1＝是）	.45（.07）***	.13（.04）**
层次 2（$N=4024$）：个体层次固定效应		
媒体来源（0＝辟谣平台，1＝新闻机构）	.12（.17）	.05（.11）
核查主体（0＝网络用户，1＝专业人员）	−.01（.17）	−.00（.11）
准确度评价	—	.32（.01）***
分析性思维（CRT）	−.11（.03）***	−.05（.02）**
对事实核查的熟悉度	.15（.05）**	.30（.03）***
使用事实核查的频率	.10（.05）*	.19（.03）***
对事实核查的好感度	2.10（.19）***	.55（.13）***
交互效应		
媒体来源 ＊ 新闻真实性	.25（.12）*	.13（.06）*
核查主体 ＊ 新闻真实性	.38（.12）***	.15（.06）*
媒体来源 ＊ 核查主体	−.22（.23）	−.02（.15）
随机效应的方差		
截距	1.19（.10）***	.54（.04）***
χ^2（M1：$df=17$；M2：$df=18$）	699.03***	2434.79***

注：两个模型均为线性混合效果模型，采用限制性最大似然法（REML）估测，表格中为非标准化回归系数。括号内为标准误差。控制变量未在表格中出现，包括年龄、性别、教育程度、家庭收入、新闻机构可信度和平台媒体可信度。* $p<.05$. ** $p<.01$. *** $p<.001$.

　　首先，来看模型一的结果，个体的事实核查观以及新闻自身的真实性具有最为稳定的预测力。其中，对事实核查越熟悉（$B=.15$，$SE=.05$，$p<.01$）、使用越频繁（$B=.10$，$SE=.05$，$p<.05$）、好感度越高（$B=2.1$，$SE=.19$，$p<.001$）的被试者，越倾向于在阅读事实核查后给予新闻内容以更高的准确度评价。其次，印证描述性分析的结论，事实核查有助于提

升人们对真实新闻的准确度评价，同时降低他们误判虚假新闻为真的可能（$B = .71$, $SE = .10$, $p < .001$）。最后，虽然事实核查的媒体来源和行动主体对新闻准确度评分的影响效果未达到统计显著的水平，两者之间似乎也不存在交互作用（RQ3），但它们对准确度评价的影响效果均受到新闻真实性的调节。

　　具体而言，如图 1 所示，新闻机构和辟谣平台发布的事实核查在影响公众对于假新闻的准确度评价方面效果相当（H2b），两者间的效果差异主要体现在，源自新闻机构的事实核查对提升真实新闻的准确度评判具有更为显著的正向效果（$B = .25$, $SE = .13$, $p < .05$）（H2a）。与之相应，作为行动主体的专业核查者与普通用户相比，在降低人们误信假新闻方面并不具有明显优势（H3b），前者更显见的影响在于显著提升了人们对于真实新闻的准确度评判（$B = .38$, $SE = .12$, $p < .001$）（H3a，见图 2）。

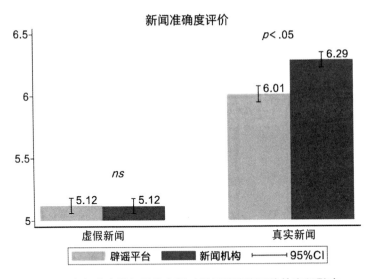

图 1　新闻真实性与媒体来源对新闻准确度评价的交互影响

　　接下来，我们转向有关新闻分享意愿的估测模型。如表 1 中模型二所示，人们更愿意分享他们曾经听说过（$B = .13$, $SE = .04$, $p < .01$）或者自认为准确的新闻（$B = .32$, $SE = .01$, $p < .001$）。对事实核查的熟悉度（$B = .30$, $SE = .03$, $p < .01$）、使用频率（$B = .19$, $SE = .03$, $p < .001$）和好感度（$B = .55$, $SE = .13$, $p < .001$）同样有助于提高人们

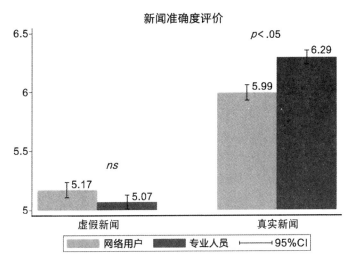

图 2　新闻真实性与核查主体对新闻准确度评价的交互影响

转发新闻的意愿。针对事实核查的媒体来源和行动主体，我们仍未观察到任何统计显著的主效应（RQ1 和 RQ2）或交互效应（RQ3），但它们对于新闻分享的影响效果再次受到新闻真实性的调节（$B = .13, .15, SE = .06, p < .05$）：和二者对新闻准确度评价的影响趋势相一致，媒体来源与核查主体对新闻分享意愿的影响主要体现在由新闻媒体发布、专业人员完成的事实核查能够更为显著地提升人们转发真实新闻的意愿（见图 3、4）。

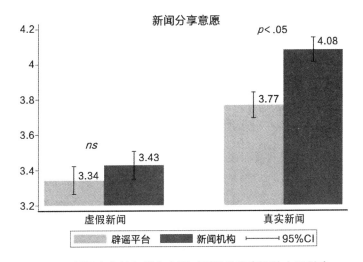

图 3　新闻真实性与媒体来源对新闻分享意愿的交互影响

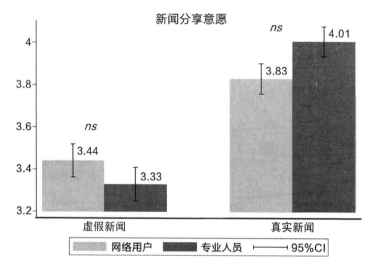

图 4　新闻真实性与核查主体对新闻分享意愿的交互影响

七、结论与讨论

不同于欧美国家以新闻媒体和职业记者等专业核查机构与核查人员为主的运作机制，辟谣平台和网络用户在中国的事实核查实践中扮演着重要角色。本文将事实核查视为一种新闻创新，聚焦它进入中国发展后在媒体来源和行动主体方面表现出的多元化特点，通过一项在线调查实验，检验这些多元的因素如何共同构成事实核查有效运行的经验条件，以最终改变公众对虚假新闻的错误判断和分享意愿。

我们首先观察到，如研究者与实践者所期待的那样，事实核查具有"辨伪""识真"的可能：接触事实核查能够显著降低人们对假新闻误以为真的判断（H1a），同时提升他们对真新闻的准确度感知（H1b）。双因素方差分析的结果显示，新闻机构发布的事实核查可能提高人们辨别新闻真伪的准确率。与其对新闻的真实性判断相呼应，人们在接触事实核查后表现出更高的新闻转发意愿，对真新闻尤为如此（H1b）。尽管有研究显示，纠错信息难以完全消除虚假信息对人们的影响，进而令信息接触者的态度

和观念恢复到未接触假消息之前的水平（Ecker et al.，2014；　Walter &
Tukachinsky，2019），但本研究结果则表明，事实核查至少呈现出纠正错
误观念、夯实准确认知的短期效果，可能成为新闻业帮助公众应对信息污
染的干预措施。如何将这些认知层面的短期效应转化为长期效果，乃至进
一步推动公众转变其由于接触假新闻而形成的深层态度，值得后续研究予
以关注。

　　其次，媒体来源或行动主体不足以单独构成转变公众判断和行为意愿
的事实核查要件，两者之间也未呈现出任何可观察到的相互影响
（RQ3）。虽然我们无法确定这种"无效果"的出现是源自实验假象，抑或
反映了现实中的无效果，但一种可能性的推断是，事实核查在中国属于新
生现象，公众对它尚未形成稳定的认知和态度。这从我们的数据中可以得
到印证： 单样本 t 检验的结果表明，被试对于事实核查无论在熟悉程度
[$M = 4.06$，　$SD = 1.55$，　$t（507）= .89$，ns] 还是使用频率 [$M =
4.09$，　$SD = 1.54$，　$t（507）= 1.36$，　ns] 上的得分均未显著有别于量表
的中点。对中国公众而言，官方或者平台辟谣是一种更为常见的公共信息
"纠错"方式，辟谣的特点在于重结论而轻论证过程。习惯于辟谣的受众
对新闻真伪的判定结论也许比对验证由谁发布以及结论由谁做出更为敏
感。这可能部分地解释了为何事实核查的媒体来源或行动主体是谁似乎并
不影响人们对新闻的事实准确度判断和分享意愿。当然在缺少直接数据支
持的情况下，这种解释仍然只是一种猜测，有待未来研究加以检验。

　　然而我们观察到，媒体来源和行动主体的影响效果受到新闻自身真实
性的制约。通过事实核查"辨伪识真"，尤其在开展"识真"式核查的情况
下，新闻机构和专业核查者的"官宣"拥有较辟谣平台和普通用户而言更
佳的核查效果，能够更为显著地提升公众对真实新闻的准确度感知（H2a
和 H3a）和转发意愿（RQ1 和 RQ2）。从这些研究结果来看，面对嘈杂的
网络信息生态环境，新闻机构与专业核查者在负责向公众确证新闻真实性
方面具有独特的优势。从这个意义上说，事实核查有望成为当下专业新闻
媒体一种可为的创新实践，为媒体凭借自身独特的体制内资源创造公共性

回报提供可能。这一研究结论更是呼唤我们正视新闻业当以何种姿态投入创新实验——尊重事实、讲求证据，基于开放、透明的逻辑论证为公众揭示真相，提供高品质的核查报道，是专业新闻组织及个人不仅发起并参与事实核查，并且使其创新实践能够获得可持续发展的根本保证。这对我国大多数尚未步入事实核查领域的新闻媒体和职业新闻工作者来说，既发出一份沉甸甸的警示，也意味着一个新的机遇。一个延伸的观察是，与既有研究多集中于探究事实核查的"纠偏"效果相比，以上有关"识真"效果的观察显示出基于中国语境的核查创新有可能对现有的事实核查研究进行内容填补，甚至予以边界拓展的地方。

　　本研究的局限在于，为了聚焦媒体来源与行动主体的核查效果，本文控制了核查信息的内容与文本形式。这样的处理方式以丧失部分实验现实性为代价，实现了对于核心变量的操纵。举例来说，现实中公众参与事实查证多通过举报或举证的方式实现，鲜以本研究设计中采用的论证形式出现。语言风格及文本形式上的不同，也许恰恰构成了用户与专业核查者从事事实核查活动的一项重要差异。当然，现实中少有的实践形式并不意味着未来不会出现，也不表明公众不可能以论证—说理的风格参与事实核查。至少从本文的研究结果来看，以网络平台为来源、以普通用户为主体完成的"辨伪"式事实核查，在纠正公众的错误观念及降低其分享假新闻的意愿等方面并不逊色于职业新闻组织和从业者。事实上，本文认为，平台的直接卷入和广泛的公众参与都是令事实核查在当下中国具有创新意义的元素，它们和新闻媒体及职业核查者所主导的实践活动共同构成中国事实核查版图上不可分割的一部分。研究者可以进一步思考的问题是，如何在推动专业新闻机构以更大规模采纳事实核查的同时，将平台辟谣的"辨伪"功能充分纳入网络虚假信息治理的空间？网络平台如何借助专业核查者的力量以提升自身在"识真"领域的潜能？这些问题关系到如何通过丰富事实核查创新的多元性和理性程度，以更好地实现其服务公共利益的价值与使命。它们均有待未来更多的实践和研究加以确认。作为一项探索性研究，本文为事实核查的研究者及实践者提供了一个审视这一具有创新意涵的新闻实践的可能视角，不仅有望帮助我们更好地理解它在中国落地生根的过程中，以何种形态样貌出现才可能更为有效地实现其探寻真相、呈现事实的目标和初衷，同时也为我们深入探究并着手从事事实核查拓宽了一些想象的空间。■

参考文献

比尔·科瓦奇，汤姆·罗森斯蒂尔（2011/2014）。《真相：信息超载时代如何知道该相信什么》（陆佳怡，孙志刚译，刘海龙校）。北京：中国人民大学出版社。

李艳红，刘佳诺（2022）。人们为什么相信假新闻：对"假新闻信念"的认知心理学解释。《新闻界》，（8），14-26。

刘鹏（2019）。用户新闻学：新传播格局下新闻学开启的另一扇门。《新闻与传播研究》，（2），5-18。

刘鹏（2020）。"全世界都在说"：新冠疫情中的用户新闻生产研究。《国际新闻界》，（9），62-84。

陆晔，周睿鸣（2016）。"液态"的新闻业：新传播形态与新闻专业主义再思考——以澎湃新闻"东方之星"长江沉船事故报道为个案。《新闻与传播研究》，（7），24-46。

马得勇（2018）。"匹配效应"：政治谣言的心理及意识形态根源。《政治学研究》，（05），54-66。

闫文捷（2012）。网络时代重谈媒体评价：传统媒体与互联网、网民与非网民之间的比较。《新闻大学》，（6），20-30。

闫文捷，刘于思，周睿鸣（2022）。从"核查什么"到"谁来核查"：事实核查的边界协商及其规范性愿景。《全球传媒学刊》，（9），156-174。

杨保军（2013）。"共"时代的开创——试论新闻传播主体"三元"类型结构形成的新闻学意义。《新闻记者》，（12），32-41。

中国互联网络信息中心（CNNIC）。第49次《中国互联网络发展状况统计报告》。检索于 http://www.cnnic.net.cn/NMediaFile/old_attach/P020220721404263787858.pdf。

周睿鸣，刘于思（2017）。客观事实已经无效了吗？——"后真相"语境下事实查验的发展、效果与未来。《新闻记者》，（1），36-44。

Adair，B.，& Thakore，I.（2015）. Fact-checking census finds continued growth around the world. Duke Reporters' Lab. Retrieved from https://reporterslab.org/fact-checking-census-finds-growth-around-world/.

Barthel，M.，Mitchell，A.，& Holcomb，J.（2016）. Many Americans believe fake news is sowing confusion. Pew Research Center. Retrieved from https: //www. journalism. org/2016/12/15/ many-americans-believe-fake-news-is-sowing-confusion/.

Bode, L. , & Vraga, E. K. (2018). See something, say something: Correction of global health misinformation on social media. Health Communication, 33(9), 1131-1140.

Bond Jr, C. F. , & DePaulo, B. M. (2006). Accuracy of deception judgments. Personality and Social Psychology Review, 10(3), 214-234.

Brandtzaeg, P. B. , Følstad, A. , & Chaparro Domínguez, M. Á. (2018). How journalists and social media users perceive online fact-checking and verification services. Journalism Practice, 12 (9), 1109-1129.

Chen, S. , Duckworth, K. , & Chaiken, S. (1999). Motivated heuristic and systematic processing. Psychological Inquiry, 10(1), 44-49.

Chung, M. , & Kim, N. (2021). When I learn the news is false: How fact-checking information stems the spread of fake news via third-person perception. Human Communication Research, 47 (1), 1-24.

Clayton, K. , Blair, S. , Busam, J. A. , Forstner, S. , Glance, J. , Green, G. , . . . & Nyhan, B. (2020). Real solutions for fake news? Measuring the effectiveness of general warnings and fact-check tags in reducing belief in false stories on social media. Political Behavior, 42(4), 1073-1095.

Coddington, M. , Molyneux, L. , & Lawrence, R. G. (2014). Fact checking the campaign: How political reporters use Twitter to set the record straight (or not). The International Journal of Press/Politics, 19(4), 391-409.

Ecker, U. K. , Lewandowsky, S. , Fenton, O. , & Martin, K. (2014). Do people keep believing because they want to? Preexisting attitudes and the continued influence of misinformation. Memory & Cognition, 42, 292-304. DOI: 10. 3758/s13421-013-0358-x.

Elizabeth, J. (2014). Who are you calling a fact checker? American Press Institute. Retrieved from https: //www. americanpressinstitute. org/fact-checking-project/fact-checker-definition/.

Graves, L. (2018). Boundaries not drawn: Mapping the institutional roots of the global fact-checking movement. Journalism Studies, 19(5), 613-631.

Graves, L. , Nyhan, B. , & Reifler, J. (2016). Understanding innovations in journalistic practice: A field experiment examining motivations for fact-checking. Journal of Communication, 66, 102-138. DOI: 10. 1111/jcom. 12198.

Hermida, A. (2012). Tweets and truth: Journalism as a discipline of collaborative verification. Journalism Practice, 6(5-6), 659-668.

Ho, S. S. , Chuah, A. S. , Kim, N. , & Tandoc Jr, E. C. (2022). Fake news, real risks: How online discussion and sources of fact-check influence public risk perceptions toward nuclear energy. Risk Analysis，42(11)，1-15. DOI：10. 1111/risa. 13980.

Lawrence，R. G.，Radcliffe，D.，& Schmidt，T. R.（2018）. Practicing engagement：Participatory journalism in the Web 2. 0 era. Journalism Practice，12(10)，1220-1240.

Levine，T. R.（2014）. Truth-default theory（TDT）：A theory of human deception and deception detection. Journal of Language and Social Psychology，33，378 - 392. DOI：10. 1177/0261927X14535916.

Levine，T. R.，Park，H. S.，& McCornack，S. A.（1999）. Accuracy in detecting truths and lies：Documenting the "veracity effect." Communication Monographs，66，125-144. DOI：10. 1080/03637759909376468.

Lewis，S. C.，& Westlund，O.（2015）. Actors，actants，audiences，and activities in cross-media news work：A matrix and a research agenda. Digital Journalism，3 (1)，19-37.

Lu，Z.，Jiang，Y.，Lu，C.，Naaman，M.，& Wigdor，D.（2020，April）. The government's dividend：complex perceptions of social media misinformation in China. In Proceedings of the 2020 CHI Conference on Human Factors in Computing Systems（pp. 1-12）.

Luo，M.，Hancock，J. T.，& Markowitz，D. M.（2020）. Credibility perceptions and detection accuracy of fake news headlines on social media：Effects of truth-bias and endorsement cues. Communication Research，00(0)，1-25. DOI：10. 1177/0093650220921321.

Metzger，M. J.，Flanagin，A. J.，Eyal，K.，Lemus，D. R.，& McCann，R. M.（2003）. Credibility for the 21st century：Integrating perspectives on source，message，and media credibility in the contemporary media environment. Annals of the International Communication Association，27(1)，293-335.

Moore，R. T.（2012）. Multivariate continuous blocking to improve political science experiments. Political Analysis，20(4)，460-479.

Pan，Z.，Yan，W.，Jing，G.，& Zheng，J.（2011）. Exploring structured inequality in Internet use behavior. Asian Journal of Communication，21(2)，116-132.

Pennycook，G.，& Rand，D. G.（2021）. The psychology of fake news. Trends in cognitive sciences，25(5)，388-402.

Pennycook，G.，Epstein，Z.，Mosleh，M.，Arechar，A. A.，Eckles，D.，& Rand，D. G.（2021）. Shifting attention to accuracy can reduce misinformation online. Nature，592(7855)，590-595.

Ries，T. E.，Bersoff，D. M.，Adkins，S.，Armstrong，C.，& Bruening，J.（2018）. Edelman Trust Barometer Global Report. https：//www. edelman. com/trust-barometer.

Scott，M.，& Eddy，M.（2017）. Europe combats a new foe of political stability：fake news. New York Times. Retrieved from https：//www. nytimes. com/2017/02/20/world/europe/europe-combats-a-new-foe-of-political-stability-fake-news. html.

Silverman, C., & Singer-Vine, J. (2016). Most Americans who see fake news believe it, new survey says. BuzzFeed News. Retrieved from https://www.buzzfeednews.com/article/craigsilverman/fake-news-survey .

Spivak, C. (2011). The fact-checking explosion. American Journalism Review, 32, 38-43.

Stepp, C. S. (2009). The quality—control quandary: as newspapers shed copy editors and post more and more unedited stories online, what's the impact on their content? American Journalism Review, 31(2), 42-48.

Tandoc, E. C., Ling, R., & Westlund, O., et al. (2018) Audiences' acts of authentication in the age of fake news: a conceptual framework. New Media & Society, 20(8), 2745-2763.

Thorson, E. (2008). Changing patterns of news consumption and participation: News recommendation engines. Information, Communication & Society, 11(4), 473-489.

Tuchman, G. (1972). Objectivity as strategic ritual: An examination of newsmen's notions of objectivity. American Journal of Sociology, 77(4), 660-679.

Van Bavel, J. J., Harris, E. A., Pärnamets, P., Rathje, S., Doell, K. C., & Tucker, J. A. (2021). Political psychology in the digital (mis) information age: A model of news belief and sharing. Social Issues and Policy Review, 15(1), 84-113.

Vosoughi, S., Roy, D., & Aral, S. (2018). The spread of true and false news online. Science, 359 (6380), 1146-1151.

Walter, N., & Tukachinsky, R. (2019). A meta-analytic examination of the continued influence of misinformation in the face of correction: How powerful is it, why does it happen, and how to stop it? Communication Research, 47(2), 155-177.

Waruwu, B. K., Tandoc Jr, E. C., Duffy, A., Kim, N., & Ling, R. (2021). Telling lies together? Sharing news as a form of social authentication. New Media & Society, 23(9), 2516-2533.

Xie, W., & Zhao, Y. (2014). Is seeing believing? Comparing media credibility of traditional and online media in China. China Media Research, 10(3), 64-73.

作者手记

作为新闻业的一项创新，"事实核查"在过去20余年间蜚声国际，逐渐发展为新闻从业者和主流社会熟知并青睐的新闻实践方式和体裁样式，并由此促成一项跨越全球的新闻专业运动。在这一时代浪潮的推动下，事实核查进入中国，澎湃明查、有据核查等几家专司事实核查的组织机构在2021年前后相继成立，中国事实核查元年自此开启。虽然起步稍晚，但事实核查在中国的发展潜力引人注目：这项新闻业的创新到底具有哪些普遍化及在地化特征，能否提供促进公共话语准确度所必需的事实性基础，并由此在培育知情的公众方面有所作为？凡此种种，都是关注事实核查的研究者必须面对和思考的问题。

真正促成这篇文章的因素大概有以下两个方面。首先，闫文捷受民主商议理论的影响，专注于不同社会场景下的公共参与议题。她的学术发表几乎全部或直接或间接地与民主的参与这一主题相关。无论在西方的多数民主制（majoritarian democracy）还是中国所倡导的社会主义协商民主模式中，社会成员之间具有共同的知识或常识储备（common stock of knowledge），都是他们展开理性交往，形成互动联结，并在此基础上参与社会公共生活所依赖的基本前提。共同储备的常识构成中便包括了社会成员对于政治系统内流转的公共信息哪些为客观事实、如何辨别并判定事实、由谁判别，以及判别过程在方法论和价值观层面所须遵循的标准、程序和规范等诸多方面具有的普遍共识。换言之，推动民主的参与有赖于知情公众（informed public），特别是正确知情的公众（correctly informed public）的广泛存在。也因此，以验证、评判和呈现事实为己任的事实核查成为社会范围内一个宏大的商议系统得以确立并运转所必需的基础部件。关注事实核查也就成为探讨公共参与的题中应有之义。

其次，刘于思和周睿鸣对于比较媒介体制和新闻创新都有丰富的研究积累，二人早在2017年便在《新闻记者》合作发表《客观事实已经无效了吗？——"后真相"语境下事实查验的发展、效果与未来》一文，及时全面地引介事实核查。睿鸣早前的专业记者经历，以及近年来从校园媒体的教学中所积累的实践经验，对我们这个研究小组而言都是宝贵的财富。细水方可长流，我们慢慢地汇聚总结出一些规律性的信息，结合对基于西方经验的文献的阅读，进一步生出更多的好奇，说到底就是如何准确地呈现和评价事实核查在中国的在地化发展。新闻媒体、第三方机构和普通新闻用户遵循一定的认识论和方法论规则，对新闻报道中权威人物的公开宣称及涉及公共利益的信息内容进行事实性核验，已经是国际新闻界的广泛实践。当这种专业化的新闻实践与中国的媒介体制结合后，毫无意外地衍生出一些异质化特征，比如本文所论及的广泛意义下，中国的事实核查在媒体来源、实践主体、新闻选题以及样貌形态等方面均表现出有别于西方事实核查的组合方案。以这一经验现实为观照，再去秉持一个去语境的"事实核查"概念，援引几个文献中的模型框架，最终"发现或印证"几条心理机制，已远不能满足我们的好奇心。

有关事实核查的传播与媒介心理研究在该领域的英文文献中占据了可观的比重，在精细设计的实验或调查基础上提炼出影响核查效果的文本或个体因素，以及核查效果得以发生的微观机制。传播心理的研究无疑非常重要，因为它有望揭示如何可能从超语境的人类普遍性心理着手对假新闻的泛滥做出适当的外部干预。我们三人的合作研究中也不乏取径于此的论作。不过，写作这篇文章的出发点和落脚点均不在此。我们感兴趣的恰恰是把传播心理研究中常被搁置甚或视作先验的情境化和系统性因素问题化，因为这有助于我们准确地理解进入并绑定于中国媒介体制中的事实核查如何在真实世界中具体展开并有所作为等问题。

以上这些是对本文写作前所形成的一些问题意识和想法来源的简单回顾。探讨在地化的事实核查，本文只展示了一个小的经验切口和可能的路径。顺着本文的思路，我们或可将注意力从核查的效果扩展至效果形成所依赖的社会网络（媒介和社会）及体制情境，在多种媒介渠道、组织机构和行动主体之间搭建关联，观察它们如何在结构化的环境中发生互动并由此参与核查行动。而对于事实核查的外部情境及其对核查过程形构力量的考察，也必将涉及事实核查在多元行动者之间的边界划定与协商以及核查的规范性目标等深层次问题。

流量指标意味着什么

——数字时代新闻从业者的劳动控制与自主性研究

■ 余沐芩　宋素红

【本文提要】盛行于互联网商业媒体领域的流量指标，不仅冲击了从业者对专业性的认知，也规训了其劳动过程。本文以"流量"为研究切口，借助劳动过程的理论视角和深度访谈的质化分析方法，进而发现：从业者通过将流量指标内化为对"客观性"和"工作能力"的认知，来接受流量指标在商业化媒体中的合理性。这不仅消解了从业者对流量融入劳动过程的抵制，还让从业者不得不接纳流量指标主导下的业绩考核。而从业者"逆流量化生存"的有限行动策略，在本质上并未赋予其对抗数字化时代流量指标的能力。互联网商业媒体对从业者劳动过程的流量化管理及其潜在风险，无疑对新闻生产的专业标准提出了新的挑战。

一、问题的提出

数字时代大量的新闻从业者以"新闻民工"自居，自嘲式的修辞中反映出知识劳工劳动力贬值的普遍性问题（曹晋，曹茂，2017），虽然从业者所处的工作条件和权力关系不是新闻生产实践的唯一决定因素（Petre，2021：39），但劳动过程中劳动控制、监管和劳动者主体性层面的变化会对新闻生产实践产生重要影响。20世纪90年代"挣工分"的绩效制度塑造劳动形态的机械化和去技术化，从业者运用知识和经验抗争的自主权削减

（夏倩芳，2013），但与掌握渠道资源获取收益和依靠财政拨款的传统媒体机构不同，互联网新闻行业的从业者劳动过程和劳动控制方式也在智能化、数字化和自由化背景下发生转变（王维佳，2021）。已有研究集中探讨平台资本对媒体非正式劳动者的控制（刘战伟等，2022），但作为整体和抽象概念的平台，借助何种方式作为控制的策略则需要进一步探讨。同时，职业新闻记者在数字时代下面临的劳动困境的研究，对于理解新闻行业的观念变迁也富有意义。

数字技术深刻影响了当今全球的新闻生产实践，也推动了新闻业朝向"可量化"方向的发展（Zamith，2018），受众分析数据已经成为当代新闻媒体机构保持竞争力和评价的重要标准（Vu，2014）。相较于前互联网时代基于个人意愿的读者调查，数字时代对用户行为轨迹的实时追踪，促使"想象与近似"的受众向精确受众转变。随着从业者对用户兴趣与需要更加深刻的把握，受众分析数据被用以追逐更大的流量。"流量至上"的标准对媒体商业模式和价值取向层面的冲击成为学术界探讨和批判的对象，同时越来越多的研究开始关注流量指标对新闻编辑室内部组织结构层面的改变，包括从业者个体如何调整日常劳动过程和角色定位以适应无处不在的数据分析要求（Lamot et al.，2021）。对流量的认识仍是一个充满争议性的话题，但不可否认流量指标已成为观察数字时代新闻生产劳动变化的重要视角。

本文聚焦于互联网商业媒体的新闻从业者，将流量视作新闻媒体的一种劳动管理策略，沿着劳动过程的理论脉络，探讨流量指标如何被理解并纳入评价标准，从业者劳动过程中受到怎样的控制以及从业者自主性的行动策略。

二、文献综述与关键理论

（一）劳动过程控制研究：平台劳动与新闻劳动

劳动过程研究旨在揭示微观生产情境中的支配关系，探讨企业内部的技术和控制是劳动过程理论的核心问题，具体又可以划分为两种研究面向：一是以马克思和布雷弗曼为代表，注重宏观经济社会结构下资本管理控制。布雷弗曼在继承马克思对于劳动过程分析基础上提出"局部工人"和"设计与执行分离"的概念，并指出其结果是劳动者在知识技能垄断下的"去技术化"（布雷弗曼，1978：71-72）。二是以布若威等人为代表关注劳动者主体性及意识形态形塑的微观过程研究。布若威等提出劳动者的驯服与甘愿并非依靠强制力的血汗控制，而是被"赶工游戏"的同意机制制造出来（布若威，迈克尔，2008：89）。随着数字技术的迅速发展，大型垄断平台的出现，工业化体系下稳定和长期的雇佣关系的改变带来研究对象的拓展，包括家政工、外卖员、网约车司机、媒体实习生和音乐平台的用户等，对于劳动者的控制研究总结出了"数字控制""情感劳动""理想游戏"等手段。综合来看，目前的研究大多是在布若威"赶工游戏"理论基础上的延续与发展，但与西方社会中国家力量外生于"资本-劳动"的框架不同，社会主义国家的国家力量内嵌于劳动过程的控制之中（王星，2012）。数字技术对生产过程的控制和意识形态对劳动者主体意识的控制并非并行的，以技术之名营造的自由平等的工作氛围本身也具有意识形态的效果，互联网新闻从业者劳动过程中的内在逻辑需要进一步探究。

互联网新闻从业者兼具数字劳工和知识劳工的双重特性，一方面，他们基于新闻业公共性的责任，传播具有社会意义和价值的内容；另一方面，新闻生产流程需要遵循一套专业主义的集体性规范实践，这种独特身份使之区别于平台的一般劳动者，既有对于劳动过程控制的理论不能完全适用于互联网新闻从业者群体。

基于互联网数字技术诞生的"流量"成为新技术条件下新闻影响力的表现形式，"流量逻辑"逐渐成为新闻内容生产的主导（陈昶文，2019），"10万＋"铺设了资本世界的游戏规则，也在一定意义上深刻影响了新闻生产的过程（刘涛，2020），需要我们从流量的角度切入对新闻劳动过程的考察。

（二）数据化的受众：从订阅量到流量

流量（Traffic）是在线媒体中受众访问媒体时的总体活动，主要构成要素包括访问量、独立访客、页面浏览和访问时长等。媒体对受众数据的分析并非新现象，从 20 世纪 30 年代开始，新闻机构借助系统的读者调查、发行量等数据来追踪受众人口统计学特征、兴趣偏好和消费习惯（Beam，1995）。但出于对新闻专业主义理念的坚守和编辑自主权的保护，记者并不信赖受众分析的数据并有意对受众反馈边缘化（Gans，1979）。互联网的发展推动受众数据监测的普遍化，以营利为目的的平台技术公司掌握了海量用户数据资源，媒体依赖平台来获取流量已成为公开的事实。新闻机构超过 80％ 的流量推荐来自 Facebook 和谷歌，其原因主要是平台开始将自己定位于为用户获取新闻内容的载体，媒体也将平台视为走出经济困境的机会（VanNest，2016）。媒体对平台流量的依赖会导致占主导地位的平台算法逻辑对新闻媒体产生"同构"影响，进而导致媒体采用平台的优先级和价值观（Caplan & boyd，2018）。平台化趋势的发展推动"可量化新闻报道"的出现，即转向实时的、个性化和定量化的新闻生产实践（Carlson，2018），也由此带来对从业者表现的评价和薪酬标准的划分。可以看出，流量指标背后是一种让新闻生产合理化和纪律化的力量，数字在新闻业中形成从业者共享的认知体系。针对流量与新闻生产关系的探讨，现有研究集中在受众分析数据如何作用于新闻生产的价值判断、内容质量、组织结构以及从业者的工作惯例等方面，并围绕流量指标对新闻业产生正面或负面影响展开争论。有学者进一步指出，流量驱动策略让记者承担不断加速和无间断的内容生产并处于高压的精神状态中，影响着数字时代新闻从业者的劳动条件（Blanchett Neheli，2018）。Petre（2021）在其新作中将数据分析工具用作观察复杂新闻劳动和生产过程的切口，认为流量工具设计的趣味性和游戏性、指标含义的模糊性制造了从业者的"自愿参与"和沉迷其中，编辑垄断着数据的解释权并形成一种柔性有效的管理策略。但流量指标的含义对不同新闻文化传统和制度背景下的媒体来说有所不同（Christin，2020：20），不同类型的新闻机构内部对于流量指标的应用也很难得出统一的结论，相对而言流量对传统媒体整体影响较小（Meese & Hurcombe，2021）。在记者和编辑角色不断融合的互联网新闻媒体，流量对从业者劳动过程的控制和劳动者自主性之间的复杂关系需要基于本土化的经验现象予以回答。

回顾上述文献可以发现，从马克思以来的研究者重点关注的是劳动过程中的劳动控制问题，无论是马克思指出劳动者在资本家的监督下劳动以满足制造剩余价值的目的，还是布雷弗曼认为劳动过程的去技术化造成劳动者设计与执行的分离，再到布若威揭示无处不在的劳动控制造成自愿服从，都表明控制在劳动过程中的重要性。劳动过程的控制不仅有权利被压制的一面，也有劳动者获得自我认同的一面。既有对平台劳动者的控制研究中，缺乏对于互联网商业媒体从业者劳动过程的独特性和在地性的解释，数字时代下的流量指标不仅影响着新闻内容的质量，也在一定程度上控制着从业者的劳动过程。本文借助劳动过程理论，以流量概念作为切口，尝试探讨和解释互联网商业媒体从业者的劳动控制问题，从而拓宽理论研究的视野并为数字新闻业的发展提供思考。

三、研究方法

本文采用深度访谈的方法，通过滚雪球抽样的方式从 2021 年 7 月到 2022 年 4 月对 20 位互联网新闻从业者进行一对一深度访谈，每次访谈时长约 1 小时，共获得一手访谈资料 10 万字左右。深度访谈具有较大的灵活性和阐释空间，能够帮助研究者捕捉到受访者的主观思想、情绪反应和行为背后的隐含意义，同时在受访者的选取上尽量体现典型性与异质性。本研究中的受访者选取自不同领域的媒体，根据粉丝数量、知名度和社会认可度涵盖从影响力较大到一般等不同层次，年龄从 22～45 岁不等，分别有 8 位男性和 12 位女性。考虑到以商业利益为导向的媒体与流量之间的关系更紧密和复杂，本文的访谈对象"互联网新闻从业者"是指互联网商业媒体中从事一线采编工作的正式员工。出于研究伦理的考虑，所有受访者均使用化名。传统媒体时代常常存在着编辑和记者角色的明确区分，但在互联网商业媒体普通记者和编辑角色越发出现融合的趋势，因此不再单独区分，以下简称为从业者。

四、流量认知：客观性与工作能力的双重面向

面对流量至上引发新闻业负面影响的批评，互联网商业媒体通常不会直接承认重视流量的倾向。目前来看，流量数据分析工具主要来自媒体自行开发和第三方技术支持，收集的数据种类主要分为站内数据和社交媒体平台数据。通常情况下，一家媒体会同时使用几种不同的分析工具并更加关注在平台上的数据表现。然而，流量数字的大小和升降是一回事，数字背后的含义则是另一回事。研究发现，对于不同商业媒体的从业者来说，流量指标所指代的内容呈现出复杂多样的含义，从业者对流量指标的认知和态度不仅能够反映媒体的立场，还影响其在劳动过程中的表现。

（一）客观性的指代

对数字的信赖一方面反映了从业者认为流量指标用以指导新闻报道的可靠性，另一方面折射出他们对受众数据分析具有客观性和理性的价值观。传统媒体时代编辑如何对新闻报道做出判断被认为是一种"黑箱式"的操作，依赖于从业者具有神秘性的内在经验，而流量指标的意义在于能够为管理者提供看似客观的判断依据并免受外界的批评。受访者表示流量指标是内容选题和定位用户的辅助工具，却很少意识到数据反过来对其劳动过程的影响：

流量是可以标准化的东西，没有什么创造性的东西在，如果一篇文章的阅读量和互动量很大，我觉得是一个正向反馈，首先精神上得到很大鼓励，其次也会反思是哪一个点踩对了，大家这么感兴趣，如果流量低了，

下一次选题的时候就会尽量剔除掉类似的选题。我也更加了解我的用户，比如他们是男是女、在哪个地区、年龄有多大。（受访者，XH）

流量肯定是可以帮助我们进行客观判断的，这没有什么疑问吧，因为你的东西就是给用户看的，用户的态度就代表着对你内容质量的认可度。（受访者，QX）

我们在写作的时候不太会去考虑流量，但关键在于部门的方向一直在变，之前出了一期××的专访阅读量很高很成功，领导觉得这个话题可做，但后来发现再也写不出那样的爆款了，很迷茫。（受访者，JY）

流量数字背后细分的用户群体指向的是商业价值，而非公众舆论的影响力。客观性的话语模糊了商业媒体营利的目的，从业者在流量的指挥棒下调整下一篇选题的方向，从新闻价值的仲裁者简化成为用户喜好的数字代言人，领导层根据流量的高低决定媒体目标定位。但以流量数字的上升作为内容成功的信号，并不能保证下一个"10万＋"的可复制性，"受众可能会从娱乐事件中获得对政治价值的反思，但指标可能无法衡量出这种跨领域的影响"（Wang，2017），看似客观的判断标准事实上隐藏着深刻的不确定性：

有时候你的选题可能要采访5个人10个人，你花了1周才写完，而他写了一个没有营养的话题只花了1个小时，最后发现你的点击量只有3万，他的点击量有8万，搁谁都会觉得不舒服和可惜吧。（受访者，YB）

在市场竞争和生存的压力下，流量指标背后的算法和受众在把关过程中扮演着越来越重要的角色，当指标的客观性成为互联网商业媒体内部的文化氛围和评价标准，从业者的情绪随之起伏摇摆，但他们很难意识到所谓客观性的流量指标对自我的规训和控制，反而加深了对自己表现不佳的苛责。

（二）工作能力的象征

获得高流量的意义不仅在于潜在的商业价值，对部分从业者来说也被认为是工作能力体现的衡量标准。"稿件的分数会根据阅读量、互动量浮动，这些评价都是交给用户的，你拿不到好的分数证明你写得不好或者说稿件出了什么问题。"（受访者，FX）将工作能力的评价交给流量指标暗含着从业者对工作产生的认同并不倚赖与工作本身的关系（埃伦·拉佩尔·谢尔，2021：82），而是交给商业媒体机构，但依靠机构创造从业者对于工作能力认定的满足感，也意味着个体对于劳动过程掌控的失败：

> 选题会上很少直接说流量这个词，但在复盘会上哪篇文章表现很好，主编或者领导就会说谁这天数据特别好，然后把数据说出来，再让负责采写和编辑这篇稿子的人讲讲经验，下一次还有没有提升的空间，流量高和流量低的稿子都会点评一下。（受访者，QX）

韦伯指出，现代科学和资本主义将价值和意义的非理性来源合法化，与每一项科学化目标的达成相伴随的是"超越"，这种过程永无止境（马克斯·韦伯，2004：166）。过去衡量新闻报道是否优秀的标准包含更多内在价值，而从业者默认了流量与工作能力挂钩所带来的既是韦伯所描述的对下一个更高流量目标无休止的追随，也塑造了他们工作中对于加班文化妥协或顺从的习惯：

> 媒体这个行业没有人不加班吧，有时候你熬夜到凌晨两点跟自己较劲，想着怎么去组织材料，怎么去遣词造句，才能把它写好，这时候你会觉得这也是个人的成长，不完全只是加班吧，月末再拿到好稿奖的那一刻会感到很值得。（受访者，DL）

从业者心甘情愿献身于高强度的劳动本身并无对错，"感到值得"的"好稿奖"主要由主编或部门领导评定，但"参考的首要指标就是阅读量"（受访者，JY）。流量指标成为商业媒体中一种新的工作伦理，赋予日复一日争分夺秒的劳动过程以价值和意义。齐格蒙特·鲍曼指出，工作伦理改革运动是关于控制和服从的权力斗争（齐格蒙特·鲍曼，2021：16），但对从业者来说，"提高与流量交手的能力"是一场自愿的"蒙召"（埃伦·拉佩尔·谢尔，2021：96），他们并非陷入流量追逐的游戏中获得乐趣，而是将对事业的热爱和成长的期许无意识地嵌入隐蔽的意识形态控制过程中。尽管蒙召者并没有领取更高的薪水，但面临更大的挑战。在"流量等同于工作能力"的话语之下建构起一套以劳动者个人能力为中心的市场理念，从业者面临劳动条件的苛刻和环境的恶化也仅仅是因为工作能力达不到市场需求，遮蔽了本该受到公正对待的劳动权利。

无论是"客观性"的标尺还是"工作能力"的象征，从业者对流量的理解在一定程度上反映出流量标准进入商业媒体建立合理化的过程，但在具体的劳动过程中，商业媒体如何制造出从实践导向到管理方式的一套流量化标准使从业者主动或被动陷入自我循环的境地之中，仍有待进一步讨论。

五、流量何用：劳动过程中的隐性与透明控制

与布若威关注工厂物理空间劳动不同，数字时代商业媒体对从业者的劳动控制既体现在隐性的行业意识形态制造上，促使流量追求形成自由合理的文化氛围，也体现在透明规则制度的订立上，划定工作的标准和职责，二者共同作用加深流量指标对从业者劳动过程的管理。

（一）隐性规训：内容生产中的价值遮蔽

布尔迪厄区分了艺术和文化领域的两种逻辑：一种是基于同行认可和专业声望的自主逻辑，另一种是基于市场成功和外在标准的异质逻辑（Zuckerman，2003）。然而，事实上流量指标被制造成专业性认可和商业性成功兼具的混合逻辑，隐蔽地主导了从业者内容生产的过程，减轻他们对内容价值产生的反思与怀疑。

1. 选题自主：流量目标契合下的悖论

互联网商业媒体常以"探索内容的边界""自由独立的创作"等理念吸引从业者的加入，在无形中将商业利益的实现置换成从业者对于新闻业的情怀梦想、自由书写时代的愿望。与国外许多新闻编辑室中处处充满色彩鲜艳实时滚动着流量数字的电子屏幕不同，大多数受访者表示工作的场所中并没有类似的屏幕，他们不会刻意查看流量，更在乎做好本职工作，但

流量指标编织在从业者寻找选题、制作标题和如何推送的每一个环节中：

　　流量和内容质量没有什么太大关系吧，我们是做内容的，如果一个写稿的人天天想着流量的问题，那肯定是写不好稿子的，在我们这儿受流量影响比较大的是做运营的同事。（受访者，XH）

　　流量的压力更多是对于整个团队的压力吧，主编需要对数据负责，而不是某一个人。（受访者，QY）

　　从业者试图表明流量对内容的影响很小，但在商业媒体中采编与运营之间的"墙"并非密不透风，运营和内容生产虽然是两班人马，但稿件数据的好坏却是公开的。受访者 DL 表示："我们会跟运营有一些合作，比如他们会告诉我们现在主要在推哪个方面的话题。"尽管数据表现的压力看似是由整个团队共同承担，但负责内容生产的从业者仍须在流量指标的导向下把握和调整选题方向。相对于主流媒体在新闻报道中更加严格的规定，商业媒体为从业者提供自主独立写作的空间，赋予他们对劳动过程的相对控制权，但"自主"的前提是与商业媒体流量目标的契合：

　　平时会看看微博、小红书还有其他平台的热搜榜来寻找选题，大家都这样做，比较节省时间。（受访者，YB）

　　努力与流量划清界限的同时，从业者也呈现出一种自主性悖论。在热搜榜上寻找新闻话题被视为一种常规操作，但热搜榜背后是用户的点击量和关注度：一方面从业者希望能够免于外部因素的压力自由写作，另一方面又依靠数据指标帮助他们判断什么样的新闻值得做，结果反而加深了流量指标对从业者寻找选题的控制。

2. 观点自洽：标榜原创深度的欺骗

　　数字传播时代免费模式和补贴模式带来的赢利方式逐渐式微，互联网商业媒体更加强调做好优质内容。商业媒体将对流量的追求代替为原创深度观点的生产，给从业者的创意性劳动涂上虚幻的美学色彩，所谓的原创深度观点更多体现为新闻价值和流量思维的巧妙融合。正如文森特·莫斯可认为，这一类高端优雅和具有使命感的工作，成为少数人的特权和精英阶层特有的标志（文森特·莫斯可，2014：207-212）。从业者在商业媒体的渲染之下，倾向于劳动带来"内在满足"的愉悦体验，转向对于隐含着流量意识形态的写作规则认同：

> 那种很 Low 很营销风格的内容我们是看不上的，主编常常跟我们说，要有观点输出和立场表达，其实就是能够更好地调动情绪，如果你整篇文章只是这个事件的叙述总结，大家看了肯定也不想转发，点进去也没什么感受，你必须能给到你的粉丝刺激，比如说成功引战，让他们留言点赞，也可以提高数据。（受访者，FQ）

> 开会的时候领导会和我们强调不要做流量王国的奴隶，不要用八卦小报的方式追求流量，更期待和被认同的是你能创造出经典的流行热词，带领一个热点话题。（受访者，QX）

互联网商业媒体并不会赤裸裸地用流量数据告诉从业者应当生产什么样的内容，而是将流量的追求隐藏在鼓吹内容的"实验性"和"先驱性"的修辞中。从业者告别低俗博眼球的内容风格转向更具原创性的观点输出，但观点中常常包含制造对立和引领话题的策略性商业诉求，"在传播中获得流量"和"以流量为目的"的矛盾被无形中规避。不追求流量的标榜实则是为了拓宽受众面，以长期收割更大的流量。商业媒体促使从业者更多凸显观点的自洽而非内容的客观，在一定程度上强化了流量逻辑对其劳动过程的管理。

3. 形式中立：劳动商品化思维的隐藏

商业媒体通过对文章标题、配图等形式上的包装以期获得更大流量的做法并不新鲜，大多数从业者将新闻内容和形式分开对待，认为"好的产品就需要好的推广"，为了提升流量而对新闻内容进行包装成为一种普遍的行业共识，推动从业者将新闻的商品化转向视作理所当然：

> 你们看到的只是一篇新闻报道，但其实对我们来说每一个环节都像是产品生产一样，标题、配图和引入的话都十分关键，做好这些都能很好地扩大新闻价值。就好比你去超市买菜，包装漂亮的肯定愿意买的人就多。（受访者，JD）

从业者把对点击量的优化过渡到对新闻价值的加强无疑是一种概念偷

换。新闻价值重点强调的是事实的内涵能够在多大程度上引起受众普遍关注的性质。德里达提出"置疑"的概念进一步为数字时代新闻价值的理解给出参考，即不是急着透过辩证确定问题的边界，而是持续思考并暂时搁置（Hansen，2012：678-694），记者不断与读者协商，保持提问的状态，寻找与公众最相关的话题。点击量大的新闻未必是好或重要的新闻，流量数据也只能勾勒出热度趋势的轮廓，事件之间被忽略的联结、社会群体之间的对话则依靠从业者具体漫长的实践，而非商品化思维下的"一锤子买卖"：

> 之前有一篇文章的标题比较平淡，领导觉得打开率不好，后来就改成"她又丑又作，凭什么？"，时间长了你也能感觉到它（所在媒体）并不是真正为女性说话，只是为了媚粉。（受访者，FQ）

新闻形式和传播的选择并不是中立的，历史上文章的排版、布局和格式都塑造着公众的参与（Petre，2021：128）。打造新闻内容被认为与社会责任和公众利益有更紧密的关联，而内容的推送形式仅仅是提高传播力的载体，从业者的专业主义判断并不会因此受到侵扰（Hanusch，2017）。但事实上一种新闻的呈现风格成为行业的标准，其内在规范性的价值和假设也会被视作理所当然。提升内容的传播力是数字时代新闻业的应变之道，但互联网商业媒体为获取流量让新闻内容变得轻松、有趣的包装手段，可能会掩盖真正严肃尖锐的社会问题，而从业者恰恰不能丧失的是如何处理和平衡此种有争议问题的反思。

（二）透明控制：日常管理中的规则订立

商业媒体通过话语的裁剪和氛围的营造让从业者建立起选题自主、内容独创和形式中立的认同，消解了对流量融入劳动过程中的反抗，这一过程体现出互联网商业媒体制造出"流量同意"进入劳动过程中的隐蔽性，从业者在自愿与无意识中接受作为意识形态的流量指标管理。除此之外，与之并存的是内部调节机制的构建，如通过绩效机制、晋升淘汰机制和弹性工作机制等，在透明的标准之下实现对从业者的劳动控制。

1. 浮动的天花板：绩效考核的去标准化和不确定性

互联网商业媒体采用基于流量指标的绩效考核制度具有去标准化和不确定性的特征。20 世纪 90 年代市场化改革时期，媒体按照见报量考核采编人员，写稿篇数和长度决定报酬的考核和分配方式，造成记者为"挣工分"而拼命赶工。计流量考核的制度，则基于阅读量、点赞量和转发量等标准来衡量，看似透明公正的运作方式背后实则是商业媒体对于数据考核标准的操纵，从业者在不平等的权力关系之下接受个人劳动的定价：

现在基本按照稿件字数多少给钱的地方越来越少了，或者说写完几篇稿子只是你这个月要达到的基本工作量，但你要想在基本工资以外拿钱，就要看流量，"5 万 +"以上是有效稿件，才会给你稿费，所以经常写废稿。（受访者，HW）

作为评价从业者劳动质量的重要尺度，看似客观的流量指标，通过商业媒体订立的"有效稿件"的标准而去标准化。"5 万 +"流量以下的劳动被定义为无效劳动，因此从业者需要付出比传统计件制考核更多的额外劳动。以流量指标作为薪酬管理的标准，表面上看是将权力完全交给用户，用户与从业者建立直接的联系，但谁在解释和定义标准的问题无法回避，隐身幕后的商业媒体依旧在借流量之手实施劳动控制：

每篇稿子都会有一个分数，这个分数是根据你拿到的流量浮动的，无论你一个月写多少稿子，只要你超过了 2000 阅读量，OK，你就安全了。（受访者，FQ）

不断变动的绩效标准成为"浮动的天花板"。依据商业媒体的薪资规定，稿件分数越高能拿到的奖励就越高，但与稿分同时作为考评标准的还有从业者的等级，即同样一篇稿件分数会因为从业者等级的高低而获得差异较大的待遇，从业者等级考核的标准会因其业务能力的提高而不断提高，但怎样评判业务能力却并没有明确的规定。布雷弗曼认为，工厂的"去技术化"通过概念与执行的分离，剥夺工人对生产过程的掌握（郑广怀等，2015），从业者虽然能够在工作的时间、地点和内容上享有一定的自由，但在对劳动成果的定位上仍处于较大的不确定性中，如同受访者 LA

所说:"你和所有人一起努力,并不意味着你能挣得更多,你要和同你一样优秀的人比较才行。"劳动付出与薪酬之间的关系掌握在商业媒体手中。

2. 数字科层制: 淘汰的忧虑与进取的自我

在互联网商业媒体中,绩效考核与晋升淘汰的紧密挂钩是管理者用以激励和控制从业者的重要手段。部分受访者提到末位淘汰的压力促使他们在工作中更加进取努力,而淘汰的一个重要标准就是流量指标。不想掉队的唯一选择就是拼命工作,由于关系到去留问题,从业者即使感到被剥削也不得不默默承受:

我们两个月会看一下你任务完成的情况,主要是看你稿件的阅读量是不是在三端都超过头部,如果你低于公司划的及格线,你就会进入一个复活计划,上面会给你两个月时间进行补救,如果还是没有达到,就会被淘汰。而且对不同记者来说也不一样,普通记者达到及格分可以拿到所有工资,对于等级高一些的人,就只能拿到70%,但如果你超过很多,能拿到很高的奖励。(受访者,NX)

遭到降薪或者解聘的从业者通常会转向对自身的检视,面临"无法给公司带来盈利"的焦虑和对劳动价值无法自证的怀疑中。以流量指标为参考的淘汰机制除了让从业者陷入随时被解聘的风险之中,还在潜移默化中将劳动商品化的观念输送给从业者,即让他们认为劳动力必须转换为利润才有价值,失败的劳动者则没有资格主张其劳动权益:

每次开会领导就会跟我们说这里的晋升渠道是非常完善的,如果你总是能写出爆款,可以先转正,再去当主管,然后是副主编、主编,比如会给你开放接商务稿件的权利,稿酬也会不一样,也让你去参加一些内部培训授课,但你本身的任务也不能落下。(受访者,HW)

流量数据搭建起从业者阶梯式的进步期许。象征着公平透明的流量数据并没有推动互联网商业媒体扁平化架构的完善,反而作为垄断性的生产要素加强了内部垂直化的科层控制逻辑,形成新的"数字科层制"。传统科层组织中权力来自管理者制定的规则,而在数字时代流量数据也参与到从业者晋升体系的构建中,不同级别的从业者根据流量评估获得更多的奖金或更多的学习机会。

3. 模糊的控制：弹性工作制下的常态规范

互联网技术盛行下的弹性工作制本质是工作时间的灵活性和多样性（梁萌，2019）。如果说绩效指标和晋升淘汰规则是在从业者劳动过程中确立规范，那么弹性工作制下相对自由的时间和空间里则体现的是常态规范的控制。福柯认为就生命权力而言，人们不再寻求一个最优模式，而是对常态的不同曲线进行测定，规范化的操作将调整这些常态的不同分布，使最不利的转变为最有利的（福柯，2018：78-79）。规范意味着最有利的常态，常态规范没有确定的内涵，通过调整排除的手段指向良好的运行，规范对象超越个体的身体变成不断流动状态下的群体（郑广怀，范一杰，2021）。从业者无须坐班，在工作时间和空间上具有一定的灵活性和自主性，具体的行为和动作不再被监控，但"弹性"却作为一种模糊可变的概念，在商业媒体整体性目标上不断调整，从业者无法具体确定完成任务的基本边界，不得不投入大量额外的精力和时间：

虽然一般都是快中午才开工，但我其实每天早上 7 点左右就得起来，因为新一天的热点出来了，一边吃早餐一边刷热点，看看有什么合适的赶快综一篇放到头条，晚上 10 点多是流量的高峰，所以你看现在 11 点了我还在写稿。（受访者，YZ）

领导不会直接跟你说加班，我们提倡的是自主、尽责、高产，但开会的时候我们也一直在刷手机，盯着看有哪些热点不能漏，万一你错过了，即使你在开会，你也推托不了，领导追责下来他才不会管你在讨论业务还是在干吗。（受访者，XQ）

常态规范来自从业者本身的参与，他们在无休止的加班和追热点中构建着"弹性"的概念。"尽责"的潜台词意味着如果没有完成任务就是不负责任，在"赶工游戏"中不配合的人将被贴上不正常的标签，并受到资本的矫正，但在常态规范下不能适应"追热点"的人被认为是不安全的，将被淘汰出局，也因此在不断招募和不断解雇下的"零工记者"正在成为数字时代新闻业的重要特征。

六、"逆流量化生存"：有限自主性的行动策略

从业者主动拥抱或被动接受流量作为劳动过程管理的重要标准，呈现出隐形条件附加的内容写作、加速的工作节奏和不固定的工作时间，巨大身心压力之下的从业者也并非完全被动，他们通过自我的主体实践，呈现出不同的行动策略，这些策略在一定程度上是从业者对流量化管理的对抗，但本质上并未赋予他们对抗流量时代的能力。

（一）自我认同：夹缝中的艰难争取

对刚入行的从业者而言，他们一方面希望能在工作中获得经验积累和能力增长，另一方面情感上尽管对以流量指标作为工作完成重要的衡量标准并不认同，但为了适应整体的节奏步伐，构筑起职业的护城河，选择迂回式的主张和寻求心理认可：

我们确实有商业化的追求，但不会完全就是流量怎么大怎么好，会有一个拉扯在里面。比如定稿之前一般会有三个阶段：出方向、出大纲、出稿。我们会在前两个方向上尽量多争取内容上的要求，比如客户非让我们写"躺平"这个话题，我们不想写怎么办？首先就会给对方提供底线标准，表示用一个网络热词撑起一篇文章不行，必须有好的切口和转折。在这个基础上再进行商讨。（受访者，QX）

刚开始来的时候，我也有很大的流量焦虑，后来渐渐就麻木了，因为有时候一篇稿子本身没多少价值，深度上也不够，但它就是突然爆了，甚至作者自己都感到很意外。所以后来大家心态都放平了，觉得只要同行认可就行，互相吐槽或者戏谑地安慰对方没准下次就轮到你中奖了。（受访者，JY）

在与客户博弈的过程中，从业者能够在一定程度上发挥自己的能动性，把握稿件的方向，融入自我的表达和关切，从而在日常流量数据逻辑以外获得一定的心理成就感和自主操作的空间。而从业者相似处境和工作经历带来的不满情绪，能够激发出一种命运共同体的意识，瓦解冰冷的流

量权威。在共识形成和情绪宣泄的集体认同下，从业者逐渐形成对自我工作的认可，得以减轻"追流量"带来的心理压力。

（二）达成共谋：逃避流量压力的技巧

互联网商业媒体中采编和运营的岗位并不是截然分开，在有些情况下甚至一人会身兼采访、编辑和运营数职，在紧迫产出的数字压力之下从业者不会对此产生抵抗和冲突，而是常常采取"数据维护"行为实现个人利益最大化的共谋：

比如这次的目标是需要我们团队在微信公众号上达到 100 万的阅读量，这个时候你可以先投几个真能给到你 30 万阅读量的号，而且又有一定声誉，比如新华社、央视新闻这类。你花了一大半的钱获得了比较真实的数据，剩下的钱就可以投给一些注水账号，买到你需要的流量，其实就是造假，如果没人讲领导也就大概看一眼。（受访者，TS）

我的前同事离职的原因是刷流量被另外一个同事举报了。我们是阅读量 5 万奖励 600 块钱，他把自己那些 4.7 万～4.8 万的稿子买到 5 万，可能花了 100 块，就可以挣差价，没想到做月报的时候被发现了。（受访者，YD）

从业者将工具理性的内涵注入日常的工作实践中，在彼此心照不宣的默契中满足目标的要求和职场的期待，利用规则的漏洞，策略性地维护自己的利益，所谓"数据维护"行为实际指的是从业者为达到一定的流量指标进行的集体或个人数据造假。团队基于集体共同利益达成非正式的结盟，以实现对流量数据压力的逃避，但这种关系又是脆弱和不稳定的，当有人选择追求自己的利益会引发从业者之间的矛盾和不信任，使合作关系面临解散，导致原子化的从业者无法建立起真正有效的协同实践。

（三）跳槽或转行：职业选择的自我调适

当基于媒体机构的流量追求导致从业者的劳动权益不断遭到损害，数据指标成为新闻影响力的重要判断标准，无形中影响着从业者的身份认同和未来职业规划，一些从业者表示"不想再为'10 万＋'打工"，主动选择跳槽或转行，以寻求新的工作环境：

> 我可能还是会去非虚构，比如像谷雨、湃客，这是比较符合我的调性的，在这里每天写的东西感觉特别无聊。（受访者，JY）

转向非虚构写作成为从业者跳出流量枷锁的重要途径，也是实现对新闻特稿理想的一种方式，体现了从业者自主性的发挥。在他们看来，非虚构写作意味着能够书写活生生的人并挖掘日常生活和社会发展的深层次意涵，这种写作需要长时间与所观察的对象接触、熟悉和联结，是"逐流量而生"的热点文章所无法实现的。然而，加入非虚构阵营的从业者也面临着记者身份剥离与作家身份排斥的身份认同困境（刘蒙之，刘战伟，2021）。此外，非虚构写作平台也逐渐纳入商业媒体的传播逻辑，热点选题与受众偏向的衡量依然在影响着内容写作，身处这一行业的从业者自主性发挥十分有限。因此，面对不断被挤压的个人发展空间和时间，离开媒体行业寻求"稳定"成为从业者的另一种选择：

> 可能会出国读个博，也可能会考公务员，总之以后考虑成家了就不会在媒体了，想稳定和想挣钱都没法一直当记者，只能是积累经验。（受访者，LA）

轻薄短小的内容生产让新闻工作逐渐沦为套路化、机械化的简单操作，也印证了布雷弗曼提出的"劳动者均质化"效应（夏倩芳，李婧，2017），随着从业者达到一定年龄需要在家庭与工作间保持平衡，只有选择出走才能逃离流量考核的宿命，表面充满自主性的转行背后实则是从业者难以适应高强度劳动的权宜之计。

七、结语

本文从流量和劳动过程控制的视角切入，探究流量指标如何作为数字时代商业媒体的管理手段控制从业者的劳动过程。以量化的形式对劳动进行评估体现了"数字泰勒主义"在社会生产中的广泛应用，新闻从业者的劳动被纳入国家文化事业的范畴，媒体机构的权威和从业者个人的声望掺杂在劳动过程中，使得这一群体面临的规训和控制更加隐蔽。从业者对流量指标"客观性"和"工作能力"的理解实则是流量"制造同意"的结果，"客观性"和"工作能力"的内化背后是商业媒体的控制手段。为了摆脱困在流量的境地，从业者利用迂回式的自我争取、寻求同行之间的心理认同以及流量造假的共谋，实现自主性的探索，但这种自主性只是为在精细化的数字指令下争取更大的生存空间，大部分从业者既无力对抗也不愿逃脱，在不断的博弈过程中维持着动态的平衡。

与布若威提出"赶工游戏"主要存在于工厂内部的竞争情境不同，本文认为数字时代互联网商业媒体中对从业者的"同意制造"不仅在劳动场所和劳动过程中产生，更来自整个行业的意识形态文化塑造。计流量制下的劳动商品化观念和"客观""工作能力""透明""公正"等话语指代渗透在行业的意识形态之中，制度设计和作为共享文化的流量指标共同结合塑造了从业者的认识，造成从业者的劳动困境，不公正的劳动待遇和受损的劳动权被转化为个人问题，这种隐蔽的剥削更加深入、彻底和难以突破。但仅仅是"剥削-解放"的框架（丁未，2021）往往会失去对现实的解释力，从业者的劳动过程是不断流动循环的过程，充满着合作、共谋、隐忍和逃离等复杂的演绎。

流量指标不仅作为互联网商业媒体的管理手段控制着从业者的劳动过程，也引发流量文化下对于数字时代新闻业的进一步思考。流量数据在很大程度上反映了受众的喜好，对于流量指标的重视体现了传播议题设置的主导权由知识精英过渡到普通大众，也推动了新闻业用户导向的参与式文化兴起，由此提供了构建更为广阔新闻实践空间的可能性，即形成职业与非职业、专家与大众交织互动的新模式。追求"点击"与"分享"是新闻媒体服务于公众兴趣的表现，这在专业正确和商业正确层面无可厚非。

值得注意的是，一旦从业者将流量指标内化为专业标准并接受流量指标的考核，这就意味着数字时代互联网商业媒体生产具有病毒式传播潜力的故事将成为主流。互联网商业媒体以流量为导向的内容生产，无疑对新闻生产的专业标准提出了新的挑战。这或许是当下乃至未来的互联网新闻内容生产需要重点关注并予以深入探讨的问题。■

参考文献

埃伦·拉佩尔·谢尔（2021）。《工作：巨变时代的现状、挑战与未来》（秦晨译）。北京：时代华文书局。

布雷弗曼（1978）。《劳动与垄断资本》（方生等译）。北京：商务印书馆。

布若威，迈克尔（2008）。《制造同意——垄断资本主义劳动过程的变迁》（李荣荣译）。北京：商务印书馆。

曹晋，曹茂（2017）。"新闻民工"修辞的政治经济语境分析。《当代传播》，（6），32-36。

陈昶文（2019）。"流量逻辑"如何影响内容生产？——基于微信公众号的实证考察。《新闻春秋》，（5），13-20。

丁未（2021）。遭遇"平台"：另类数字劳动与新权力装置。《新闻与传播研究》，（10），20-38。

福柯（2018）。《安全，领土与人口》（钱翰，陈晓径译）。上海：上海人民出版社。

梁萌（2019）。弹性工时制何以失效？——互联网企业工作压力机制的理论与实践研究。《社会学评论》，（3），35-49。

刘蒙之，刘战伟（2021）。边缘与游离：非虚构写作者的职业身份认同研究。《媒介批评》，（00），257-279。

刘涛（2020）。融合新闻选题："信息逻辑"与"流量逻辑"的对接。《教育传媒研究》，（1）20-24。

刘战伟，刘蒙之，李媛媛（2022）。从"赶稿游戏"到"老板游戏"：互联网平台中自由撰稿人的劳动控制。《新闻与传播研究》，（1），66-85。

马克斯·韦伯（2004）。《学术与政治》（钱永祥译）。桂林：广西师范大学出版社。

齐格蒙特·鲍曼（2021）。《工作、消费主语和新穷人》（郭楠译）。上海：上海社会科学院出版社。

文森特·莫斯可，凯瑟琳·麦克切尔编（2014）。《信息社会的知识劳工》（曹晋等译）。上海：上海译文出版社。

王维佳，周弘（2021）。流量新闻中的"零工记者"：数字劳动转型与西方新闻记者角色的变迁。《新闻与写作》，（2），14-21。

王星（2012）。西方劳动过程理论及其中国化。《二十一世纪》（双月刊），（2），66-76。

夏倩芳（2013）。"挣工分"的政治：绩效制度下的产品、劳动与新闻人。《现代传播（中国传媒大学学报）》，（9），28-36。

夏倩芳，李婧（2017）。媒体从业者的劳动权困境及其形塑机制。《学术研究》，（4），43-55。

郑广怀，范一杰（2021）。从确立规范到常态规范：监控资本主义时代的劳动控制。《二十一世纪》（双月刊），（10），36-47。

郑广怀，孙慧，万向东（2015）。从"赶工游戏"到"老板游戏"——非正式就业中的劳动控制。《社会学研究》，（3），170-195。

Beam, R. A. (1995). How Newspapers Use Readership Research. Newspaper Research Journal, 16 (2), 28-38.

Blanchett Neheli, N. (2018). News by Numbers: The evolution of analytics in journalism. Digital Journalism, 6(8), 1041-1051.

Caplan, R., & boyd, danah. (2018). Isomorphism through algorithms: Institutional dependencies in the case of Facebook. Big Data & Society, 5(1), 1-12.

Carlson, M. (2018). Confronting Measurable Journalism. Digital Journalism, 6(4), 406-417.

Christin, A. (2020). Metrics at Work. Princeton University Press.

Gans, Herbert J. (1979). Deciding What's News. 1st ed. New York: Pantheon Books.

Hanusch, F. (2017). Web analytics and the functional differentiation of journalism cultures: Individual, organizational and platform-specific influences on newswork. Information, Communication & Society, 20(10), 1571-1586.

Hansen, E. (2012). Aporias of digital journalism. Journalism, 14, 678-694.

Lamot, K., Paulussen, S., & Van Aelst, P. (2021). Do Metrics Drive News Decisions? Political News Journalists' Exposure and Attitudes Toward Web Analytics. Electronic News, 15(1-2), 3-20.

Meese, J., & Hurcombe, E. (2021). Facebook, news media and platform dependency: The institutional impacts of news distribution on social platforms. New Media & Society, 23(8), 2367-2384.

Moyo, D., Mare, A., & Matsilele, T. (2019). Analytics-Driven Journalism? Editorial Metrics and the Reconfiguration of Online News Production Practices in African Newsrooms. Digital Journalism, 7(4), 490-506.

Petre, C. (2021). All the News That's Fit to Click. Princeton University Press.

VanNest, A. (2016). Where is your site traffic coming from? Parse. ly, 14December. Available at: https://blog. parse. ly/post/5194/referral-traffic/.

Vu, H. T. (2014). The online audience as gatekeeper: The influence of reader metrics on news editorial selection. Journalism, 15(8), 1094-1110.

Wang, Q. (2017). Participatory journalism in the Chinese context: Understanding journalism as process in China's participatory culture. Journalism, 18(4), 501-517.

Zamith, R. (2018). Quantified Audiences in News Production: A synthesis and research agenda. Digital Journalism, 6(4), 418-435.

Zuckerman, E. W. (2003). The critical trade-off: Identity assignment and box-office success in the feature film industry. Industrial and Corporate Change, 12(1), 27-67.

作者手记

　　研究工作的展开往往因缘际会，并受到关键人的引领。相较于从既有理论范式出发的研究，《流量指标意味着什么——数字时代新闻从业者的劳动控制与自主性研究》这篇文章的灵感来源于访谈中获得的经验材料。2021年夏天，在我的博士生导师宋素红教授的带领下，我们正进行项目"互联网新闻信息服务人员管理体系研究"的前期准备。第一轮访谈后，我试图勾勒出媒体内部的管理框架，但很快就面临个体经验无法与宏观理论结合的挑战，大而化之的对策建议很难提出关于数字时代新闻媒体内部的新见解。在将访谈资料交给宋老师后，她敏锐地发现大多数访谈者在新闻生产过程、绩效考核与晋升等问题上均提及"流量"的问题，建议可以围绕数字新闻生产中的流量问题做文章。尽管这与项目主题并不完全一致，但宋老师认为这是一个具有学术价值的研究问题，并提醒我要从历史角度阐释流量的"前世今生"，即流量是如何发展而来？流量与传统纸媒时代的订阅量、报网时代的点击量有何区别？

　　项目的研究报告提交后，我们便着手开始推进这一来源于访谈资料中看似"旁逸斜出"的"流量"研究。由于田野工作的结束，我逐渐失去对一线媒体从业者工作的经验质感，写作主题也开始偏离。2021年10月文章初稿粗糙出炉，题目为"'流量时间'——数字时代新闻内容生产与从业者的变奏"，当时保留的文章版本上有宋老师大量的批注，她认为文章还比较散漫，流量、技术和时间几组概念的关系并没有得到合理的阐释，时而谈论流量与技术，时而谈论流量与时间，缺乏明确的问题意识和聚焦。我对导师提出的意见深有同感，经过一个多月的修改，仅仅是形式上变得精致了，但始终没有找到让文章"一剑封喉"的切口，一时间研究陷入困境。放假回家之前，宋老师建议还是要重返调研现场继续访谈，因为文章研究的是媒体行业的现实和前沿问题，只有接近现实才能做出"活"的学问，提高对流量在新闻生产中的理解认识，提升提问的层次。她向我推荐了在媒体工作的一些朋友，借助滚雪球的方法我得以和不同类型的媒体从业者进行交流，并在访谈过程中发现"流量已成为数字时代媒体的劳动管理策略"，遂转变原先流量-时间的写作逻辑，文章再次进入重写阶段。宋老师提醒我要明确文章处理的核心理论问题，并要紧扣中国媒体的特殊性，因此这就有了对于劳动过程理论的改造而非直接套用。在反复讨论与修改过程中，宋老师和我开始意识到流量是如何编织在新闻从业者的认知、内容生产与日常管理，以及媒体整体的意识形态文化塑造中，并逐渐建立起分析的框架。

就我而言，流量问题成为理解数字新闻业的关键切入点，只是我最初的关注重心在当下新闻从业者的表现，因此也很难定位流量在数字新闻业中的角色，宋老师告诉我如果对当前的新闻传播活动一无所知，就无法发现历史中的问题；反之，如果不了解传统报业时代的发行与点击，对流量的认识也会不够深入。这也正是布尔迪厄在《实践与反思》中提及的：研究者至少应该同时研究两个对象，除了他们主攻的研究方向（例如第二帝国时期的一家出版商）外，还应当研究一个与之对应的当代对象（一家巴黎的出版社）。围绕着这篇文章展开的学术讨论也进一步启发了许多值得探索的问题。

正如一位学者所言，"文章付梓时，尤记众功胜己功"。文章从成稿到发表是一个千锤百炼的过程，是作者与审阅人（包括匿名审稿专家、给文章提供建议的师友和编辑）共同努力的结果。文章投给《新闻记者》后，匿名审稿专家提出，文章有丰富的访谈资料和较强的现实意义，但写作思路缺乏聚焦，概念阐述还比较生硬。这让我们意识到，文章的问题意识需要收敛，研究对象也应打磨锋利。后续我们将研究对象从媒体从业者进一步聚焦为互联网商业媒体从业者，并指出研究这一群体兼具知识劳工和数字劳工双重特性，以及商业媒体与流量关系的特殊性和复杂性。

这篇文章虽已完成发表，仍有许多困惑迷思有待解开：第一，中央媒体和地方媒体新闻生产与流量关系的类型化研究；第二，流量与平台、算法等更为具体的勾连分析；第三，流量如何与国家、文化、组织等场域产生互动；第四，如何定义流量在媒体转型发展历史中的角色与意义。期待在未来能将这些尚未完成的思考锤炼成文，呈现给学界和读者。

饮"量"止渴：
传统新闻机构对点击量的在地化"改造"

■ 张 寅

【本文提要】研究从本土社会学的文化视角出发，审视点击量与新闻业的关系。研究发现，传统新闻机构不仅通过虚构自家平台的点击量、"改造"式地解读点击量来维护其原有的面子，还获得了一种数字政绩，但从媒体数字变革的角度而言，这些方法只是"饮鸩止渴"。研究的理论增量在于，对中国本土社会运作极为重要的面子在与新型媒介技术发生碰撞时，新闻室会在面子这一本土文化的作用下处理技术与新闻业的关系，并在地化地"改造"新技术所带来的产物。

一、研究缘起

数字化的媒介技术导致传统新闻机构的新闻生产发生多重改变，深陷危机之中的新闻机构不得不面对数字化生存所带来的现实问题。一种不同于报刊发行量、广播收听率、电视收视率的媒介测量指标——网络流量——成为传统新闻机构十分重视的新闻评价标准。

社会化媒体平台纷纷在其应用界面设置具有可见性的数据指标。除了微信公众号推文下面可见的阅读数，抖音在其播放页面设置的点赞数、评论数、收藏数，新浪微博在其客户端的多个位置设置的多种流量指标外，不少传统新闻机构的新闻网站、客户端也显示阅读数据。新闻生产活动渐渐地形塑了一种"点击文化"（culture of click）（Anderson，2011）。媒体人纷纷追求的"10 万＋"便是很好的佐证。传统媒体常常将这些数据混称为点击量，并以之反映它们的融合传播能力。

作为一种数字化技术的点击量深刻地影响着新闻业务实践。点击量这只"看得见的手"较为强势地将新闻消费者（用户）的偏好作用于新闻生产者，在影响新闻生产上具有较强的统合能力（谢静，2019）。点击量也会限制新闻机构的新闻生产活动，导致"采编人员围着点击量干活"等情况的出现。

诚然，点击量是获取受众数据的网站分析技术产物，在其与传统新闻机构发生碰撞后，新闻业先是抗拒、怀疑，后来逐步将其正常化。不过，中国新闻业对此似乎缺乏批判性的审慎态度，而是将其视为具有创新意义的新闻工作，表现出积极、热情的拥抱态度（白红义，2019）。由此可见，"点击量在传统新闻机构的新闻生产活动中扮演着什么样的角色"成为一个值得探究的问题。

二、文献回顾与核心问题

（一）从技术视角审视点击量与新闻业的关系

对新技术的采纳不仅更新了新闻生产的固有模式（白红义，2018），还使得传统新闻机构与平台新闻业更为紧密地联系在一起。有研究指出，传统新闻机构的新闻生产活动倘若没遵从平台媒体的规则，新闻推送的情况会受到显著影响（Nielsen & Ganter，2018）。从这一角度而言，传统的新闻生产技巧、模式并不一定会在平台媒体的传播上奏效，传统新闻机构的发展受制于平台新闻业的技术逻辑。

虽然纽约时报等具有影响力的媒体在打造自己的平台上取得了成果（常江，何仁亿，2021），但多数媒体在打造新平台上往往效果一般，有些甚至沦为一种面子工程下的"摆设"（张寅，2022），或是放弃自家的新传播渠道，而加入互联网巨头搭建的平台媒体之中（王辰瑶，2018）。无论是哪一种情况，传统新闻机构在"嫁接"数字互联技术以实现媒体融合发展的进程中，都与平台发生关联。新闻业不得不依赖平台这类基础技术设施谋求发展，并在与平台的互动中形成平台逻辑（白红义，2022）。点击量便是平台逻辑主导下的一种技术产物，毕竟数据的获得与呈现更为方便、直观。

虽说技术并不是改变新闻业务实践的唯一、关键要素，但技术常常与一组复杂的科技物、规章、标准等相互作用后产生影响（江淑琳，2016）。包括点击量在内的数字技术产物无不影响新闻记者及其组织日常性的协商（彭芸，2017：49）。不仅新闻生产的一线从业者需要关注点击量，新闻机构的决策层亦要通过点击量了解传播效果。于是乎，点击量渐渐地成为评估新闻工作的重要指挥棒，并给新闻室的内容生产带来了不可小觑的影响（陈昶文，2019）。

（二）从劳动视角考察点击量与新闻业的关系

在技术视角的提示下，作为受众分析技术的点击量固然会引发其与新闻业之间相互建构的关系，但上述的一些研究忽视了点击量对从业者数字新闻劳动的影响。

流量新闻生产中的数字劳动变化对西方新闻记者这一职业群体产生了不可逆转的影响，数字新闻生产权力体系构型引发了记者追求流量的从业压力，冲击着新闻劳动力（王维佳，周弘，2021）。在中国，新闻记者的数字劳动也深受点击量的影响。点击量作为一种管理手段，控制着新闻从业人员的劳动过程，一旦从业者将点击量作为专业标准和考核标准，新闻生产模式便将追求具有"病毒式传播潜力"的内容作为主流（余沐芩，宋素红，2022）。此外，数字技术所带来的新闻从业者新的绩效考核制度，即从"挣工分"（夏倩芳，2013）嬗变为"挣流量"，新闻室产生出一种"流量锦标赛机制"，使记者成为挣流量的数字信息劳工，甚至出现记者"买流量"的情况（刘战伟，李媛媛，刘蒙之，2022）。

可以肯定的是，在数字新闻生产环境下，不仅有新出现的永动机式工作模式（王海燕，2019），还有追求较高的点击量的工作目标，这些情况都深刻地改变了新闻工作者的劳动状况。

（三）在地文化视角下的点击量与新闻业

平台作为点击量的技术依托实则是一种隐喻。作为一种精巧的话语装置，平台隐喻往往让我们不加批判地拥抱新技术（刘战伟，2022）。我们需要思考的是：点击量除了作为一种考核记者、编辑的新手段外，它还意味着什么？又是在哪些因素的作用下，形塑了这些"意味"？

更为重要的是，点击量这一媒介技术产物与新闻文化存在着紧密的互构关系。点击量不仅由数字化的媒介技术直接产出，其在地化的使用还受到社会文化、新闻生产权力关系等多方面的影响。这就提示我们，除了上述的技术视角和劳动视角会折射出点击量与新闻业之间的关系外，我们亦可从新闻研究"文化转向"（Zelizer，2005：200）的角度，来考察点击量介入新闻室后所引发的新闻生产文化的变化，特别是产生了哪些"地方性知识"。

无论是批判对点击量的狂热追求，还是警惕点击量对新闻从业者职业文化权威的挑战与侵蚀（刘战伟，李媛媛，刘蒙之，2022），在面对点击量与新闻业之间的关系时，我们要进一步追问：点击量与新闻机构发生互动后，传统新闻机构在文化方面出现了哪些新的情况？其背后的动因又是什么？这是本文试图回答的核心问题。

三、研究设计

有关中国的新闻社会学研究可以汲取本土化的社会学理论资源，挖掘具有本土特色的新闻生产文化表征（张寅，2020b）。作为一项本土化的新闻社会学研究，笔者采用新闻民族志这种质化研究方法，试图通过观察新闻室的生产活动、对新闻从业人员的深度访谈和对有关微信群的观察互动、同被访谈者的微信朋友圈互动留言等方式，获得经验材料。

为了获得较为丰富的经验材料，使观察与访谈的内容更加丰盈，本研究选取的研究对象是一家省级广播电视总台（以下简称"总台 Z"）旗下的两个广播频率（分别是新闻综合频率"广播 J"和城市私家车频率"广播 S"）和一个电视上星频道（以下简称"电视 W"）。研究时间主要涉及两段：一是 2016 年 9 月到 2018 年 7 月，二是 2019 年 11 月到 2022 年 4 月。第一个时间段里，笔者以广播 J 新媒体部"负责人"的身份主持该频率的融合新闻传播活动。在此期间，笔者对点击量的问题格外关注，并秉持问题意识，观察点击量对广播 J 的种种影响。另外，还对广播 S、电视 W 的相关新闻从业者进行线下访谈、网络社交互动。第二个时间段里，笔者不再担任广播 J 新媒体部"负责人"，而是以节目责任编辑这一"旁观者"的身份审视点击量与新闻业的问题。在前一个时间段里，笔者的身份介于"完全参与者"和"参与观察者"之间；而在后一个时间段里，笔者的身份则处于"参与观察者"和"局外观察者"之间。从某种程度而言，角色的转换更有助于研究者全面地审视研究问题。

广播 J、S 和电视 W 都较早地加入了微博这一平台，加入微信平台的时间则有所不同。由于广播在传统媒体中的互动性较强，广播 J 和广播 S 从微信平台诞生初期就纷纷加入，通过微信公众号发布新闻，与听众实现数字化的语音、图文互动；而电视 W 介入微信平台的时间相对较晚，起初也并不十分重视微信传播。总台 Z 没有设立代表总台的新闻类微博、微信账号，但是它于 2013 年正式上线了自建的新闻客户端。不过在若干年后，这个新闻客户端的一部分人员加入电视 W，客户端的建制归属也从原先总台 Z 旗下的网站部门归到电视 W，而另一部分人员则被解聘。此外，广播 J、S 和电视 W 亦在抖音平台爆火后，陆续在这一短视频社交平台上开设官方账号。

本研究涉及的访谈对象有 35 人（广播 J：20 人，广播 S：9 人，电视 W：6 人），包括一线的记者、新媒体编辑、广播新闻节目编辑、主持人、广告营销业务员和领导岗位的处级干部（频率/频道总监级）、科级干部（部主任级）。访谈采用半结构化的提问形式，访谈意图都向受访者进行了交代说明，访谈内容趋于饱和。

四、研究发现

笔者通过民族志调查发现，受众分析技术在与总台 Z 的新闻生产发生碰撞后，点击量成为各个频率、频道追捧的指标。除此之外，一个更有本土化意味的现象引起了笔者的关注：点击量更多的是作为一种"面子工程"存在于总台 Z。如果一篇稿件的点击量高，记者、编辑和领导会觉得自己的融合式新闻传播活动成功，获得了用户关注甚至认可，如此一来就很有成就、很有面子；反之，点击量低的时候，记者等从业人员往往闭口不谈，选择各种手段进行回避。

（一）虚构自家平台的点击量：想要"有面子"，但也会适得其反

不同于商业机构开设的社交媒体平台，不少传统新闻机构自建的新闻客户端平台仍处于 Web1.0 时代的信息展示模式，缺乏 Web2.0 时代所强调的网络社交互动形态。但这并不妨碍传统新闻机构的新闻客户端展示页面的点击量。电视 W 新媒体编辑 02 曾在总台 Z 的新闻网站部门工作，担任网络新闻编辑。到电视 W 后，她仍从事新媒体编辑的工作：

App 上的点击量，大家都懂的啦！你在那上面看到的数字就是一个"虚"的数，我们的后台技术人员可以通过一些方式对这个数的增长方式进行设定。比如说，第一个人点进这条新闻后，上面的点击量显示的是"1"，但第二个人点进来之后，这个数可能就直接变成"1050"了。当然，我们内部会有一个实际的数据统计，给到各个供稿的广播频率、电视频道和总台有关领导。谁想让自家的新闻点击量那么难看啊，不仅记者不好受，我们也经常遭到"批评"，指责我们这个客户端没有多大的影响力。

电视 W 新媒体编辑 02 所说的情况不仅说明了部分新闻机构自建平台的传播效果不理想，还反映了为了维护传统新闻机构固有的权威面子所不得不虚构点击量的生成现象。面子是一种社会地位或声望（金耀基，

2013：51），传统新闻机构在融合发展过程中试图维护其原有的影响力，但现实却不断地向其"泼出冷水"，于是乎，总台 Z 就采取了虚构自家平台点击量的方法，以维护自己的面子。

虚构点击量的行为与前些年被声讨的虚假收视（听）率问题颇为相似：一方面是想要确保自己的影响力能换得丰厚的广告投入，另一方面反映出传统新闻机构长期固有的"争第一"的面子行为。收视（听）率的造假会遭到同类型媒体同行的声讨，这是因为"收视率＝收看某一节目的人数（或家户数）/总人数（或家户数）"。毕竟，收看 A 节目的人一般不会在同一时间收看 B 节目。不过，虚构自家平台上的点击量不太会被其他频率（频道）指责，毕竟大家都可以去跟网站工作人员提出需求。

虚构的点击量还会给报道合作单位带来面子。广播 J 主持人 01 十分喜欢使用搭建在广播直播间的网络视频直播平台。从媒介变革的角度而言，这显然是一种认知错误。舍弃声音在网络中的一维传播，而运用自己并不擅长的视觉呈现，是对广播声音传播固有优势的极大损害（张寅，2020a）。但这名男主播并不在意这种媒介学理上的论断，他追求的是可观的数字所带来的关系维护与面子：

有一次我对某个事业单位的嘉宾进行了一期访谈，我也没告诉后台新媒体编辑和技术人员具体在什么时间节点把这期节目的网络观看量显示到一个较高的数量。这个单位的通讯员在节目进行到三分之二的时候，给我发了一个微信截图，上面就是这期节目视频直播时的点击量——98 万。当然，她也知道这个数据是有水分的。不过，拿着这个数据在朋友圈里晒的时候感觉也是美滋滋的。

人情是中国人际关系的基本样式，是一种带有社会交换性的社会行为（翟学伟，2017：69）。通过后台技术实现的虚构点击量维护了上述这名主播与通讯员之间的关系。虽然可能实际的传播效果很一般，但虚高的点击量却给足了双方面子，满足了日常联络交往中的人情世故原则。长此以往，总台 Z 的一些新闻从业者也不在乎自家平台点击量到底是真是假，毕竟这个数据可以让自己同通讯员保持一个良好的关系。通讯员也心知肚明这些媒体自家平台点击量是虚高的，但也不会刻意揭穿，反倒是在需要之时借助这种点击量来彰显自己单位的宣传公关能力。

虚构的点击量确实可以给足人情，维护各方的关系，但这种情况并不会次次奏效，一旦揭开虚构的"面纱"，就会给新闻机构带来一种"耻"的后果。广播 J 广告业务员 03 在一次"拉广告"时，就遭到过赤裸裸的揭露：

> 我到下面一个县域的文旅局去谈合作。我们台最近的外场活动拉到过一些地方赞助，所以就抱着试试看的心态去谈这个业务，之前和这个文旅局也有过一次合作。不过这次谈业务的过程，让我太难受了。对方工作人员直接说，你们总台 Z 的客户端最近很长一段时间都无法在手机的应用商店里下载，怎么可能有你提供的这么高的点击量？我当时脸就红了，感觉好没面子啊。

用广播 J 广告业务员 03 的话来说，这位基层文旅局的工作人员具有很强的责任心、事业心，就是要把经费花在"刀刃"上，切切实实地宣介好当地的文旅资源。相对地，当虚构的点击量被戳穿时，一种羞耻感便在媒体人身上油然而生。

通过平台技术形塑的虚构点击量，固然可以在一定范围内使新闻机构、新闻从业者"有面子"，但毕竟技术是一把"双刃剑"，当虚构之量被无情地戳穿时，想要获得面子、维持人际关系的行为就会适得其反。

（二）改造对点击量的解读：为点击量操碎了心

传统新闻机构自建的平台往往不具有商业社交媒体平台的影响力，入驻商业平台完成数字新闻生产活动几乎成为所有新闻机构的现实选择。需要指出的是，各平台的推送分发机制是不同的，新闻媒体往往搞不清微博、微信、抖音等平台的点击量是如何计算的。广播 S 新媒体编辑 01 说：

> 我也做了几年新媒体编辑了，微信公众号上显示的阅读数到底是怎么算的，大家都没有搞清楚。比如说针对某一新闻推文，我在这一天点进来 N 次，到底是算 1 次，还是算 N 次？如果算 1 次的话，我第二天再点进来

还算不算增加 1 次？抖音后台的点击量，我们也没太搞懂。看过一次，向下滑动之后，如果往上翻回来再看一次，算不算新增 1 个点击量？还有就是，面对这些网络平台，我们也没有形成一套有规律可循的高点击量策略。有时候，我们认为很不起眼的一则推文，往往会在一个月后实现"10万 +"。

面对不得不使用社交媒体平台的局面，虽说传统新闻机构不能自行方便地虚构点击量，但新闻决策者、一线从业者会选择一种"以我为主"的解读方式，试图表明自己有着很强的融合传播能力。在第二段研究期间，广播 J 在其新闻室的走廊里悬挂了一张很大的宣传海报，题目是"深度融网　精做融合　打造融媒体新型广播"。这张海报还印制在广播 J 的对外宣传册上。海报上的四个内容值得注意：

（1）拥有 20 个融媒体矩阵传播渠道。

（2）广播 J 在微信 + 微博 + 抖音 + "今日头条" 4 个平台上总粉丝数超 800 万。

（3）广播 J "今日头条"号全国广播第 × 名①，平均每天有一条内容点击量突破 30 万，单条创 500 万点击量。

（4）广播 J 抖音号截至目前已经超过 250 万粉丝，点赞数超 1.1 亿，总点击量超 26 亿人次，聚焦突发和正能量故事，多条视频单条点击量破亿。

颇为吊诡的是，广播 J 在不同社交媒体平台上的用户必然会有重合，机械地将微信、微博、抖音、"今日头条"等平台上的粉丝数相加，目的就是彰显自己的用户数多；将"今日头条"平台上的点击量进行平均化的运算也是为了凸显数据好看，从而遮蔽了那些点击量很低的推送内容；宣介抖音平台上的点击量采用了一种累积式的策略，因为以"亿"为单位的点击量很能说明数据之高。可是，广播 J 的一些新闻从业者对此并不买账。广播 J 记者 03 表示：

---

① 未具体写明是第几名，是为了做到匿名化处理。需要说明的是，这个写在海报上的排名并不低。

　　唉！这不就是对外显得好看、有面子嘛！自己人谁不知道这是一种自欺欺人的行为呢？可能领导就是想着，能赢得一个广告客户就是一个吧。我的很多舆论监督报道在微信上的点击量并不算高，很一般，但这些稿件却着实推动了一些问题的解决，很有成效，这不是能用点击量衡量的。我的看法是，点击量并不一定与稿件的影响力成正比。现在有一种现象很值得思考，那就是记者为点击量操心，编辑为点击量操心，领导为点击量操心，广告业务员也为点击量操心，我们现在就是为点击量而活。我在这里干了十多年的新闻采写工作，以前可从来没有这么操心过。

　　为了获得高点击量，一些记者不得不舍弃对新闻稿件质量的追求，他们往往直接复制粘贴通讯员提供的新闻故事，或者为了追求热点快速地发布简讯新闻。当受众分析技术介入总台 Z 后，旗下各广播频率、电视频道一开始注重的是如何提高点击量，后来则逐渐放弃思考"如何提高点击量的方法"，而纷纷选择如何改造对点击量的阐释，进而为自己所用。

　　现实中还存在另一种对点击量的"改造"式解读。无论是广播 J、广播 S，还是电视 W，各频率、频道自家的新闻室微信群中的一些人往往会让其他群内成员转发某一条平台推送链接到个人的微信朋友圈中。广播 J 处级干部 01 坦言：

　　现在不就是有这种"朋友圈文化"！大家纷纷转发到自己的微信朋友圈里，那总会让总台领导、主管机构的领导、记者跑线单位的领导看见。经常有厅级领导跟我说，我们台哪篇哪篇报道不错，谁谁谁都转发了。

　　一些新闻机构的决策者十分注重这种人情世故，各种类型的点赞、表扬都可以给自己带来一种受到领导赏识的面子。而这种面子又会向下传导，影响到新闻从业一线人员。换言之，因某些领导在微信朋友圈中看到、表扬或点赞，一些在微信等平台上点击量并不高的新闻推文获得了一种有面子式的好评。

　　面子在中国具有浓厚的社会性，是一个有多少、大小的"量"的概念，也因此，是可以减少或增多的（金耀基，2013：58-59）。围绕点击量所形成的一种面子土壤渐渐在总台 Z 扎根。脸面不等于"能力"，但脸面随后者的相对变化发生同向改变（佐斌，1997：72）。要看到，面子问题不仅存在于不同的新闻工种之间（张寅，2020b），还存在于技术与人之间。为了追求所谓的高点击量，新闻机构选择一种"改造"式解读的方法，来彰显自己拥有高点击量的传播能力。当传统新闻机构通过自行设计的方法"改造提高"了它们在社交网络平台上的点击量后，新闻决策者或是一线从业者的面子便随着这种在地化的"改造"而更加被夯实。

（三）"面子事情"下的一种全新数字政绩

"面子事情"是本土社会学理论中的一个概念，它用来解释个人之所以采取举动，纯粹是为了保住自己的面子，或是给别人面子（胡先缙，2010：65）。虽说"面子事情"通常是个人不太情愿做的事，但它却给总台Z旗下各广播频率、电视频道带来一种全新的数字政绩。广播S科级干部01说：

> 点击量是一种数字呈现，它很直接，如果这个数字高，能从一个触达率的角度说明我的受众面是很广的，但确实这个数字不能说明"点头率"的问题。很多"10万+"的推文实际上就是一个大家比较关注的信息，在新闻的公共性、监督性上是没有力度的。而我们的一些主题性较强的东西确实不会有很多受众来看，但各台还是会发动力量，在多个平台发布，最后写总结的时候就一个总计的量就行了，上面的领导也会"点头"认可。不会有人去深究你在微信上有多少、微博上有多少，即便微信上的数据是惨不忍睹的。

用虚构的点击量或者经过"改造"式解读的点击量来宣介自己的成绩，成为总台Z旗下各频率、频道的惯用做法，也给它们带来了一种"点击量高"的从业政绩。这在各处级干部的年度公开汇报上体现得尤为明显，几乎每一位处级干部都会在他（她）的汇报中提及有关高点击量的工作内容、成绩等。早先电视W在其官方微信公众号上的新闻推文的点击量较低，用其记者、编辑的话来说，如果点击量超过1万，那就算很高的了。在总台Z某一年的年度总结大会报告里，电视W一条点击量"10

万+"的主题报道内容被写了进去。电视 W 记者 01 对此表示：

> 这个事情说来也是搞笑，全年这么多篇公众号推文中就这么一条"10万+"，这条内容发动了不少市级台、县级台的新闻采编人员在个人的微信朋友圈中转发，好像有关人士也买了一点点击量。就这么一条"10万+"能被宣传得这么淋漓尽致，不就是能给领导带来一些面子嘛！进而说明我们电视 W 在微信上的传播能力不错。这种政绩汇报性的内容给一线记者、编辑，还有广告业务员，带不来什么真正的"功效"。

"不接受制度对人的刻板约束，而试图让制度本身也很有弹性"（翟学伟，2013：72），成为通过"改造"制度获得面子的一种手段。平台制定的点击量规则固然不能被传统新闻机构改变，但总台 Z 旗下的各广播频率、电视频道通过所谓的"高点击量"的成绩，也能获得自己的数字政绩。广播 J 新闻节目编辑 02 对点击量带来的数字政绩表示"悲哀"：

> 这种环境损害了记者好好采新闻这件事！现在，多少记者就是拿拿通稿，然后改一改，就发在社交平台上了。确实，有一些重要的内容需要通稿信息，也需要及时发布，往往也能获得比较好的点击量。可是，我现在看到的是一种非常浮躁的工作状况，点击量把大家搞得团团转，我们原有关注本地民生公共议题的那种很扎实的稿子越来越少，都快"绝迹"了，而且我们的广告创收也没有因高点击量而获得改善。所以我认为，这是我们新闻人的一种"悲哀"。

要指出的是，总台 Z 并未通过从媒介形态意义上的数字融合变革来进行真切的"融媒体"式发展。在研究中，笔者深感总台 Z 的各个新闻室宁可舍弃对一些新闻内容深入的关注与采写，也要通过"高点击量"表明自己的媒体融合程度之高，毕竟这种数字政绩会给各频率、频道带来面子上的好处，即便这并不会给新闻业带来营销创收上的可持续保障。

一言以蔽之，点击量从其介入传统新闻机构的数字新闻生产活动后，决策层和一些一线从业人员便通过虚构、改造等手段获得了面子。这也给他们带来了一种数字政绩。受众分析技术带来的点击量与新闻从业者的面子、机构的数字政绩构成了一种相互建构的关系。也就是说，总台 Z 的新闻从业者运用虚构、"改造"式解读等策略处理点击量这一受众分析技术的产物,以遮蔽自己在融合发展进程中的"本领恐慌"等缺陷,这深刻地印证了中国日常社会运作的一种框架——"真实社会的建构是社会个体运用行动策略同现存的社会结构相权衡的产物"(翟学伟,2005:231)。

五、结论与讨论

本文从中国本土社会学的理论视角出发,从"面子运作""面子事情"等角度剖析了传统新闻机构与受众分析技术带来的点击量的互动关系,揭示了新闻从业人员为了获得面子而虚构、"改造"解读点击量的行为。要警惕的是,像总台Z旗下新闻机构对点击量的虚构、"改造"式解读,对新闻业的变革而言都只是饮鸩止渴。这是一种脸面文化下的"变通",饮"量"止渴更是使新闻业逃避了如何处理好融合发展等关键问题。

本研究主要有三个发现:(1)在传统新闻机构自建新闻客户端不能发挥出商业性社交媒体平台的传播力度时,新闻机构采用了虚构自家平台点击量的方式,试图维持其原有的面子,但这种虚构行为一旦被广告客户等群体揭穿,便会适得其反,进而"丢了面子"。(2)传统新闻机构虽无法左右各商业平台的推送分发机制,但却可以通过对点击量进行"改造"式解读,来彰显自己拥有获得"高点击量"的能力,进而赢得面子。(3)无论是虚构点击量,还是改造对点击量的解读,都深刻地表明传统新闻机构并未按照数字传播的规律进行变革,凸显"高点击量"已然成为传统新闻机构在"面子事情"运作下的一种全新数字政绩。

在面子的作用下,传统新闻机构发现,相比进行更为复杂的系统性数字变革,通过各种手段凸显"高点击量"更为容易,这既能使自己在一定范围内获得"有面子"般的认可,更能使自己获得数字政绩,切实的变革被延迟或"放弃"。本研究的理论增量在于,对中国本土社会运作极为重要的面子在与新型媒介技术发生碰撞时,新闻室会在面子这一本土文化的作用下处理技术与新闻业的关系,并在地化地"改造"技术带来的产物。

　　或许，当传统新闻机构的从业人员真正掌握数字新闻生产的本领技能，利用好数字监测、分析等技术，才有可能真切地"有面子"、获得"好成绩"，引领新闻业在数字变革的潮流中走得更好更远。这也成为后续新闻研究中需要关注和思考的重要问题。■

参考文献

白红义（2018）。重构传播的权力：平台新闻业的崛起、挑战与省思。《南京社会科学》，（2），95-104。

白红义（2019）。点击改变新闻业？——受众分析技术的采纳、使用与意涵。《南京社会科学》，（6），99-108。

白红义（2022）。"平台逻辑"：一个理解平台·新闻业关系的敏感性概念。《南京社会科学》，（2），102-110。

常江，何仁亿（2021）。数字新闻生产简史：媒介逻辑与生态变革。《新闻大学》，（11），1-14＋121。

陈昶文（2019）。"流量逻辑"如何影响内容生产？——基于微信公众号的实证考察。《新闻春秋》，（5），4-13＋20。

胡先缙（2010）。中国人的面子观。载黄光国、胡先缙等（著），《面子：中国人的权力游戏》（第45-70页）。北京：中国人民大学出版社。

江淑琳（2016）。探索数位即时新闻生产之物质性的可能研究取径。《传播、文化与政治》（台北），（总4），27-54。

金耀基（2013）。"面"、"耻"与中国人行为之分析。载金耀基（著），《中国社会与文化》（第49-74页）。香港：牛津大学出版社（中国）。

刘战伟（2022）。凸显什么？遮蔽什么？——作为隐喻的"平台"：连接、中介与基础设施。《新闻记者》，（6），54-66。

刘战伟，李媛媛，刘蒙之（2022）。从"挣工分"到"挣流量"：绩效制度下的市场、共谋与流量锦标赛。《国际新闻界》，（6），130-153。

彭芸（2017）。《数位时代新闻学》。台北：双叶书廊有限公司。

王辰瑶（2018）。新闻融合的创新困境——对中外77个新闻业融合案例研究的再考察。《南京社会科学》，（11），99-108。

王海燕（2019）。加速的新闻：数字化环境下新闻工作的时间性变化及影响。《新闻与传播研究》，（10），36-54＋127。

王维佳，周弘（2021）。流量新闻中的"零工新闻"：数字劳动转型与西方新闻记者角色的变迁。

《新闻与写作》，（2），14-21。

夏倩芳（2013）。"挣工分"的政治：绩效制度下的产品、劳动与新闻人。《现代传播（中国传媒大学学报）》，（9），28-36。

谢静（2019）。新闻时空的转型与"转译"——基于"上观新闻"的移动新闻客户端研究。《新闻大学》，（8），61-76＋122-123。

余沐芩，宋素红（2022）。流量指标意味着什么？——数字时代新闻从业者的劳动控制与自主性研究。《新闻记者》，（6），17-29。

翟学伟（2005）。《人情、面子与权力的再生产》。北京：北京大学出版社。

翟学伟（2013）。中国人的关系向度及其在互联网中的可能性表达。载黄旦、沈国麟（编），《理论与经验——中国传播研究的问题及路径》（第61—76页）。上海：复旦大学出版社。

翟学伟（2017）。《中国人行动的逻辑》。北京：生活书店出版有限公司。

张寅（2020a）。车轮子上的"声音景观"文化：广播的媒介学想象。《传媒》，（16），43-45。

张寅（2020b）。"小编"与记者的"脸面观"：媒体微信公众号新闻生产中的人际关系向度。《新闻记者》，（11），13-25。

张寅（2022）。融合式新闻生产：一个媒体式的"面子工程"？——基于组织社会学视角的考察。《新闻大学》，（4），29-41＋120。

佐斌（1997）。《中国人的脸与面子——本土社会心理学探索》。武汉：华中师范大学出版社。

Anderson, C. W. (2011). Between creative and quantified audiences: Web metrics and changing patterns of newswork in local US newsrooms. Journalism，12(5)，550-566.

Nielsen, R. K., & Ganter, S. A. (2018). Dealing with digital intermediaries: A case study of the relations between publishers and platforms. New Media & Society，20(4)，1600-1617.

Zelizer, B. (2005). The culture of journalism. In James Curran & Michael Gurevitch (Eds.), Mass Media and Society (pp. 198-214). London: Hodder Arnold.

作者手记

对"饮'量'止渴：传统新闻机构对点击量的在地化'改造'"这一论题的思考由来已久。在本文的第一段田野考察期里，除了做研究外，我还负责主持广播 J 新媒体部的日常工作。工作取得哪些业绩暂且不谈，但长期被点击量"折磨"却让我一直思考。当然，这个思考的过程有点太长了，直到博士毕业一年后我才落笔成文。

我为何要谈论点击量

传统媒体几乎每天都在上演一幕幕"追逐点击量"的故事，那时我也深陷其中。因此，在对新闻业变革的研究中，点击量自然而然成为我重点关注的议题。与此同时，"文献帝"白红义教授的论文《点击改变新闻业？——受众分析技术的采纳、使用与意涵》（刊载于《南京社会科学》2019 年第 6 期）更是产生直接促动的力量，我要把对点击量的思考写出来！正如他在文章末尾指出的——中国的新闻业对点击量似乎缺乏批判性的审慎态度。

在访谈的过程中，访谈对象都不同程度地表达了他们对点击量的"厌恶"。虽然也有人喜欢拿点击量往脸上"贴金"，但其中的心酸是少不了的。作为受众分析技术的数字化产物，点击量固然不是一个被动的靶子。新闻从业者围绕点击量花了太多的力气，下了不少功夫，在这之中，点击量文化就在新闻室中不断生发。通过具体的文献回顾与现实的实践和调研，我将文章的核心问题定为：点击量与新闻机构发生互动后，传统新闻机构在文化方面出现了哪些新的情况？其背后的动因又是什么？

面对点击量时，我又在具体谈什么

对我而言，收集这一研究的经验材料并不算难，毕竟新闻民族志研究方法中"入场、时间、角色"这三大难点，在我这里都不算什么难事儿。难的是，我如何去深挖有关点击量的经验材料。

在这篇论文中，我的两个相对浅层的研究发现是新闻从业人员"虚构自家平台的点击量"和"改造式地对点击量进行解读"。这里想说的是,除了跟访谈对象一次次的深聊、追问之外,观察也颇为重要。特别是在第二个阶段,那张在走廊里悬挂的大幅宣传海报让我一直"发笑",这种观察的第一印象是"这不就是使出满身招数夸自己这么牛那么牛"!但静下来后,就要细想——为什么有些人愿意做这样的事情,而我在主持广播 J 新媒体部工作时却不屑于这样?

可能是自己"生性不羁爱自由",人生前 30 多年一向活得比较洒脱,我对这种面子工程是格外排斥的,很抗拒做"只要面子但没里子"的事儿。这是我的感性一面。但理性告诉我,要去细究——为什么有人还弄得不亦乐乎?不断地深挖,并与面子理论反复进行"学术对话",就明晰地发现这是一种"'面子事情'下的全新数字政绩"(本文的深层研究发现)。

当中国人的面子遇到技术物

我写的《小编与记者的脸面观》和《融合式新闻生产是不是成了一种面子工程》两篇新闻社会学论文,都提到了面子。前者的理论视角就是有关中国人脸面观的内容,而后者采用的是组织社会学的理论资源。《饮》文又回到了使用脸面观的理论视角,这种使用不仅是建立在我读博前对中国人脸面文化相关研究的阅读积累之上,更是在研究过程中的一种自觉(运用相关理论对经验材料进行反思,形构经验材料与理论的持续对话),因为在围绕点击量的各种故事中,有没有"面儿"这个事情不仅很显著,而且对很多人来说真的是太重要了。

随着研究的不断深入与完善,我亦提出理论增量——"对中国本土社会运作极为重要的面子在与新型媒介技术发生碰撞时,新闻室会在面子这一本土文化的作用下处理技术与新闻业的关系,并在地化地'改造'技术带来的产物"。在新闻机构中,仍有很多关于面子的事情值得被我们关注,需要被我们深描。

我还深爱新闻业

2022 年 4 月中旬,我正式递交了辞职报告,月底便离开了工作十余年的新闻单位。没有什么不舍，因为去了高校后，仍要关注新闻机构的点滴动向，也要继续从事新闻社会学的相关研究。我想这个事情至少要坚持很多很多年，甚至可能到退休那一刻！

爱之深，责之切。在不少"85后"那一代人心里，新闻学是很火的一个专业，不少院系硕士研究生招生时"新闻业务"方向也是"王牌"。虽然今天的新闻业出现了这样那样的问题，但我仍然希望这个行当能够健康发展，毕竟新闻之于社会整体而言太重要了，新闻业的公共性是很多行业无法取代的。正如各行各业一样，我们并不怕新闻业在其发展的过程中出现问题，怕的是不直面问题，甚至遮蔽问题（例如，我近一段时间正带着硕士生对新闻创新活动深入审视，发现很多传统新闻机构的所谓新闻创新其实更表现为一种话语策略、一种表演行为……）。

我想，有关新闻社会学学术研究的意义大抵如此。

"空荡荡的编辑室":
互联网时代新闻民族志的重思与改造

——基于对一家省级党报的田野研究

■ 王　敏

【本文题要】 民族志向来被视为研究新闻生产的一种重要的质性方法，但在新闻业已经发生根本性改变的数字媒体时代，以编辑室为核心田野地点的、时间限定的、规律性的民族志研究，也面临着问题与方法重置的挑战。本文从民族志的理论与实践两个维度切入，通过回溯民族志与新闻传播研究相勾连的知识图谱，试图脱出组织社会学的学科框架，更多引入媒介人类学的学术资源，探寻民族志与新闻生产研究"深度互嵌"的理论建构。同时，结合正在进行的田野个案，提出互联网时代新闻民族志应以线上、线下穿梭，"时刻在场、整体浸润"的参与观察为核心，形成整体的、批判的、多点的研究取向，全面追踪新闻从生产到消费的全过程，打通原本割裂的媒介内容生产与效果研究领域，并关注宏观权力对媒介日常实践的渗透和影响，建构起宏观、中观、微观相结合的综合性研究范式，从而更深刻地解读"新闻为何会被如此建构"这一核心问题。

以参与观察为核心的新闻民族志（newsroom ethnography）向来被视为研究新闻生产最重要的一种质性方法，塔克曼（Gaye Tuchman）、甘斯（Herbert Gans）等学者对这一方法的杰出运用，建构了 20 世纪 60～80年代新闻生产社会学成熟的研究范式，形成了被称为黄金年代的"第一波浪潮"，启迪后世学者沿着这条路径继续探索。进入互联网时代，新闻生态的巨变激发了新闻生产社会学"第二波浪潮"的兴起，如何创造性地继承和修正传统的新闻民族志方法，也成为新研究浪潮中的一个基础性问题。

2021 年 3 月，笔者获准进入一家省级党报（后文简称"M 报"）融媒体中心，计划进行为期一年的民族志考察。在这里，塔克曼眼中记者、编辑展示选题的"黑板"，已经变成了十几米长的中央厨房大屏幕。而以往繁忙、杂乱，充满着接电话、讨论、聊天声音的编辑室，却常常一片静寂、人影寥寥，只能偶尔听到敲击键盘的声音。面对"空荡荡的编辑室"，笔者开始焦虑，塔克曼式的"经典的老派芝加哥社会学派的观察方式"（白红义，2017），是否还能继续适用？或者说，在作为研究对象的新闻业已经发生根本性改变的数字媒体时代，我们能否继续使用民族志方法对转型中的新闻业进行研究？

本文一方面结合田野个案，从实践角度思考和回应新闻民族志对于互联网时代新闻生产研究的适用性问题，并尝试对传统的新闻民族志方法进行改造，以应对数字新闻生产的新格局；另一方面，将重新梳理新闻民族志的理论源流，探寻新环境下民族志与新闻生产研究"深度互嵌"的理论建构，为互联网时代新闻生产社会学寻求理论、视域、方法上的突破。

一、理论溯源：民族志与新闻传播研究的勾连

一般认为，民族志（ethnography）这一研究方法肇始于 20 世纪初文化人类学对异民族文化的考察，马林诺夫斯基所创造的"参与观察法"是这一方法体系的核心内容（郭建斌，2003）。作为人类学的一种基本研究方法，民族志也逐渐被社会科学的其他学科广泛借鉴。民族志和新闻传播学的勾连，或者说民族志在新闻传播研究中的理论旅行，主要走了以下两条路径：

一是新闻生产社会学，以民族志作为研究方法，以新闻室为田野，主

要由一批社会学家引领。他们深受 20 世纪上半叶芝加哥学派职业社会学研究的影响，将新闻业视为一种现代职业，致力于从组织层面探究媒体机构对于工作的合法性控制以及相关的文化和制度建构。因此，运用民族志方法对新闻生产过程进行实地观察，被认为是最合适的一种研究方法。"研究者在新闻机构里进行长时间的观察，甚至当起记者，然后根据观察所得，对新闻机构的内部运作以及新闻制作过程做出深入的、概念性的、具理论意义的描述和分析，并指出新闻内容如何受各种在生产过程中存在的因素影响"（李立峰，2009：1）。基于此，新闻生产社会学"第一波浪潮"中的学者得出的主要结论，也与职业社会学研究高度一致。休斯认为，为便于控制和提高效率，组织机构会尽可能将工作任务常规化，这一观念直接影响了塔克曼、甘斯等提出"常规主导新闻生产"的结论，即新闻生产是高度常规化的，有固定的模式可循，按照大众文化的生产方式进行分工、合作和流水线生产，从而促使媒介工作者达成组织的预期目标（王敏，2018）。

二是媒介人类学，也称媒体人类学或民族志传播研究，即以民族志方法研究传播实践，以媒介、传播和社会生活互构的情景场域为田野。米哈伊·柯曼(Mihai Coman)提出，"媒介人类学"概念具有双重含义：首先是指媒介作为工具在人类学研究中的应用；其次才是指使用人类学方法（民族志）对媒介在文化中的作用进行考察（Coman，2005）。张放（2018）认为，柯曼所说的第二重涵义，才意味着人类学民族志与传播研究真正建立起了关联。早在 20 世纪 40 年代，已有少数人类学者尝试对媒介内容进行人类学分析，而第一个真正采用民族志方法实地考察媒介生产的奠基性成果，则是美国人类学者霍顿斯·鲍德梅克(Hortense Powdermaker)发表于 1950 年的《梦工厂好莱坞——一个人类学家眼中的电影制造业》(*Hollywood, the Dream Factory: An Anthropologist Look at the Movie Makers*)。鲍德梅克对好莱坞电影工业产业链上的各环节和主体进行了为期一年左右的田野考察，通过参与观察和访谈所获取的现场资料，对电影生产机制及其背后的社会系统进行了互动式的考察，提出"生产好莱坞电影的社会系统对电影的内容和意义有着显著影响"这一结论。

有意思的是，尽管媒介人类学的开端从关注媒介生产机制及其背后的社会系统开始，但"生产"这条线在后来这一学科的发展路径中却逐渐隐没。20 世纪 70 年代，以戴维·莫利（David Morley）的电视受众研究为代表，"受众民族志"（audience ethnography）成为媒介人类学中备受瞩目的领域：重视受众，用民族志方法来验证传播学主流范式中的一些重要理论，如电视涵化效果等。有研究梳理了中国大陆传播研究与民族志"合流"的脉络演进，以四本重要的新闻传播学术期刊发表的论文成果为依据，可以看出重点关注媒介使用及其影响的媒介人类学，较之媒介生产/制作研究，在我国的学术谱系中仍占据压倒性优势（陈刚，王继周，2017）。

不过，也有学者认为，新闻生产社会学研究和鲍德梅克对于生产的关注有诸多类似之处，可以纳入媒介人类学范畴，甚至认为在中文传播研究中，最早使用"民族志"方法的就是 20 世纪 90 年代中后期潘忠党关于新闻生产的一系列研究（郭建斌，2019）。在此种意义上，传播实践的范畴涵盖较广，包含媒介内容的生产、传输和使用等各环节。这启发了一种理论想象——在新的时代背景下，上述两条路径是否存在对话和交流的可能性与必要性？更重要的是，这样一种对话和交流，是否有利于将新闻生产研究放置到更大的学术框架背景中来审视，调用更为丰富的理论资源，从而在实践中修正以往使用民族志方法的误区？

二、新闻生产研究使用民族志方法之反思

以往学界对于新闻民族志的反思，主要集中在民族志难以分析权力运作的缺陷。"第一波浪潮"的研究，被认为具有强烈的媒介中心主义色彩，聚焦于中、微观的媒介组织和个体生产者层面，无法触及新闻生产背后的权力运作和社会结构（Cottle，2007）。究其原因，主要就在于民族志方法难以观察到新闻机构内部的高层运作和外部的宏观政治经济维度等影响因素，也即伊达·维利希（Ida Willig）所说的"不可见的结构"（Willig，

2012）。那些真正决定新闻生产的深层影响因素，尤其是宏观的、外部的、隐形的力量，无法通过民族志获取的经验材料而挖掘出来。对权力问题视而不见，或无力将之有机整合到研究之中，被认为是新闻生产社会学经典研究的一个重要缺陷。值得一提的是，国内新闻生产的早期研究者从一开始就给予了权力问题一定的关注，比如陆晔（2002）运用媒体田野调查资料，从宣传管理、媒介组织、消息来源三个层面，分析 21 世纪初中国社会转型大背景下新闻生产过程中的权力实践形态，尤其重视微观的动态实践，从而理解和揭示实践活动背后权力关系的"深层游戏"逻辑，可以说是在中国语境下反拨了西方新闻生产经典研究中对于"权力""控制"等问题的忽视或者执着于专业主义共识的单一解释。后来出现的几项以博士论文为代表的开拓性成果，比如张志安的《编辑部场域中的新闻生产——〈南方都市报〉个案研究》，研究新闻生产与社会控制之间的互动机制，阐释编辑部作为一个新闻场域与国家、市场和社会之间的勾连，强调强化政经路径，重视媒体背后的权力逻辑（张志安，2006）。但如何以田野调查的经验材料支撑起权力问题探讨，始终是新闻生产社会学研究路径的一个难点。梁君健（2018）认为，越偏向于探讨权力和结构的影响，民族志所能够提供的资料和支撑也相对越少。民族志事实上成为"第一波浪潮"学者的一种论证策略，即以政治经济学的框架和方式推导出最终结论之后，再以民族志经验材料进行印证。基于此，民族志与媒介社会学的研究结论之间的配合并非天衣无缝。

互联网时代的到来，使得新闻民族志遭遇到另一重挑战。由于数字新闻生产不再局限于新闻编辑室的实体空间，生产主体也不再局限于专业生产者，新闻生产研究中的"新闻室中心主义"（newsroom-centricity）受到质疑。一些学者提出，随着新闻生产的数字化、移动化，新闻室作为物理生产空间的地位在下降，其作为核心田野地点的重要程度也须重新考量（白红义，2017）。安德森提出"爆掉新闻室"（blowing up the newsroom），认为新闻室已经失去了以往在新闻生产中的中心地位，许多新闻工作是在传统新闻室外展开的，同时，记者也不是形塑新闻室的唯一主体，应当拓展新闻生产研究的视域，聚焦于更广泛的新闻生态系统（Anderson，2011：151-160）。梅亨代尔（Mehendale，2020）研究印度媒体的播客生产，起初采用传统的新闻民族志方法，后来由于新冠疫情暴发，记者都在家上班，他失去了观察点，但同时也深刻感受到，没有新闻室照样可以进行新闻生产，这使得他开始重思新闻民族志的方法论。总之，田野的改变引发了新闻民族志作为核心研究方法的危机，即传统以新闻室为核心田野地点的、时间限定的、规律性的参与观察，收获可能极为有限。

基于此，"第二波浪潮"中的一些学者开始尝试对传统民族志方法的改造。安吉拉·克里斯蒂（Christin，2020：171）在巴黎和纽约的两个网络编辑室进行民族志考察，由于研究对象是成天盯着屏幕的网络记者，她提出，传统的民族志方法必须和其他方法相结合，比如追踪记者发布的 Twitter 内容及其他社交媒体信息、爬取所研究的媒体内容数据库进行量化内容分析等，并和参与式观察、深度访谈的资料相互补充和校正，以获得更为准确、全面、深入的研究资料。凯特琳·佩特（Petre，2021：204-205）在 2011～2015 年展开了一项关于点击率如何影响新闻生产的研究，包括进入两家媒体 Chartbeat 和 Gawker 进行参与式观察，以及对纽约时报员工的 25 次访谈。她在田野调查中感受到，由于员工的互动大多在网上进行，因此在编辑室的参与式观察较难有收获，于是对研究方法进行了改进，最具突破性的是争取到进入 Gawker 的两个核心网络工作群组的机会，尽管只被允许待 5 天时间，但这让她可以全天候观察编辑室的工作流程，尤其是观察用户数据对从业者新闻工作的影响，和线下观察到的材料相互印证。尼基·厄舍（Nikki Usher）将短期田野调查、访谈与多个案分析结合起来研究互动新闻。她称自己进行的是"广泛而非深入的观察……尝试在被压缩的时间内去最大化地实现民族志观察"（厄舍，2020：265-266）。不过，对比"第一波浪潮"学者的研究方式，会发现厄舍的研究与经典的新闻民族志方法实际上已相去甚远。一是田野调查的时间，虽然厄舍没有明确统计，但从书中可以看到，在她所调研的 14 个编辑室中，停留时间少则半天，最多也不过一两个星期；二是在参与观察和访谈两者间，主要偏向于访谈。这在正统的人类学家眼中并不是在做民族志，更恰当地应该称之为"访谈法"，而实际调查时间则被视为检查田野资料可靠性的重要指标（郭建斌，2017）。

笔者认为，对传统媒体时代和互联网时代新闻民族志的反思以及改造的尝试，还存在着一个盲点，那就是新闻生产社会学以往主要是在组织社会学的框架下，以社会建构论为理论支撑，将民族志单纯作为一种研究方法，在操作层面上与新闻传播研究进行机械拼接。这导致了新闻民族志在一定程度上缺失了人类学民族志的精神内核，忽略了民族志内在蕴含的理论关怀、问题意识和批判性，同时对 20 世纪下半叶以来人类学民族志本身的转型和变化也缺少关注。在研究实践中，民族志常常被狭义地理解为参与观察、深度访谈等具体的质性研究方法。人类学所强调的整体论和情景主义，在这样一种工具性的征用中被淡化了。这直接影响到新闻民族志在研究权力和社会结构等深层问题上难以充分发挥。潘忠党（2007）提出，民族志不仅是一种研究方法，更是一种研究取向。回到上述民族志与新闻传播相勾连的知识图谱，尽管人类学越来越关注媒介问题，但新闻生产研究和人类学之间始终若即若离，缺少深入的理论对话。如果说新闻生产社会学在互联网时代面临"再出发"的使命，那么摆脱对于组织社会学的单纯依赖，更多地汲取媒介人类学的理论资源，将新闻民族志不仅作为研究方法更是作为研究取向进行改造，真正实现"嵌入式"地观察媒体生产、传播与社会生活的互构关系，探寻新闻生产背后的权力支配体系，建构起宏观、中观、微观相结合的综合性研究范式，将有望为新闻生产社会学打开一个更为宏阔的研究格局。

三、数字时代的新闻民族志：基于田野的思考

笔者以对 M 报的民族志考察为例，基于新新闻生态下田野的变化，反思传统的新闻民族志方法应用于互联网时代新闻生产研究的价值与局限

性，进而探索如何在新的时代环境下对民族志方法进行改造，使之更好地适应数字新闻生产研究。

（一）田野的拓展：从"新闻室"观察到全过程观察

20 世纪 70 年代新闻生产社会学"第一波浪潮"研究，也被称为"新闻室观察研究"，原因就在于核心田野地点是媒体编辑室。这也是以往新闻生产社会学研究被指责过于"媒介中心主义"的因素之一，即单纯通过参与观察媒介组织及其从业者所获取的田野资料，不足以解释新闻生产。因此，在互联网时代编辑室作为新闻生产物理空间重要性下降的背景下，有必要拓展传统的参与观察法，将主要限定于新闻室生产行为的实地观察，拓展为线上、线下结合，追踪新闻生产、传播、消费的整个环节，尤其是生产和消费循环往复、相互作用、相互杂糅的状况，探索外在于新闻生产过程的社会因素对内容生产机制的影响，在此过程中将原本在新闻场域之外的新行动者纳入研究视野。互联网技术为这样一种"追踪"策略提供了便利与可能性，因为媒体产品的阅读量、转发、评论等，很多都实时呈现在网络平台上，而不像以往隐藏在"黑箱"中，不仅研究者，甚至连媒体生产者都不甚了解。

与此相对应，涵盖生产端与发布端的线上田野成为笔者获取资料的重要来源。主要包括两个方面：一是生产端的微信平台，包括微信工作群、微信聊天与微信朋友圈。微信作为一种占据主导地位的社交媒体，不仅深度嵌入数字化新闻生产，成为组织日常生产的重要方式，同时也成为编辑室控制机制的重要组成部分。笔者刚进入 M 报不久就明显感受到，与"空荡荡的编辑室"形成强烈反差的是报社微信工作群异常活跃，讨论选题、审稿、校对、人员调度等各种生产活动都在群里进行。于是，笔者的观察重心很自然地转移到线上，通过加入部分微信工作群，全天候观察新闻生产，并结合与从业者的微信聊天以及对从业者微信朋友圈使用的观察，随时记录田野资料。二是发布端的报社各个新媒体平台。目前，M 报已拥有自建平台网站、客户端，并入驻微信、微博、抖音、知乎、B 站等多个第三方平台，形成较为完整的新媒体传播矩阵。对一些重点选题，笔者会追踪其在各个平台上的传播情况，包括转发、评论、点赞等，进行多平台信息收集，与生产环节获得的田野资料相互补充和校验。

这样一种对于生产、传播、消费的全过程观察，汲取了媒介人类学"多点民族志"（multi-sited ethnography）的研究思维。郭建斌（2014）认为，田野点同时具备地理空间和社会空间含义，因此"多点"并非单纯指田野观察点的数量增多，而是强调探究共处于一个"体系"中的不同点之间的关系或是勾连。"多点"对新闻民族志的启迪，不仅指向空间意义上田野的拓展，更意味着研究问题视域的重构，将单一的"生产"观察与传播、消费相勾连，形成对数字新闻生产更为完整的认知。同时，编辑室实地观察仍然是不可或缺的，也是线上田野工作的基础，帮助研究者进入线上田野以及理解线上行动者互动的深层含义。如何穿梭于线上线下，捕捉从业者能动的策略性实践，获取、解读更为复杂多元的田野资料，关注新闻如何生产、传播、消费的全过程，以及上述传播链条如何反作用于媒体生产常规的改变，揭示新闻生产的"深后台"，是线上田野工作对新闻民族志超越方法论意义上的挑战。

（二）"关键事件"与"追踪"策略

关键事件是发生在每一个社会群体中的、田野作业者可以用来分析整体文化的事件，具有较强的隐喻性，为审视文化提供了一面镜子。关键事件可以是突发的，比如土著部落中的一场火灾，也可以是常规的，比如现代办公室中的表决、电脑分配等（费特曼，2013：106-109）。在数字化新闻生产中，选择某些关键事件，借鉴马库斯所说的"追踪人，追踪事，追踪隐喻，追踪情节、故事或寓言，追踪生活史，追踪冲突"具体策略（郭建斌，2014），追踪观察报道的全过程及各个环节之间的关联，有助于体察隐藏在日常新闻生产表象下的权力、观念、博弈等，尝试为宏观政治经济结构和日常新闻实践之间的勾连提供有说服力的经验材料及阐释。

笔者以 M 报 2021 年高考报道作为一个关键事件，追踪了报道的生产、传播、消费以及再生产的全过程，并持续关注其对报社生产常规的影响。高考是一个周期性热点，报社对于高考报道已经形成了一套惯例，但2021年一个《高考女孩》的爆款短视频却激起了一场编辑部"地震"。该视频是 M 报教育条线记者蹲守在一个考点外拍摄的。当第一场语文考试结束后，一个女孩抢先飞奔出考场，气喘吁吁但兴高采烈地说"我好牛，我就想第一个接受采访"。条线记者用手机拍下了这一幕。视频时长只有 20 秒左右，谈不上什么拍摄技巧，也没有进行后期剪辑制作，属于比较原生态的目击新闻短视频。视频发到审稿工作群的时候，并没有引起太大的关注，被当作一个不太重要的花絮新闻发到微博上。在第二天报纸上，也只登了一个小豆腐块式的短评配稿。没想到，这条短视频竟然迅速在网上疯传，当天晚上几大央媒纷纷转载。还没等报社反应过来，视频已经冲上微博热搜。到了第二天下午，编辑部才匆忙整合了一篇微信稿，强调"首发媒体"身份，同时综合了三大央媒转载、多家媒体跟进、网上传播反响巨大等信息，相较于原创视频本身，形成了一定的内容增量，迅速获得 2.3 万阅读量。微博上该话题阅读量超过 2000 万，评论上千条。

笔者综合使用了线上线下参与观察、访谈、内容分析和话语分析方法，对这一关键事件进行动态追踪和研究。一是通过参加编辑部会议、与编辑部成员谈论该报道，以及采集微信群中编辑部成员关于此报道的讨论，获取田野资料；二是汇集报纸和客户端、微博、微信等新媒体平台关于此事件的报道，以及其他媒体相关转载报道，进行内容分析；三是对拍摄该视频的记者进行了深度访谈。

报社管理层在中央厨房会议上专门对这次报道事件进行了反思，用"失败"来形容报社对高考选题的处理，其背后的原因在于高考报道的"惯常思维"：一是未能领会从高层到民众"以平常心看待高考"的态度转变；二是对"主流热点"把握不当，不能抓住机会将热点做深做透，获得最好的传播效果。这条短视频起到了重要的示范效应，甚至形成报社内部的一个新的生产"常规"，在讨论到某些选题、产品思路的时候屡屡被提及，希望能仿效这个视频效果，拍到轻松、有趣、生活化、富有人情味的视频和图片，改变以往主要聚焦于事件、场景、政策等的报道常规。而且，从业者越来越重视从产品传播中挖掘素材，比如网友的精彩评论、调侃等，进行相关话题的再生产。

由一个 20 秒短视频引发的报道事件，提供了一个较好的切入点，观察新媒体环境下省级党报如何整合"宣传逻辑""新闻逻辑"与"流量逻辑"，建构和修正对"主流热点"的理解，实现"混合情感传播模式"（张志安，黄剑超，2019）的转向，理解其背后来自国家意志和民众心态的驱动因素，以及新媒体多平台运作的架构下，如何在首发与二次传播、原创稿与综合稿之间循环往复、信息叠加，推动热点的传播扩散。笔者认为，这并非一个孤立的个案，还应当置于"新党媒共同体"的场域中，分析省级党报与央媒、其他省级党报之间新的竞合规则，以及由此形成的以资源整合、相互模仿、相互引流、快速抓取热点为特征的"综合稿"生产方式，即在获取独家新闻几乎不太可能的情况下，多方引用甘斯所说的"同行消息来源"，媒体从相互蹭热点、相互引流中获益。

研究者恰好身处"关键事件"现场这种独一无二的、民族志意义上"到过那里"的经历，不仅有助于采集事件相关资料，更为宝贵的是可以直观感受到从业者在此事件中的反应和态度，比如"震惊""愤怒""急迫""懊悔""惶恐"等，与从业者形成了一定的情感共鸣，真正理解他们的新闻选择。而最重要的一点则是，必须将所有经验材料置于更大的社会情景和文化结构之中，挖掘影响新闻生产的深层次因素，才能"超越个案"（卢晖临，李雪，2007），尝试完成舒德森所提出的将文化的、组织的与文本的研究结合起来的任务（黄典林，2018）。

（三）田野资料的突破及问题视域的拓展：以编辑室控制研究为例

与以往主要采集文字、图片资料不同，通过线上田野可以原生态记录对话、图片、语音、视频、动图、表情符号、文件等各种资料。因此，资料分析方法也需要多元化。比如，由于工作群中获取最多的资料是对话，而线上对话相比面对面交流，具有不同的传播特性，同时包含隐喻、反语、一语双关等多重意涵。基于此，借鉴常人方法学的谈话分析、"录像分析"方法对自然状态下社会互动的研究思维，以及福柯的微观权力分析，考察编辑部成员在不受外界干扰情况下的实时互动与情感连结，可以补充实地参与观察难以获取的一些田野资料，包括媒体管理者顶层控制、记者和管理层之间的日常冲突、对"禁令"的维系与突破、效率与权力约束下记者的能动性等。甘斯（甘斯，2009：90）所说的"（研究者）不能进入编辑或制片人批评下属的场合"的难题，在线上田野中得到一定程度的解决。因为沃伦·布里德（Breed，1955）描述的在传统新闻生产流程中常见的"痛骂和蓝铅笔批示"已绝大部分转移到了线上，尤其是微信工作群当中。微信群中的任何互动行为，所有群成员都可感知、可围观，不管他们与这一互动是否相关。也就是说，批评和表扬在很大程度上变得公开可见了。

　　田野资料的突破进一步影响到了问题视域的拓展，有助于延续、丰富、修正以往新闻生产社会学领域的一些经典研究，比如编辑室控制问题。布里德的经典研究《编辑室的社会控制：一项功能主义研究》（*Social Control in the Newsroom: A Functional Analysis*），聚焦于"编辑室如何实施和强化控制"，除分析现代职业中比较普泛的控制因素，比如机构权威、强制权力、对上级遵从的义务、向上流动的渴望等之外，更强调编辑室控制是以从业者潜移默化地接受组织价值观的方式来隐性地实施，从而形成一种新闻专业的社区控制力量（Breed，1955）。20 世纪 70 年代新闻生产社会学"第一波浪潮"的学者也认为从业者会比较一致地遵循新闻"常规"（routines），事实上延续了布里德的研究结论，共同导向罗伯特·默顿（Merton，1959）所说的"行为遵从"（behavioral conformity）和"观念遵从"（attitudinal conformity）。社会控制在新闻从业者职业意识的形成与演变中扮演重要角色。在功能主义范式下，从组织层面解析编辑室的控制问题，对从业者一致性与遵从的强调，形成了媒介社会学领域的一个研究传统。

　　笔者观察到，在 M 报内部，传统组织权力结构中的一些控制性力量在弱化，但新技术条件下编辑室互动的可见性、可记录性与可追溯性特点，使得工作群作为虚拟编辑部，强化了基于互联网特性的新型控制，主要带来了三个方面的变化：一是"秒回"文化，二是"保持队形"策略，三是"监控"朋友圈。这三点都不同程度地强化了沃伦（Donald Warren）总结的"可见性"（visibility）这个与权力实施密切相关的特征（Warren，1968），使得时间管理、地点管理和任务管理以一种更具弹性的方式交织在一起，削弱了从业者对自己工作的控制感和自主性，强化了编辑室控制机制。但同时，从业者也发展出一套适应微信互动特点的博弈和协商机制，包括适时沉默、延迟回复、微信朋友圈分组等，让自己在不直接对抗编辑室规则的前提下，成为戈夫曼所说的"心存不快、言不由衷，但仍然以友好态度示人"的表演者（戈夫曼，2008：186）。同时，微信群中经常使用的表情符号、玩笑、段子、斗图等，提供了一种强化或者弱化感情色彩、缓解紧张、化解摩擦的方式，在一定程度上助推了编辑室平等、协商的氛围。

　　笔者认为，引入以微信工作群为主的线上田野资料，有助于在一个更加复杂的在线环境中考察个体互动的微观现实，进而探究其对编辑室控制机制的影响，呈现社会结构与个体能动性之间的张力，揭示出互联网时代伴随着新闻行业"奖赏性权力"（reward power）的弱化，编辑室控制更多是在互动中实施。这对以往主要基于功能主义范式、从组织层面研究编辑室控制机制的传统，形成了一定的补充和革新。类似地，对把关机制、新闻业"时间性"等经典问题的研究，线上田野都提供了更加多元的资料，激发了更为丰富的理论思考。从这种意义上也可以理解，引进民族志的意义不仅在于参与观察所获得的"局内人视角"，更在于改变、丰富新闻生产研究的问题结构。

（四）以参与观察为核心的混合民族志（hybrid ethnography）

　　多种研究方法混合使用，历来是新闻生产社会学的一个研究传统。被称为新闻生产社会学"第一波浪潮"三大经典的《做新闻》《什么在决定新闻》和《新左派运动的媒介镜像》，只有塔克曼的《做新闻》采用了比较纯粹的新闻室观察的经验材料。甘斯的《什么在决定新闻》有三分之一篇幅来自对媒体产品的内容分析，而这些分析与新闻室观察的田野资料并无太多直接关联。作为"学生争取民主社会组织"的一员，吉特林亲身参与了示威等各种组织活动，新左派运动本身就是他个人政治生活的一个重要领域，但他在《新左派运动的媒介镜像》一书中，并没有提出自己使用了参与观察法，而是强调"彻底的质化研究"（吉特林，2007：21、229-231）。可见，即便"第一波浪潮"最核心的研究方法是参与观察，但也并不拒绝其他研究方法。一项文献计量研究显示，过去二十来年中国大陆传播民族志研究论文中近一半使用了"混合民族志法"，也就是将民族志与问卷调查、文本分析、口述史等方法综合使用。但该研究也警示，在多种研究方法混合使用中，参与观察被弱化了，与人类学民族志原有的研究旨趣和关怀相悖（陈刚，王继周，2017）。它所带来的一个操作层面的表现就是田野时间大大压缩，乃至几乎没有参与研究对象的生活，更多倚重于访谈和焦点小组等较"省时高效"的方法。

　　笔者认为，在新媒体时代的新闻生产研究中，民族志框架下多种研究方法的混合使用会继续占据主导地位。基于互联网平台的特性，新闻产品内容、传输渠道、传播效果基本可以实时呈现，因此将访谈、新闻产品内容分析、从业者日常会话分析等方法结合进来，观测特定选题制作的全过程、时间线、发布平台与受众使用，对比编辑部内部生产、把关、评价机制与受众反馈数据，有助于打通原本割裂的媒介内容生产与效果研究，更真实地解读"新闻是如何被建构的"这一核心问题。比如，基于对前述"综合稿"生产的研究兴趣，笔者采集了 2021 年 8 月 1 日至 12 月 31 日 M报的微信公众号文章共计 889 篇，重点对其中的 140 篇综合稿进行内容分析，同时结合新闻民族志考察获得的田野资料，探究综合稿如何成为互联网时代专业媒体一种新的内容生产方式。虽然基础性的研究资料来自产品内容分析，但包含线上与线下的参与观察，对于研究者理解综合稿的生产动因以及实际操作中的能动性策略，仍然是无可取代的研究方法。

郭建斌（2017）认为，"参与"比"观察"更重要，没有参与他者生活的观察并非民族志。在互联网环境下，研究者"参与"的重要性显得尤为突出。由于新闻生产大量在数字平台上进行，让纯粹"局外人"式的观察变得事实上无效，只有真正参与到新闻生产中，才可能了解其实际运作逻辑，同时也才更有可能获准加入核心工作群，开展线上田野工作。当然，如何参与、参与到何种程度，要视研究者对新闻业务的熟悉程度、能够投入的时间精力，以及媒体机构的意愿而定。同时，线上田野方式也不完全等同于被动式"潜水"，更需要积极参与。从加入报社融媒体中心的核心工作群开始，笔者一直在揣摩如何在不干扰编辑部日常工作流程的前提下，寻找契机为编辑部提供有价值的资讯和力所能及的帮助，参与工作群互动、转发、评论、点赞新闻产品，以及寻找话题与编辑部成员在社交媒体上单独交流，以维持在编辑部场域中适度的存在感和持续互动的可能性。也就是说，线上田野仍须贯穿人类学田野工作的思维——合作而非掠夺，在互动中生产知识。

四、总结

进入互联网时代，稳定、连续、结构化的媒介生产和消费体系已不复存在，因此"第一波浪潮"时代那种以编辑室为核心田野地点的、时间限定的、规律性的新闻室观察，也面临着问题与方法重置的挑战。如果说，"第一波浪潮"学者以精彩的民族志工作，揭示出"新闻是被建构的产物"，"第二波浪潮"应该以此为出发点，将核心问题转向"新闻为何会被如此建构"这一更深层的追问。事实上，"第二波浪潮"的学者已经因应数字时代新闻业的根本性变化，试图对传统框架进行改造，避免新闻生产研究的"内卷化"。但相对来说，以往更多是从理论或方法论层面来进行的，对作为新闻生产社会学核心研究方法的新闻民族志探讨并不深入，亦缺少与个案密切结合的实践印证。在操作中，新闻民族志常常被狭义地理解为参与观察、深度访谈等具体的质性研究方法，这直接影响到新闻民族志在研究权力和社会结构等深层问题上难以充分发挥。基于此，本文从民族志的理论与实践两个维度切入，试图脱出单一的组织社会学学科框架，更多引入人类学尤其是媒介人类学的学术资源，从研究视域、研究对象、研究问题以及具体操作等层面，对新闻民族志进行调整和修正。

从理论维度上，通过回溯 20 世纪 40 年代发端的民族志与新闻传播研究相勾连的知识图谱，可以看到由社会学家开创的新闻生产社会学，与主要由人类学家推进的媒介人类学或民族志传播研究，形成了两条似乎并不交叉的学术路径。尤其在新闻室观察研究崛起的 20 世纪 70 年代，以"受众民族志"为代表，媒介人类学开始全面转向接受研究，两条路径更是渐行渐远，缺少深入的理论对话。作为一个深受芝加哥社会学派田野研究传统影响的学者，甘斯就拒绝被贴上人类学家的标签，而是称自己为一个主要使用参与观察方法的社会学家（Gans，1999）。然而，在新的时代背景下，这两条路径出现了重新碰撞和交流的契机，借以充分挖掘人类学的学术资源和方法论视角，寻求民族志与新闻传播学的深度共鸣与融合。

从实践维度上，本文结合正在进行的田野研究，将新闻民族志不仅作为研究方法更是作为研究取向进行改造，认为面对"空荡荡的编辑室"，互联网时代的新闻民族志应以线上线下穿梭，"时刻在场、整体浸润"的参与观察为核心，形成整体的、批判的、多点的研究取向。并综合使用访谈、新闻产品内容分析、从业者日常会话分析等方法，动态追踪新闻生产、传播、消费的全过程，打通原本割裂的媒介内容生产与效果研究领域，在此过程中将原本在新闻场域之外的新行动者纳入研究视野。同时，视角落点不能局限于媒体和生产者的层面，而要延伸到更宏观的、结构性的影响因素，尤其是宏观权力对媒介日常实践的渗透性和影响力，展示田野现象和国家力量的联结点，真正实现"嵌入式"地观察媒体生产、传播与社会生活的互构关系，探寻新闻生产背后的权力支配体系，建构起宏观、中观、微观相结合的综合性研究范式，从而更深刻地解读"新闻为何会被如此建构"这一核心问题。■

参考文献

白红义（2017）。在新闻室做田野：作为方法的新闻民族志研究。《现代传播》，（4），61-67。

陈刚，王继周（2017）。中国大陆传播研究民族志进路的逻辑、问题与重塑。《现代传播》，（7），
　　36-42。

大卫·M. 费特曼（2010/2013）。《民族志：步步深入》（龚建华译）。重庆：重庆大学出版社。

郭建斌（2003）。民族志方法：一种值得提倡的传播学研究方法。《新闻大学》，（2），42-45。

郭建斌（2014）。"电影大篷车"：关于"多点民族志"的实践与反思。《新闻大学》，（3），
　　45-50。

郭建斌（2017）。雾锁田野：如何在媒体机构内做田野调查——兼对《什么在决定新闻》的方法学
　　梳理。《新闻记者》，（5），61-69。

郭建斌（2019）。民族志传播研究的概念、理论及研究取向——基于中文相关文献的纲要式讨论。
　　《新闻大学》，（9），1-14。

黄典林（2018）。媒介社会学的文化研究路径：以斯图亚特·霍尔为例。《国际新闻界》，（6），
　　68-87。

梁君健（2018）。秒表可以测出重量吗？——基于民族志方法论的新闻生产社会学再思考。《新闻
　　记者》，（8），62-74。

卢晖临，李雪（2007）。如何走出个案——从个案研究到扩展个案研究。《中国社会科学》，（1），
　　118-130。

李立峰（2004/2009）。什么在决定新闻：新闻室观察研究的经典之作。载于赫伯特·甘斯《什么
　　在决定新闻》（石琳，李红涛译）。北京：北京大学出版社。

陆晔（2002）。新闻生产过程中的权力实践形态研究。《信息化进程中的传媒教育与传媒研究——
　　第二届中国传播学论坛论文汇编（上册）》，158-166。

尼基·厄舍（2016/2020）。《互动新闻：黑客、数据与代码》（郭恩强译）。北京：中国人民大学
　　出版社。

欧文·戈夫曼（1959/2008）。《日常生活中的自我呈现》（冯钢译）。北京：北京大学出版社。

潘忠党（2007）。作为深描的民族志。载于郭建斌编：《文化适应与传播》（代序），昆明：云南大
　　学出版社。

托德·吉特林（1980/2007）。《新左派运动的媒介镜像》（张锐译）。北京：华夏出版社。

王敏（2018）。从"常规"到"惯习"：一个研究框架的学术史考察。《新闻与传播研究》，（9），
　　68-80。

张放（2018）。传播学史视域下媒介研究"民族志转向"之辨及其价值探析。《南京社会科学》，
　　（6），108-117。

张志安（2006）。《编辑部场域中的新闻生产——〈南方都市报〉个案研究》。复旦大学博士论文，
　　4-5。

张志安，黄剑超（2019）。融合环境下的党媒情感传播模式：策略、动因和影响。《新闻与写作》，（3），78-83。

Anderson，C. W. (2011). Blowing up the Newsroom： Ethnography in the Age of Distributed Journalism，in Domingo，D, Paterson，CP（eds.）Making Online News： Newsroom Ethnography in the Second Decade of Internet Journalism. New York，NY： Peter Lang.

Breed，W. (1955). Social Control in the Newsroom： A Functional Analysis. Social Forces，(33)，326-335.

Christin A. (2020). Metrics at Work： Journalism and the Contested Meaning of Algorithms. NJ： Princeton University Press.

Coman，M. (2005). Media anthropology： An overview. Media Anthropology Network Working Paper Series，17 - 24. Available at： https：//www. easaonline. org/downloads/networks/media/05p. pdf.

Cottle，S. (2007). Ethnography and News Production： New (s) Developments in the Field，Sociology Compass，1(1)，1-16.

Gans，H. J. (1999). Participant Observation in the era of "Ethnography". Journal of Contemporary Ethnography，28(5)，540-548.

Mehendale，S. G. (2020). All ears! Tracing journalistic podcasting in India through newsroom ethnography. Media Anthropology，（12）. Available at： https：//media-anthropology. medium. com/all-ears-tracing-journalistic-podcasting-in-india-through-newsroom-ethnography-56 0bfa337808.

Merton，R. (1959). Social conformity，deviation and opportunity-structures： a comment on the contributions of Dubin and Cloward. American Sociological Review，(24)，177-189.

Petre C. (2021). All the News That's Fit to Click： How Metrics Are Transforming the Work of Journalists. NJ： Princeton University Press.

Warren，D. (1968). Power，Visibility and Conformity in Formal Organizations. American Sociological Review，33(6)，951-970.

Willig，I. (2012). Newsroom Ethnography in a Field Perspective，Journalism： Theory，Practice & Criticism，14(3)，372-387.

作者手记

2021 年 3 月，我获准进入一家省级党报融媒体中心，计划开展为期一年的新闻民族志考察。因为有挂职的身份，所以"进入"田野没有任何障碍。在报到的第一天，融媒体中心几位负责人热情洋溢地欢迎我来"智力扶贫"，一顿麻辣滚烫的火锅让我们快速地"融"到了一起。

然而很快我就发现自己陷入一种尴尬的境地。首先，他们并不真正需要我——媒体单位都是"一个萝卜一个坑"，大家都在自己的岗位上忙碌不停，大学教授或许还不如一个实习生对他们有用。融媒体中心领导没给我安排任何具体的工作任务，也没有固定的工位，反正编辑大厅里空位置很多，我就随机选一个坐下。其次，也是更要命的，编辑部里面经常是空空荡荡、安安静静，看不到几个人。融媒体中心实行弹性工作制，大多数时间，从业者都在外面采访、拍摄，写作、剪辑等工作可以在任何有网络的地方进行。20 世纪 70 年代甘斯、塔克曼这些社会学家眼中充满着电话声、吵闹声的忙碌的新闻编辑室已不复存在。

面对这种状况，我开始焦虑田野工作如何进行。一方面，我尽可能参加编辑部的常规会议，主要包括每天早上整个报社的中央厨房会议，报社管理层和各部门主任都会出席，讨论第二天的选题策划和版面安排，以及每周二的融媒体中心部门会议，还有报社不定期组织的业务培训会、内部业务研讨会、重要产品"复盘"讨论会等。在这些会议上我基本是旁听的角色，尽力记录下所有感兴趣的细节。偶尔融媒体中心领导们会就某些选题咨询我的意见，或者礼貌性地询问我有没有什么要说的。有时候我也会准备一些发言内容，以使自己不完全处于旁听者的状态，从而更加自然地置身于编辑部团队之中。另一方面，我将注意力更多地转向对编辑部线上互动的关注，尝试开辟"线上田野"。基于挂职的身份，我获邀加入了融媒体中心的审稿工作群，群成员包括融媒体中心主任、副主任，各第三方平台主管，以及部分业务骨干。我发现，这个群在很大程度上承担了传统编辑部组织新闻生产的职能，随时讨论选题、发稿、审稿。此外，我还会每天查看报社的各个新媒体平台内容，尤其关注某些重点产品的传播情况以及在编辑部的反馈。

转向"线上田野"的一大感受是观察时间无限拉长，配合数字新闻生产24×7的节奏。记忆中最晚的一次工作群讨论持续到凌晨3点左右，当时是在商量即将推出的一组海报文案，领导总觉得不够有创意，不停地换方案。领导不下线，其他人也不敢退场，时不时要出来"冒个泡"。作为编外人员，当然我可以保持"潜水"状态，甚至提前下线，第二天早上再来看群消息，但那种感受是不一样的。对我来说，与他们一起熬夜，一起绞尽脑汁想点子，一起在无数次被领导否定之后会心一笑，有纯粹"潜水"无法取代的意义。在线下接触相当有限的网络化编辑室，微信群里的这种交流和互动能帮助我渐渐地融入这个团队，形成某种认同和默契，进而更深入地理解数字新闻生产中真正的问题所在。微信群里熬的无数个夜，也激发我对于互联网时代新闻工作方式、组织模式、编辑室文化等生发了更多感触，促成了我的另一篇论文《数字新闻生产中的编辑室控制——基于对媒体从业者微信使用的田野观察》（《现代传播》2022年第8期）。

"线上田野"带来的另一个思考是参与和观察变得更加密不可分。研究者没有足够参与度的话，就难以获邀加入新闻工作群。除了固定的部门工作群，报社还有各种基于临时工作任务而组建的群，对研究者来说，加入这些群可以方便地观察平台化新闻生产中的跨部门协作、不同岗位从业者新闻生产惯习的差异等更加具体的问题。另外，及时点赞、转发、评论报社的重要新闻产品，也是一种参与方式。记得我曾经在朋友圈转发了一条报社生产的两会报道的互动新闻，还加上了一句赞扬其创意的评论，结果融媒体中心一位管理层竟然原样转发了我的评论，并加上了"××大学教授评论"的标注。这让我深刻体会到，从业者其实很在意这种社交媒体上的参与。在我观察他们的时候，他们当然也在观察我。"互动，而不是索取"，永远是民族志知识生产原则之一。

一年时间很快过去。传统民族志工作中的"离开"往往充满仪式感，意味着从某种物理空间和文化空间中抽离，要经历烦琐的手续、漫长的旅程，以及心理上的重新调适等。然而我的离开简化为几条短信——我给融媒体中心负责人发了信息，表示自己的挂职期限已到，感谢他们在此期间的支持和帮助，随后在报社工作群中跟同事们道别，礼貌地退出了群聊。这样的离开甚至在我自己心中也没有激起任何波澜。我想部分原因在于，互联网让我们的生活场域越来越相似，也越来越容易彼此连接。尽管在田野中遇到的大多数人都是擦肩而过，但也有少数人成为朋友，会在朋友圈有持续的互动，时不时聊聊热点新闻事件和各类社会现象，也会偶然相互帮点小忙。用安吉拉·克里斯蒂（Angele Christin）的书中的一个概念来形容，我们部分地继续成为对方的"算法公众"（algorithmic publics）。我喜欢这种状态，让我能够持续接收来自田野的信息，这意味着可以不断更新我对于所研究的问题域的理解，而非静态地依赖已获取的田野资料。

总的来看，我的这段田野经历是线上线下不断穿梭、相互碰撞、相互激发的过程。在互联网上无穷无尽的字节跳动中，试图打捞某种意义，这种失望与希望的交织、绝处逢生的灵光乍现，不亚于奈吉尔·巴利（Nigel Barley）在西非的茅屋中无限期守候割礼仪式。或许这也正是民族志田野工作最大的魅力所在。

新闻创新研究的方法

新闻创新研究与多元方法论

■ 张启锐 沈君蔓 宋沁语

【本文提要】 本文首先梳理了 2023 年 145 篇新闻创新领域经验研究，发现研究对象主要来自来源广泛的文本、媒体组织与个人行动者，以及新闻使用者；主要方法仍采用传统的定性和定量方法，但也出现了多元方法的混合使用和创新使用。随后，本文介绍了国内外新闻创新研究领域中较新的，并有较大应用空间的六种研究方法和研究工具，分别是可用于探究新闻生态系统的网络民族志、还原新闻生产过程的新闻生产重建法、情境化捕捉并分析受众新闻使用行为的媒体日记法、处理大规模文本数据集的自动化内容分析、规范化定性分析过程的计算机软件和激发受访者参与的亲和图。

新闻业发生剧烈变化的当下，变动的新闻环境与各类新闻行动者的新行动已引起国内外学界的普遍关注，形成了一个颇为活跃的研究领域——新闻创新。研究者沿用在传统新闻学研究中已广泛使用的问卷调查、民族志、文本分析等经典社会学研究方法，回应研究问题并获得新知。但是，在数字时代，优先关注创造性行动的新闻创新研究与大众传媒时代的传统新闻研究所面对的新闻实践环境、方式、回应的问题都有所不同，因此研究者也在更新接触与分析经验对象的方法和工具。

为了更清晰地了解当前新闻创新领域研究所使用方法的总体情况与发展趋势，本文梳理了 2023 年"全球新闻创新研究数据库"中 145 篇新闻创新经验研究论文①，通过考察这些论文主要运用了哪些经验收集方法与分析方法，为研究者在方法选择与使用上提供参考。

一、新闻创新经验研究的主要对象

总体而言，在研究对象上，新闻创新领域的经验研究首先关注的是来源广泛的文本（61篇），包括新闻报道、社交媒体推文和评论转发文本、政策和司法判例文本、组织相关的公开文本与学术论文。通过分析不同类型的文本可以回应多种研究问题，如新闻报道的话语建构与文体特征、文本体现出的新新闻实践方式与观念、媒体与公众在社交媒体上或新闻事件中的行动表现、政策文本中呈现的新闻政策特征与变化等。五种类型的文本作为研究对象时，数据规模差异大，尤其在分析社交媒体推文和受众评论转发文本的研究中，文本数据量通常可以达到数万至数十万。

其次关注的是新闻领域的行动者（包括个体与组织，共57篇）。个体行动者以从事新闻实践的媒体人为主，还包括少部分的社会活动者与新闻研究人员；新闻行动组织以从事新闻生产的专业媒体为主，仅有少部分研究关注外围新闻生产单元和新闻出版商等不直接从事新闻生产的辅助性组织。关注行动者的研究主要讨论行动者观念与行动的问题，具体有新观念是如何形成的、如何看待新闻领域的新技术或实践、媒体组织如何在特定的环境下采纳新实践等。

最后关注的是新闻使用者（43篇），主要探讨新闻使用行为（使用、表达、分享等）的影响因素、不同使用行为对认知（新闻信任、知识、阴谋论观念等）的影响，或将新闻信息特征、传播渠道等外在因素作为实验刺激，观察其对受众认知和行为意愿的影响。

---

① "全球新闻创新研究数据库（2023）"由南京大学新闻创新实验研究团队制作，论文来源期刊包括：《新闻与传播研究》《国际新闻界》《新闻记者》《新闻大学》《新闻界》《新闻与写作》《南京社会科学》《传媒观察》及 *Digital Journalism*、*New Media & Society*、*Journalism studies*、*Journalism*、*JournalisnPractice*、*Journalism & Mass Communication Quarterly*、*European Journal of Communication*、*The International Journal of Press/Politics*。

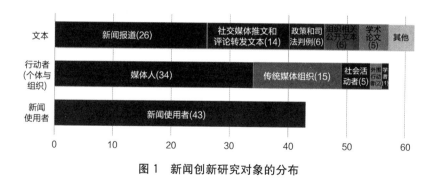

图 1　新闻创新研究对象的分布

二、获取和分析经验材料的主要方法

从经验材料获取方式看，研究者主要采用网络检索与数据抓取、访谈法与实地研究、问卷调查与实验法。随着数字新闻实践嵌入信息网络，面对指数级的信息文本和受众行为数据，网络检索与数据抓取呈现出由人工到有计算机辅助的趋势。研究分析的文本规模从部分抽样扩展到全样本抓取，受众行为从通过访谈和问卷调查的事后还原，到直接抓取完整的受众行为数据。例如，有研究者在探究美国成年人接触党派新闻网站是否会导致意见的两极分化时，开发了一个开源工具 Web Historian，直接访问并跟踪被试者个人电脑上的浏览器历史记录数据（如访问的网站、使用的搜索词等），了解被试者真实的党派新闻接触情况（Wojcieszak et al.，2023）。另外，根据研究需要，具体使用的访谈法包括深度访谈、研讨会、焦点小组、德尔菲访谈等。访谈者规模根据是否接触到关键人物和达到信息饱和，集中在 1 至 50 的人数区间内。而问卷调查与实验法的受访者规模从 500 至 5000 人不等，少量通过问卷收集数据的研究使用面板数据或跨国数据。

经验材料的分析方法主要有量化统计分析、质性分析、计算机辅助的内容分析、社会网络分析、案例分析。面对数据或可数据化的材料，研究者主要使用 spss 和 stata 进行描述性统计分析，或通过最小二乘法回归、线性回归、逻辑回归等模型分析变量间关系，较少探究因果关系。处理数量有限、非结构化的文本材料，研究者主要采用多层级编码的归纳分析、文本形式和话语框架分析。对于难以逐一阅读并分析的大规模文本数据，研究者多在计算机辅助下完成文本预处理、词频统计、自动提取文档主题、绘制语义网络图等分析。例如在探究推特上涉华虚假信息传播主体有哪些、彼此之间如何互动的问题上，面对 72 万余篇推文和 40 余万账户信息，研究者使用 Python 自然语言开发的 Doc2vec 模型计算推文之间的相似性，发现并标记相似度高的推文集群；利用谷歌的知识图谱（knowledge graph）和 IBM 自然语言理解程序接口的实体分析功能，标签化编码账户信息，并根据标签关键词进行用户分类；同时采用 Boto-meter 自动化判断账户类型，划分类机器人用户和类人类用户，在此基础上分析并回应问题（陈秋怡，汤景泰，2023）。同时，随着新闻领域行动者多元化、新闻实践网络化，研究者开始通过社会网络分析，讨论多元主体在新闻生产或议题传播中如何互动，形成怎样的关系网络。最后，案例分析在新闻创新研究中主要为聚焦某媒体组织、关键新闻事件的单案例分析，以及少量多案例分析等。

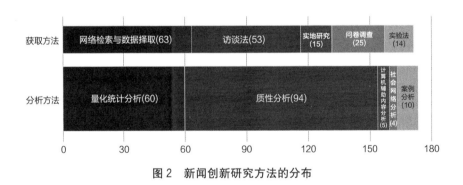

图 2　新闻创新研究方法的分布

三、值得关注的六种新闻创新研究方法

总体而言，目前新闻创新研究基本沿用传统的新闻学研究方法。但由于新闻实践环境与方式明显不同于以往，谁在做新闻、如何做新闻等许多

已有答案的问题被再次问题化。许多长期以来新闻学关注的研究对象也发生明显变化，对传统的经验对象观察和分析方法提出挑战。例如新闻生产者不再局限于职业工作者，新闻生产与传播实践更具协作性和网络化特征，使针对新闻工作者的访谈和深入编辑部的实地观察不再能还原新闻生产实践的全貌；面对规模远超以往的新闻报道和围绕报道的讨论文本，依靠手工编码的内容分析方法也束手无策。因此，面对新问题、新研究对象和研究需要，研究方法上的改良与创新、新方法应用趋势值得关注。下面将主要介绍六种在进行新闻创新研究时有独特优势，或有助于改进现有分析方法不足的研究方法和工具。

（一）网络民族志（Network Ethnography）

在数字技术变革与影响下，新闻业从相对稳定封闭的职业系统，转变为一个由新旧行动者共同构成、流动有机的媒体生态系统。数字新闻实践也变得更具协作性、流动性、网络化与非制度化。传统新闻研究中，编辑部民族志作为一种强有力的数据收集方式，可以对组织内实践进行细节丰富的描述，网络分析则擅长以定量和可视化的方式勾勒出行动者与环境、行动者之间实践关系的总体轮廓。然而，随着数字新闻研究的分析对象从清晰明确的职业新闻组织，转向由多元异质行动者构成、包含复杂实践关系网络的新闻生态系统，孤立地使用两种方法难以实现对媒体生态既完整全面又细节生动的描述和分析。

在此情况下，网络民族志被研究者当作一种解决方案。这里所说的"网络民族志"不是在网络上进行民族志研究，而是一种融合了网络分析和民族志方法的混合研究法。2002 年，牛津大学教授菲利普·霍华德（Philip Howard）最早运用了这一方法。他在研究一个为政治竞选工作提供人员和技术支持的在线社区时，发现传统研究方法无法捕捉社区实践文化，并置于与政党、游说者等政治参与群体形成的关系网络中加以讨论。由此提出网络民族志分析方法，并将其定义为：使用民族志方法对通过社会网络分析选定的案例和田野地点进行研究的过程（Howard，2002）。他的研究步骤包括：首先充分收集社区在线实践信息，绘制行动者关系网络地图。接着在网络关系图的指导下，确定关键行动者、选定田野目标，并开展民族志工作。在对观察对象及其行动有细致深入的理解后，再将田野发现放回网络关系图中讨论行动者关系，以尽可能清晰完整地理解整个实践系统。

网络民族志分析方法在新闻创新研究中的运用具有三个重要特征。其一，研究对象上，该方法对于分析"跨组织系统（trans-organizational systems）"尤其有效。霍华德所谓的跨组织系统包含多个实体，实体彼此之间围绕共同目标相互关联，并构成一个实践和关系网络。当下的新闻生态系统恰恰具有这些特征：新闻实践跨越职业媒体组织，由以"做新闻"为共同目标的不同行动主体协作进行，行动者基于实践行为形成关系网络。其二，该方法在网络化社会的背景下提出，整合了线上与线下的社会实践。由于数字技术使个人与组织实践可脱离物理空间，基于网络形成实践社群，并且线下行为明显受到线上实践与关系的影响，社会网络也因两个空间的互动而变动。因此，理解新闻生产传播这样一个线上与线下实践交融的领域，不能割裂地研究两个空间中的实践行为。网络民族志分析通过捕捉线上数字信息流动与行为数据，绘制行动关系网络并映射到物理空间中；再将实地调查的发现与线上数据分析相结合，深入理解网络化实践与行动者关系。其三，该方法可有效地将微观的个人和组织行为，与宏观的权力关系和社会制度相联系。从微观层面通过民族志方法收集个人行为故事、观察组织实践方式，在宏观层面通过网络分析对生态系统中实践和关系网络进行整体性描绘。两相结合之下，以理解不同行动者如何在网络化的社会空间中展开实践。

网络民族志自 2002 年由霍华德提出以来，在新闻创新研究领域得到不少研究者的响应，特别是在探索数字时代新闻媒体生态系统，而非单一媒体组织或个人时，此方法尤为适用。这里介绍两个从不同角度探究媒体生态系统问题的研究（Robinson ＆ Anderson，2020），展现对此方法的具体使用过程。

　　首先是安德森（C. W. Anderson）对费城地方新闻实践网络的研究。他选取能代表更大范围内城市新闻生态的费城，希望了解在数字时代新闻实践如何开展、新闻记者如何工作并与不同行动者合作等问题。在最初对费城每日新闻报的田野调查中，他意识到仅在该报社编辑部进行实地观察，无法清楚全面地了解新闻实践和新闻业在数字时代的变化。因此安德森采用网络民族志，从行动者及其关系入手，旨在描绘费城新闻行动者网络并发现关键行动者。研究者首先悬置对什么是新闻业、哪里可以找到新闻业的预设，跳出传统新闻编辑部，着眼于整个与新闻相关的实践领域，尽可能抓取与之相关的在线数据并绘制研究"地图"。具体而言，研究利用爬虫 Issuecrawler 抓取指定网站和来自网站的外部链接，再使用来自分析公司 Morningside Analytics 的各类群体获取信息和观点的来源的数据，基于两组数据分别绘制了两张数字网络集群图。

　　例如在由分析公司数据绘制的"地图"上，费城居民信息来源清晰地呈现出一个影响力强大且集中的博客集群，以及一个影响力较弱但规模庞大的次级博客集群。在核心集群中又出现两个子集群：占主导地位的专业付费新闻群体，通过商业博客平台发布注重个人叙事、弱新闻性内容的群体。两幅"地图"帮助研究者将不同类型的内容生产者划分集群，并对观察哪些新闻编辑部、访谈哪些博主有了初步了解，也从中发现了一些可以进一步通过民族志方法验证的初步线索。同时，为了避免对费城媒体的理解过于依赖基于数据绘制的可视化网络，研究者将网络集群图作为一个指南，结合自己原有的观察和理解，选定费城每日新闻报社和费城问询报社进行实地调查。

　　另一项是罗宾逊（Sue Robinson）对麦迪逊市新闻行动者网络化实践的研究。研究者希望全面了解当地社区的信息流动内容、方向和权力动态，以及虚拟和现实世界中的社交网络如何决定媒体生态系统。这项研究从关键事件和行动入手，选择了一个触及权力问题的新闻事件，捕捉事件中的信息流动方向，以及因权力关系而出现的传播中断与信息分流，以了解当地网络化新闻实践和被社交媒体重构的媒体生态。研究者首先收集围绕麦迪逊市"K-12学校种族成绩差距事件"的全部网络信息，包括全网 1287 篇新闻报道、博客和 Facebook 帖子，并对每篇文章的作者及其在社区中的角色、直接引用信源、提及人物、链接和文章使用的证据类型进行编码。基于 6331 个编码条目，绘制该事件中麦迪逊市的公共信息流动图。图片清晰呈现了信息的被引关系、流动方向和范围、信息流动中的关键影响者。由此，研究者根据网络分析中得出的最具影响力和参与度的行动者名单，选定 71 位被访者。同样，为了避免过度依赖信息流动图，而忽略事件讨论中本就处于弱势的声音，研究者对缺席公开讨论却与议题密切相关的有色人种学生家长，补充了焦点小组和访谈。

由此可见，网络民族志可以在新闻生态系统的相关研究中，帮助研究者将模糊多元的新闻行动者划分类型，呈现不同类型生产者之间多变但又高度结构化的实践与关系网络，从中发现影响网络的关键生产者，或研究者所关心的专业媒体在生态系统中的位置、关联的行动者和影响等。同时，网络民族志能够精准地追踪新闻故事在一个媒体行动网络中传播的实时进展，包括信息流动方向与流动中新闻信息的变化。值得注意的是，由于媒体生态始终处于不断变化之中，网络分析所绘制的时间截面式"地图"，几乎一经确定就会立即过时。因此研究人员需要意识到这一点，在后续民族志和访谈收集材料时，努力让受访者回忆网络信息抓取时的实践情况，保证分析对象在时间上的一致性，并注意记录媒体生态和实践网络的变化。

此方法为研究者提供全面且细致观察媒体生态系统机会的价值，远远超过了这一因时间因素带来的局限性，其在新闻学研究中的应用普及有待推进。

（二）新闻生产重建法（News-making Reconstruction）

同样由于新闻生产过程相较以往更具流动性，并且经典新闻编辑部研究对"新闻如何被生产出来"的问题，所给出的答案已不再完全适用于当下，"如何做新闻"又变成一个新的、亟待解答的问题。新闻生产重建法作为一种聚焦新闻生产过程的方法，用以揭示新闻从无到有的复杂过程。它基于关键新闻行动者（通常是记者）对已发表新闻作品制作过程的回忆和阐述，了解新闻如何被生产，以及过程中决策为何被做出；并有意识地将实践细节与编辑部文化、新闻业规范价值、媒介体制、社会心态等结构性因素关联起来，考察两者之间的互动关系，从而更全面准确地评估和理解新闻生产（Reich & Barnoy，2020）。

在 20 世纪 80 年代受实践理论影响，"重建"实践过程成为除通过民族志直接观察外的另一种选择。实践理论建立了个体行动者实践与结构之间的关系，将客观结构视作实践的产物，并不断被实践复制和改造（Bourdieu，1977）。许多学科基于"重建已发生实践"的思路，为探究自己感兴趣的实践过程开发方法，如心理学出现"一日重建法"帮助研究人员发现和评估人们日常生活实践，法医学提出"案件重建"和"犯罪现场重建"来整合物证并调查犯罪，以及研究新闻作品如何被生产的"新闻生产重建法"等。新闻生产重建法同样强调在微观新闻实践与宏观结构、规范性力量的相互建构中理解新闻生产，认为记者在生产过程中发挥着重要作用，他们通过实践积极塑造新闻规范，而不仅仅是被动的惯例践行者。

目前使用新闻生产重建法的研究主要关注五个议题：（1）新闻信源研究，分析记者与信源之间的互动过程，包括信源选择、依赖和信任关系，以及这些互动如何影响新闻生产和报道内容。（2）新闻实践研究，揭示新闻生产中的常规及其形成，包括新闻生产中的叙述符号选用与编辑决策、某种观念在生产实践中的体现、行动者之间的互动方式与关系，以及社会文化与意识形态等结构性因素影响下的实践。（3）技术影响研究，讨论新技术如何被整合到新闻工作中，并改变新闻生产方式和内容。（4）比较研究，比较不同新闻组织、媒体平台、记者，或不同国家的新闻实践过程。（5）历时研究，加入时间维度，追踪新闻生产实践的历时性变化，识别新闻生产的稳定模式与变化趋势。

新闻生产重建法高度重视关键行动者对亲身实践的"重述"。在运用新闻生产重建法之前，研究者需要明确两个前提：首先，要有"一个过程"可以被重建，一个包括信息收集、核查、撰稿、编辑与发布等全部或多个步骤，并且生成已发布新闻作品的新闻生产过程；其次，可以接触到该过程的关键参与者，并邀请他/她对生产过程进行重建。新闻生产过程由关键行动者组织起来，通常是新闻记者，他们沟通信息来源、去到新闻现场与编辑部，并且参与新闻的写作、编辑和发布，甚至在新闻传播中与受众互动。研究者接触到这种参与整个实践过程的关键行动者，是尽可能完整还原实践流程的关键。

新闻生产重建法在具体使用中可分为定性重建与定量重建，或将两者混合使用。研究者主要根据研究问题和个人倾向与能力进行选择。两者最主要的区别在于研究目标不同：定性重建旨在最大限度地了解记者的想法，捕捉他们特定做法背后的想法和缘由；定量重建则倾向于最大限度、不间断地还原整个新闻生产过程，同时最大限度地减少记者的事后分析和推理。基于不同的研究目标，两者收集资料的方式与资料类型也有所不同。定量重建通过访谈或问卷，主要收集新闻作品（制作用时/所用技术设备/是否核实了信息/做某决策的情境等）、记者（人口统计学信息/从业年限/职位类型等）、信源（性别/行业/人或非人等）和媒体组织（雇用记者类型等）层面的事实性信息。在访谈提问与问卷设计方面，强调访谈由访谈者主导、问题清晰且相对封闭式，并尽可能为受访者提供详尽的回答选项（始终提供选项"其他"），以压缩记者"美化"其实践行为和动机的空间。随后，研究者对所收集信息进行描述性分析，并探索数据间相关关系，验证假设或模型。定性重建则须通过访谈，引导记者对生产过程和决策进行反思和解释，以了解记者在生产中的思维过程、决策缘由、践行与认可的观念，以及事后评估。访谈问题更具反思性，如"你为什么在这篇文章上花费了更多时间""是什么让你决定不验证该信源的信息"等。使用定性重建法时，建议研究者要与被访者进行面对面访谈，以便敏锐地捕捉记者非语言行为的细微差别，并在访谈提问和分析中注意将实践细节、记者个人思维过程与结构性因素相结合。

需要注意的是，选择重建的新闻作品生产过程，一般应发生在访谈或调查进行前一个月内。时间间隔不能过短，避免一次访谈只能重建一篇报道的生产过程；但也不能太长，避免挑战记者的记忆力。访谈或调查前让受访者花几分钟阅读报道内容，可以有效地提高他们回忆的完整性和准确性。同时，也有一些研究者建议，访谈时间最好控制在 75 分钟以内，防止过于冗长消耗受访者的耐心。

以下通过介绍一篇同时使用了定性重建法与定量重建法的研究，呈现使用混合新闻生产重建法的操作过程。

该研究主要分为两阶段：首先，在 2006 年、2011 年和 2017 年对来自以色列国家新闻机构的代表性新闻记者，进行了三轮重建式访谈获得定量数据。其次，在 2017 年增加了定性访谈，获得更多无法用统计数据描述的见解。在定量重建访谈中，研究者统计了所研究媒体一个月内发布新闻报道的记者署名，获得该媒体的发稿记者名单和每位记者的发稿节奏。再根据报道政治、地方和财经三种题材的记者占比进行抽样，选定受访者，三轮访谈参与记者数分别为 50、78、70 人。访谈前研究者对每位受访者一个月内发布的新闻报道进行抽样，随机抽取 6～15 篇报道，在访谈中重构生产过程。三轮访谈重构的报道数分别为 557、694 和 343 篇。除极少数记者无法见面外，访谈均面对面进行。定量重建中，研究人员向记者提供他们发表的报道，根据问卷提问并填写记者的回答。研究者首先要求记者详细说明为报道提供资料的所有信源，再就每个信源提出一组相同的问题，如信源身份、接触信源的方式、是否核查等。虽然问题多是封闭式的，但不同于问卷调查，如果记者回答模糊难以归类，研究者会进一步追问。在定性重建访谈中，研究者以记者是否在定量重建访谈中表现出较强反应和是否具有较强表达能力为标准，进行目的抽样，获得 25 位受访者。对所重建的新闻报道也进行目的抽样，选择每位受访者的两篇报道，共 50 篇。访谈同样在报道发布的一个月内面对面进行，录音并事后整理。

目前，新闻生产重建法在新闻创新生产研究中的使用还不多，在我们观察的 145 篇新闻创新经验研究论文中，仅有 3 篇使用这一方法。但当下，到"空荡荡的编辑部"已难以观察到新闻生产过程的问题已然凸显，新闻生产重建法未来具有较大的应用空间。有研究者认为，不光新闻生产过程，新闻政策制定等具有复杂、重复和明确成果的实践过程都可以考虑使用重建法（Reich & Barnoy, 2020）。当然，新闻生产重建法也有自身局限，由于重建是基于已发表的新闻作品，因此会忽略出于不同原因最终没有发表的新闻及其运作逻辑；强调由关键行动者重述生产过程，可能会失去一些处于弱势或边缘地位行动者观察生产过程的视角。最重要的是，受访者个人阐述是经验材料的主要来源，对过程重建有绝对话语权的记者，可能会因自我美化、社会预期等认知因素，提供与真实过程有偏差的叙述。因此，已有研究者开始在使用重建法的同时，结合民族志、内容分析等较少依赖受访者阐述的方法，对获取的材料进行交叉验证。而且，随着数字化程度不断提高，新闻工作也开始留下更多数字痕迹，这为验证受访者叙述提供了新选择。

（三）媒体日记法（Media Diaries）

数字技术不光革新了新闻媒体实践，公众的新闻实践也远不同于以往。数字内容、媒体和平台的多元化，使公众可以自由组合使用不同媒介形式、媒体组织和数字平台上的新闻内容，形成个性化的新闻使用习惯。新闻使用也成为一种生活中随时可以开始、终止，或伴随进行的行为，深度嵌入了使用者的日常生活实践。人们新闻使用行为呈现出越发明显的个人化、杂食化、流动性和日常化的特征，让新闻使用者重新成为一个需要被观察和理解的群体，并对以往讨论新闻使用问题所用的问卷调查、访谈法和民族志的有效性提出挑战。有研究者提出了媒体剧目（media repertoires）、聚合媒体使用（polymedia）等新概念来描述这一变化。同时，研究人员也不断反思和改进方法工具，重新强调将日记法用于当下新闻使用研究的价值，将媒体日记视作一种可以连续完整捕捉新闻使用行为，并对行为加以情境化分析的方法（Berg & Düvel, 2012）。通过媒体日记收集个体对自身新闻使用的认知和解释，并最大限度地靠近他们的日常生活，即时自然地在生活世界中记录和理解新闻使用行为的复杂逻辑。

日记作为一种定期的"自我叙述"，由记录者对自己的行为和经历进行描述、分析或解释，并将自己对外界的观察和理解融入在内。它可以作为一种还原过去行动并呈现作者认知的研究工具，也是一类独特的研究资料。在社会科学领域，有通过日记获取研究材料的悠久传统。早在 20 世纪 20 年代，日记就作为一种方法，用于社会学的时间使用研究。研究者让人们细致地记录日常行为，以及时间在不同活动中被"花费"的方式，尝试描述人类的时间体验。与之相似，早期新闻传播领域也将日记法用于更精准地测量受众媒体使用时间，讨论问题包括某群体使用不同媒体的时间分配及影响因素、人们阅读新闻的时间是否从工作时间向休闲时间过渡等。目前新闻研究中，根据受访者需要记录日记内容的结构化程度不同，媒体日记法可以分为定性和定量两类：定量媒体日记法以封闭式结构获得精确的数据，主要收集不同媒体使用的时间分配，特定媒体使用时长和频率，使用媒体时的情绪、认识和反应等；定性媒体日记法让受访者在更为开放的结构下记录信息，注意到新闻使用的杂食性，并将使用行为带回日常生活场景中，获得细节丰富且高反思性的日记内容。

媒体日记法可以考察混合媒体使用、即时记录使用行为和情境化理解新闻使用。第一，该方法以使用者为中心，可以用于考察混合使用不同来源和媒介形态新闻的行为，完整呈现个人主动选择和管理所形成的复杂新闻实践方式与新闻剧目，而不再孤立地考察某一媒体、媒介形态或特定时空背景下的新闻使用。第二，该方法可以实现时间上近乎即时的使用信息记录，降低事后回顾产生的偏差。有研究者认为，数字社会中的新闻使用过于复杂，依赖受众事后回顾已经无法准确还原和理解多样、弥散，甚至不自觉的媒体实践，必须使用新方法尽可能接近新闻使用行为发生现场，实时记录并还原全貌。并且已有研究证明，受众对新闻媒体使用情况的事后回顾与自己记录的使用情况并不一致。在具体实践中，研究者可以给受访者发放一个便携的小本子（或数字日记填写链接），并明确要求他们随身携带，在使用媒体后立刻进行记录。在运用日记法进行定量数据收集时，媒体日记法被部分研究者视作一种现场记录方法，与生态瞬时评估、实时反应测量等方法相提并论。第三，媒体日记法可以在关注使用行为的同时，收集与新闻使用相关的情境性信息。情境包括自然的日常生活场景和研究人员少量干预后的使用情境。日记法让受访者在情境中自由记录包含新闻使用场景和生活情境的行为信息，由此在不加裁剪的语境中解释新闻使用行为逻辑，理解情境与使用行为之间的相互塑造。另有一些研究对其他社会实践行为与新闻使用之间的关系感兴趣，通过在日常生活中写日记的方式记录行为信息，可比问卷调查和访谈等传统方法更真实地还原生活中两者的关系。如有研究将新闻使用与关注和参与公共事件相联系，借助媒体日记法探讨了新闻使用如何影响人们理解公共问题和构建公民角色（Moe & Ytre-Arne，2022）。

在具体的方法使用中，可能因为日记本身记录方式多样和研究需要不同，媒体日记法并没有形成统一的结构化操作步骤和公认标准。在现有研究中，日记记录时间主要有每日（或其他频率）固定时间记录、每日（或其他频率）不固定时间和全天随时记录三类。若固定时间，如每晚8点受访者记录当日新闻使用，研究者可以每天在此时间点进行提醒，或当天再向受访者发送需要填写的日记清单。后两者由受访者自由安排记录时间。日记持续时长从一周到四周不等。日记记录的内容根据研究需要确定，通常包括三方面：（1）新闻使用的内容、目的、时长和频率、时间和地点、体验与评价，是否有任何特定的、印象深刻的新闻报道等。可根据研究问题需要，选择性地让使用者记录相关内容。（2）与新闻使用相关的行为，如新闻订阅、公共事件参与等行为。以公共事件参与为例，日记法可记录了解公共事件所阅读的新闻、对事件的认知和观点、参与原因和方式等。（3）日常生活情况，可以在尊重和保护隐私的前提下，根据研究需要收集受访者人口统计学信息、新闻偏好与需求、家庭与工作情况、社会关系等，以便研究者结合这些资料，讨论人们在不同社会关系中分别会有怎样的新闻分享实践等。

目前，媒体日记主要作为一种辅助性资料收集工具，依据研究需要与调查、访谈和民族志方法结合使用。下面介绍一项将定性媒体日记与访谈法结合使用的研究（Borchgrevink-Brækhus & Moe，2023）。该研究关心非订阅新闻用户的年轻人如何体验订阅新闻。研究者在被认为是新闻订阅市场最成熟的挪威，招募了15名不为新闻付费的受访者，并进行了三轮数据收集。首先，对每位受访者进行访谈，重点了解他们的生活状况和媒体在他们日常生活中扮演的角色，并具体询问了他们的新闻使用习惯和首选新闻来源、对订阅新闻的态度和新闻消费预算。其次，研究者让15位受访者在一个月的订阅期内，使用付费内容并填写四周的媒体日记。受访者会收到一个数字日记链接，每周在其中报告本周的总体新闻使用情况（包括免费和付费内容）、是否有任何报道引起注意，旨在了解他们日常接触新闻的经历。考虑到被试需要投入相当多的时间精力，因此，研究人员在期间与其保持密切沟通，以确保尽可能多的人完成日记记录。最后，在一个月后，研究者根据日记描述内容进行二次访谈。访谈主要重温第一轮访谈中的话题，并补充询问他们现在是否愿意为新闻付费、如何评估和理解新闻订阅，由此组成研究的全部分析材料。

　　媒体日记法能够帮助研究者捕捉随时随地进行、"穿梭"在不同媒介形态和媒体之间的新闻使用行为，并结合真实实践环境理解行动逻辑，为更准确地描绘和理解当下受众的媒体使用行为、新闻偏好与接触模式等提供方法上的可能性。当然，它也存在局限，其中特别需要注意的是，受访者可能会出于各种原因中断记录，导致数据缺失。为了鼓励受访者坚持记录，研究人员通常会定期与他们联系，或给予一定的经济激励；也有研究者在日记阶段开始前，就联系好替补人选以防受访者中途退出。

（四）自动化内容分析（Automated Content Analysis，ACA）

　　在我们梳理的145篇经验研究中，文本是新闻创新研究中最主要的分析对象。随着新闻实践环境的变化，数字新闻工作者与社交媒体上每天都生产大量数字内容。作为研究对象的新闻文本，从数量有限且易获得的报刊、广播电视新闻，变为通过多媒介渠道传播、弥散庞杂、形式多样的泛化数字新闻信息。当关心社交媒体上某议题报道呈现出哪些框架、网络新闻的受众评论有何特征等问题时，研究者需要面对和处理的文本总量已经和传统新闻学研究不在一个量级上。传统内容分析受制于编码员精力等因素，在处理规模化的文本材料时往往捉襟见肘，因此需要更新研究方法。目前已有新闻研究人员采用源自计算机科学和计算语言学领域的多种工具，进行自动化内容分析。自动化内容分析可以最大限度地减少人工编码的高昂成本，处理人工分析无法完成的文本数据集，并验证定性或小规模定量研究的发现，尝试将其推广至更大应用场景中（Boumans & Trilling，2018）。

考虑到新闻研究文本量规模化的趋势，以及 ACA 在大规模文本分析上的应用前景，下面根据编码人员在自动化分析中的参与程度不同，分别介绍基于预定义代码的自动化内容分析、有监督的机器学习和无监督的机器学习三类自动化分析方法，主要讨论它们的分析原理和程序，以及在新闻创新领域目前和可能辅助研究者完成的分析。

其一，基于预定义代码的自动化内容分析。分析需要研究者提供明确的编码手册，包括编码类别、规则、相关词列表等，计算机据此在给定的经验材料中进行自动化语词识别、统计或编码。分析方法的关键在于将已设定的编码规则与类别划分，转化为机器可读任务。研究人员在此过程中有很大的发言权，可决定机器提取文本的哪些内容特征。其中较为主要的是基于明确规则和基于词典的自动化分析。

规则可以被看作通过正则表达式和逻辑运算符，为计算机创建一张可读地图，将变量操作化定义和子类别变为地图上详细标明的文本识别起点（如指定词句）、识读方向和距离、目的地（如编码类别）（Günther & Quandt，2018）。基于规则的分析多用于辅助研究者进行文本分类和文本提取。例如，有研究考察在 779 篇关于主流媒体和主流新闻记者的研究论文中，"主流"一词如何被赋予差别细微的含义。研究者首先使用 Voyant 工具识别出全部论文中的 3008 个"主流"一词，并提取每处"主流"前后各 50 个单词，作为进一步定性分析"主流"定义语境的文本（Steensen et al.，2023）。

　　词典则是明确告诉计算机需要查找的关键词，通过关键词是否出现、出现频率等，识别文本的显要特征。例如，若文本中包含"特朗普""民主党""共和党"等词，就可以合理推测其新闻题材是政治新闻。基于词典的自动化分析中发展较为成熟的是，运用情感词典分析文本的情感倾向。最简单常见的分析是根据情感词典中词汇列表，统计文本中正面和负面情感词汇的数量和比例，来评估文本内容中情绪是积极还是消极的。除此之外，还有工具可以识别和处理更多文本中的符号元素，如否定表达或标点符号；或在正负面的二维情感评估之外，提供具体的情感成分分析，如焦虑、愤怒或悲伤。研究者还可以在提供关键词列表的基础上，规定对具体词语所赋分值，给予一些词语特定权重，因为在语言中出现很少的词可能比高频词更有信息量。而在许多情况下，新闻研究者关心的问题没有直接可用的词典，需要自行开发语料库。如有研究者为了探究新闻中隐喻相较于其他文体独有的特征，通过四位编码员手动编码新闻中的隐喻词，开发了一个新闻隐喻语料库，帮助后续捕捉新闻中的隐喻使用（Krennmayr，2015）。另一篇研究讨论 YouTube 新闻视频下用户评论中存在的敌意，研究者根据前人文献对敌意的操作化定义，参考现有消极情绪、愤怒和脏话词典，并随机阅读 10％的评论文本，以寻找可能只存在于 YouTube 新闻视频评论中的敌意指标，自定义敌意词典。根据该词典识别并统计每条视频评论中敌意词汇占比（Ksiazek，Peer & Zivic，2015）。不过开发词典本身是一项费时费力的工作，需要反复验证其有效性，并且在选用词典时也要注意词典的适用语言和领域，例如有研究发现，将哈佛情感词典用于分析金融文本将产生错误结果（Loughran & McDonald，2011）。

　　其二，有监督的机器学习（supervised machine learning）。在内容分析中还存在这样一种情况：研究者可以根据已有编码表，很轻松地阅读文本并根据特征进行编码，但却很难形成如上述规则这样明确的计算机处理指令。在此情况下，可以选择有监督的机器学习方法分析大量数据。它不需要制定明确的规则，而是学习人类编码员的编码决定，自行推断文本具有哪些特征会被划分为相应的类别。简单而言，有监督的机器学习实现自动化分析主要有以下步骤： 首先，编码员在待编码的文本集合中随机选择一定量的样本，根据编码表对随机样本进行人工内容分析，让计算机根据文本和编码员给出的编码结果，学习并推导文本特征与编码类别之间的联系规则；随后，让计算机根据所推测的规则再编码一定量的样本，进行测试；当计算机与编码员给出的结果相近时，就可以让计算机对剩余文本进行自动化内容分析了。除了对原始数据集的部分文本进行人工编辑以训练算法外，还可以使用已经人工编码过的外部数据集进行训练，如有研究者使用路透社数据集（Lewis et al.，2004）和纽约时报数据集（Sandhaus，2008）训练算法，自动化分析了 250 万篇新闻文章（Flaounas et al.，2013）。训练文本的数量与质量直接影响着机器学习算法的有效性，研究人员需要保证人工内容分析的准确性，并且为每个编码类别提供数量充分的案例。当然，有监督的机器学习的底层模型和算法更为复杂，大量对算法有效性的深入探究，生产了相当数量的文献，并开发了基于不同运算逻辑的机器学习算法，包括朴素贝叶斯分类器（Naive Bayes classifier）、支持向量机（Support Vector Machine）、神经网络（Neural Networks）和随机森林（Random Forests）等。不过，尽管有研究在对来自奥地利 12 家报纸的547617 篇报道的报道框架识别中，证明有监督的机器学习的有效性优于潜在狄利克雷分布（Latent Dirichlet Allocation，LDA）代表的无监督的机器学习（Eisele et al.，2023），目前新闻学研究对该方法的使用仍然有限。

其三，无监督的机器学习（unsupervised machine learning）。除了基于明确编码规则或词典的自动化内容分析，LDA 主题分析是目前观察到的在新闻研究中处理大规模文本时使用较多的工具。LDA 主题模型是一种无监督的机器学习，不同于基于预定义代码的自动化分析需要提供明确的编码规则和类别、有监督的机器学习需要确定的编码类别，无监督的机器学习是一种在编码类别未知、对已收集文本集合知之甚少的情况下，可以全自动探索文本并协助研究者定义类别的方法。研究者不事先规定需要寻找什么，让计算机在庞大的数据集中自行归纳和提取文本框架或主题，不过如何让机器分析结果有意义，则取决于研究人员的解释。其中，框架或主题主要根据词语共现情况，进行归纳和提取。以两类常见的无监督的机器学习算法为例。文档聚类（Document Clustering）基于聚类分析，揭示具有相似主题的文本组合。它生成文档主题的最常见方法之一就是计算文档中所有词频，发现主题，并根据不同文档之间的词汇相似性归纳相同主题的文档集合，不考虑词汇在文章中的位置和句法。目前使用较多的聚类算法是 K 均值聚类（k-means clustering）。另外，LDA 等主题模型（Topic Models）也是近年来对大规模数字文本集合进行主题提取的有力工具。主题模型基于分层贝叶斯分析，根据词组高共现率，推断文本中的隐藏语义结构，该模型认为只有在文本中使用词语模式相似时，主题才会显现出来（Günther & Quandt，2018）。在 145 篇新闻创新经验研究文章中，我们观察到 6 篇使用自动化内容分析的文章，其中有 3 篇使用了不同的主题建模工具自动提取大规模的学术论文摘要、新闻报道和用户评论文本中的主题。

　　需要注意的是，对获得的大量文本进行上述分析之前，还需要对文本进行预处理。因为计算机处理自然语言的方式不同于人类编码员，不具备识别文本的阅读能力，不加清理的数据直接交由它处理，很可能出现"垃圾进，垃圾出"的问题。在自动化分析前进行数据清理和规范化，是大多数自然语言处理算法运用前的重要步骤。预处理通常包括删除文本中与研究内容无关的部分、统一数据集文本之间的不同格式、删除停用词、词干提取与词形还原等，以降低大型数据集的复杂性和后续计算成本，将原始文本数据转化为符合模型输入要求的格式。具体哪些步骤是必要的，取决于文本情况和研究需要。同时，研究者可以先通过一些简单的频率和可视化分析（如文本长度的直方图），初步了解数据，帮助发现数据集中的异常值。

　　上述三种类型的自动化内容分析方法可以帮助研究者对规模庞大、无法阅读的文本集合进行分析和处理，具体的方法选用取决于文本数据集特征和研究需要，也可以将多种方法结合使用。感兴趣的研究者可以通过前人研究、GitHub、Voyant Tools（voyant-tools. org）开源工具集，以及 R

和 Python 的用户社区等渠道,对不同算法的原理与使用进行更为深入的学习。当然,由于语言是复杂的,自动化分析方法无法像编码员一样识别和理解词句的各种含义,但可以在认真了解算法基本工作原理和统计过程的基础上,适时使用自动化内容分析工具,节省研究者有限的时间和精力。

(五)计算机辅助的定性数据分析软件(Computer-Assisted Qualitative Data Analysis Software,CAQDAS)

面对新闻创新领域新旧行动者如何做新闻、如何进行创新行动等问题,研究者主要通过民族志和访谈法等传统方法获得质性材料。但在处理这类非结构化的经验材料时,由于分析高度依赖研究人员作为材料独家解释者的归纳和分析能力,分析过程难以清晰再现,研究常在方法规范性上受到质疑。这样的质疑声也长期存在于质性研究中,因为质性研究作为一种旨在理解行为和行为背后情境意义的解释性活动(Sinkovics & Alfoldi,2012),常会因为在理论和材料之间反复迭代的过程模糊,被批评为分析过程"混乱"、非线性,且分析结论难以稳定预测。

在许多期刊编辑与研究者的认知中,仍将线性有序和可预测性作为判断质性分析过程规范性的标准,而这些原则源自定量研究传统。定性研究过程很少能如此顺利地进行,需要在材料收集与理论分析之间不断反复,并且容易受到意外事件、意外发现和现场决策的影响(Van Maanen,1998)。若试图以量化思维调整质性材料分析方式,以获得更大范围的代表性,则可能会弱化定性研究的关键优势——灵活性和获得意外发现的可能。由此,多数来自不同社会科学领域的研究者认为定性研究人员不应试图限制或隐藏他们工作的流动性和偶然性,但可以通过求助于计算机辅助的定性数据分析软件,更有效地管理、记录和呈现分析过程,使定性研究过程本身更加可理解、可信任。

20 世纪 80 年代中期,QUALPRO、Ethnograph 等专为质性材料分析而设计的软件开始出现,它们可以提供简单的材料编码与记录功能,帮助研究人员节省手工整理和分析材料的时间和资源。到 1995 年,已有约 24

种 CAQDAS 面世，且每年有一至两个新软件推出，自动编码、概念网络图、多人协作等功能也被陆续开发出来。目前，CAQDAS 依据软件功能可以分为三类：编码与检索软件、理论建构软件、概念网络建构软件（陈利铭，吴璧如，2006）。编码与检索软件可将文本拆分为段落进行编码，并对特定编码段落进行检索，部分软件还具有分类、备忘录等功能，或可以对音视频资料进行编码和检索，典型软件有 HyperQual、QUALPRO、Ethnograph 等。理论建构软件除了具备基本的编码与检索功能外，还可以对不同的编码条目加以连结、进行更高阶层的类型划分、布尔检验和假设检验等，Atlas. ti、WinMAX、Nvivo 等软件均属于此类。概念网络建立软件则侧重认知和语义网络分析，可以将资料以网络图的方式呈现，可视化呈现编码条目与类别间的联系，如 SemNet、Decision Explorer、Atlas. ti 等。

研究者选择不同的分析软件通常取决于一系列因素，包括项目安排、数据类型、报告形式、成本预算、可用性等 10 个维度（Hart & Achterman, 2017）。具体而言，研究者在选择任何工具进行数据收集或分析前，都需要确保该工具能够充分支持项目安排。如有团队项目需要工具保证所有成员都能够在线访问数据并协作分析，Dedoose 便是一个只要有互联网连接，团队成员就可以随时随地同时登录的软件。此外，待分析的材料是文本还是音视频形态、分析完成后需要以文本还是视觉化的方式呈现、研究者是否具备使用软件所需要的技术知识，以及软件使用成本等，都是研究者需要考虑的重要因素。

在我们观察的 145 篇新闻创新领域研究文章中，共有 83 篇质性分析文章，其中明确说明使用了定性数据分析软件的有 12 篇，具体使用的软件有 Nvivo（8 篇）、MAXQDA（2 篇）和 Atlas. ti（2 篇），所使用的分析软件均属于理论建构型。细读这 12 篇相关文献，发现当研究处理通过访谈和民族志方法获得的资料文本时，研究者倾向于使用软件辅助材料分析。研究问题通常涉及新闻领域内行动主体的实践策略、价值观念、行动原因，或讨论新技术、新平台如何影响新闻实践。就三个软件的各自特征而言，

Nvivo 是专为组织和分析非结构化数据而设计，如无结构的访谈资料；MAXQDA 以直观的界面和简洁的操作著称，支持定性和定量数据分析的混合使用，就操作层面而言，比较适合初学者使用；Atlas. ti 的编码功能强大，在基础的文本和音视频素材分析基础上，还提供网络分析功能，多适用于需要深入挖掘和构建理论框架的研究。虽用法有所不同，但三个软件在处理新闻研究常见的访谈和田野笔记时的分析步骤基本相似。（1）导入数据：将需要分析的文本数据导入软件中，可以是文本文件、PDF 文档或者直接从外部数据库中导入。（2）文本编码：标记和分类文本中的重要内容和主题。编码可以是基于事先设定的研究问题或根据分析中发现的新主题进行的。（3）主题归纳：对编码进行统计分析，识别频繁出现的关键词或将意涵相近的条目归类，形成编码集合。（4）关系建立：分析文本中的数据关系，如文本间相互引用、共现关系等，以帮助理解不同主题之间的相互联系和影响。同时，它们都提供可视化功能，如思维导图、节点关系图等，研究者可根据需要选择是否使用，以更好地展示分析结果。

　　下面通过一个定性研究的具体案例，展示质性研究中使用 Atlas. ti 来协助完成材料分析的具体操作。这项研究探讨新闻素养如何在年轻人的日常新闻实践中发挥作用（Swart，2003）。研究者先对 36 名 16～22 岁的受访者进行半结构化访谈，了解他们在社交媒体上的新闻实践和体验，获得经验材料。随后，研究者转录受访者的每次访谈录音并上传到 Atlas. ti 中，进行定性归纳主题分析。正式分析阶段包括以下四个步骤：首先是开放编码，对年轻人的新闻实践、情感、观念、接触的（新闻）媒体内容、平台和来源，以及社交媒体使用的日常背景等进行逐行编码；其次是将开放式编码结果合并成代码，重新阅读材料以确定重复且与研究问题相关的代码；再次是根据共同的主题元素在 Atlas. ti 中对代码进行分组、合并和重新标记；最后将获得的代码从理论上阐述为主题，对照阅读数据集内容，比较不同代码中所代表的含义，检查代码之间可能存在的理论联系。

　　当然，CAQDAS 能为质性研究者处理庞杂的经验材料、结构化规范化分析过程，带来极大便利和优势，但也需要注意过度依赖分析软件可能产生的不利影响，如按部就班地逐步处理材料可能会弱化以往手工分析材料时，研究者随时迸发的灵感和联想，或使质性材料被碎片化、简单化处理，损害叙述故事或解释逻辑的完整性等。因此，研究者在运用 CAQDAS 时需要始终从研究问题和经验材料出发，在软件指导的分析步骤下为自己留下思考的空间。借助 CAQDAS，在不损害研究人员分析灵活性和"故事"细节丰富度的情况下，提高定性研究的分析效率与可信度。

（六）亲和图 （Affinity Diagram）

除了通过分析软件结构化质性分析过程，此处再介绍一个既可以清晰呈现归纳分析过程，又可以在材料收集阶段激发受访者参与，并实现受访者与研究者在材料收集与分析阶段全程互动的研究方法——亲和图。它也被称作 KJ 法，是一种可视化呈现并归纳分析非结构化定性数据的辅助技术（Franklin，2013）。日本人类学家 Jiro Kawakita 在日本奈良的一个山村开展民族志调查时，出于整合大量数据的个人研究需要，开发了 KJ 方法（Franklin，2013）。用他的话说，"由于书桌上散布着大量的数据，我一直在绞尽脑汁想找到一些整合它们的方法，这时我突然意识到，根据卡片的空间排列，可以在其中看到新的含义，并找到将数据系统化的方法"。此时，方法主要用于材料分析阶段，组织收集到的复杂、不可数据化测量、非重复性的定性数据。把与问题相关的观察结果信息都写在便笺上，每个标签或笔记卡只包含一个与问题相关的思想或概念。通过移动便笺尝试寻找新的关联，并基于信息相互之间的关联性归类并绘制合并图示，以简单直观地查看复杂数据。在对便笺进行排列组合时，KJ 法强调经验与直觉，拒绝事先给定的理论框架和价值观念，基于经验材料自下而上地进行类型归纳和理论建构。

KJ 方法不仅用于科学研究，还用于企业策划、交互设计等工作场景中。例如在开发新软件或新产品时，为收集用户需求、建构用户画像，团队成员会邀请客户在便利贴上写下相当简洁的陈述（需求、愿望等）。基于这些陈述创建用户属性列表，再将属性集合成用户档案。随着 KJ 方法在多个社会领域的应用和普及，于 1977 年成立的 KJ 方法学会成员包括企业经理、心理学家、政府官员、咨询顾问、工程师、教师和学者等。现在，这种方法经过不同领域实践者的更新与发展，其使用已延伸到经验材料收集阶段，并实现材料收集与分析的多人协作。运用"一起写便笺"的方式实现研究者与参与者之间的互动，支持双方同时查看、讨论和修改原始文件，创建共享的数据解释，为研究提供更多的信息（Klemmer et al.，2001）。

近年来，新闻创新领域也开始使用这一方法，用以快速整理材料并辅助归纳主题，可视化分析过程，直观展示归类主题。如有研究者邀请了 50 名来自新闻媒体和学术界的参与者进行焦点小组讨论，探究他们关于算法透明度的认知、态度和实践，并借助亲和图进行数据处理与分析（Diakopoulos & Koliska，2017）。另有研究对 238 个新闻机器人（Twitter 账户）的账户特征、机器人行为特征等的定性描述，运用亲和图加以整理和分析，以了解目前新闻机器人的使用情况及其可能如何改变当下媒体环境（Lokot & Diakopoulos，2016）。

下面将结合一篇具体研究，展示使用亲和图的操作过程。研究通过与数据记者和新闻学者进行访谈和研讨收集材料，并利用亲和图辅助分析了传感器给新闻业带来的新的技术和伦理挑战（Morini et al.，2023）。亲和图方法的使用可以分为以下四个基本步骤，具体操作可根据研究需要做细微调整。

（1）标签制作，将与主题相关的信息写在便笺或专门设计的不干胶标签上。每个标签或笔记卡只包含一个与问题相关的思想或概念。案例中，研究者首先整理访谈、研讨会材料，将原始摘录导入 Miro（Miro 是一个用于设计思考和头脑风暴的协作工具）。接着，参与者的每个陈述都被依次复制到一个便笺上，并根据表达的类型（批评、信仰、观点）进行初步排列。

（2）标签分组，反复阅读并为所有标签分配标题。研究者和参与者共同参与识别标签上的内容，不断将其移动到更大的集群中。不适合现有集群的标签，则被放在一边留待以后使用。这个直观的过程可能会根据研究需要重复多次，以尽量减少单独标签的数量。案例中，研究者将已获得的标签围绕特定伦理价值主题重新排列，以直观地呈现不同主题的话语集中程度（见图3）。

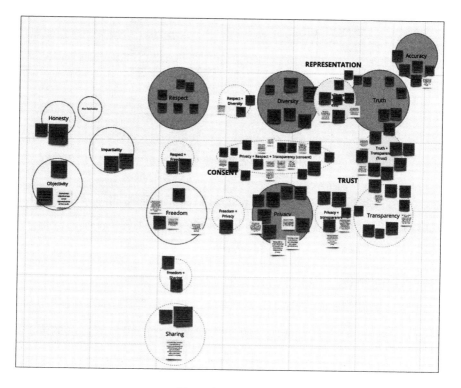

图3　亲和图表示例

注：其中，黑色笔记来自记者，白色笔记来自学者。黑簇表示通过问题明确确定的道德价值观，白簇由被访者自发添加。

（3）绘制图标，将所得到的集群转移到另一张纸上，并在空间上进行排列，用符号标注集群间关系。如使用箭头来表示因果关系、相互依赖或矛盾关系，或发生的顺序（见图4）。该步骤通常在集群中存在明显关系的情况下进行，而这个案例中主要是并列的观点陈述，因此不涉及关系的标注。

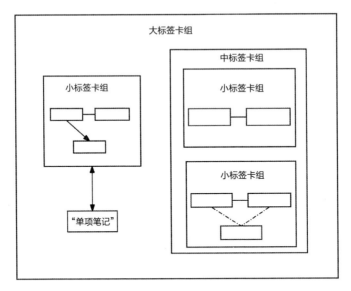

图 4　图表制作参考框架

（4）书面或口头解释，将数据的复杂性降低到可清晰表述的程度。强调解释应该流畅和简洁，并且必须详细表达图表中集群间关系。每一种相互关系都必须经过精确的逻辑检验和定义（Scupin，1997）。在这个步骤中，人们还可能会对问题产生新的想法。

目前，新闻创新领域研究还主要在经验材料处理和分析阶段使用亲和图工具，旨在帮助研究者快速且有条理地整理非结构化的定性数据。但是，亲和图的独特之处恰恰在于其在经验材料获取和分析阶段，可以邀请受访者"一起写便笺"，有效调动受访者积极性，并与之持续互动，为研究提供新的想法与线索。作为一种贯穿经验材料收集与分析阶段的方法，亲和图在新闻创新领域的使用还有很大空间。

小结

本文对 145 篇新闻创新领域经验研究的对象及方法做了梳理，并重点介绍了 6 种在新闻创新研究领域新近被引介的研究方法。前三种研究方法可分别在观察和理解新闻生产实践、行动者与行动者关系、新闻使用者三个新闻创新研究关心的议题上，帮助研究者更深入地洞察新现象。后三种研究工具则可帮助研究者实现或改进分析工作，包括实现对大规模文本的分析、实现经验材料收集与分析时的受访者与研究者互动协作、改进质化材料分析被诟病缺乏规范性的分析过程等。它们各自具有在新闻创新领域解决特定问题，或辅助研究者分析的独特优势和应用价值。■

参考文献

陈利铭，吴璧如(2006)。电脑辅助质性料分析软件(CAQDAS)的争议、定位与取径。《彰化师大教育学报》，(9)9。

陈秋怡，汤景泰(2023)。协同网络、议程建构与真实性增值：国际涉华虚假信息的传播模式——以COVID-19为例。《新闻记者》，(7)，3-21。

Berg，M.，& Düvel，C.（2012）．Qualitative media diaries：An instrument for doing research from a mobile media ethnographic perspective．Interactions：Studies in Communication & Culture，3（1），71-89．

Borchgrevink-Brækhus，M.，& Moe，H.（2023）．The burden of subscribing：How young people experience digital news subscriptions．Journalism Studies，24(8)，1069-1086．

Boumans，J. W.，& Trilling，D.（2018）．Taking stock of the toolkit：An overview of relevant automated content analysis approaches and techniques for digital journalism scholars．Rethinking Research Methods in an Age of Digital Journalism，8-23．

Bourdieu，Pierre（1977）．Outline of a theory of practice．Cambridge，U. K.：Cambridge University Press．p. 83．ISBN 978-0521291644．

Diakopoulos，N.，& Koliska，M.（2017）．Algorithmic transparency in the news media．Digital journalism，5(7)，809-828．

Eisele，O.，Heidenreich，T.，Litvyak，O.，& Boomgaarden，H. G.（2023）．Capturing a news frame-comparing machine-learning approaches to frame analysis with different degrees of supervision．Communication Methods and Measures，17(3)，205-226．

Flaounas，I.，Ali，O.，Lansdall-Welfare，T.，De Bie，T.，Mosdell，N.，Lewis，J.，& Cristianini，N.（2013）．Research methods in the age of digital journalism：Massive-scale automated analysis of news-content—topics，style and gender．Digital journalism，1(1)，102-116．

Franklin，N.（2013）．The UX book：Process and guidelines for ensuring a quality user experience by Rex Hartson and Pardha A. Pyla，San Diego：Morgan Kaufmann．2012．Communication

Design Quarterly Review, 2(1), 67-72.

Günther, E., & Quandt, T. (2018). Word counts and topic models: Automated text analysis methods for digital journalism research. In Rethinking research methods in an age of digital journalism (pp. 75-88). Routledge.

Hart, T., & Achterman, P. (2017). Qualitative analysis software (ATLAS. ti/Ethnograph/ MAXQDA/Nvivo). The international encyclopedia of communication research methods, 1.

Howard, P. N. (2002). Network ethnography and the hypermedia organization: New media, new organizations, new methods. New media & society, 4(4), 550-574.

Klemmer, S. R., Newman, M. W., Farrell, R., Bilezikjian, M., & Landay, J. A. (2001, November). The designers' outpost: a tangible interface for collaborative web site. In Proceedings of the 14th annual ACM symposium on User interface software and technology (pp. 1-10).

Krennmayr, T. (2015). What corpus linguistics can tell us about metaphor use in newspaper texts. Journalism studies, 16(4), 530-546.

Ksiazek, T. B., Peer, L., & Zivic, A. (2015). Discussing the news: Civility and hostility in user comments. Digital journalism, 3(6), 850-870.

Lewis, D. D., Yang, Y., Russell-Rose, T., & Li, F. (2004). Rcv1: A new benchmark collection for text categorization research. Journal of machine learning research, 5 (Apr), 361-397.

Lokot, T., & Diakopoulos, N. (2016). News Bots: Automating news and information dissemination on Twitter. Digital journalism, 4(6), 682-699.

Loughran, T., & McDonald, B. (2011). When is a liability not a liability? Textual analysis, dictionaries, and 10-Ks. The Journal of finance, 66(1), 35-65.

Moe, H., & Ytre-Arne, B. (2022). The democratic significance of everyday news use: using diaries to understand public connection over time and beyond journalism. Digital Journalism, 10 (1), 43-61.

Morini, F., Dörk, M., & Appelgren, E. (2023). Sensing what's new: considering ethics when using sensor data in journalistic practices. Digital Journalism, 11(3), 465-483.

Reich, Z., & Barnoy, A. (2020). How news become "news" in increasingly complex ecosystems: Summarizing almost two decades of newsmaking reconstructions. Journalism Studies, 21(7), 966-983.

Robinson, S., & Anderson, C. W. (2020). Network ethnography in journalism studies: A mixed-method approach to studying media ecologies. Journalism Studies, 21(7), 984-1001.

Sandhaus, Evan. (2008). The New York Times Annotated Corpus, New York: The New York Times Company, Research and Development.

Scupin, R. (1997). The KJ method: A technique for analyzing data derived from Japanese ethnology. Human organization, 56(2), 233-237.

Sinkovics, R. R., & Alfoldi, E. A. (2012). Progressive focusing and trustworthiness in qualitative research: The enabling role of computer-assisted qualitative data analysis software (CAQDAS). Management International Review, 52, 817-845.

Steensen, S., Figenschou, T. U., & Ihlebæk, K. A. (2023). Playing the Mainstream Game. A Language-Game Analysis of "Mainstream" as a Possible Boundary Object in Journalism Studies. Digital Journalism, 11(4), 653-671.

Swart, J. (2023). Tactics of news literacy: How young people access, evaluate, and engage with news on social media. New Media & Society, 25(3), 505-521.

Van Maanen, J. (1998). Qualitative studies of organizations (Vol. 1). Sage.

Wojcieszak, M., de Leeuw, S., Menchen-Trevino, E., Lee, S., Huang-Isherwood, K. M., & Weeks, B. (2023). No polarization from partisan news: Over-time evidence from trace data. The International Journal of Press/Politics, 28(3), 601-626.

后记

这是一部沉甸甸的书，它记录了中国媒体融合十年的创新发展历程。

动议选编此书，还是在 2023 年，正逢推行媒体融合国家战略顶层设计的十年节点。在选择篇目的时候，第一个标准就是只选那些经验研究论文，一些理论思辨的研究只能割爱。之所以如此，是因为新闻创新不是在真空或白纸上创新，而是在特定行动"场所"开展的变革，离不开对这个"场所"的深入了解。也因此，本书不仅是一部论文的汇编，也是从专业媒体转型、新闻场域的新行动者、数字新闻环境变化等方面，对中国新闻业十年变迁的一个真实生动的历史切片。

近些年来，"新闻创新"成为描述当下急剧变化的新闻现象的统合性概念，也形成蓬勃发展的研究路径甚至研究领域。本书所选论文，大多曾在历届"新闻创新研究工作坊"发表。由南京大学新闻传播学院和《新闻记者》编辑部主办、南京大学新闻创新实验室承办的这个工作坊秉持"小而美"的风格、"明亮的对话"的宗旨，逐渐形成一个志趣相投的小小学术共同体，也形成了一批优秀的新闻创新研究成果。编选过程中，又请各位作者撰写了"作者手记"，记录自己确定选题、深入田野、提炼理论的心路历程，增加了新闻创新研究导论和方法论章节，希望对关注这一话题的研究者能起到示范引导的作用。

做好一件事需要多方力量的支持。从每篇文章的发表到本书出版，离不开上海报业集团、南京大学新闻传播学院领导和同事们的包容与鼓励，

也寄寓了论文审稿人、工作坊嘉宾的思想贡献，以及文汇出版社的鼎力相助。大家的合力，让新闻创新研究之路能够走得更从容、更长远。

这本书是"新闻创新研究丛书"的第一种，我们后续还将继续推出关于国内外新闻创新案例的研究专著。这也是江苏省高校公益基地、教育促进可持续发展伙伴关系网络、联合国系统"全球青年与社会发展研究"课题的合作推广成果，期待能惠及高校学子与社会公众。

图书在版编目（CIP）数据

中国经验：新闻创新研究导引 / 王辰瑶，刘鹏编著.
上海 ：文汇出版社，2025.5. -- ISBN 978 - 7 - 5496
- 4478 - 0

Ⅰ.G219.2

中国国家版本馆 CIP 数据核字第 2025FC8763 号

• 新闻创新研究丛书 •

中国经验：新闻创新研究导引

丛书主编 / 王辰瑶　刘　鹏
本册编著 / 王辰瑶　刘　鹏

出 版 人 / 周伯军
策划编辑 / 陈润华
责任编辑 / 文　荟　汪　黎
装帧设计 / 梁业礼

出版发行 / 文匯出版社
　　　　　上海市威海路 755 号
　　　　　（邮政编码 200041）
经　　销 / 全国新华书店
排　　版 / 南京展望文化发展有限公司
印刷装订 / 启东市人民印刷有限公司
版　　次 / 2025 年 5 月第 1 版
印　　次 / 2025 年 5 月第 1 次印刷
开　　本 / 720×1000　1/16
字　　数 / 400 千字
印　　张 / 27.75

ISBN 978 - 7 - 5496 - 4478 - 0
定　　价 / 98.00 元